UNIX 기반 운영체제 입문

이병관 · 정은희 · 노희정 · 곽종욱

책은 제1장에서 일반 운영체제와 UNIX 운영체제를 구분하고, 운영체제의 기본 개념들을 다루고, 2장
서는 프로세스 생성 과정과 처리기 경영을 다루고, 제3장은 기억장치 경영에서 가상기억장치를 주로
루고, 특히 FIFO와 LRU를 중심으로 한 페이지 대체 개념을 상세히 설명하고 있다. 제4장에서는 주변
치 경영을 다루고, 제5장에서는 운영체제에서 가장 핵심이 되는 정보(파일)경영을 UNIX를 중심으로 기
하고 있으며, 제6장에서는 교착상태와 병행 프로세스의 개념과 알고리즘을, 제7장에서는 앞 장에서 다
지 못했던 UNIX의 중요한 부분만을 가려내어 별도로 다루고 있다.

HS 도서출판 한산

머리말

운영체제 일반을 강의하면서 UNIX 운영체제의 중요한 설계 부분을 지나칠 수 없어 강조 했던 내용들을 모아 운영체제 일반에 추가하여 책의 제목을 "UNIX 기반 운영체제 입문"이라고 작명을 해 보았다. 많은 시간과 노력을 쏟아 부었지만 항상 그렇듯이 부족함을 느낀다. 여러 관련 서적을 공부하면서 내용을 소화하고, 이 소화한 것을 바탕으로 내 것으로 만들어보려고 애를 써 보았지만 역시 마찬가지였다. 앞으로 계속 연구를 거듭하여 보강을 계속 해 나갈 것을 약속합니다.

이 책은 제1장에서 일반 운영체제와 UNIX 운영체제를 구분하고, 운영체제의 기본 개념들을 다루고, 2장에서는 프로세스 생성 과정과 처리기 경영(processor management)을 다루고, 제3장은 기억장치 경영(memory management)에서 가상기억장치를 주로 다루고, 특히 FIFO와 LRU를 중심으로 한 페이지 대체 개념을 상세히 설명하고 있다. 제4장에서는 주변장치 경영(device management)을 다루고, 제5장에서는 운영체제에서 가장 핵심이 되는 정보(파일)경영을 UNIX를 중심으로 기술하고 있으며, 제6장에서는 교착상태(deadlock)와 병행 프로세스의 개념과 알고리즘을, 제7장에서는 앞 장에서 다루지 못했던 UNIX의 중요한 부분만을 가려내어 별도로 다루고 있다.

한 권의 책을 만드는 과정에서 수차의 수정을 거쳤지만 아직도 미흡한 점이 많으리라 생각된다. 이것을 기본골격으로 하여 앞으로 계속 수정 보완해 나갈 것이며, 독자 여러분의 많은 조언과 충고를 바란다. 끝으로, 공저로 참여하여 끝까지 함께 하신 강원대학교 정은희 교수와 한 권의 책을 내는 데 도움을 주신 도서출판 한산 사장님께도 깊은 감사를 드립니다.

2011년 4월

저자 씀

차 례

제 1 장 ■ 운영체제의 소개 ■ 11

1.1 운영체제의 개요 ······ **11**
1. 운영체제 일반의 구조／11
2. UNIX 시스템의 구조／12

1.2 운영체제의 설계 목표 ······ **20**
1. 처리능력／20
2. 경과시간의 단축／22
3. 시스템의 확장성과 개방적 설계／23

1.3 운영체제의 기본용어 ······ **24**
1. 프로세스／24
2. 프로그램 상태어와 인터럽트／28
3. CPU 모드／30
4. 시스템 호출／32

1.4 운영체제의 역사 ······ **33**
1. 일괄처리 방식／34
2. 다중 프로그래밍／35
3. 실시간 처리 시스템 운영체제／35
4. 시분할 처리 시스템 운영체제／36
5. 분산운영체제／37
6. 다중 처리기 시스템／38

■ 연습문제 …… 41

제 2 장 ■ 처리기 경영 ■ 46

2.1 소 개 …… 46
2.2 작업과 프로세스의 상태 …… 47
1. 배치 기반 상태 모델(state model) / 47
2. UNIX 기반 상태 모델 / 49
2.3 프로세스의 생성과 종료 …… 51
1. 초기 프로세스 생성 / 51
2. fork()를 이용한 프로세스 생성 / 53
3. exec() / 57
4. 프로세스 종료 / 59
2.4 스레드의 정의 …… 59
1. 사용 수준과 커널 수준 스레드 / 62
2. 스레드의 이점 / 63
2.5 작업 스케줄링 …… 65
2.6 프로세스 스케줄링 …… 67
1. 프로세스 제어 블록 / 67
2. PCB와 큐잉 도표 / 69
3. 스케줄링 정책 / 71
4. 프로세스 스케줄링 알고리즘 / 72
■ 연습문제 …… 86

제 3 장 ■ 기억장치 경영 ■ 93

3.1 주기억장치 경영 …… 93
1. 보호 하드웨어 / 94
2. 단일분할 / 96
3. 고정분할 / 97

4. 동적분할 / 99
5. 압축과 분산적재 / 105
6. 기억장치 배치 전략 / 107

3.2 가상기억장치 경영 …… 109
1. 주소지정기구 / 110
2. 동적 재배치 / 113
3. 스래싱 / 153

■ 연습문제 …… 159

제 4 장 ■ 주변장치 경영 ■ 166

4.1 소 개 …… 166
4.2 주변장치의 특성-하드웨어 측면 …… 167
1. 입출력장치 / 167
2. 기억장치 / 167

4.3 시스템 주변장치 …… 179
1. 전용주변장치 / 179
2. 공용주변장치 / 179
3. 가상주변장치 / 180

4.4 채널과 제어장치, 입출력장치 …… 181
1. 채널(Channel)과 제어장치, 입출력 장치의 상호관계 / 181
2. 채널의 동작 방식과 종류 / 183
3. 채널 프로그램과 채널 레지스터 / 184
4. I/O 동작 순서 / 188

4.5 주변장치 분배정책 …… 191
1. I/O traffic controller / 192
2. I/O 스케줄러 / 194
3. I/O 장치 핸들러 / 194

■ 연습문제 …… 204

제 5 장 ■ 정보경영 ■ 208

5.1 서 론 ············ 208

1. 파 일 / 208
2. 파일 조작 / 209
3. 파일 시스템의 기능 / 210
4. 파일 시스템의 장단점 / 211
5. 디렉토리 / 212

5.2 UNIX 파일 시스템 ············ 216

1. 파일의 유형 / 216
2. 디렉토리 구조 / 221
3. 파일 시스템 구성 요소 / 222
4. 데이터 블록과 아이노드와의 관계 / 229

5.3 UNIX 파일 관리 ············ 231

1. 파일의 액세스 정보 / 231
2. 표준 보호모드(protection mode) / 232
3. 링크 / 241
4. 홈 디렉토리와 경로명 / 246
5. 사용자 계층에서 파일 접근 / 253
6. 경로명을 아이노드 전환 / 265

■ 연습문제 ············ 269

제 6 장 ■ 교착상태와 병행 프로세스 ■ 272

6.1 교착상태 ············ 272

1. 교착상태 문제 / 273
2. 교착상태 모델링 / 275
3. 교착상태를 다루는 전략 / 282

6.2 병행 프로세스 ············ 294

1. 결정성 문제 / 297
2. 상호배제 / 298
3. 프로세스간의 통신 / 309

■ 연습문제 …… 317

제 7 장 ■ UNIX ■ 324

7.1 UNIX 입문 …… 324

7.2 UNIX 구조의 특성 …… 326
1. UNIX 구조／326
2. UNIX 시스템의 특징／330

7.3 UNIX의 시작과 종료 …… 331
1. UNIX의 로그인(login)／331
2. UNIX의 로그아웃(logout)／332

7.4 UNIX의 명령어 …… 333
1. UNIX의 기본 명령어／333
2. 디렉토리 관리 및 파일 관리 명령어／349
3. 파일명과 와일드카드／359
4. 파일 시스템／360
5. C 프로그램의 컴파일과 실행／365
6. 장치 파일에 대해／366
7. 파일 호출／367
8. C 쉘의 변수／370
9. 환경변수／372

■ 연습문제 …… 373

찾아보기／377

제 1 장

운영체제의 소개

이 교재는 UNIX를 기반으로 한 운영체제를 소개하면서, 일반적으로 알아야 할 운영체제의 전반적인 개념도 제시하고자 한다.

1.1 운영체제의 개요

1. 운영체제 일반의 구조

일반적으로 운영체제(Operating System)란 [그림 1-1]에서처럼 CPU에 해당하는 처리기(processor), 기억장치(주기억장치와 보조기억장치), I/O 장치, 그리고 파일(files)과 같은 자원(resource)들을 관리하는 자원 관리자(resource manager)를 말한다. 이 자원 관리자는 다시 처리기를 경영하는 처리기 경영자(processor manager), 기억장치를 경영하는 기억장치 경영자(memory manager), 파일을 경영하는 파일 경영자(file manager), I/O를 경영하는 주변장치 경영자(device manager)들인 프로그램 모듈들로 구성되어 있다. 실제로 이러한 운영체제에는 UNIX, Mach, MS-DOS, MS-Windows, Windows/NT, OS/2, MacOS, VMS, MVS, 그리고 VM들이 있다.

그리고 운영체제는 다수의 사용자로 하여금 기계의 자원을 공유하게 하고, 자원 사용 시에 생길 수 있는 분쟁(conflict)을 해결함으로써 컴퓨터의 성능(performance)을 극대화하고, 컴퓨터 시스템을 효율적으로 이용하는 것을 목적으로 하며, 사용자 프로그램과 실제 컴퓨터 하드웨어 사이의 인터페이스로서 작용한다.

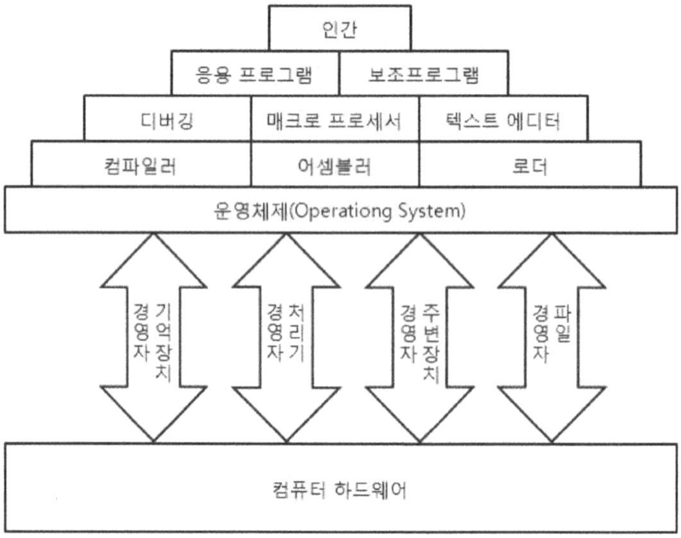

[그림 1-1] 운영체제와 하드웨어 시스템

2. UNIX 시스템의 구조

UNIX 시스템은 [그림 1-2]와 같이 논리적으로 두 부분인 커널(kernel)과 유틸리티(utility)로 나누어진다.

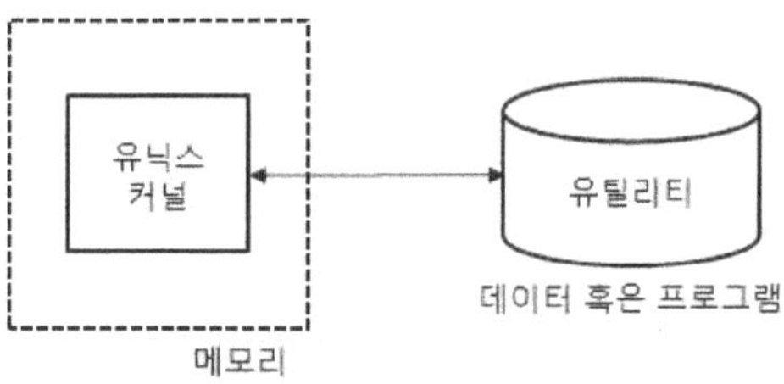

[그림 1-2] UNIX 시스템

1) 커널(Kernel)

커널(kernel)은 Unix 시스템의 핵심으로 컴퓨터를 켜서, 부팅될 때부터 shut

down 될 때까지 컴퓨터 메모리에 상주하며, [그림 1-3]의 유틸리티는 컴퓨터 디스크에 상주하고 있다가, 요청되면 메모리로 올라온다. 또한 커널 공간은 [그림 1-3]의 서브시스템들로 구성되며, 다음과 같은 특징을 가진다.

첫째, 커널은 매우 자주 쓰이는 기능을 가진다. 예를 들어, CPU 스케줄링, 클록 인터럽트 처리 등의 기능은 초당 수십 번씩 수행되므로 주기억장치에 상주해야하는 것으로 커널이라고 하고, 가끔 사용되는 명령어(command)들은 협소한 메모리에 상주하기보다는 디스크에 파일 형태로 존재하고 있다가, 필요할 때만 메모리에 올라오는 것으로 이것을 유틸리티라고 한다.

둘째, 커널은 기능적으로는 모든 사용자 프로세스(user process)에게 중요한 자원(CPU, 디스크, 기억장치 등)을 제공 및 관리하여 주고, 또 입출력(I/O)과 같은 복잡한 기능을 대신하여 준다. 일반적으로 입출력, 디스크, 주기억장치 등과 같은 자원들을 일반 사용자나 일반 프로그램이 마음대로 사용할 경우에, 타 프로그램에게 악영향이 미치게 되므로 이러한 자원들은 모두 커널의 관리 하에 둔다.

예를 들면, 사용자 프로그램이 디스크에 기록할 것이 있으면, 디스크 쓰기를 하는 데 필요한 데이터만을 준비한 후, 커널 내에 있는 디스크 쓰기(disk-write) 루틴에 쓰기를 의뢰 해야만 한다. 이와 같이 커널에게 작업을 의뢰하는 것을 UNIX에서는 “시스템 호출(system call)”이라고 부른다(1.3절의 (4)항 참조). 그러면 커널은 일단 면밀히 검토한 다음 그 요청내용(예를 들면, 디스크 내에 기록될 장소가 틀림없이 그 프로그램이 기록할 수 있는 권한이 허용된 장소인가 등)을 확인한 후, 요청한 작업을 수행하고 사용자 프로그램으로 되돌아오게 된다.

지금까지 언급한 커널은 매우 중요하지만 크기는 전체 운영체제(유틸리티들을 포함한)의 5% 내지 10% 이내이다.

UNIX 운영체제 커널은 앞에서 언급한 자원관리자로서 전형적으로 다음의 서브시스템들과 인터페이스로 구성되어 있다.

- 시스템 호출 인터페이스
- 파일 관리 서브시스템
- 프로세스와 메모리 관리 서브시스템
- I/O 관리 서브시스템
- 네트워크 관리 서브시스템
- 하드웨어 제어 인터페이스

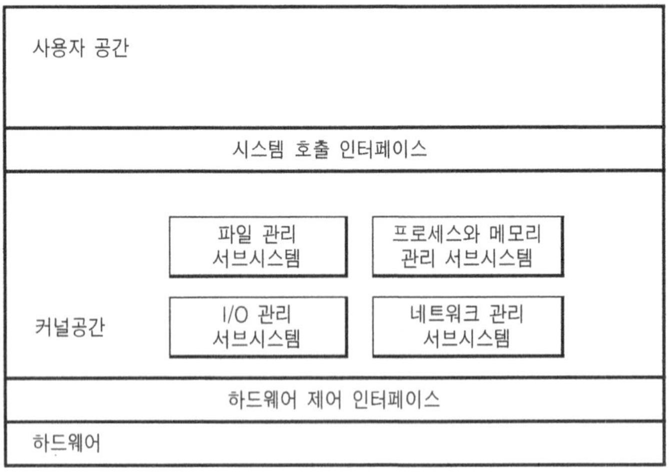

[그림 1-3] UNIX 운영체제

특히, 파일 관리 서브시스템과 I/O 관리 서브시스템 사이에 버퍼 캐시(buffer cache)는 블록형 장치(block device)와 연결되어서 정보가 블록(block) 단위로 전송되도록 하며, 문자형 장치(character device)는 정보 단위가 바이트 단위이므로 버퍼 캐시를 거치지 않고 바로 파일 시스템으로 전송된다([그림 1-4]).

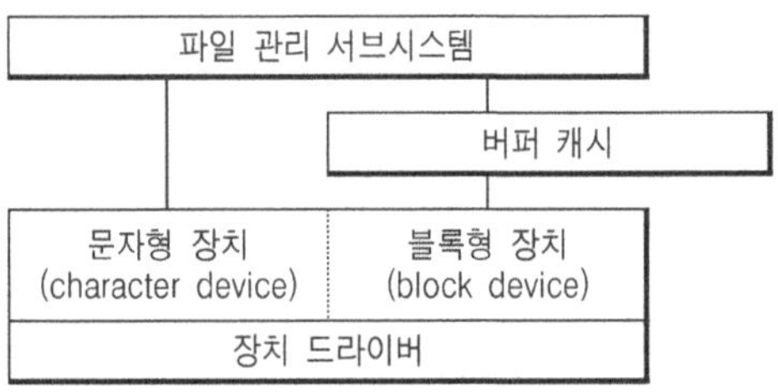

[그림 1-4] 파일 관리 서브시스템과 I/O 관리 서브시스템

디스크와 같은 블록 장치는 시스템의 다른 장치에 비해 무작위 액세스(random access)가 가능하며, 문자형 장치에는 단말이나 네트워크 장치가 포함되어 있다.

여기서 장치 드라이버(device driver)는 장치를 직접 제어하는 커널내의 서브루틴으로 I/O 장치 종류별로 장치 드라이버가 하나씩 존재한다. 예를 들면, 디스크 장치를 제어하는 디스크 드라이버, 테이프를 제어하는 테이프 드라이버들이 있다.

커널의 I/O 관리 서브시스템과 파일 관리 서브시스템은 제 5장에서 상세히 다루고 있으니 참고하기 바란다.

2) 유틸리티(Utility)

UNIX 시스템 아래서 모든 명령어는 유틸리티로 분류되어, 디스크 상에서 존재하다가 명령어의 실행이 요청될 때만 메모리로 가져온다고 앞에서 살펴보았다. 예를 들어, date 명령어를 실행할 때, UNIX 시스템은 date라는 프로그램을 컴퓨터 디스크에서 메모리로 적재시켜 실행을 시작한다. 쉘(Shell)이라는 유틸리티 프로그램도 시스템으로 실행이 될 때는 메모리로 로드되어야 한다. 그러면, 터미널이나 윈도우 상에 최초의 쉘이 구동될 때, 발생하는 사건의 순서를 이어서 살펴보기로 하자.

3) 쉘(Shell) 개념

일반 사용자가 UNIX 시스템에 로그인하면 시스템이 몇 가지 준비 작업을 한 후에 쉘이라는 프로세스를 사용자의 터미널을 위해 디폴트로 생성(create)한다. 쉘은 사용자가 입력한 명령어를 실행하여 그 결과를 화면에 출력하는 명령어 해석기(command interpreter)로 쉘이 가장 먼저 하는 것은 프롬프트(prompt)를 화면에 찍는 것이다. 다시 말해서 쉘 프로세스가 준비되면 보통 $라는 프롬프트를 찍어낸 후 슬립(sleep)하게 된다. UNIX에서 프로세스가 대기상태(blocked state) 되는 것을 슬립이라고 한다. 그러면, 쉘이 하는 역할을 상세히 살펴보기로 하자.

다중 사용자들은 멀티태스킹 환경에서 아이디를 받아야만 사용할 수 있다. 로그인은 사용자가 아이디와 패스워드를 입력하여 접근권한이나 사용권한을 얻는 인증 단계로 [그림 1-5]는 사용자들이 UNIX 시스템에 어떻게 인증되는 지를 보여준다. 시스템상의 사용자들이 각 터미널을 사용할 수 있도록 로그인을 허용하려면, 먼저, UNIX 시스템을 부팅하자마자, init 프로그램은 init가 해야 할 일이 적혀 있는 /etc/inittab 파일을 자동으로 검색하여, getty 프로그램을 호출한다. 이 getty 프로그램은 터미널 화면에 “login” 메시지를 디스플레이하고 사용자 아이디와 패스워드를 입력할 수 있게 해주고 이 “login”은 /etc/passwd 파일의 엔트리에서 로그인 아이디와 패스워드가 일치하는가를 검증한다.

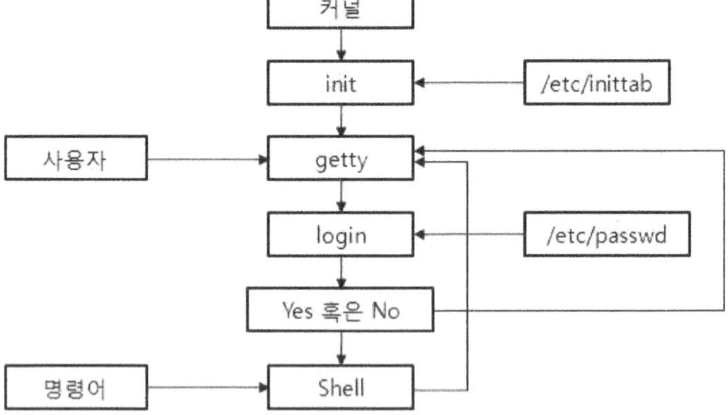

[그림 1-5] 커널에서부터 사용자 로그인 후 쉘 활성화

만일 아이디와 패스워드가 일치하지 않으면 다시 login 메시지를 디스플레이하고, 아이디와 패스워드가 일치하면 시스템에 접속하여 인증을 받게 되고, 표준 셸은 $라는 프롬프트를 찍어낸 후 슬립하게 된다. 이 $ 프롬프트는 자신이 사용하는 쉘의 프롬프트이고, 위치는 자신의 홈 디렉토리가 된다.

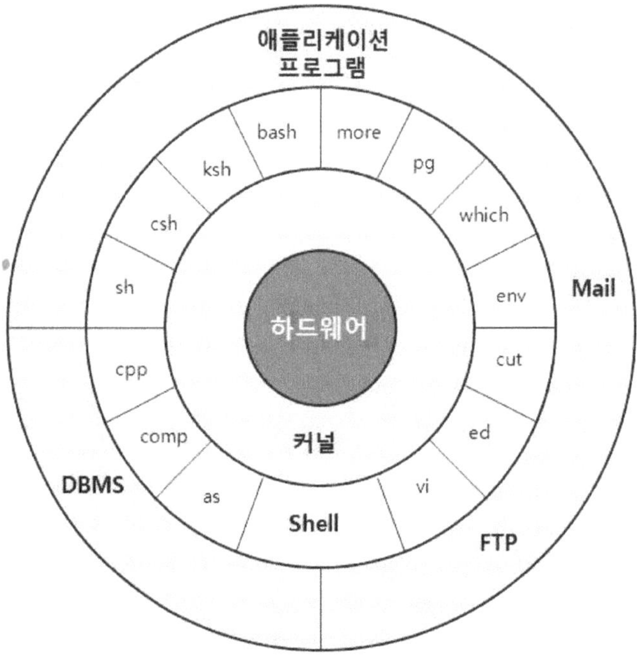

[그림1-6] UNIX에서 쉘(shell)

(1) 터미널이 UNIX 시스템으로 연결되는 경우

터미널이 UNIX 시스템에 어떻게 연결되는지 살펴보자. 시스템상의 사용자들이 각 터미널을 사용할 수 있도록 로그인을 허용하려면, 먼저 터미널을 켜자마자 UNIX 시스템의 커널에서 init라는 프로그램이 각 터미널에서 [그림 1-7]에서처럼 getty 프로그램을 자동으로 구동시킨다.

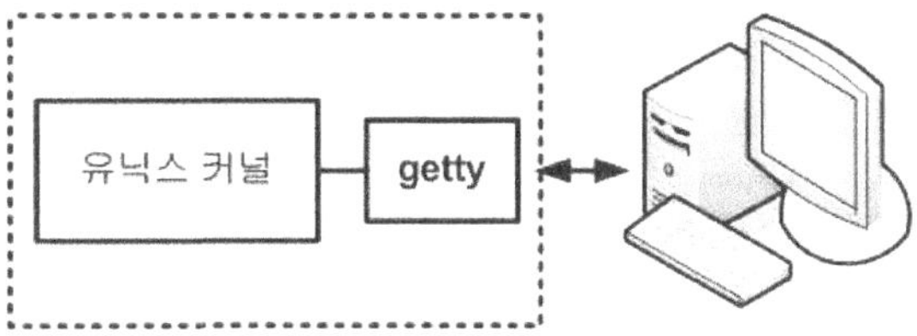

[그림1-7] getty 프로세스

getty는 각 터미널에 "login:" 메시지를 디스플레이하고, 입력되기를 기다린다. 누군가가 여기에 어떤 문자를 입력하고, 엔터키를 누르면 getty 프로그램은 사라지고 [그림 1-8]에서처럼 login 프로그램이 구동된다. login이 실행되고 나면, "Password:"를 디스플레이 하고, 여기에 패스워드가 입력되기를 기다린다. 패스워드가 입력된 후에, login은 /etc/passwd/ 파일의 엔트리에서 로그인 아이디와 패스워드가 일치하는지 검증한다. 그리고 나서, login의 Kim과 패스워드를 확인한 후에, 표준 쉘인 /usr/bin/sh이 디폴트로 따라온다([그림 1-8]). 이 표준 쉘은 보통 $라는 프롬프트(prompt)를 찍어낸 후 슬립(sleep)하게 된다.

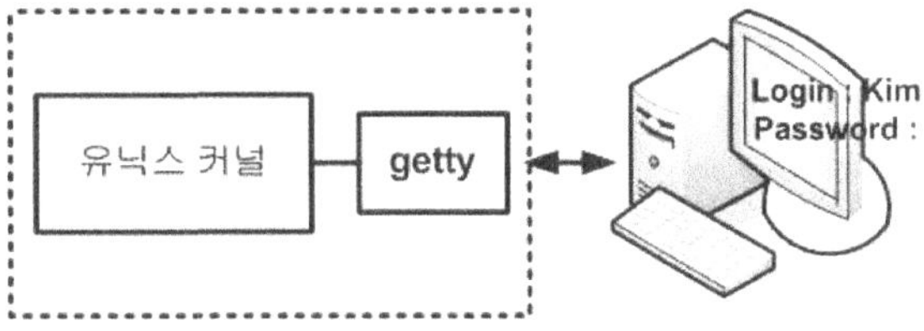

[그림 1-8] Kim의 터미널에서 시작한 login

UNIX에서 이 쉘 프로세스는 키보드로부터 커맨드와 같은 어떤 입력이 들어올 때까지 더 이상 수행될 수가 없으므로 이 프로세스는 슬립상태(대기상태)가 된다.

[그림 1-9]에서 스크린에 사용되는 프롬프트 $는 Bourne 쉘의 것이고, 프롬프트 %는 C 쉘의 것이다. 이 프롬프트의 의미는 쉘이 터미널로부터 입력을 기다린다는 뜻이다. 마침내, 키보드를 통해서 문자를 입력하고 엔터키를 치면 그때 터미널의 쉘이 다시 기상(wakeup)하여 이것을 처리하게 된다. 예를 들어, 터미널로부터 입력된 문자가 ls라고 하자. 이 ls와 같은 유틸리티 프로그램들은 파일형태로 디스크 내에 보관되어 있고, 쉘은 ls 파일을 디스크에서 주기억장치로 로드(load)하여 실행할 수 있도록 해 주고 슬립상태가 된다. ls 유틸리티의 일이 다 끝나면 쉘은 제어를 다시 넘겨받는다.

```
% ls
Hello.c  text  text.cr
% sh
$ ls
Hello.c  text  text.cr
$ pwd
/export/prof/info/park/test
$ exit
%
```

[그림1-9] 프롬프트를 이용한 쉘의 사용 예

(2) 쉘에 명령어 입력

쉘이 구동되면, 이것은 터미널에 프롬프트인 $를 디스플레이하고, 명령어가 입력되기를 기다린다([그림 1-10]의 단계1과 2). 명령어(ls)를 입력하고 엔터키를 누르는 순간(단계 3), 쉘은 입력된 라인을 분석해서 요청을 수행한다(단계 4). 쉘은 명시된 프로그램을 찾을 때까지 디스크를 탐색하고, 프로그램을 찾으면, 쉘은 커널에게 이 프로그램의 실행을 시작하도록 요청하고, 그 프로그램의 수행이 끝날 때까지 쉘은 슬립상태로 간다(단계5). 커널은 명시된 프로그램을 메모리로 가져와서 실행을 시작한다. 이 가져온 프로그램을 프로세스라 한다. 이와 같이 디스크에 파일로 간직된 프로그램과 메모리에서 어떤 일을 하는 프로세스는 구분된다. 그 다음으로, 이것은 키보드로 입력하기를 기다린다(단계 6). 명령어가 실행을 마치면, 제어권이 다시 쉘로 돌아가고, 이것은 다음 명령어를 기다린다(단계 7과 8).

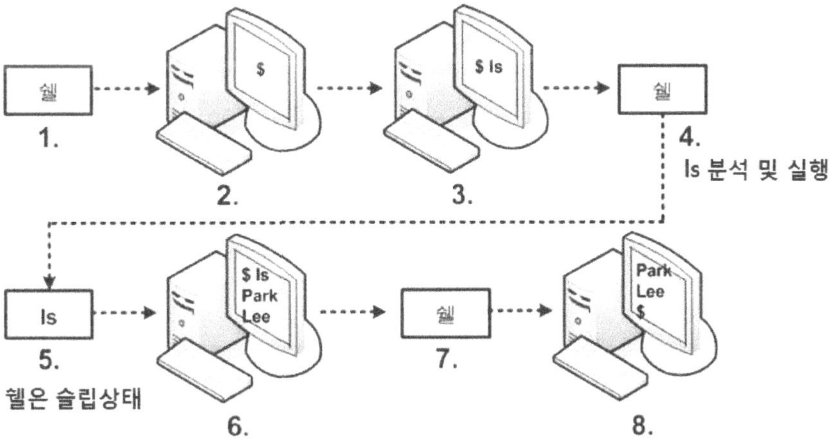

[그림 1-10] 명령어 사이클

[그림 1-11] 의 사이클은 로그인을 유지하는 한 계속될 것이고, 이 시스템이 로그 오프될 때, 쉘의 실행은 종료된다. UNIX 시스템은 터미널에서 새로운 getty를 구동시키고, 누군가가 로그인되기를 기다린다.

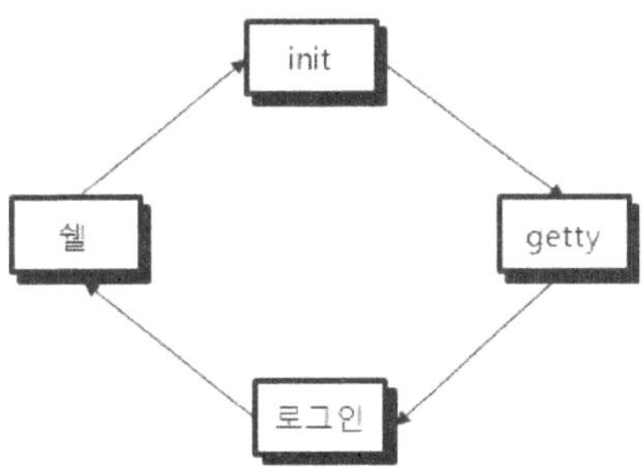

[그림1-11] 로그인 사이클

[그림 1-10]에서 쉘 프로세스는 ls라는 프로세스의 생성자(creator)이자, 부모(parent) 프로세스가 되고, ls는 쉘의 자식(child) 프로세스가 된다. 이 ls 프로세스가 끝난 후에는 제어가 쉘에게로 돌아간다. 그러면, 쉘은 ls 프로세스가 끝난 후의 뒷마무리를 한 다음, 다시 새 커맨드를 받을 준비가 되어 있다는 신호인 프롬프트를 터미널 스크린에 찍고 난 후 다음 커맨드가 입력될 때까지 다시 슬립하게 된다. [그림 1-12]는 커널에서 $가 만들어지기까지 부모 프로세스와 자식 프로세스의 관계를 설명하는 데, 이것은 2장에서 다시

상세히 다루기로 하자.

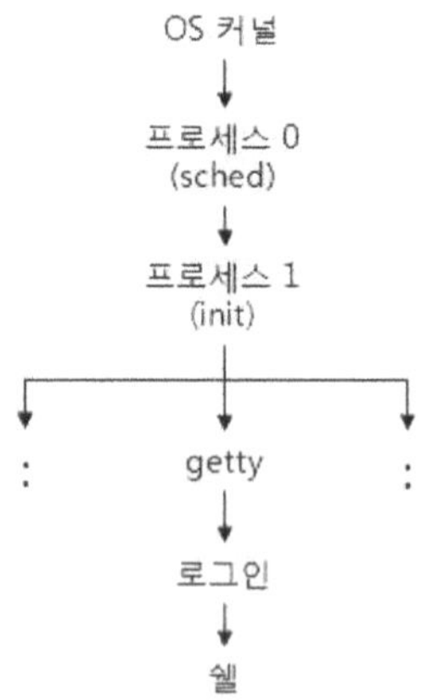

[그림 1-12] 프로세스의 생성자

쉘은 실행하기를 원하는 프로그램을 찾을 때까지 디스크를 탐색하고, UNIX 커널은 이것을 실행한다고 앞에서 설명하였다. 내장(built-in) 명령어에는 cd, pwd, 그리고 echo 등이 있다. 그래서 쉘은 어떤 명령어에 대한 디스크를 탐색하기 전에, 먼저 이것이 내장함수인지를 결정해야 한다. 만약 내장함수이면, 그 쉘은 이 명령어를 직접 실행한다.

1.2 운영체제의 설계 목표

1. 처리능력

처리능력(throughput)이란 시스템 전체의 효율을 측정하는 단위로 단위 시간당 컴퓨터 시스템이 얼마만큼의 생산성을 올릴 수 있는가를 수치로 표현하는 것이다.

OS의 첫째 설계목표는 이 처리능력을 최대한으로 향상시키는 것으로 처리능력을 향상시키기 위해서는 시스템에 생기는 유휴시간을 최소화하여 각 장치가 갖고 있는 최대 성능에 가까운 능력을 발휘할 수 있도록 하는 것이다. 이를 위해서는 시스템의 자원을 최대한 활용하는 것이 필요하다.

입출력장치는 CPU의 처리속도에 비하여 처리속도가 느리므로 시스템 자원 활용 시에 불균형(unbalance)이 생기며, 또 어떤 작업의 실행 시에는 모든 입력장치가 다 쓰이지 않으며, 몇 개는 놀기 마련이다. 주기억장치의 경우에도 모두 다 쓰이는 경우는 별로 없다.

따라서 이들 시스템을 구성하는 요소들을 가능한 한 바쁘게 하도록 하는 것이 처리능력 향상을 위하여 필요하게 되었다. 이 때문에 시스템 자원을 최대한 활용하여 처리능력을 향상시키는 것이 OS의 설계 목표가 되어 있다.

처리 능력을 향상시키기 위하여 다중 프로그래밍(multiprogramming)을 하는 경우를 예를 들어 보자. 이 기법은 동시에 몇 개의 프로그램을 주기억장치에 넣고 CPU를 분할 사용해서 짧은 시간에 좀 더 많은 일을 하게 하여 전반적인 시스템의 효율을 높여 준다. 다중 프로그래밍의 개념은 간단하다. 어느 사용자의 작업(job)에서 입출력이 완료가 될 때까지 CPU는 입출력 일에만 관여하여 다른 연산 작업을 하지 못하므로 시간을 낭비하게 된다. 그러나 I/O 채널이 만들어짐으로써 CPU가 I/O하는 일을 채널에 맡김으로써 CPU는 본연의 연산 작업만 수행할 수 있어 다중 프로그래밍이 가능하게 되었다. 다중 프로그래밍 하에서는 처리 능력을 향상시키기 위하여 몇 개의 작업이 동시에 주기억장소 안에 있도록 하고, 어떤 작업이 I/O를 하게 되면 운영체제는 CPU를 그 작업에서 다른 작업으로 옮겨 다른 작업의 연산만을 수행하도록 한다.

다중 프로그래밍의 장점은 CPU 활용률을 증가시키고, 처리능력을 크게 향상시킨다는 것이다. 극단적인 예로 A, B 두 작업이 있을 때 각 작업을 2초 수행한 후 2초 기다리는 것을 60회 반복한다고 하자([그림 1-13]).

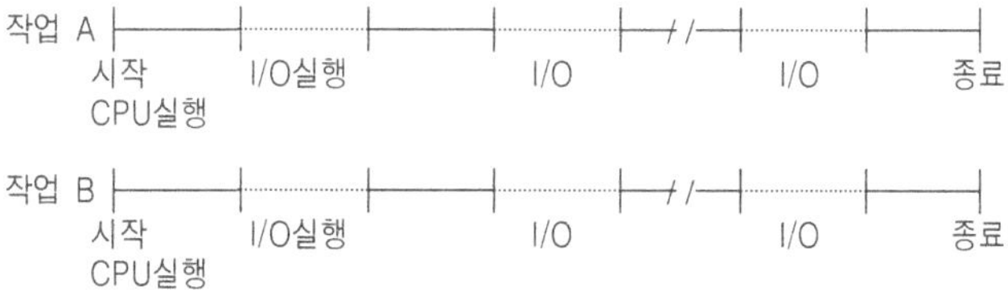

[그림 1-13] 실행을 위한 두 개의 작업 A와 B

만일 작업 A를 모두 처리한 후 B를 처리하면([그림 1-14]), 두 작업을 모두 끝내는 데 8분이 소요된다. 이때 컴퓨터가 실제 연산하는 시간은 4분이고 4분 동안은 쉬게 되므로 CPU 사용률은 50%에 불과하다.

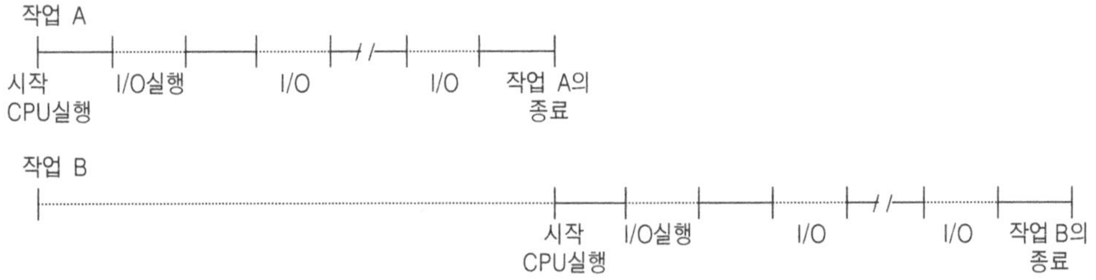

[그림 1-14] 다중 프로그래밍을 하지 않는 작업 수행

만약 A, B를 다중 프로그래밍하면 시스템의 성능(system performance)을 크게 향상시킬 수 있다. 즉, 먼저 A를 수행하고 2초 후 A가 기다릴 때 B를 수행한다.

이런 식으로 작업을 끝내면 [그림 1-15]의 두 작업에 대해 경과한 시간은 4분이고 CPU는 쉬지 않게 된다. 즉, CPU 사용률은 50%에서 100%로 향상되고 처리능력도 증가한다. A는 시간상의 절약이 없지만 B는 처리시간이 반으로 줄어든다.

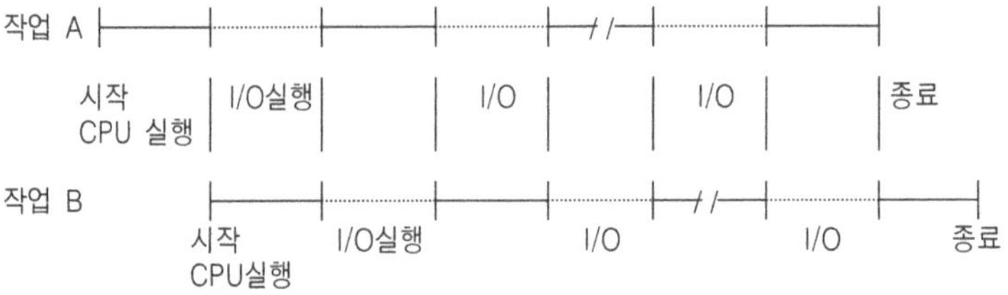

[그림 1-15] 다중 프로그래밍을 하는 작업 수행

이 예는 극단적인 경우이며 실질적으로는 거의 일어나지 않으나 다중 프로그래밍의 개념을 잘 설명해 주고 처리능력이 향상됨을 보여준다.

2. 경과시간의 단축

경과시간(turnaround time)이란 어떤 작업이 컴퓨터 처리를 위해 전산실에 제출되고부터 이 결과가 컴퓨터에서 출력될 때까지의 시간을 말한다. 급여 계산과 같이 데이터를 모아서 배치(batch) 처리를 할 때에는 경과시간이 길어도 별로 문제가 되지 않지만, 은행의 창구나 좌석예약 창구 등에서의 처리에서와 같이 요구가 있을 때마다 즉시 처리되어야 할 경우에는 신속한 응답이 요청된다. 또 배치 처리의 경우라도 계획에 없던 작업(예를 들면 중역이 자료를 몇 시까지 해달라고 요구했을 때, 또는 비용을 더 지불한다는 조건을 제시할 때)이 들어왔을 때에는 대부분의 경우 정해진 시간 내에 응답을 해주어야 한다.

그러나 배치 처리 방식과 실시간 처리(real time) 방식을 공용하고 있는 시스템인 경우에는 경과시간이 각양각색이다. 앞의 예에서 본 바와 같이 배치 처리 방식에서는 경과시간이 길어도 되지만 실시간 처리 방식에서는 요구되는 경과시간이 짧을수록 좋다. 또 배치 처리에서도 특히 긴급한 작업에 대하여 우선순위가 부여되어야 할 것이다. 우선순위가 높은 작업은 우선적으로 선택되어 다른 작업보다도 먼저 실행되게 하는 방식이 처리기 경영의 작업 스케쥴러(job scheduler)이다. 이와 같이, OS의 두 번째 설계목표는 이 경과시간을 최대한으로 줄이는 것이다.

3. 시스템의 확장성과 개방적 설계

OS도 변화와 다양성에 적응할 수 있도록 모듈러 개념(modular concepts)의 설계가 필요하다. 일반적으로, 대규모 프로그램을 개발하기 위해서는 우선 다수의 작은 프로그램으로 분할하여 작성한 다음, 이들을 조합하는데 이를 모듈화(modularization)라 하며, 모듈화는 시스템의 확장성을 높이며 개발 및 유지 보수를 쉽게 하는 기법으로서 널리 알려져 있다. 모듈화의 기본사고는 분할통치(divide and conquer) 원칙에 입각한 것으로서, 시스템이 단순화되고, 개발 작업도 용이하게 된다.

따라서 모듈화 기법은 모듈 간에는 가능한 한 독립적(independent)이고, 모듈간 인터페이스도 단순화하기 때문에 운영체제의 개발에 아주 적합하다. 운영체제에서 모듈화란 처리기 경영, 파일 경영, 주변장치 경영 등과 같이 기능별로 기능을 분할하는 것이다. 따라서 모듈간 인터페이스는 명확해야 하며, 상세한 내부사항은 가능한 한 숨기는 것이 좋다. 이것을 정보의 은폐(information hiding)라 한다.

운영체제가 모듈화 설계 개념의 도입으로 세 번째 설계 목표인 시스템의 확장성과 개방적 설계가 실현될 수 있었다. 앞으로도 OS는 끊임없이 발전할 수 있을 것이다. 제2세대의 컴퓨터에서 제3세대의 컴퓨터로 발전할 때 많은 문제가 있었지만 OS에는 별 문제가 없었다. 또 제4세대 컴퓨터에서도 제5세대 컴퓨터에서도 계속 이렇게 단절 없이 OS는 발전해 나갈 것이다.

1.3 운영체제의 기본용어

1. 프로세스

작업 스케줄러(job scheduler)가 작업들에 대한 실행의 모든 준비를 끝내면 그 작업은 프로세스(process)의 개념으로 바뀐다. 프로세스의 개념을 전달하기 전에 먼저, 프로그램(program)의 개념부터 살펴보자.

"프로그램(program)"이란 정적(static)인 개념으로서, 텍스트(코드라고도 함), 데이터 영역, 스택 영역 등으로 구성된다. 이 텍스트, 데이터, 스택들은 통칭하여 "사용자 수준 이미지(user-level image)"이라고도 하고, 그냥 "이미지(image)"라고도 한다.

이 중에서 데이터 영역은 컴파일 시에 공간이 할당되고 초기값이 주어지는 것과 로드할 때에 공간이 할당되면서 초기값(zero)들이 주어지는 것으로 구분이 된다. 즉, UNIX에서는 "(초기화된) 데이터 영역"이라고 하면 컴파일 시에 공간이 할당되고, 초기값도 주어지는 영역을 말하고, "(초기화되지 않은) 데이터 영역(bss 영역)"이라고 하면 로드할 때에 공간이 할당되고, 초기값들은 영(zero)으로 할당되는 영역을 말한다.

예로서, 다음과 같이 함수의 밖에서 초기값이 정의되었다.

```
int  i = 50;
```

과 같이 선언된 정적변수(static variable)들은 초기화된 데이터 영역에 속할 것이다. 그러나 다음과 같이 함수의 밖에서 정의되어,

```
long A[50]
```

과 같이 초기값이 없이 선언된 변수들은 bss(black started by symbol) 영역에 속할 것이다. 이것으로 인해 한 프로세스의 이미지는 다음과 같이 네 개의 영역들로 나눌 수 있다.

- 텍스트 영역
- 데이터 영역 : { 초기화된 데이터 영역
초기화되지 않은 데이터 영역(bss 영역)
- 스택(사용자 수준 스택)

위에서의 스택은 사용자 주소 공간에서의 스택으로 프로세스가 자기 자신의 사용자 주소공간에서 함수 호출을 할 때 사용되는 것이다. [그림 1-16 (a)]에서 스택 영역은 자동적으로 생성되며 그 크기는 실행시에 커널이 동적으로 조정한다. 스택은 함수를 호출할 때 푸쉬(push)되며 호출한 측에 돌아갈 때 팝(pop)되는 스택 프레임(stack frame)으로 구성되어 있다. 그리고 스택 포인터(stack pointer)라는 특수 레지스터는 현 스택의 깊이를 나타내고 있다.

스택 프레임은 함수에 대한 파라미터, 그 함수의 지역 변수(local variables) 및 함수 호출시의 프로그램 카운터(program counters)와 스택 포인터 값을 위시하여 호출한 측으로 돌아가는데 필요한 데이터를 수록하고 있으며, 커널은 필요하면 스택에 새로운 공간을 할당한다.

이와는 달리 프로그램이 시스템 호출을 통하여 커널의 각종 프로시저를 호출하는 경우에도 프로시저 시원을 받기 위하여 스택이 필요하게 되는데 그러한 스택은 이미지에 속하는 스택을 쓰는 것이 아니고 [그림 1-16 (b)]의 커널 주소 공간(kernel address space)내에 u 영역에 인접한 커널 스택을 사용한다. 이와 같이 두 개의 스택을 통합 운영하지 못하고 따로 사용하는 이유는 CPU 모드가 사용자 모드나 커널 모드일 경우, 주소지정(addressing)할 수 있는 영역이 제한되기 때문이다. 다시 말해서, 사용자 프로그램이 사용자 모드에서 자기 자신의 코드를 수행할 때에는 커널 주소공간의 스택을 쓸 수가 없고, 또 사용자 프로그램이 시스템 호출을 하여 커널의 프로시저를 수행시킬 경우, 커널은 일종의 순수 코드 형태이므로, 그 순수 코드를 쓰는 사람마다 순수 코드가 필요로 하는 독자적인 스택 영역을 커널 주소 공간 안에 마련해 주어야 하기 때문이다.

[그림 1-16]은 한 프로세스에게 할당되는 사용자 주소 공간과 커널 주소공간을 나타낸 것이다. [그림 1-16 (a)]는 프로세스의 사용자 주소 공간을 나타내는 사용자 수준 이미지로 그것이 수행될 때 맨 위에 argv, argc, 환경변수(environment variable)를 시스템이 추가시킨다. 이것이 추가됨으로 해서 프로세스는 수행하면서 이 추가된 정보들을 언제든지 이용할 수 있게 된다. 또한, 스택은 힙(heap)과 같은 공간을 쓰지만 스택은 사용자 수준 스택(user-level stack)을 의미하고, 힙은 C++의 new와 C언어의 malloc() 함수에 의

해서 실행 중에 할당되는 데이터 영역으로 프로그램 실행이 끝나면 없어져 버린다.

[그림 1-16 (b)]는 커널 영역에서 프로세스에게 할당되는 것으로서 뒤에서 설명할 u 영역(u area), proc 테이블(proc table), 그리고 커널 스택(kernel stack) 등이 있다. 그리고 u 영역과 커널 스택은 인접해 있다.

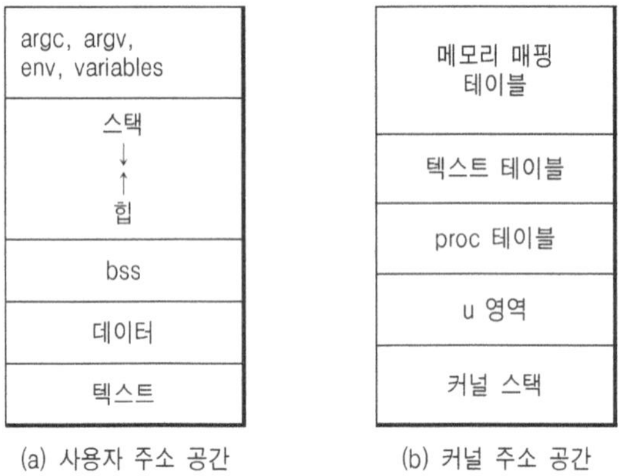

[그림 1-16] 프로세스 문맥

"프로세스(process)"란 동적(dynamic) 개념으로서 정적인 개념인 프로그램이 CPU를 할당받아 수행을 시작하게 되면, 프로그램이 프로세스라는 개념으로 바뀌게 되고, 프로세스가 생성될 때마다 커널은 각 프로세스마다 프로세스에 대한 모든 정보를 가지는 PCB(Process Control Block)를 하나씩 만든다. 이 PCB에는 프로세스에 어떤 자원이 할당되어 있고, 프로세스가 어떠한 상태에서 수행중인가를 나타내는 일체의 프로세스 관련 정보가 들어 있다. 이 PCB에 대한 내용은 2장에서 자세히 다루기로 하자.

그러면 UNIX에서는 PCB 개념이 어떻게 관리되는지 살펴보자. UNIX에서 PCB의 내용을 UNIX 커널에 있는 u 영역(또는 u 블록(u block)), proc 테이블, 텍스트 테이블(text table)에 분산시켜 저장한다.

UNIX 커널은 "u 영역"에 PCB 내용 중 교체 가능한(swappable) 정보를 넣고, "proc 테이블"에는 교체 불가능한(non- swappable) 정보를 모아 놓는다. proc 테이블은 프로세스가 어떤 상태에 있더라도 운영체제가 즉시 액세스할 필요가 있는 정보들을 모아 놓은 것이다. proc 테이블의 엔트리(entry)는 프로세스가 생성될 때 함께 생성되어 프로세스가 수행을 끝낼 때까지 계속 메모리에 상주한다. 이에 반해서 u 영역은 프로세스 이미지가 메모리와 디스크 사이를 움직인다. 따라서 u 영역의 크기는 proc 테이블의 크기보다 훨씬 더 크므로 프로세스의 과부하를 최소화할 수가 있다.

끝으로, 텍스트 테이블에 대하여 살펴보자. 우리가 사용하는 프로그램 중 많은 부분은 나만 사용하는 것이 아니고, 여러 사람도 같이 사용해야 하는 경우가 많다. 예를 들어 에디터, 컴파일러, 쉘, 유틸리티 등이 이에 해당되는 프로그램으로 그 크기가 꽤 방대하다. 이러한 프로그램을 수 벌 또는 수십 벌 독립적으로 돌리면 메모리의 낭비는 매우 엄청나다. 그것을 줄이는 방법이 소위 순수 코드(pure code)(또는 재진입 코드(reentrant code))로 쉘과 같은 공용 프로그램을 만드는 것이다. 그렇게 하면, 쉘을 수십 명이 쓴다고 하더라도 순수 코드 부분은 단 한 벌만 메모리에 있어도 되고, 그 프로세스의 가변 데이터 영역만 프로세서마다 개인용으로 따로 가지고 있으면 된다(이렇게 공용 프로그램으로 만들려면, 컴파일시에 특수 옵션(option)을 써서 순수 코드 부분과, 가변적인 데이터 부분을 명확히 구분하여 오브젝트(object) 코드를 생성하면 된다.

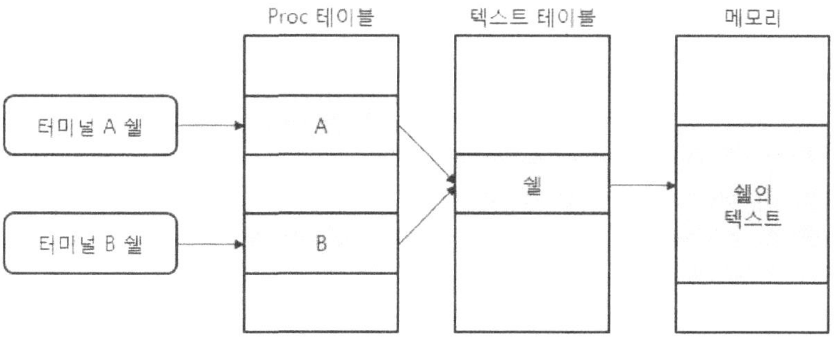

[그림 1-17] 텍스트 테이블

그러면 [그림 1-17]에서 우리가 터미널에서 쉘과 같은 공용 프로그램을 돌릴 경우, UNIX 커널은 일단 쉘의 proc 테이블 엔트리를 만든 후, 이 proc 테이블이 직접 프로세스 이미지를 가리키는 대신 텍스트 테이블을 가리키도록 하고, 이 텍스트 테이블이 순수 코드의 이미지를 가리키도록 함으로써 메모리 공간을 더욱 효율적으로 사용한다.

2. 프로그램 상태어와 인터럽트

PSW(Program Status Word)는 프로그램을 정확하게 실행해 나갈 수 있도록 필요한 정보가 집약되어 있는 8바이트로 레지스터와 주기억장치에 저장되어 있다. 거기에는 다음에 실행해야 할 명령어의 주기억장치의 주소, 상태 코드, 명령어의 길이 등이 들어 있다. PSW의 목적은 명령의 실행순서를 제어하고, 실행중인 프로그램에 관계되는 하드웨어의 상태 등을 나타내는 것이다. 이 PSW의 형식을 나타낸 것이 [그림 1-18]이다. 이 형식의 상세한 내용은 어셈블리 언어나 시스템 프로그래밍 서적 등을 참고하기 바란다. 여기서는 CPU와 인터럽트와의 관계에 대해서만 언급한다.

프로그램 상태어(BC mode)

Channel masks	E	Key	OMWP	Interruption code	ILC	CC	Program mask	Instruction address
0 6	7	8 11	12 15	16 31	32 33	34 35	36 39	40 63

비트	내 용
0~6	Channel masks
7	(E) External mask
8~11	Protection key
12	0 for BC mode
13	(M) Machine-check mask
14	(W) Wait state(1) or not(0)
15	(P) Problem state(1) or supervisor state(0)
16~31	Interruption code
32~33	Instruction length code
34~35	Condition code
36~39	Program mask: 36: Fixed-point overflow mask 37: Decimal overflow mask 38: Exponent underflow mask 39: Significance mask
40~63	Instruction address

[그림 1-18] PSW의 형식

예를 들어, 입출력 인터럽트가 발생하면 CPU에 있는 CPSW(Current PSW)와 주기억장치내의 NPSW(New PSW)가 바뀌어 NPSW가 CPU의 PSW 레지스터에 자동적으로 적재된다. 이 NPSW에 들어 있는 [그림 1-18]의 명령어 주소(PSW의 40-63비트까지)가 바로 입출력 인터럽트 처리 루틴을 가리키는 처음 주소이다. CPU가 발생한 인터럽트의 종류를 식별하자마자, CPU에 등록되어 있는 CPSW는 자동적으로 OPSW(Old PSW)에 보관되는 데, CPSW가 일시적으로 OPSW에 보관되는 것은 인터럽트 처리가 끝나고 나서, 원래 프로그램의 인터럽트가 발생했던 지점의 다음 명령으로 되돌아가도록 하기 위한 것이다. 이것은 메인 프로그램이 부프로그램의 함수를 호출 한 후에 부프로그램 실행 후 메인프로그램의 호출 지점 다음으로 return하는 것과 같은 원리이다.

CPSW가 OPSW로 옮겨진 후 NPSW가 CPU의 PSW 레지스터에 적재되고, 이 NPSW가 CPSW가 된다. 이 CPSW의 명령어 주소에 따라 프로그램이 실행된다. 이렇게 CPSW를 OPSW에 보관하고 NPSW를 CPSW로 적재하는 기능을 인터럽트라고 한다. 이는 모두 자동적으로 일어나며 특별히 시간이 걸리는 것이 아니다.

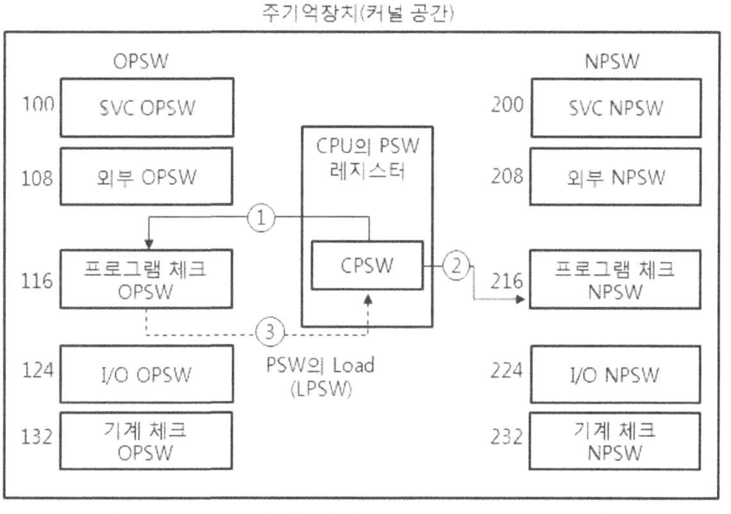

[그림 1-19] 커널공간에서 OPSW와 NPSW 교체

CPSW, OPSW 및 NPSW의 상호관계가 인터럽트 종류에 따라 프로그램이 바뀌는 내용을 정리한 것이 [그림 1-19]이다. NPSW와 OPSW는 각 인터럽트 종류별로 주기억장치 커널 공간의 정해진 주소에 확보되어 있다. 각 PSW의 왼쪽에 표시된 숫자가 커널 공간에서의 주소이다. 그리고 PSW의 크기는 8바이트이므로 다음 인터럽트의 PSW의 주소는 앞의 것보다 8이 크다. 현재 실행중인 프로그램의 실행순서나 이에 관계되는 시스템의 상황을 가지고 있

는 것이 CPSW이며 이는 CPU내의 PSW 레지스터에 들어 있다. 또 이 그림에서는 프로그램 인터럽트가 생겼을 때 어떻게 PSW가 바뀌는가를 나타내고 있다.

먼저 CPU의 CPSW가 프로그램 체크 인터럽트의 OPSW에 보관된다(①). 그 뒤 커널 공간의 프로그램 체크 인터럽트의 NPSW가 CPSW로 바뀐다(②). 이와 같이 NPSW와 OPSW가 바뀌는 현상이 인터럽트라는 하드웨어 기능이다. 인터럽트가 생기면 NPSW의 명령주소에 표시된 명령부터 실행이 된다. 이 명령의 주소가 인터럽트 처리 루틴의 주소이다. 인터럽트 처리가 끝나면 본래 프로그램의 체크 인터럽트가 발생한 지점 다음부터 처리를 해야 한다. 따라서 인터럽트가 발생했을 때 OPSW에 보관한 PSW를 CPSW로 바꾼다. 이를 수행하는 명령은 LPSW(Load PSW)이다.

[그림 1-20]을 살펴보면, ①은 A(ADD) 명령 실행 중에 프로그램 체크 인터럽트가 발생했기 때문에 CPSW는 자동적으로 프로그램 체크 OPSW에 보관되고, ②에서는 프로그램 체크 NPSW가 자동적으로 CPSW에 들어간다. ③에서는 프로그램 체크 루틴의 마지막 명령은 OPSW를 CPSW에 load하는 명령(LPSW)이므로 CPSW에는 프로그램 체크 OPSW가 들어가고, 사용자 공간의 A 명령어부터 실행이 재개된다.

3. CPU 모드

CPU에는 두 개의 작동 모드가 있다. 하나는 사용자 프로그램이 실행되도록 허락하는 사용자 모드(user mode)이고, 다른 하나는 커널 상에서만 몇몇 특수한 명령어들이 실행되도록 하는 커널 모드(kernel mode)이다. 예를 들어, LPSW 명령은 커널이 프로그램의 실행순서를 정하여 CPU의 상태를 바꾸는데 사용되는 명령으로 처리 프로그램에서 필요한 것이 아니다. 만약, 이러한 LPSW와 같은 명령어를 처리 프로그램에서 마음대로 사용하게 되면, 커널이 시스템을 획일적으로 관리할 수 없을 뿐만 아니라, 일반 사용자가 잘못 사용함으로써 시스템을 혼란에 빠지게 할 가능성이 있다. 이와 같이 어떤 종류의 명령은 일반 프로그래머가 사용할 수 없도록 하는 하드웨어 조치가 필요하게 된다. 이들 명령을 특권명령(privileged instruction)이라 부르며 커널 모드에서만 쓸 수 있는 명령이다. PSW의 bit 위치 15가 0일 때 CPU는 커널 모드 혹은 모니터 모드, 시스템 모드라고 하며 특권명령을 실행할 수 있다. 한편 이 비트가 1이면 사용자 모드이며 특권명령을 쓰려고 하면 프로그램 인터럽트가 발생하게 된다. 이 커널 모드 명령어에는 I/O 명령어, 처리기 인터럽트 명령어, 가상기억 서브시스템의 상태를 제어하는 명령어, 그리고 변경 모드(change mode) 명령어 같은 것들이 있다.

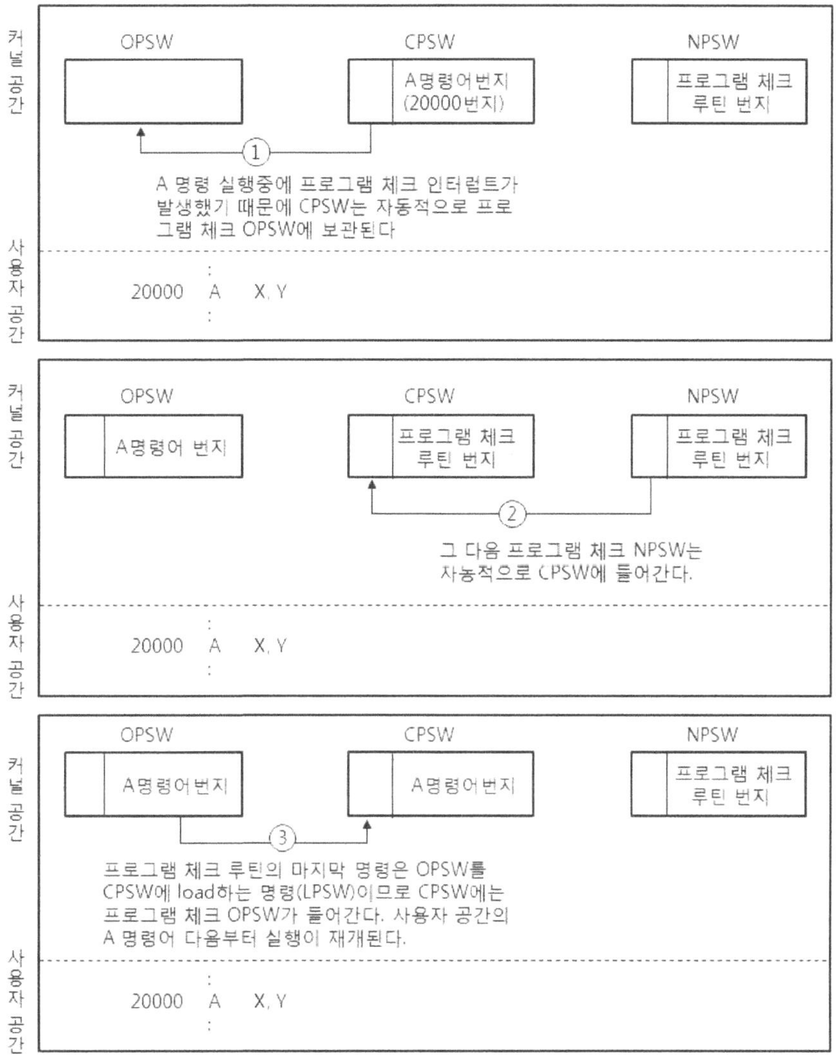

[그림 1-20] 프로그램 체크 인터럽트 실행순서

그래서 사용자 프로그램은 단지 사용자 모드와 사용자 공간에서만 실행할 수 있고, 커널로부터 어떤 것이 필요할 때(다시 말해, 파일을 읽고 쓰거나 현재의 시간을 알고자 할 때), 시스템 호출(system call)을 이용한다. 이와 같이, 시스템 호출과 특권명령과는 개념에 있어서 다르다. 시스템 호출은 몇

몇 인자를 설정해서, 특수한 트랩 명령어를 실행하는 라이브러리(library) 함수이다. 이 명령어는 주기억장치의 커널 내에 트랩 처리 루틴으로 점퍼하게 된다. 결국에는 커널은 원했던 일을 수행하고 사용자 프로세스에 어떤 정보를 제공한다.

인터럽트와 트랩은 운영체제에서 종종 같은 뜻으로 사용되지만, 이 둘은 조그만 차이점이 있다. 트랩(trap)은 프로그램에 의해서 야기되는 CPU 내부에서 일어나는 사건으로, 종종 소프트웨어 인터럽트라고도 불린다. 이것은 특정한 명령어에 의해서 고의로 야기되거나 혹은 불합리한 명령어나 제한된 자원을 액세스하려고 하는 경우에 발생하게 된다. 그러나, 인터럽트(interrupt)는 디스크 인터럽트와 같은 어떤 외부 장치에 의해서 야기되는 CPU 사건이다.

4. 시스템 호출

1) 시스템 호출의 정의

[그림 1-21]에서 사용자 공간의 응용프로그램이 커널 모드로 연결되는 유일한 방법은 시스템 호출(system call)을 이용하는 것이다. 시스템 호출은 커널에 있는 코드를 실행하기 때문에, 프로세스의 모드를 사용자 모드에서 커널 모드로 바꾸어주는 기구이다. 시스템 호출은 프로세스와 운영체제 사이에 유일한 인터페이스로 파일 open, 파일 read, 현재 시간 구하기, 프로세스 생성과 같은 기본적인 기능을 제공한다.

따라서 라이브러리 함수는 사용자 모드에서 실행되고, 시스템 호출은 커널 모드에서 실행되기 때문에 시스템 호출이 제어를 UNIX 커널로 넘긴다는 사실만 없다면, 시스템 호출은 라이브러리 함수 호출과 같다.

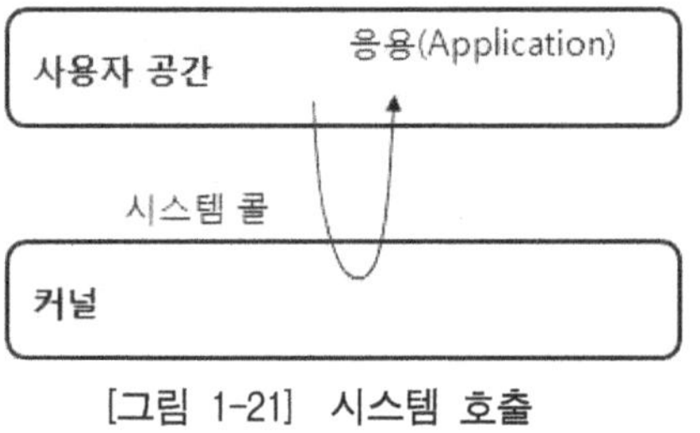

[그림 1-21] 시스템 호출

2) 시스템 호출의 예

■ 파일 I/O에 대한 시스템 호출

- Open(name, mode) : 파일을 읽거나 쓰기 위한 준비
- Creat(name, permissions) : 새로운 파일을 생성하고 그 파일을 open
- Read(fd, buffer, n_to_read) : open된 파일로부터 바이트 단위로 읽기
- Write(fd, buffer, n_to_write) : open된 파일에 바이트 단위로 쓰기
- Lseek(fd, offest, whence) : 그 다음의 읽기 혹은 쓰기에 대한 파일내의 위치를 변경
- Close(fd) : 파일을 읽기 혹은 쓰기가 완료되었음을 지시
- Unlink(fd) : 디렉토리로부터 파일명을 삭제
- Stat : 파일에 관한 정보를 획득

■ 프로세스 관리를 위한 시스템 호출

- fork() : 새로운 프로세스 생성
- wait() : 다른 프로세스가 exit하기를 wait한다.
- execl(), execlp(), execv(), execvp() : 시스템 호출을 하는 프로세스 내에서 새로운 프로그램 실행
- exit() : 시스템 호출을 하는 프로세스를 중지
- kill(sig, pid) :특정 프로세스에 대해서 signal을 보내거나 중지시키는 명령어

■ IPC(InterProcess Communication)을 위한 시스템 호출

- pipe(fildes) : 한 프로세스의 표준 출력을 다른 프로세스의 표준 입력으로 연결
- dup(fd) : 파일 식별자를 복제

1.4 운영체제의 역사

운영체제에 대한 주요사항과 운영체제의 주요특성들을 이해하기 위해서는 운영체제가 오랜 세월 동안 어떻게 발전해 왔는가를 이해하는 것이 중요하다.

1. 일괄처리 방식

초기의 컴퓨터는 하드웨어만 존재하였으며, 사용자를 도와주는 운영체제는 존재하지 않았다. 따라서 컴퓨터 사용자는 기계어(machine language)로 된 명령어를 이용하여 프로그램을 작성하였으며, 프로그램이 동작되면 프로그래머나 오퍼레이터(operator : 컴퓨터 조작원)는 컴퓨터에 나타나는 빛을 보고 그 실행을 감지하고 만약 오류(error)가 발생하면, 프로그램이 멈추게 되어 주기억장치와 레지스터(register)의 내용을 조사한 다음 프로그램을 수정하거나 기계를 조작하여 다시 컴퓨터를 사용할 수 있게 하였다. 이와 같이 운영체제의 부재로 인하여 컴퓨터 시스템의 생산성을 향상시킬 수 없었다.

이를 해결하기 위해 나온 초기의 운영체제인 작업 단위 처리 방식(job by job processing)은 프로그램을 처리할 때마다 프로그래머가 직접 기계를 조작하여 한 작업이 종료되고 다음 작업을 설정할 때 수작업에 의존하기 때문에 시간이 많이 낭비되었다. 그러나 1950년대 후반의 운영체제들은 작업(job)간의 이동이 원활하도록 설계되었다.

이것이 일괄처리 시스템(batch processing system)의 효시로서, [그림 1-22]에서 여러 개의 작업들은 일괄(batch)적으로 묶어 자동적으로 처리할 수 있는 모니터(monitor)라는 운영체제에 의해서 시행되었다. 일괄처리 시스템의 자료처리 방식은 일정 시간 모여진 변동자료(transaction data)를 컴퓨터의 입력 자료로 만들었다가 필요한 시점에서 이 자료를 입력하여 실행시켜서 그 결과를 출력시켜 주는 방식을 말한다.

모니터 (영구히 주기억 장소에 상주)
사용자 공간(컴파일러, 프로그램, 데이터 등)

[그림 1-22] 배치 프로그램의 기억장소 구조

대표적인 것으로 급여계산 처리를 들 수 있다. 즉, 월급지급 전날까지의 변동자료를 모아두었다가 한꺼번에 월급대장과 개인별 지급명세서, 기타의 보고서 등을 작성하는 형태이다.

2. 다중 프로그래밍

다중 프로그램 기법(multiprogramming)은 앞 절에서 상세하게 설명을 하고 있지만 컴퓨터의 느린 입출력 속도(input-output speed)와 처리속도가 빠른 중앙처리장치(CPU) 사이의 속도 차이를 이용하여 컴퓨터의 이용도와 처리능력을 증대시키기 위한 방안으로 설계되었다.

[그림 1-23]은 컴퓨터의 주기억장치상에 2개 이상의 프로그램(multiprogram)이 적재된 형태를 보여주고 있는데, 하나의 프로그램이 중앙처리장치를 사용하다가 입출력 중앙을 하게 되리장이 입출력작업을 I/O 채널에 넘겨주고 I/O 채널이 상대적으로 느린 입출력장치를 수행하는 동안 중앙처리장치로 하여금 다른 프로그램을 수행하게 하여 컴퓨터의 효율을 증대시키고자 하는 방법이다. 이때 다중 프로그램이 가능하게 되려리장입출력 작업을 독립적으로 수행할 수 있는 처리기(processor)가 있어야 하며, 이를 보통 입출력 채널(I/O channel)이라고 부른다.

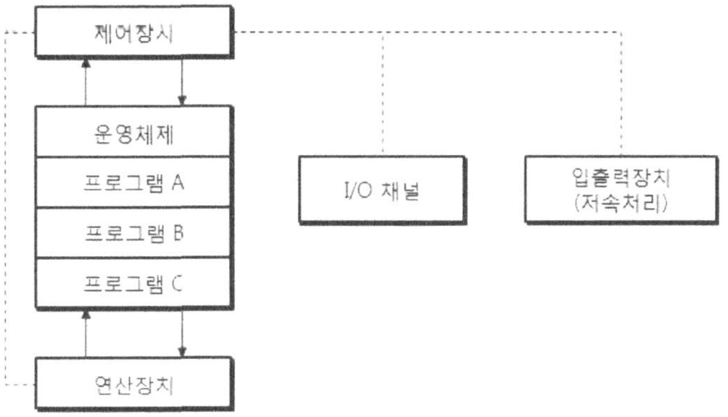

[그림 1-23] 다중 프로그램의 상태

3. 실시간 처리 시스템 운영체제

실시간 처리란 직접성과 시한성을 갖는 자료를 사람의 손이나 다른 전달 방법을 통하지 않고, 어떤 감지기(sensor)의 형태로 즉각 입력시키는 방법이다. 그리고 처리 결과도 즉시 받아볼 수 있게 하므로 실시간 처리 시스템(real-time system)은 온라인(on-line) 개념이 전제가 되어야 한다. 이런 분야에는 공업상 제어, 전화교환장치, 항공관제(flight control), 실시간 시뮬레이션,

그리고 군사 분야의 응용 등이 있다.

그러나 모든 업무 결과가 똑같은 시간에 처리되는 것은 아니며, 업무의 처리 내용과 성질에 따라 달라질 수가 있다. 실시간 처리의 운영을 위해서는 중앙처리장치의 속도가 매우 빨라야 하며, 자료를 저장해 두는 보조기억장치의 용량도 커야 한다. 그리고 많은 단말기를 부착할 수 있는 시스템 구성을 가져야 한다.

[그림 1-24]는 실시간 처리 시스템의 개략적 구성도이다.

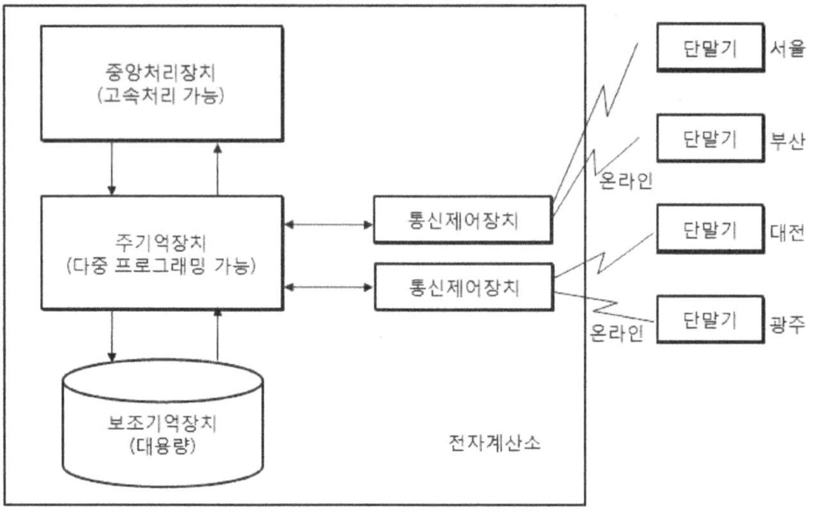

[그림 1-24] 실시간 처리 시스템의 구성

4. 시분할 처리 시스템 운영체제

시분할(time-share)이란 중앙처리장치(CPU)의 시간을 각 단말기가 똑같이 분할하여 사용하는 체제로 모든 컴퓨터 사용자에게 똑같은 서비스를 하는 것을 목표로 삼고 있다. 이 개념에 의하여 사용자와 컴퓨터가 직접 대화하는(interactive) 시스템 구성으로 발전되었으며, 다중 프로그래밍 체제와 대화형 체제를 합쳐 놓은 형태로 볼 수 있다. 이러한 시스템의 사용자는 모두 단말기(terminal)를 사용하게 된다. 이러한 시스템은 매우 짧은 중앙처리장치 사용시간을 요구하는 대다수의 사용자를 위하여 많이 이용되고 있으며, 실제는 많은 사용자들이 하나의 컴퓨터를 공유하지만 각 사용자들이 각각 하나의 컴퓨터를 소유하고 있는 듯한 감을 주는 체제이다.

[그림 1-25]는 시분할 처리의 CPU 시간분할 방법을 보인 것이다.

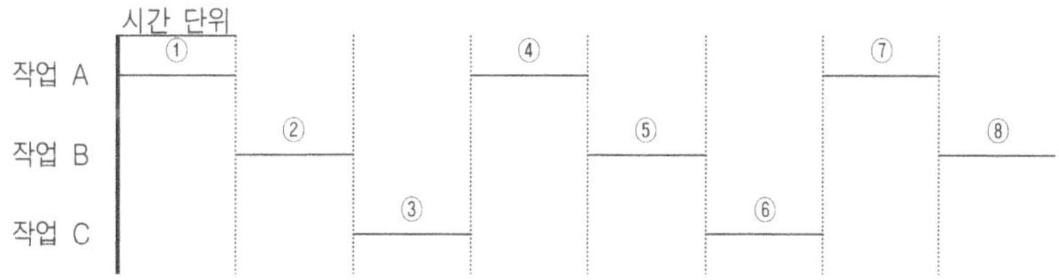

* ①~⑧은 CPU의 사용순서

* 시간 단위는 CPU의 사용시간을 똑같이 나누어준 시간이다.

[그림 1-25] 시분할 처리 시스템의 작업처리 순서

5. 분산운영체제

지금까지의 컴퓨터 운영체제는 대형의 컴퓨터를 전산실(computer center)에 설치해 놓고 멀리 떨어져 있는 사용자의 단말기와 전송매체(transmission media)를 통하여 자료처리를 하는 온라인 실시간 처리(on-line real-time processing)와 온라인 일괄처리 방식(on-line batch processing)을 병행하는 중앙 집중식 정보처리 방법이었다.

그러나 이러한 방법은 모든 자료가 중앙에 집중됨으로써 중앙의 컴퓨터는 업무량이 폭주하여, 더욱 큰 컴퓨터의 설치가 요구되고 중앙의 전산실에 이상이 생겼을 때는 전체의 정보처리 서비스가 마비되는 결과도 발생하게 되었다. 이러한 문제점을 해결하기 위하여 나타난 방법이 분산자료 방식이다.

분산 시스템이란 처리장치, 기억장치, 입출력장치 등의 기본적인 처리능력을 가진 자율연산 기계(autonomous computing machine)들을 네트워크로 연결하여 구성한 보다 종합적인 컴퓨터 시스템을 말한다.

분산 시스템의 기본이 되는 것은 분산운영체제(DOS ; Distributed Operating System)이다. DOS는 여러 노드에 분산되어 있는 자원을 관리하고, 사용자의 위치에 관계없이 투명(transparent)하게 이용할 수 있게 한다. 또한, 분산 시스템의 부분적인 고장발생시 기존의 단일 시스템에서는 전체 작업을 중단해야 하는 데 반해 분산 시스템에서는 고장난 부분을 제외한 나머지는 계속 가동되므로 갑작스런 작업 중단이나 급격한 성능저하는 없다. 이러한 분산 시스템은 다음과 같은 요구조건을 만족하는 컴퓨터들의 집합이라 할 수 있다.

- 다양성(multiplicity) : 사용자에게 동적으로 할당할 수 있는 일반적 용

도(general purpose)의 자원들이 각 노드에 분산되어 있고 또한 중복되어 있다.

- 메시지 전달(message passing) : 분산된 요소들은 통신 네트워크를 이용하여 메시지를 주고받음으로써 정보를 교환한다.
- 시스템 투명성(system transparency) : 사용자는 자원들의 물리적 위치를 모르고도 그 자원을 이용할 수 있어야 한다.
- 지역자율성(local autonomy) : 시스템의 구성 요소(노드)들은 각기 어느 정도의 자율성을 가진다.
- 통합적인 제어기능(unified control) : 각 노드의 자율성은 어느 정도 보장하면서 시스템 전체의 정책을 결정하는 어떤 통합적인 제어기능이 있어야 한다.

이와 같은 요구조건을 고려할 때 기존의 공유 메모리를 통해 프로세서들이 밀접하게 연결된 다중 처리기 시스템(multiprocessor system)은 분산 시스템의 범주에서 제외된다. 분산 시스템은 시스템 전체를 관장하는 하나의 운영체제가 있어서, 사용자는 마치 하나의 컴퓨터를 사용하는 것과 같은 느낌을 받는다.

분산 시스템의 특성 혹은 장점은 "분리(separation)"와 "투명성(transparency)"이라는 말로 설명할 수 있다. 여기서 "분리"는 시스템의 구성요소들이 지리적으로 분산되어 있는 것을 말하고, "투명성"은 이러한 분리를 사용자가 느끼지 못하도록 감추는 시스템의 기능을 말한다.

현재까지 개발된 분산운영체제의 예로는 CHORUS, ACCENT, LOCUS, MOS, DUNIX, PLUSE, IBIS, AMOEBA, V 시스템 등이 있다.

6. 다중 처리 시스템

다중 처리 시스템(multiprocessing system)에서는 복수의 프로세서를 병렬로 동작시켜 처리 속도, 처리율(throughput) 및 신뢰성을 향상시키므로 단일 처리기 시스템에 비해 고성능 계산 시스템을 구현할 수가 있다. 다중 처리기에 의해 행해지는 계산처리를 다중 처리 시스템(multiprocessing system)이라고 한다.

다중 처리 시스템에는 공유 메모리형 다중 처리 시스템(shared memory multiprocessing system)와 분산 메모리형 다중 처리 시스템(distributed memory multiprocessing system)이 있다. 공유 메모리형 다중 처리 시스템은 복수의 프로세서가 하나의 주기억장소를 공유하는 다중 처리기 시스템을 말한다.

공유 메모리에 대한 액세스는 록(lock) 기구에 의해 제어된다. 분산 메모리형 다중 처리 시스템(distributed memory multiprocessing system)은 처리기마다 별개의 메모리를 가지므로 메모리를 공유하지 않은 다중 처리기 시스템을 말한다. 각 프로세서는 자신의 메모리(국소 메모리)를 지니고 있으며, 프로세서간의 통신은 전적으로 시스템 버스 혹은 네트워크를 통해 메시지 전달로 행한다.

메모리의 공유 여부는 프로세서간 결합의 긴밀성에 직접 관계가 있으므로, 공유 메모리형 다중 처리 시스템을 강결합형 다중 처리 시스템(highly- coupled multiprocessing system), 분산 메모리형 다중 처리기 시스템을 약결합형 다중 처리기 시스템(loosely-coupled multiprocessing system)이라 부른다.

다중 처리기 시스템은 [그림 1-26]에서 설명하고 있는 것처럼 각 프로세서의 메모리 액세스법에 따라 다음 두 가지 형태로 분류한다.

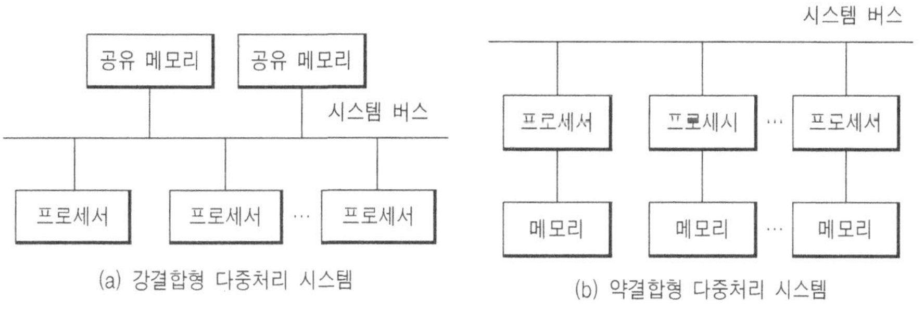

(a) 강결합형 다중처리 시스템　(b) 약결합형 다중처리 시스템

[그림 1-26] 다중 처리기 시스템의 구성 예

■ 강결합형 다중 처리 시스템

공통 시스템 버스로 결합하여, 공유 메모리를 액세스할 수 있다. 또한 강결합형은 공유 메모리가 모든 프로세서에 의해 동일하게 접근되므로 프로그램하기 쉽다는 장점을 가지지만, 병렬 컴파일러의 발달에도 불구하고 메모리의 접근시간이 언제나 일정하게 소요되고 메모리 접근이 일정 순간에 집중되면 상호연결망이 병목되므로 시스템 전체 성능을 급격히 떨어뜨릴 수 있다는 단점을 가진다(Encore Multimax, Sequent Balance 등).

■ 약결합형 다중 처리 시스템

공유 메모리를 가지지 않은 다중 처리기 시스템으로 각 프로세서는 국소 메모리를 가지며 다른 곳으로부터 액세스를 허락하지 않는다. 프로세서가 고속의 시스템 버스 혹은 네트워크로 접속된 것이다(Intel Hypercube 등).

약결합형의 다중 처리기 시스템은 메모리를 공유하지 않으므로 프로세서간의 통신 속도는 늦으며, 강결합형 다중 처리기 시스템에 비해 대체로 몇 배 정도의 차이가 있다. 또한, 시스템 기동시의 오버헤드로 시간이 걸린다. 그러나 프로세서 수를 증가하여도 성능이 그렇게 저하되지 않는 장점이 있으며, 프로세서간의 통신은 메시지 전달을 기본으로 하고 있다.

다중 처리기 시스템 방식은, 비용은 비싸지만 프로그램 처리의 속도가 빠르고 한쪽의 CPU가 고장나더라도 다른 CPU를 이용하여 업무처리를 계속할 수 있기 때문에 시스템의 안정성이 높다고 하겠다. 다중 처리기 시스템과 비슷한 시스템 운영 방법으로는 듀플렉스 시스템과 듀얼 시스템이 있다.

듀플렉스 시스템(duplex system)은 시스템의 안전성을 고려하여 한쪽의 CPU가 가동 중일 때에는 다른 한 CPU는 대기하게 되며, 가동 중인 CPU가 고장이 나게 되면 즉시 대기 중인 한쪽 CPU가 가동되어 시스템이 안전하게 작동되도록 운영하는 방식이다. 이러한 시스템은 은행업무와 같은 고도의 대 고객 서비스가 요구되는 업무에 사용되고 있다.

듀얼 시스템(dual system)은 업무처리의 신뢰도를 높여 주기 위하여 두 개의 CPU가 같은 업무를 동시에 처리하여, 그 결과가 같은가 틀린가를 확인해 가면서 상호의 결점을 보완해 줄 수 있는 상호조회 시스템이다.

연습문제

■ 객관식 문제

1. UNIX 시스템의 특징과 거리가 먼 것은?
(가) 명령어 해석기는 운영체제 커널에 포함되어 있다.
(나) 이식성이 높다.
(다) 커널 코드의 대부분이 C언어로 작성되어 있다.
(라) 커널의 크기가 비교적 작다.

2. 프로세스가 자원을 이용하는 정상적인 작동의 순서는?
(가) 요청 - 사용 - 해제　　(나) 요청 - 해제 - 사용
(다) 사용 - 요청 - 해제　　(라) 해제 - 요청 - 사용

3. 프로세스의 정의와 관련이 적은 것은?
(가) 실행중인 프로그램　　(나) PCB를 가진 프로그램
(다) CPU가 할당되는 실체　　(라) 디스크에 저장된 프로그램

4. UNIX에서 새로운 프로그램을 수행시키기 위한 시스템 호출은?
(가) fork　　(나) open
(다) creat　　(라) exec

5. 다음 운영체제 형태 중 시대적으로 가장 먼저 생겨난 형태는?
(가) 다중처리 시스템　　(나) 시분할 시스템
(다) 일괄처리 시스템　　(라) 분산처리 시스템

6. UNIX 운영체제에서 사용자 인터페이스를 제공하며, 명령어 해석기라고도 일컬어지는 것은?
(가) kernel　　(나) shell
(다) file descriptor　　(라) inode

7. UNIX에서 파일의 사용 허가를 정하는 명령은?

(가) finger (나) chmod
(다) fsck (라) ls

8. PCB(프로세스 제어 블록)가 갖고 있는 정보가 아닌 것은?
(가) 프로세스 상태
(나) 프로그램 계수기
(다) 처리기 레지스터
(라) 할당되지 않은 주변장치의 상태 정보

9. UNIX에서 커널의 기능이 아닌 것은?
(가) 프로세스간 통신(IPC)
(나) 기억장치 관리(memory management)
(다) 프로세스 관리(process management)
(라) 데이터베이스 관리(database management)

10. 운영체제가 프로세스에 대한 중요한 정보를 저장해 놓을 수 있는 저장장소를 PCB(Process Control Block)라고 한다. PCB가 갖는 정보가 아닌 것은?
(가) 프로세스의 현상태 (나) 프로세스의 우선순위
(다) 프로세스의 고유한 식별자 (라) 프로세스의 크기

11. 프로세스의 상태가 아닌 것은?
(가) 정지상태(halt) (나) 준비상태(ready)
(다) 대기상태(blocked) (라) 실행상태(running)

12. UNIX 시스템의 특징으로 볼 수 없는 것은?
(가) UNIX 시스템은 사용자에 대해 대화형 시스템이다.
(나) UNIX 시스템은 다중작업 시스템(multi-tasking system)이다.
(다) UNIX 시스템은 파일 구조는 단층구조 형태이다.
(라) UNIX 시스템은 다중 사용자(multi-user) 시스템이다.

13. UNIX 시스템에서 운영체제의 핵심이 되는 부분으로서 프로세서 관리, 입출력관리, 파일관리 등을 하는 곳은?
(가) 파일 시스템 (나) 커널(kernel)
(다) 파이프(pipe) (라) 필터(filter)

14. 인터럽트 종류와 발생원인에 대한 설명 중 거리가 먼 것은?
(가) 기계검사 인터럽트는 기계에 고장이 생겼을 때 발생한다.
(나) 재시작 인터럽트는 수행중인 프로세스가 0으로 나누어진다든지, 기타 허용되지 않은 명령어를 실행할 때 발생한다.

㈐ 외부 인터럽트는 인터럽트 시계에서 일정한 시간이 만기가 된 경우 발생한다.

㈑ 입출력 인터럽트는 입출력 하드웨어가 발생시킨다.

15. 다음 중 UNIX의 특징이 아닌 것은?

㈎ 대화식 시스템이다. ㈏ 이식성이 매우 높다.

㈐ 멀티유저 시스템이다. ㈑ 대부분 어셈블리 언어로 구현되었다.

16. 분산처리 시스템의 장점이 될 수 없는 것은?

㈎ 확장성이 좋다. ㈏ 보안이 용이하다.

㈐ 가용성이 높다. ㈑ 결함허용이 가능하다.

17. 다중 프로그래밍 시스템과 시분할 처리 시스템은 모두 다수의 사용자에게 서비스를 제공한다. 이에 대한 설명으로 가장 적절한 것은?

㈎ 다중 프로그래밍은 실행시간이 짧은 작업에 유리하고 시분할 처리는 실행시간이 긴 작업에 유리하다.

㈏ 다중 프로그래밍과 시분할 처리는 모두 일정하게 나누어진 시간만큼을 작업들에게 할당한다.

㈐ 다중 프로그래밍과 시분할 처리 모두 실행시간이 긴 작업에 유리하다.

㈑ 다중 프로그래밍은 처리량의 극대화를 꾀하고 시분할 처리는 응답시간의 최소화를 꾀한다.

18. 도스(MS-DOS)와 유닉스(UNIX)에서 사용되는 명령어 중 서로 관련이 없는 것으로 짝지어진 것은 어느 것인가?

㈎ DIR - LS ㈏ COPY - CP

㈐ TYPE - CAT ㈑ CD - CHMOD

19. 운영체제를 수행기능에 따라 분류하면 제어 프로그램과 처리 프로그램으로 구분할 수 있다. 다음 중 제어 프로그램의 기능이 아닌 것은?

㈎ 인터럽트 처리 ㈏ 링킹(linking)

㈐ 프로그램 실행의 스케줄링 ㈑ I/O 오퍼레이션 스케줄링

20. 운영체제의 구성요소 중 제어 프로그램에 해당하지 않은 것은?

㈎ data management program ㈏ service program

㈐ job control program ㈑ supervisor program

21. 여러 명의 사용자가 사용하는 시스템에서 컴퓨터가 사용자들이 프로그램을 번갈아가며 처리해 줌으로써 각 사용자가 각자 독립된 컴퓨터를 사용하는

느낌을 주는 시스템은?

(가) on-line system (나) batch file system
(다) dual system (라) time sharing syste,

22. 시분할 시스템(time sharing system)에 관련된 내용은?
(가) 다중 프로그래밍 기법을 사용한다.
(나) 일괄처리 시스템에 주로 사용한다.
(다) 입력되는 자료들을 일정 기간 모았다가 한꺼번에 처리한다.
(라) 실시간 처리 시스템이라고도 한다.

<정답은 375페이지에 제시되어 있다.>

■ 주관식 문제

1. 운영체제의 목적은 무엇인가?

2. 운영체제의 설계 목표에는 무엇이 있는가? 각각에 대하여 기술하여라.

3. 커널에서부터 사용자 로그인 후 쉘이 활성화되는 과정을 기술하여라.

4. 다중 프로그래밍(multiprogramming)의 개념에 대하여 기술하여라.

5. 인터럽트의 종류에 대하여 기술하고 프로그램 상태어(Program Status Word; PSW)와 관계지어서 인터럽트 발생하는 과정을 기술하여라.

6. 감시 프로그램 상태와 문제 프로그램 상태 그리고 특권명령에 대하여 기술하여라.

7. 프로세스와 프로그램을 구별하여라.

8. 다음 각각의 운영체제간에 차이점을 기술하여라.
(1) 일괄처리 방식(batch processing)
(2) 실시간 처리 시스템(real time system)
(3) 시분할 처리 시스템(time-sharing system)
(4) 분산운영체제(distributed operating system)
(5) 다중 처리기 시스템(multiprocessing system)

9. 듀얼 시스템(dual system)과 듀플렉스 시스템(duplex system)의 차이점을 기술하여라.

10. 사용자 모드(user mode)와 커널 모드(kernel mode)에 대하여 설명하여라.

11. 분산 시스템의 요구조건에 대하여 설명하여라.

12. 운영체제에서 커널(kernel)이란 무엇을 뜻하는가?

13. 장치 드라이버(device driver)에 대하여 논하여라.

14. 시스템 호출(system call)의 정의를 설명하고 그 예를 들어 설명하여라.

제 2 장

처리기 경영

2.1 소 개

이 장에 들어가기 전에 먼저 처리기(processor)와 프로세스(process)를 구분해야 한다. CPU를 뜻하는 처리기는 연산을 행하고 프로그램들을 실행시키는 하드웨어의 일부이고, 프로세스는 태스크(task)라고도 하며 앞장에서 설명한 CPU를 할당받은 실행 가능한 프로그램(executable program)을 말한다.

그러면, 본장으로 돌아와서 처리기 경영(processor management)이란 다중 프로그래밍 환경 하에서 처리기를 프로세스에 할당(allocate)하고 회수(deallocated)하는 일을 하는데 이에는 작업 스케줄링을 맡고 있는 작업 스케줄러(Job Scheduler)와 프로세스 스케줄링을 맡고 있는 프로세스 스케줄러(Process Scheduler)의 두 개의 모듈로 구성되어 있다.

여기서 작업 스케줄러는 거시적인 스케줄러로서 배치처리에 적합하며 어떠한 작업부터 실행시킬 것인가를 선택하고, 프로세스 스케줄러는 미시적인 스케줄러로서 작업 스케줄러에 의해서 선정된 작업뿐만 아니라, 작업스케줄러를 사용하지 않는 대화식 작업에도 적합하여 준비상태 큐에 있는 프로세스에게 처리기를 배정하는 일을 한다. 일반적으로 다중 프로그래밍 체제일 경우에는 작업 스케줄러가 제출된 수많은 작업 중의 일부를 선정하여 준비상태 큐 안으로 넣게 된다. 다시 말해서 작업 스케줄러는 이들 작업을 위하여 프로세스를 만들어 주면, 그 후 프로세스 스케줄러는 이들 중에 어느 프로세스가 처리기를 언제, 얼마 동안 사용할 것인가를 결정하게 된다.

그리고 작업 또는 프로세스간에는 어떤 조건이든 메시지를 주고받을 필요가 있다. 분산 운영체제 커널은 집중형 시스템 운영체제에서와 같이 프로세스를 발생, 소멸시키는 프로세스 관리기능과 기억장치 관리기능을 갖고 있지만, 집중형 시스템의 운영체제는 공유 메시지 버퍼(shared message buffer)를 통하여 IPC(interprocess communication)에서를 하며, 특히 P와 V 세마포(semaphore)와 같은 메커니즘을 통하여 동기화(synchronization)와 상호배제(mutual exclusion)로 통신 문제를 다루며, 분산 운영체제는 통신 네트워크를 통한 메시지 패싱(message passing) 방식에 의하여 프로세스간 통신과 동기화를 한다. 이것은 제 6장에서 상세히 다루게 될 것이다.

또한, 두 개 이상의 프로세스가 각각 다른 프로세스들이 가지고 있는 자원을 기다리고 있으며, 자신이 가지고 있는 자원을 내놓지 않을 경우에 이들 프로세스들은 기다리고 있는 자원을 영원히 가질 수 없는 상태가 발생하는데 이러한 상태를 교착상태(deadlock)라고 한다. 또한 이런 내용들도 뒤의 제 6장에서 다루기로 한다.

2.2 작업과 프로세스의 상태

처리기 경영이 하는 일을 살피기 위하여 크게 배치(batch) 기반 상태 모델과 UNIX 기반 상태 모델로 나누어 살펴보자. [그림 2-1]의 상태 모델(state model)은 배치 기반으로 하여 작업과 프로세스의 상태 변화를 보여주고, [그림 2-2]의 상태 모델(state model)은 UNIX를 기반으로 하여 프로세스의 상태 변화를 보여준다.

1. 배치 기반 상태 모델(state model)

그러면, 먼저 배치 처리를 기반으로 하는 [그림 2-1]의 상태 모델(state model)에 대해서 살펴보기로 하자. 이것은 한 작업이 실행을 위해서 5개의 상태인 보류(hold), 준비(ready), 실행(running), 대기(blocking), 완료(complete)를 거친다. 보류상태란 시스템이 전산 처리를 위하여 작업을 받아들여 디스크나 테이프에 저장하는 것을 말하고, 작업 스케쥴러는 이 저장된 작업들의 우선순위를 정하여 처리기를 배정하기 위한 준비상태로 바꾸어준다. 그러나, 대화식 시스템에서는 작업(혹은 프로세스)이 보류상태를 거치지 않고 바로 준비상태 큐로 간다. 실행(running)상태는 프로세스 스케쥴러가 준비상태 큐에 들어 있는 작업들에 처리기를 배당하는 것으로 이때부터 작업은 프로세스라는 개념으로 바뀌게 된다. 대기(blocking)상태는 처리기를 할당받은 프로세스가 입출력 연산을 해야 할 경우에 이 프로세스는 입출력 연산이 끝날 때까지 기다리는 상태를 말한다. 완료(complete)상태는 작업이 끝나고 그 작업을 사용자에게 돌려보내지는 경우를 말한다.

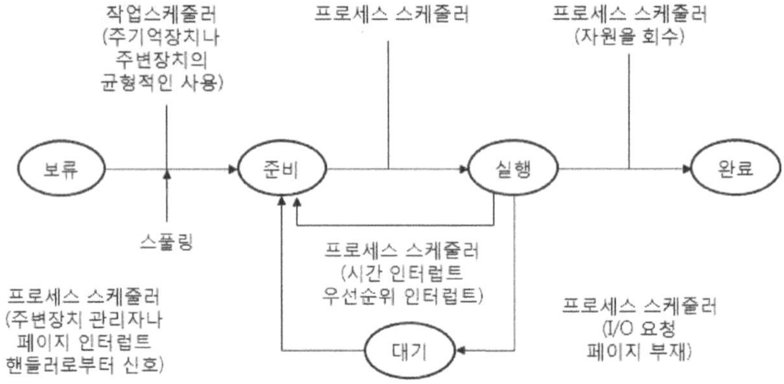

[그림 2-1] 보류에서 완료까지의 작업(혹은 프로세스)의 상태 변화

- 보류상태에서 준비상태로 이동

이 과정은 디스크나 테이프에 저장된 보류 상태의 작업들을 작업 스케줄러가 작업들의 우선순위를 정하여 준비상태로 바꾸어준다. 그러나, 대화식 시스템에서는 이 과정을 거치지 않고 바로 준비상태 큐로 간다. 이러한 과정이 진행되면 준비상태에 있는 프로세스들은 각각 준비 리스트(ready list)를 작성해야 한다. 준비 리스트에 있는 프로세스들은 각기 우선순위가 주어져 가장 우선순위가 높은 프로세스가 다음번에 CPU를 차지할 수 있다.

- 준비상태에서 실행상태로 이동

이 과정은 미리 정의되어 있는 알고리즘(예를 들면 FCFS, SJN, priority scheduling, SRT, 혹은 round robin)을 가진 프로세스 스케줄러에 의해서 다루어진다.

- 실행상태에서 준비상태로 되돌리는 경우

이 과정은 어떤 정의된 시간할당(time quantum 혹은 time slice) 혹은 "우선순위(priority)" 인터럽트를 기반으로 한 프로세스 스케줄러에 의해서 다루어진다.

- 실행상태에서 대기상태로의 이동

이 과정은 프로세스 스케줄러에 의해서 다루어지고 프로세스가 실행 중에 READ, WRITE 명령과 같이 I/O 요청으로 시작되어진다. 이러한 대기상태에 있는 프로세스들은 각각 대기 리스트(blocking list)를 작성해야 한다. 그러나 대기 리스트에는 우선순위가 없다. 왜냐하면 프로세스가 대기상태를 벗어나는 것은 미리 정해진 순위에 의해서가 아니라 그들이 기다리던 어떤 조건이 만족되는 순서에 의해서이기 때문이다.

- 대기상태에서 준비상태로의 이동

이 과정은 프로세스 스케줄러에 의해서 다루어지고 주변장치 경영자로부터 READ, WRITE를 끝냈다는 신호에 의해서 시작되어진다. 페이지 fetch의 경우에, 페이지 인터럽트 핸들러는 페이지가 주기억장치내에 있고 그 프로세스는 준비상태 큐에 놓일 수 있다는 것을 신호로 보낸다.

- 실행상태에서 완료 상태로의 이동

이 과정은 작업이 성공적으로 실행이 끝났을 때나 혹은 에러가 발생해서 작업이 미리 종료되어지는 것으로 프로세스 스케줄러에 의해서 실행되어진다.

2. UNIX 기반 상태 모델

[그림 2-2]의 UNIX를 기반으로 한 상태 모델에서 프로세스의 생성, 수행, 소멸의 과정을 살펴보기로 하자. UNIX에서 모든 프로세스들은 fork() 시스템 호출을 사용하여 생성되어진다.

UNIX 프로세스는 두 개의 실행 가능 모드인 사용자 실행(user running) 모드와 커널 실행 모드로 나누어진다.

먼저 부모 프로세스가 fork() 시스템 호출을 실행하면 프로세스를 새로 만드는 생성상태(creation)(1)에 들어가고, 마침내 메모리상에 실행 가능한 상태인 준비상태(2)로 간다. 이 때, 프로세스 스케줄러는 이 프로세스를 사용자 모드 실행 상태(3)로 만들어 "커널 모드 실행 중(5)"이라는 상태에 들어가게 하며, 여기서 프로세스의 나머지 부분을 처리 완료할 수 있다(3).

프로세스가 시스템 콜을 완료하면 프로세스는 "사용자 모드 실행 중" 상태로 옮아가며(5에서 4로) 거기서 사용자 모드로 실행된다. 시간 할당에 대한 시스템 클록(system clock)이 프로세서에 인터럽트를 걸 수 있는데 이렇게 되면 프로세스는 다시 "커널 모드 실행 중"이 된다(3).

클록 인터럽트 처리 루틴이 클록 인터럽트 처리를 끝내게 되면 커널은 다른 프로세스가 실행되게 스케줄 할 수 있으며 이로 인하여 처음 프로세스는 "CPU 선점상태(preempted)"로 되고 다른 프로세스가 실행된다. "CPU 선점상태"는 "메모리상 실행 가능 상태"와 꼭 같다. 커널 모드에서 실행중인 프로세스가 CPU를 강탈당하는 것은 단지 사용자 모드로 돌아갈 때뿐이다. 마지막으로 스케줄러는 실행할 프로세스를 골라 이를 "사용자 모드 실행 중" 상태로 환원시켜 사용자 모드로 실행을 다시 시작한다. 한 프로세스가 시스템 콜을 실행할 때에는 프로세스는 "사용자 모드 실행 중"에서 "커널 모드 실행 중" 상태로 들어간다.

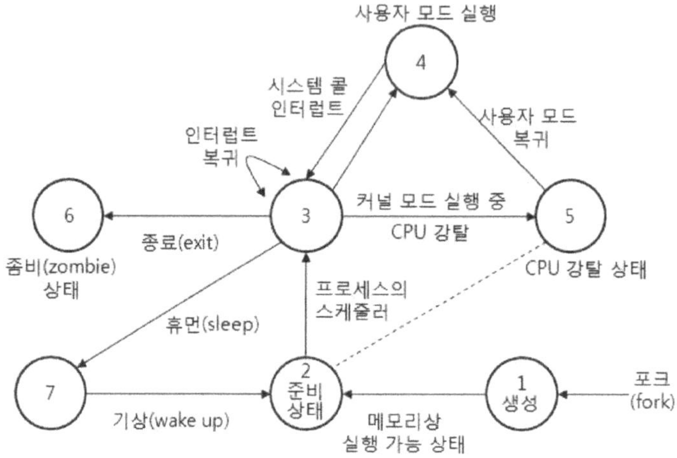

[그림 2-2] UNIX상의 프로세스 상태천이 다이어그램

시스템 호출이 디스크 I/O를 요구하여 I/O 종료를 기다리는 경우를 생각해 보자. 이때에는 프로세스는 "메모리상 휴면상태"가 되어 I/O 종료를 통보받을 때까지 휴면한다(7). 뒤에 I/O가 종료되면 하드웨어가 CPU를 인터럽트 시키며 인터럽트 처리 루틴이 그 프로세스를 기상시켜 "메모리상 실행상태"에 들어가게 한다(2).

마지막으로 스케줄러가 실행할 프로세스를 선택하면 이 프로세스는 "커널 모드 실행중"이 되어 처리가 속행된다. 프로세스가 끝나면 프로세스는 exit 시스템 호출을 불러내게 되어 프로세스는 "커널 모드 실행중"에 들어가며 마지막으로 "좀비 상태"가 된다(6).

2.3 프로세스의 생성과 종료

1. 초기 프로세스 생성

UNIX 시스템에서는 실행되는 프로세스들을 구분하기 위하여 고유한 번호인 PID(Process Identification Number)를 부여한다. PID는 프로세스 생성과정에서 커널에 의해서 자동으로 부여되며, 같은 번호를 갖는 프로세스는 존재하지 않는다. 그리고 실행 중인 프로세스의 PID를 확인하기 위해서는 [그림 2-8]에서와 같이 명령어 ps를 사용한다. 컴퓨터에서 부팅(booting)이란 Bootstrapping의 줄임말로 컴퓨터를 켜서 시스템이 운영할 수 있는 준비를 하는 것을 뜻한다. 일반적인 부팅 과정을 살펴보면 다음과 같다. 시스템의 전원을 켰을 때 BIOS는 시스템에 H/W와 메모리를 검사하기 위해 자가 진단(self-test)을 실시한다. 에러가 발견되지 않았을 경우, 첫 번째 하드디스크의 MBR(Master Boot Record) 프로그램이 파티션 테이블(partition table)을 검사하여 활성화(active)된 파티션의 부트섹터를 읽어 그 코드를 실행하면, 이 해당 코드는 커널을 메모리로 읽어 들이는 역할을 한다. 그러면, 커널은 자료구조를 초기화하고 필요한 커널 모듈을 읽어 들인다. 그리고 나서, 루트(root) 파일 시스템이 마운트(mount) 되고, init 프로그램이 수행된다. 커널이 메모리에 올라오고 초기화 작업이 끝나는 시점에서 사용자 메모리 영역에 fork()를 사용하지 않는 다음과 같은 몇 개의 자발적인(spontaneous) 프로세스들이 만들어진다.

[그림 2-3]에서 보는 것처럼 PID(Process ID)가 0인 첫 번째 프로세스는 부트 시간 동안 UNIX에 의해서 생성된다. 이 프로세스는 즉시 PID 1과 2를 가지는 2개의 프로세스를 만든다. 이 프로세스의 이름은 [그림 2-3]과 같다. 스와퍼(swapper)라 부르는 이 프로세스는 메모리에 적재되지 않은 프로세스를 2차 기억장치에 일시적으로 피하게 하고 필요할 때 주기억장치로 읽어 들이는 일을 하며, 페이지 데몬(pagedaemon)은 가상기억 장치의 페이징(paging)을 수행한다. 따라서 스와퍼(PID 0), init(PID1), 페이지 데몬(PID 2) 프로세스는 커널 모드에서 영구적으로 실행되기 때문에 이들을 커널 프로세스라 하고, 사용자 프로세스와 반대로 이들 코드는 커널내로 직접 링크되며, 별도의 실행 파일로는 존재하지 않는다. 더구나 커널 프로세스는 다른 프로세스에 의해서 결코 선점되지 않는다.

PID	BSD 계열	AT&T 계열
0	swapper	System V 계열에서는 Sched
1	init	System V 계열에서는 init
2	pagedaemon	System V 계열에서는 Memory Handler

[그림 2-3] 프로세스 생성자

init 프로세스인 PID 1은 시스템을 관리하는 프로그램 /etc/init를 실행해서 시스템 콘솔에 쉘 프로세스를 가동시키고 슈퍼 유저(super user)에게 특권을 부여하는데, 이것을 단일 사용자(single-user) 모드라고 한다. 이 단일 사용자 모드에서는 콘솔이 루트 특권을 가지고 자동적으로 로그인 되며, 단일 사용자 모드는 보통 파일 시스템을 점검, 보수하거나 시스템의 기본적인 테스트를 하는 경우에 사용되어진다. 또한 init 프로세스는 활성화되어 있는 단말 통신선들에 getty 프로세스를 생성시킴으로서 다중 사용자(multi-user) 환경을 조성한다.

이와 같이, 몇몇 초기 프로세스의 생성이 끝나면, 부팅에 관한 커널의 임무는 여기서 끝나고 나머지 프로세스 생성과정은 [그림 2-4]에서처럼 init 프로세스가 주도하고, 시스템내의 모든 다른 프로세스들은 PID 1인 init 프로세스의 자손들이다. 부모와 자식 프로세스들은 init 프로세스를 루트 프로세스로 갖는 계층구조로 [그림 2-4]와 같이 부모프로세스인 init는 자동으로 각 터미널 포트에서 자식 프로세스인 getty 프로그램을 구동시키고, getty 프로세스는 각 터미널에 "login:" 프로세스를 디스플레이하고, 입력되기를 기다린다.

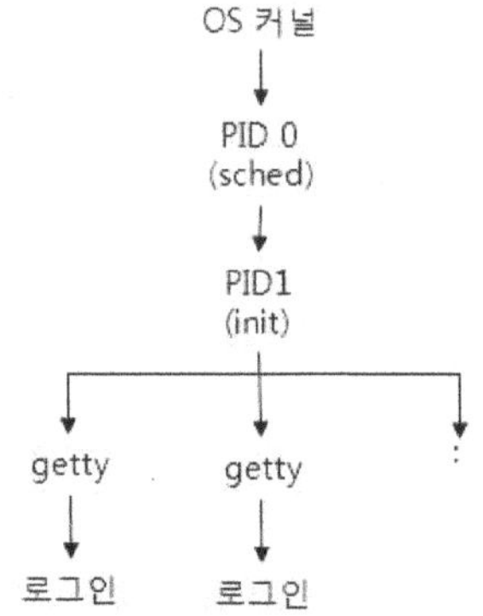

[그림 2-4] 프로세스의 계층구조

2. fork()를 이용한 프로세스 생성

UNIX 운영체제에서 사용자가 새로운 프로세스를 생성할 수 있는 유일한 방법은 쉘 환경에서 명령어를 실행하거나, 프로그램 안에서 fork() 시스템 을 호출하여 새로운 프로세스가 생성된다. fork()를 호출한 프로세스를 부모 프로세스(parent process)라 하고, 새로이 생성된 프로세스를 자식 프로세스(child process)라 한다. fork() 시스템이 실행된 직후의 부모 프로세스와 자식 프로세스는 동일한 이미지를 갖기 때문에 프로그래머가 이들을 구분하여 프로그램을 할 수 있도록 다음과 같이 서로 다른 리턴 값이 제공된다.

- 부모 프로세스 : 자식 프로세스의 번호
- 자식 프로세스 : 0
- 오류 발생시 : -1

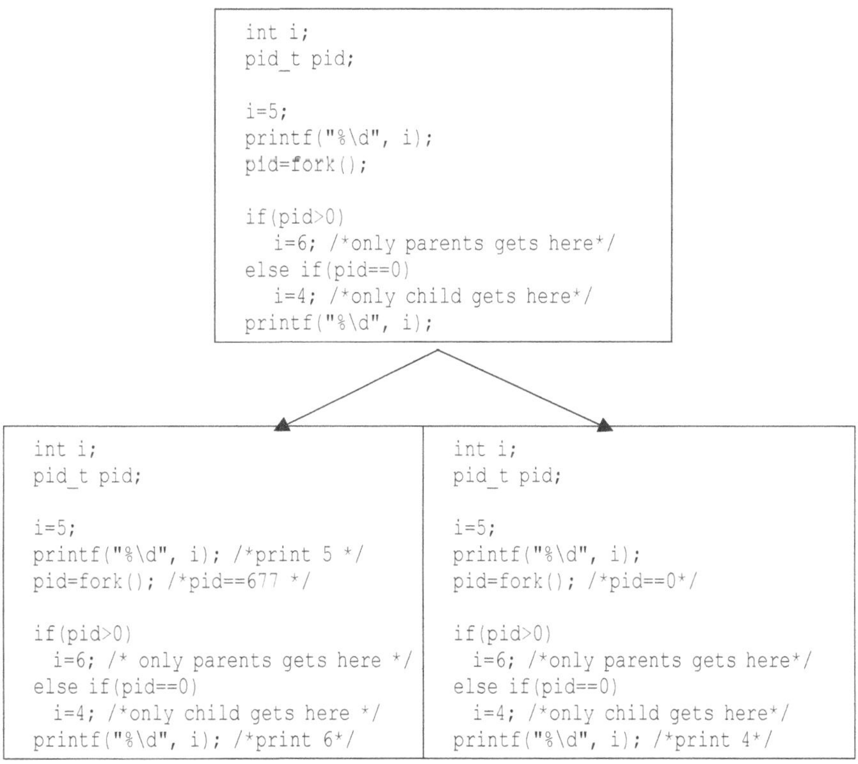

[그림 2-5] fork를 이용하는 실제 프로그램

fork() 시스템 호출이 성공적으로 수행되면 자식 프로세스에게는 0 값이 리턴 되고, 부모 프로세스에게는 자식 프로세스의 PID가 리턴 된다. 만일,

시스템 호출의 수행이 실패하게 되면 자식 프로세스는 생성되지 않으며 fork()를 호출한 프로세스에게 -1 값이 리턴 된다. [그림 2-5]는 fork()를 사용한 실제 프로그램으로 부모 프로세스(좌측)와 자식 프로세스(우측)의 생성되는 결과 값을 보여주고 있다.

[그림 2-6]에서 자식 프로세스는 부모 프로세스와 동일한 proc 테이블 및 u 영역을 복사해 가므로 단지 메모리 안에서 프로그램 영역만을 독자적으로 가진다. 즉, proc 테이블이나 u 영역 내용이 같고 이 중에서 프로세스 이름과 같이 극소수 몇 개의 값만 다른 뿐이다. proc 테이블과 u 영역을 뒷장에서 상세히 설명한다.

두 프로세스는 메모리를 공유하지는 않는다. 자식이 부모의 u 영역을 복사해 가므로 두 프로세스는 u 영역에서 지정된 환경, 즉 오픈 파일, 현재 작업(current working) 디렉토리, CRT 등의 환경도 동일한 것을 가지게 된다. 일단 프로세스 A가 프로세스 B를 fork()시키고 나면 프로세스 A와 프로세스 B는 UNIX 커널에게는 독립된 두 개의 프로세스이고, 따라서 서로 공존하며 CPU 등 각종 자원을 경쟁적으로 사용하게 된다.

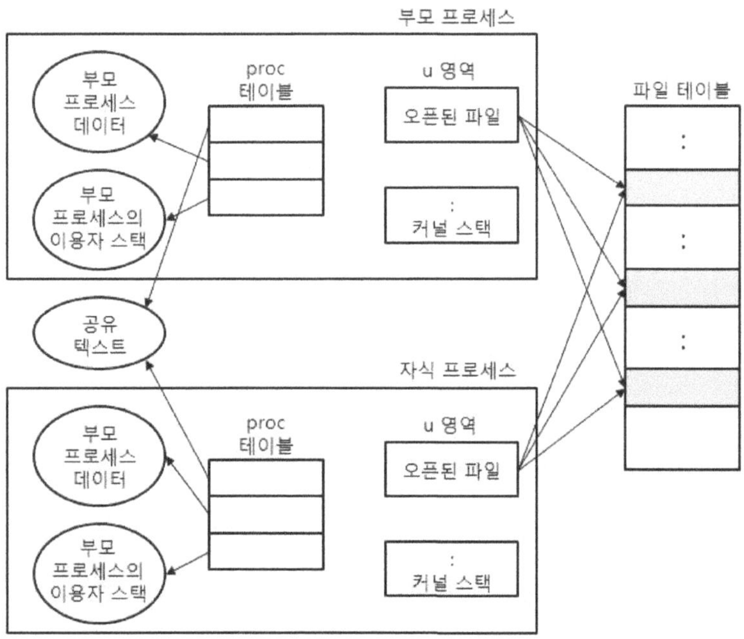

[그림 2-6] 부모/자식 프로세스의 문맥

프로그램에서 자신의 PID를 얻기 위해서는 getpid() 시스템 호출을 이용하고, 자신의 부모 PID는 getppid() 시스템 호출을 사용한다. [그림 2-7]은 자신의 프로세스 번호와 부모 프로세스 번호를 출력하는 예를 보이고 있다.

```
# include <sys/unistd.h>
 main ()
 {
  printf ("Pid = %d\n", getpid ());
  printf ("PPid = %d\n", getppid ());
 }
```

[그림 2-7] getpid()와 getppid() 시스템 호출 예

위 프로그램을 먼저 컴파일을 하면, a.out이라는 실행파일이 생성된다. 이 (a.out)이라는 실행 파일을 실행하면, 그 결과로 자신의 프로세스 번호는 13290이고 부모 프로세스의 번호는 13000이 만들어진다.

```
% a.out
Pid = 13290
PPid = 13000
% ps
PID TTY TIME CMD 13000 pts/4 0:00 csh
```

[그림 2-8] 그림2-7의 실행 결과와 ps 사용 예

a.out 프로그램의 실행은 쉘 프로그램에 의하여 이루어졌기 때문에 두 프로세스 사이에는 자식/부모 프로세스의 관계가 성립한다. [그림 2-8]에서 ps 명령어를 이용하여 확인한 쉘의 프로세스 번호 13000이고, a.out의 부모 프로세스 번호가 된다. 프로그램을 계속해서 여러 번 실행하는 경우에는 자신의 프로세스 번호는 계속 변경이 된다. 일반적으로 프로세스의 번호는 증가되는 순으로 할당되기 때문에 이전 번호보다 높은 숫자의 번호가 출력된다. a.out 프로세스는 실행할 때마다 탄생과 종료를 반복하므로 프로세스의 번호가 변경이 되지만, 부모 프로세스인 쉘 프로그램은 로그아웃을 하기 전까지 계속해서 실행되므로 부모 프로세스의 번호는 프로그램을 반복해서 실행해도 동일한 번호가 출력된다. [그림 2-9]는 쉘 프로세스와 a.out의 관계를 설명하고 있다.

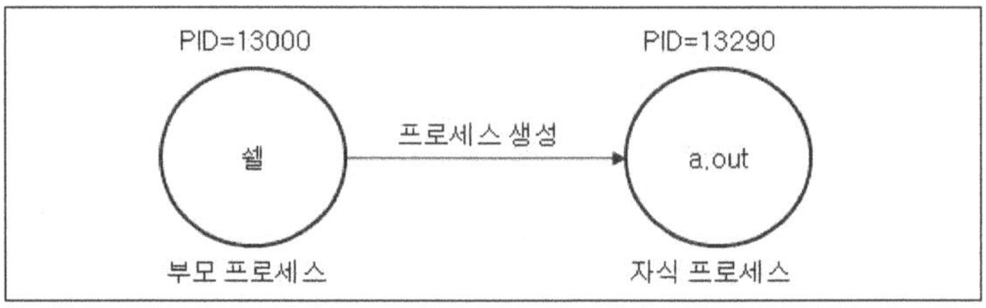

[그림 2-9] 프로세스 번호

[그림 2-10]에서, 먼저 fork()를 호출하기 전에 첫 번째 printf() 함수를 이용하여 화면에 "Calling fork …" 라는 메시지를 출력한다. 이때까지는 사용자가 실행한 프로세스가 하나이지만 바로 아래 문장의 fork() 시스템 콜이 성공적으로 수행되면 두 개의 프로세스가 존재하게 된다. 이들 두 개의 프로세스는 동일한 이미지를 갖지만 독립적으로 실행되며 부모 프로세스와 자식 프로세스는 모두 fork() 문장의 다음부터 실행이 시작된다.

```
# include <sys/types.h>
# include <unistd.h>
main(){
  int pid; /* hold process-id in parent */
  printf ("Calling fork. \n");
  pid = fork ();     // 새로운 프로세스 생성
  if (pid == -1)
    printf("fork error\n");
  else if (pid == 0)  // 자식 프로세스
    printf ("Child has PID = %d, PPID = %d\n", getpid (), getppid());
  else // 부모 프로세스
    printf ("Parent has PID = %d, Return Value = %d\n", getpid(), pid);
}
```

실행결과

```
Calling fork
Child has PID = 13290, PPID = 13000
Parent has PID = 13000, Return Value = 13290
```

[그림 2-10] fork()를 이용한 프로그램 실행 결과

자식 프로세스의 경우는 리턴 값이 0이 되므로 두 번째 조건문인 'if (pid ==0)' 의 문장이 실행되고 프로그램 코드상의 세 번째 printf() 문장을 실행하여 자식프로세스 번호를 출력한 후에 종료된다. 반면에 부모 프로세

스는 조건문의 'else' 문장으로 내려가 네 번째 printf() 문장을 실행하여 부모프로세스 번호를 출력한 후 종료 된다. 만일, fork() 실행 중에 오류가 발생하면 -1 값이 리턴되어 첫 번째 조건문인 'if (pid == -1)'의 문장이 실행되고 프로그램 코드상의 두 번째 print() 문장을 실행하여 "fork error"라는 메시지가 출력시키고 종료된다. 따라서 자식프로세스는 생성되지 않는다.

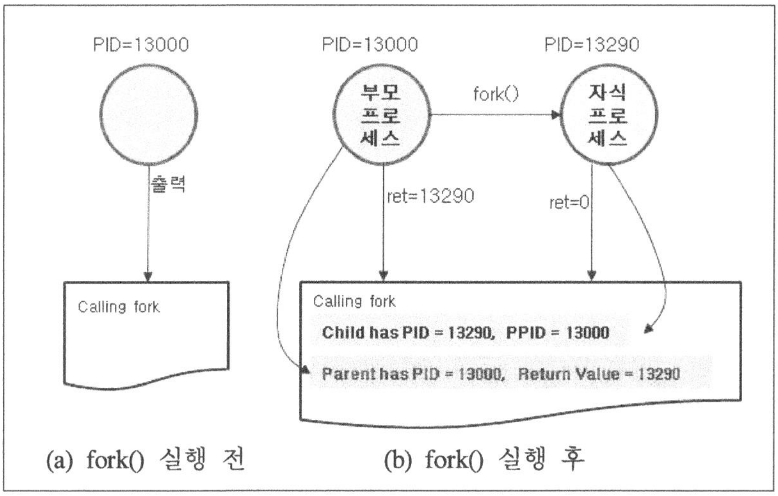

[그림 2-11] fork 실행

[그림 2-10]의 실행 결과를 그림으로 설명한 것이 [그림 2-11]으로, 자식프로세스가 출력한 부모 프로세스의 번호 13000과 부모 프로세스가 출력한 자신의 프로세스 번호 13000이 동일하다. 또한 자식 프로세스가 출력한 자신의 프로세스 번호 13290과 부모 프로세스가 출력한 fork()의 리턴값이 동일함을 알 수 있다.

즉, fork()를 실행한 후에는 동일한 코드를 갖는 두 개의 프로세스가 생성되고, 이들 프로세스는 각자 동일한 화면에 자신의 결과를 출력하고 있다. 이때 어느 프로세스가 먼저 결과를 출력할지는 원칙적으로 예상할 수 없다.

3. exec()

프로세스가 하던 작업을 종료하고 다른 작업을 하도록 전환할 때 exec 계열 함수를 사용한다. exec() 함수를 호출하면 현재 실행 중이던 프로세스의 이미지를 새로운 프로세스의 이미지로 교체한다. 즉, 현재 실행 중인 프로세스의 메모리를 다른 프로세스를 위해 사용한다. 따라서, 현재 실행 중인 프로세스는 종료되며 exec() 함수의 인자로 받은 새로운 프로세스가 실행되기 시작한다.

예를 들어, 다음은 현재 실행 중인 프로세스를 종료하고 "ls test.txt" 명령을 수행하도록 하는 코드이다.

```
execl("/bin/ls", "ls", "test.txt", NULL);
```

execl()함수의 첫 번째 인자는 실행시킬 함수의 경로이고, 두 번째 경로는 실행시킬 함수명이고, 세 번째 인자는 함수 실행시 전달할 인자이고, 네 번째 인자는 환경변수를 전달하는 데 사용된다. exec() 함수 실행에 필요한 인자들을 리스트 형태로 주기 위해서 exec 계열의 함수 중에서 execl()을 사용하였다.

exec 계열의 함수는 인자 형태에 따라 여섯 종류가 있으며 이들은 모두 비슷한 기능을 수행하기 때문에 이들을 모두 exec 계열함수라고 부른다. 다음은 exec 계열 함수를 소개만 하고 구체적인 내용은 각자 하길 바란다.

```
#include<unistd.h>
1)int execl(const char *path, const char *arg,…);
2)int execlp(const char *file, const char *arg.…);
3)int execle(const char *pah, const char *arg,…, char *const envp[]);
4)int execv(const char *path, const *const argv[]);
5)int execvp(const char *file, char *const argv[]);
6)int execve(const char *path, char *const argv[], char *const envp[]);
```

exec 뒤의 문자 l, v, p, e의 각 의미는 다음과 같다.

```
l ; list 형태의 인자를 취한다는 의미
v; vector 형태의 인자를 취한다는 의미
p; 명령을 PATH에서 검색하겠다는 의미
e; 환경 변수 인자를 받는 함수임을 의미
```

아래는 vector 형태로 인자를 사용하는 예이다.

```
char *argv[]={"ls", "test.txt", NULL}
execv("bin/ls", argv);
```

4. 프로세스의 종료

프로세스의 마지막 명령이 수행되면 그 프로세스가 종료되는데 이때에 exit() 시스템 호출을 사용하여 운영체제에게 자신을 삭제해 줄 것을 요청한다. 한 프로세스가 종료되면 그 프로세스가 가지고 있던 모든 자원은 운영체제가 회수한다. UNIX에서는 exit() 명령을 사용하여 프로세스를 종료시킬 수 있으며 exit() 시스템 호출은 다음 일을 한다.

- 모든 개방된 파일들을 닫고,
- 모든 교체 가능한 이미지를 없애고,
- 프로세스 상태를 "좀비(zombie)"라는 상태로 만들고,
- 그리고는 곧 부모에게 보고를 하게 된다.

(이때 부모 프로세스가 자식을 기다리며 슬립 중이었다면, 이 시점으로부터 부모는 깨어나게 되어 다시 준비완료상태가 된다.)

위에서 좀비 상태란 프로세스가 활성화한 것도 아니고, 완전히 죽은 것도 아닌 과도기 상태란 것을 뜻한다. 일단 exit() 시스템 호출에 의해 교체 가능한 이미지는 모두 없어졌지만, proc 테이블 엔트리는 아직 남아 있어 운영체제 내부적으로는 프로세스가 등록이 되어 있고 부모로부터의 처분을 기다리게 된다. 이때 proc 테이블에는 지금까지 자식 프로세스가 수행하며 사용한 CPU 시간 등과 같은 사용요금(accounting)을 계산하는데 필요한 자료 등이 남게 된다. 부모는 이 proc 테이블 내용을 적절히 처리한 후 자식의 proc 테이블 엔트리를 드디어 없애게 된다. 이때 비로소 자식 프로세스는 완전히 없어지게 된다.

2.4 스레드의 정의

시스템에서는 프로세스를 써서 다양한 레벨의 병행처리를 하고 있다. 프로세스의 효율적인 동작은 응용 프로그램 및 시스템 자체의 성능에 큰 영향을 미친다. 최근에는 프로세스를 고속으로 조작하기 위해 경량 프로세스(LWP ; Light-Weight Process)의 개념을 도입하고, 많은 운영체제에서 이를 지원하고 있다. 프로세스의 무게라는 개념은 프로세스가 포함하거나 참조하는 자원의 논리적 총량을 말하고, 프로세스간의 상대적인 무게는 두 프로세스

가 개별적으로 포함하거나 참조하는 자원의 논리적 총량을 말한다. 결과적으로 프로세스의 무게는 프로세스 조작의 오버헤드와 밀접한 관계가 있다. 프로세스에 대한 기본조작은 다음과 같다.

- 프로세스의 교체(문맥(context)의 교체)
- 문맥의 변경
- 프로세스간의 동기, 통신
- 프로세스의 생성, 수행, 소멸

콘텍스트는 프로세스가 포함하거나 참조하는 자원에 의해 정의되는 실행환경을 말하며 따라서 상기 조작이 적은 오버헤드를 경량 프로세스라 한다. 고전적인 UNIX의 프로세스는 프로세스마다 독립적인 주소 공간 및 제어정보를 지니고 있어 중량 프로세스(heavy-weight process)의 전형적인 예가 되고 있다.

멀티태스킹 운영체제가 단일 프로세스를 한 개 이상 실행시킴으로써 하나 이상의 일을 동시 처리할 수 있듯이, 하나의 프로세스는 단일 스레드(thread)를 한 개 이상 실행시킴으로써 똑같은 일을 할 수 있다.

각각의 스레드는 그 명령어들을 독립적으로 실행할 수 있는 하나의 제어흐름(stream)이고, 그리고 다중 스레드 프로세스(multithreaded process)는 동시에 여러 가지 일을 실행하도록 해준다. 예를 들면, 첫 번째 스레드는 GUI를 실행할 수 있고, 반면에 두 번째 스레드는 I/O 일을 하고, 또한 세 번째 스레드는 연산을 수행한다.

프로그램 밖의 콘텍스트는 스레드의 정의에 포함시키지 않는다. 예를 들어, 오픈 파일이나 액세스 제어정보, 자원관리정보 등은 스레드간에서 공유가능하다. 콘텍스트의 범위 가운데서 어디까지를 스레드로 할 것인지는 시스템에 따라 다르고, 명확하게 정의되어 있지도 않다.

스레드의 목적은 프로세스의 상대적인 무게를 경감시켜 효율을 올리자는 것이다. 특히 공유 메모리형의 멀티프로세서 시스템 상에서 프로그램은 공유 메모리에 두고 스레드를 각 프로세서에 할당하여 병렬 실행시킬 수 있으면 멀티프로세서의 성능을 더욱 향상시킬 수 있다.

프로세스 제어 블록은 커널 수준 실체(kernel-level entity)이고, 가상 메모리 맵(map), 파일 디스크립터(file descriptor), 사용자 ID 등과 같은 정보를 가지고 있다. 프로그램이 프로세스 제어 블록에 데이터를 액세스하고, 상태를 질의(query)하거나 변경시키는 유일한 방법은 시스템 호출을 통해서이다.

프로세스 제어 블록의 모든 부분은 커널 공간 내에 있으므로 사용자 프로그램은 이 데이터들의 어떤 것도 직접적으로 접근할 수 없다. 그러나 데이터와 함께 모든 사용자 코드(함수, 프로시저 등)는 사용자 공간에 있고 직접 액세스할 수 있다. 또한 스레드는 사용자 수준 실체(user-level entity)이다. 스레드 구조(thread structure)는 사용자 공간 안에 있고 사용자 수준의 함수들인 스레드 라이브러리 호출(library call)로서 직접 액세스될 수 있다.

명심할 것은 레지스터(스택 포인터, 프로그램 계수기 등)들은 한 스레드의 모든 부분이고 각 스레드는 자신의 스택을 가진다. 그러나 그것이 실행하는 코드는 스레드의 부분이 아니다. 실제 코드(함수, 루틴, 신호 핸들러(signal handler 등)는 전역이고 어떤 스레드 위에서도 실행될 수 있다.

은행의 예를 들어 보자. 한 사람의 직원을 가진 은행(전통적인 프로세스라 하고 이것을 중량 프로세스라고도 한다)은 많은 책상과 의자와 같은 "은행재물"과 금전출납계(프로세스 테이블과 변수)를 가지고 있다. 은행이 제공하는 많은 서비스, 즉 당좌예금(checking account), 대부(loan), 예금계좌 등(기능이라 하자)이 있다.

한 사람인 경우라면 그 사람은 모든 것을 하는 방법을 알아야 하고, 그렇게 할 수 있어야 한다. 따라서 여러 업무들 사이에 연결 짓는 데는 여분의 시간이 걸릴 것이다. 두 사람 이상인 경우라면(스레드들이라 하자) 그들이 똑같은 모든 은행재물을 공유할 수 있을 것이지만, 그러나 그들은 각각의 다른 기능에 전문화될 수 있을 것이다. 그래서 그들 모두가 같은 날 들어와서 일을 한다면 많은 고객들은 쉽게 서비스를 받게 될 것이다.

마을에 있는 은행의 수를 바꾸는 것은 많은 노력이 들지만(새로운 프로세스를 생성하는 것), 하나의 새로운 종업원(하나의 새로운 스레드인데, 이것을 경량 프로세스(light-weight process)라고도 한다)을 고용하는 것은 매우 간단할 것이다. 종업원들 사이에서 상호작용을 포함해서 은행 내부에서 발생한 모든 것(스레드 사이에 사용자 공간에서의 작용)은 꽤나 간단할 것이다. 반면에 길 아래 은행과 관련된 어떤 일(프로세스 사이에 커널 공간 작용)이라면 훨씬 더 복잡할 것이다.

다음은 스레드에 대한 중요한 점인데, 스레드들은 사용자 수준의 실체(user-level entities)들이다. 스레드에서 하는 일이란 관련된 어떤 시스템 호출도 없이 사용자 수준에서 발생한다. 어떤 시스템 호출도 관련되지 않기 때문에 속도가 빠르다. 프로그램 상에서 스레드의 존재로 인해 영향 받는 커널 구조는 없다. 따라서 어떤 커널 자원도 소비되지 않는다. 스레드는 비용이 적게 든다. 커널은 스레드가 존재하는 것조차 모른다(이 말은 중요하고, 10번 정도 반복해야 한다).

1. 사용자 수준과 커널 수준 스레드

1) 사용자 수준 스레드(user-level thread)

사용자 수준 스레드는 각 응용 프로그램 내에 연결된 실시간 라이브러리 루틴들(즉, 스레드 패키지)에 의해 관리된다. 따라서 스레드의 관리 동작(예를 들면, 스레드의 생성과 종료, 문맥교환, 동기화, 메모리의 할당의 할당의 커널의 개입 없이 사용자 주소공간에서 구현된 스레드 패키지에 의해서 수행된다. 결과적으로 사용자 수준 스레드는 우수한 성능을 가진다.

또한 사용자 수준 스레드는 커널의 갱신 없이 다양한 목적의 응용 프로그램들이나 언어 인터페이스들의 요구에 쉽게 적응될 수 있는 융통성의 장점을 가진다. 반면 사용자 주소공간에서 구현된 사용자 수준 스레드는 커널 지원 스레드처럼 커널의 효율적인 서비스를 지원받지 못하는 문제점을 가진다.

2) 커널 수준 스레드(kernel-level thread)

커널 수준 스레드는 운영체제 커널의 직접적인 지원으로 실행된다. 따라서 여러 응용 프로그램들이나 컴파일러(compiler)에 의해 사용된 커널 지원 스레드들은 커널에 의해 직접적으로 스케줄링되고 실행되기 때문에 사용자 수준 스레드가 겪는 커널 지원 부족의 문제를 피할 수 있다.

반면 커널 수준 스레드는 스레드의 관리를 위해 커널의 부하를 가중시킨다. 즉, 커널 수준 스레드는 문맥교환의 비용뿐만 아니라 프로그램상의 오류나 악의 있는 프로그램들로부터 자신의 영역을 보호하기 위한 인수의 복사와 검사에 많은 비용을 낭비한다. 심지어 같은 주소 공간 내에서 문맥교환을 수행할 때조차도 보호영역을 위한 부당한 비용을 소비한다.

따라서 커널 지원 스레드는 사용자 레벨 스레드에 비해 빈약한 성능을 가진다. 또한 커널 의존적인 특성을 갖는 커널 지원 스레드는 다양한 응용 프로그램들이나 언어 인터페이스들의 요구에 쉽게 적응될 수 없는 문제점을 가진다.

3) 기존의 다중 스레드 관리기법

기존의 여러 다중 프로세서 운영체제들(예를 들면, Mach, Topaz 등)은 커널 수준 스레드를 이용한 다중 스레드 관리기법을 사용하였다. 이러한 다중 스레드 관리구조에서 스레드의 실행은 커널에 의해 직접적으로 실행된다.

즉, 응용 프로그램들이나 컴파일러에 의해 사용되는 스레드는 커널에 의해 직접적으로 스케줄링되고 실행된다.

따라서 다중 스레드들에게 커널의 서비스를 효율적으로 지원할 수 있는 장점을 가진다. 그러나 커널 지원 스레드는 스레드 관리에 있어 문맥교환과 보호영역을 위해 많은 비용을 요구하기 때문에 심각한 성능감소의 문제를 야기한다.

이런 성능 문제를 해결하기 위해서, 기존의 다중 프로세서 운영체제들은 커널 수준 스레드 대신 성능과 융통성면에서 우수한 사용자 수준 스레드를 이용한 다중 스레드 관리기법을 지원하였다. 이런 다중 스레드 관리기법에서 사용자 수준 스레드는 정확하게 커널 수준 스레드상에서 실행되며, 이들의 관리는 사용자 주소공간의 스레드 패키지에 의해 지원된다.

사용자 수준 스레드 패키지는 사용자 수준 스레드에게 가상 프로세서(virtual processor)와 같은 역할을 하는 커널 수준 스레드를 생성하며, 생성된 커널 수준 스레드는 실제 프로세서처럼 사용자 수준 스레드의 실행을 지원한다. 이와 같은 다중 스레드 관리기법에서 스레드 패키지는 대부분의 사용자 수준 스레드의 관리동작(예 : 스레드의 생성과 종료, 문맥교환, 동기화 등)을 커널의 직접적인 개입 없이 수행한다.

따라서 스레드 관리에 있어 커널의 부하를 최소화할 수 있고, 융통성 있는 스레드 관리를 지원할 수 있다는 장점을 갖는 반면 다음과 같은 새로운 문제들을 발생시킨다.

2. 스레드의 이점

다중 스레드 프로그램을 작성하는 주요이점은 다음과 같다.

- 다중 프로세싱 하드웨어로부터 성능이 향상된다(병렬성).
- 응용 프로그램의 처리율(throughput)이 향상된다.
- 응용 프로그램의 응답성(responsiveness)이 증가된다.
- 프로세스간에 통신이 향상된다.
- 시스템 자원들을 효율적으로 사용할 수 있다.
- 분산객체들의 고유한 스레드 성질을 이용할 수 있다.
- 잘 구조화된 프로그램을 생성할 수 있다.

1) 병렬성(parallelism)

한 개 이상의 처리기를 가진 컴퓨터는 다중의 동시성 실행시점을 제공한다. 다중 스레드는 하드웨어의 병렬성을 이용하고자 하는 응용 프로그램 개발자들에게 효과적인 방법이다.

여러 스레드는 사용자로부터 특별한 입력과 노력 없이 동시에 여러 처리기들에 실행될 수 있다. 이것의 좋은 예는 행렬곱셈을 하는 프로세스이다. 하나의 스레드는 각각의 이용 가능한 처리기에 대하여 생성될 수 있고 이 프로그램이 전체 기계를 사용할 수 있도록 해준다. 따라서, 이 스레드들은 적절한 벡터 곱셈을 함으로써 결과 행렬의 분리된 요소들을 연산한다.

2) 처리율(throughput)

전통적인, 단일 스레드 프로그램이 운영체제로부터 서비스를 요구할 때 그것은 그 서비스가 완료되기를 기다려야 하고, 가끔 그 CPU를 유휴상태로 만든다. 단일 처리기조차도, 다중 스레딩으로 인해서 한 프로세스가 한 개 이상의 블로킹(blocking) 시스템 호출로 연산이 중첩(overlap)되게 한다.

각각의 요청이 보통 동기화 방법으로 코드 된다 하더라도 스레드는 중첩을 제공한다. 요청을 하는 스레드는 기다려야 하지만 그 프로세스에 있는 다른 스레드는 계속 진행할 수 있다. 이와 같이 한 프로세스는 많은 블로킹 요청을 할 수 있고 더 간단한 비동기적(asynchronous) I/O를 함으로써 도움이 되는 효과를 준다. 그러나 여전히 동기적 방법으로 코드를 작성할 것이다.

3) 응답성(responsiveness)

한 프로세스의 한 부분을 블로킹하는 것은 전체 프로세스를 블로킹할 필요는 없다. 긴 어떤 일을 하는 단일 스레드 응용 프로그램은 버튼(button)을 누를 때 전형적으로 "please wait"를 디스플레이하고 그 연산이 진행 중일 때 동결한다. 그런 응용 프로그램이 다중 스레드되면, 긴 연산은 또한 독립적인 스레드에 의하여 행하여지고 그리고 그 응용 프로그램은 active 상태로 되고, 또한 그 응용 프로그램은 사용자에게 더욱 더 응답성이 좋도록 해준다. 예를 들면, 하나의 스레드가 버튼으로부터 I/O를 기다리고 여러 개의 스레드는 연산의 일을 한다.

4) 통신(communication)

태스크(task)를 완성하기 위해 다중 프로세스들을 사용하는 응용 프로그램은 똑같은 태스크를 완성하기 위해 다중 스레드를 사용하는 응용 프로그램에 의해서 대치될 수 있다. 구 프로그램은 전통적인 IPC(Interprocess Communications)

시설(예를 들면, 파이프나 소켓)을 통해서 프로세스들 사이에 통신을 했지만 그 스레드 응용 프로그램은 본질적으로 그 프로세스의 공유 메모리를 사용할 수 있다.

5) 시스템 자원들

공유 메모리를 통해서 공통자료를 액세스하기 위해서 2개 이상의 프로세스를 사용하는 프로그램은 한 개 이상의 제어 스레드를 효과적으로 적용하고 있다. 그러나 각각의 그런 프로세스는 가상기억공간과 커널 상태를 포함해서 완전한 PCB를 유지해야 한다.

이런 큰 상태를 생성하고 유지하는 데는 시간과 공간면에서 스레드보다 비용이 많이 든다. 게다가 프로세스들 사이에 본질적인 분리는 프로세스들 사이에 통신하거나 그들의 행위를 동기화하는 데 프로그래머들의 많은 노력을 요한다. 프로세스들 대신에, 이 통신에 대한 스레드를 사용함으로써 그 프로그램은 디버그하기 훨씬 쉽고 그리고 더 빨리 실행될 수 있다.

6) 분산객체(distributed objects)

분산객체는 본질적으로 다중 스레드이다. 어떤 행위를 수행하기 위하여 객체를 요청할 때 개개의 스레드에서 그 행위를 실행한다. 객체 서버는 분산객체에서 가장 기본적인 요소이고, 그 서버들은 본질적으로 다중 스레드이다.

7) 프로그램 구조(program structure)

많은 프로그램들은 본질적으로 스레드들과 함께 더욱 더 효율적으로 구조화되어 있다. 많은 일을 하려는 전통 프로그램은 이 일들을 조정하기 위해서 많은 코드로 복잡하다. 그러나 스레드된 프로그램은 훨씬 적고 간단한 코드로 똑같은 일을 할 수 있다. 다중 스레드 프로그램은 단일 스레드 프로그램보다 사용자 요구에서 변형에 더욱 더 적합할 수 있다.

2.5 작업 스케줄링

작업 스케줄러는 들어온 작업들의 큐로부터 작업들을 선택해서 그것들을 프로세스 큐에 놓는 일을 하며, 작업 스케줄러의 목적은 작업들은 가능한 한 최대한의 시스템 자원을 활용할 수 있도록 순서를 정하는 것이다.

순서를 정할 때 중요한 것은 CPU 중심(CPU bound 또는 CPU burst)과 입출력 중심(I/O bound 혹은 I/O burst) 작업의 적당한 배합으로 작업 스케줄러가 작업을 선택하는 것은 매우 신중히 해야 한다. 일반적으로 대부분의 작업들은 입출력 중심 작업과 CPU 중심 작업으로 구분되는데 입출력 중심 작업(예를 들면, 일련의 서류를 인쇄하는 것)은 간단한 CPU 사이클과 긴 I/O 사이클을 가지고 CPU 중심 작업은 긴 시간의 CPU 사이클과 짧은 I/O 사이클을 가진다.

따라서 작업 스케줄러는 [그림 2-12]처럼 두 종류의 작업을 적당히 혼합하여 선택해야 하며 만약 극단적으로 모든 작업이 I/O 중심 작업이라면 준비상태 큐는 거의 항상해야야어 있고, 프로세스 스케줄러도 할 일이 없다. 반히 모든 작업이 CPU 중심 작업이라면 입출력 대기 큐는 거의 항상 비어 있게 되어서 시스템은 균형이 맞지 않게 된다.

```
READ  A,B,C                          } I/O bound(버스트)
D = A + B                            |
E = ( A * B ) - C                    |
F = B - E                            } CPU bound(버스트)
G = F / C                            |
H = G * F                            |
WRITE A, B, C, D, E, F, G, H         } I/O bound(버스트)
STOP                                 } 종료 실행
END
```

[그림 2-12] CPU bound와 I/O bound

어떤 시스템에서는 작업 스케줄러가 없거나 아주 작다. 예를 들어, 시분할 시스템은 대개 작업 스케줄러가 없고 단지 새로운 프로세스를 주기억장치에 넣어 주기만 한다. 이런 시스템에서 안정성은 시스템으로부터의 제한(사용가능 터미널 수의 제한)이나 사용자들의 자제에 달려있다.

어떤 시스템들, 특히 가상기억체제나 시분할 기법을 사용하는 시스템은 중간 단계 스케줄러(medium-term scheduler)를 추가로 사용한다([그림 2-13]). 이것을 쓰면 때때로 CPU를 서로 차지하려고 할 때 프로세스를 기억장소로부터 빼낼 수가 있어서 다중 프로그래밍의 정도를 줄일 수 있다.

시간이 흐른 후 이 프로세스는 다시 주기억장치에 들어와서 수행이 중단되었던 곳에서부터 계속 수행하게 된다. 이 기법을 교체(swapping)라 하며, 교체되어 들어오고 나가는 일은 중간 단계 스케줄러가 하게 된다. 교체는

작업의 혼합을 개선하기 위해, 그리고 프로세스가 가지고 있던 기억장소를 사용 가능하게 해주기 위해서도 필요하다.

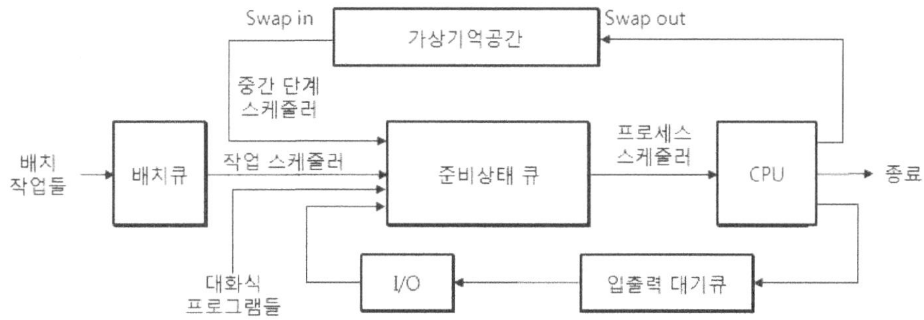

[그림 2-13] 중간 단계 스케줄링을 큐잉 도표에 추가

프로세서 스케줄러에 포함된 또 하나의 요소는 분배기(dispatcher)이다. 분배기는 프로세서 스케줄러에 의해 선택된 프로세스에 실질적으로 CPU를 할당하는 기능을 하며, 이때 프로세스의 정보를 레지스터에 적재(load)하고 사용자 모드(user mode)로 전환시켜 주며 다시 시작할 때 사용자 프로그램의 올바른 위치로 가게 하는 기능을 포함한다. 그러므로 분배기는 빠르면 빠를수록 좋다.

2.6 프로세스 스케줄링

작업 스케줄러에 의해서 시행될 작업이 선정되면 일단 준비상태로 들어가게 되고 프로세스 스케줄러에 의해서 처리기를 배당받게 된다. 이러한 프로세스 스케줄러를 분배기라 부른다. 프로세스 스케줄러가 해야 할 일은 우선 모든 프로세스의 상태를 파악하고 프로세스 분배 정책을 수행하며, 분배받은 프로세스가 일을 끝내면 처리기를 회수해야 한다.

1. 프로세스 제어 블록

운영체제는 "프로세스"를 관리하고 지원하기 위해 프로세스 제어 블록(PCB : Process Control Block)이라는 자료구조를 가지고 있어야 한다. PCB에는 프로세스에 어떤 자원이 할당되어 있고, 또 프로세스가 어떠한 상태에서 수행중인가를 나타내는 일체의 정보를 수록한다. PCB에 수록되어야 할 정보를 일부 예시하면 다음과 같다([그림 2-14]).

포인터	프로세스 상태
프로세스 번호	
프로그램 계수기	
레지스터들	
기억장치 관리 정보	
계정 및 입출력 상태 정보	
...	

[그림 2-14] 프로세서 제어 블록

- 프로세스 상태 : 준비, 실행, 대기, 혹은 완료 상태를 나타낸다.
- 프로그램 계수기(program counter) : 프로세스 수행을 위한 다음 명령의 주소를 표시한다.
- 중앙처리장치의 레지스터 : 컴퓨터 구조에 따라 다양한 수와 형식을 가진다. 이 레지스터들에는 누산기, 인덱스 레지스터, 범용 레지스터, 스택 레지스터들이 있으며 상태 코드(condition code) 정보가 들어 있다. 프로그램 계수기와 함께 상태정보는 인터럽트 발생시 저장되어야 하는데 이것은 후에 프로세스의 정확한 수행을 계속하기 위함이다.
- 기억장치 관리정보 : 베이스 레지스터, 경계 레지스터 또는 페이지 테이블을 포함한다.
- 계정정보 : CPU(사용자 모드, 커널 모드) 실제 사용 총시간, 시간범위, 계정번호, 작업이나 프로세스 번호 등을 포함한다.
- 입출력 상태정보 : 특별한 입출력 요구, 이 프로세스에 할당된 입출력 장치(예 : 테이프 드라이버)와 open된 파일의 목록 등을 포함한다(터미널 포함).
- 중앙처리장치 스케줄링 정보 : 프로세스의 우선순위, 스케줄링 큐에 대한 포인터, 그리고 다른 스케줄링 매개변수들을 포함한다.

따라서 운영체제가 프로세스에 대한 중요한 정보를 저장해 놓을 수 있는 저장장소를 PCB라 한다. 그래서 운영체제가 CPU를 다른 프로세스에게 넘겨주고자 할 때는 바로 해당 프로세스의 PCB에 있는 저장장소에 여러 가지

정보를 저장시키고, 차후에 이 프로세스가 다시 실행될 경우에는 이 장소에 보관된 정보를 재사용한다.

각 PCB는 운영체제 내에서 한 프로세스의 존재를 정의한다. PCB는 운영체제에 의해서 아주 빠르고 효과적으로 사용되어야 하므로 많은 컴퓨터 시스템은 현재 실행중인 프로세스의 PCB를 가리키고 있는 하드웨어 레지스터를 가지고 있다. 또한 정보를 PCB에 저장하고 그 정보를 다시 신속히 재사용할 수 있게 하는 하드웨어 명령문들을 가진 컴퓨터도 있다.

2. PCB와 큐잉 도표

한 작업의 PCB는 작업 스케줄러가 한 작업을 받아들일 때 PCB가 만들어지고 그 작업이 실행의 처음부터 끝까지 진행됨에 따라 수정되어진다.

PCB는 그 작업의 처리를 관리하는 데 있어서 운영체제가 필요로 하는 그 작업에 대한 모든 자료를 가지고 있다. 그 작업이 시스템을 통해 진행됨에 따라 그 진행상태가 PCB내에 명시되어 있다.

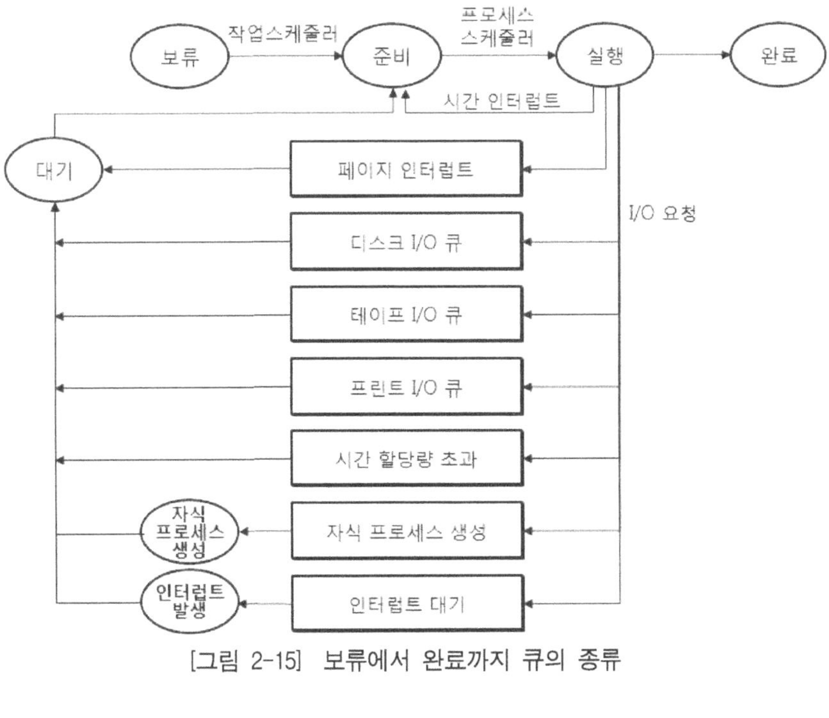

[그림 2-15] 보류에서 완료까지 큐의 종류

PCB들은 [그림 2-16]에서처럼 큐를 형성하기 위해 링크되어 있다. 각각의

PCB는 상세히 그려져 있지 않지만, 독자는 각각의 큐가 PCB들의 링크된 리스트로서 생각해야 한다([그림 2-16]). 각 준비상태 작업에 대한 PCB들은 준비상태 큐에 연결되어 있고, 시스템을 들어가려는 작업들에 대한 모든 PCB들은 보류 큐에 링크되어 있다. 그러나 대기상태인 작업들은 대기상태의 이유에 따라서 함께 링크되어 있다. 그래서 이 부류에 작업들에 대한 PCB들은 여러 개의 큐로 링크되어 있다([그림 2-15]).

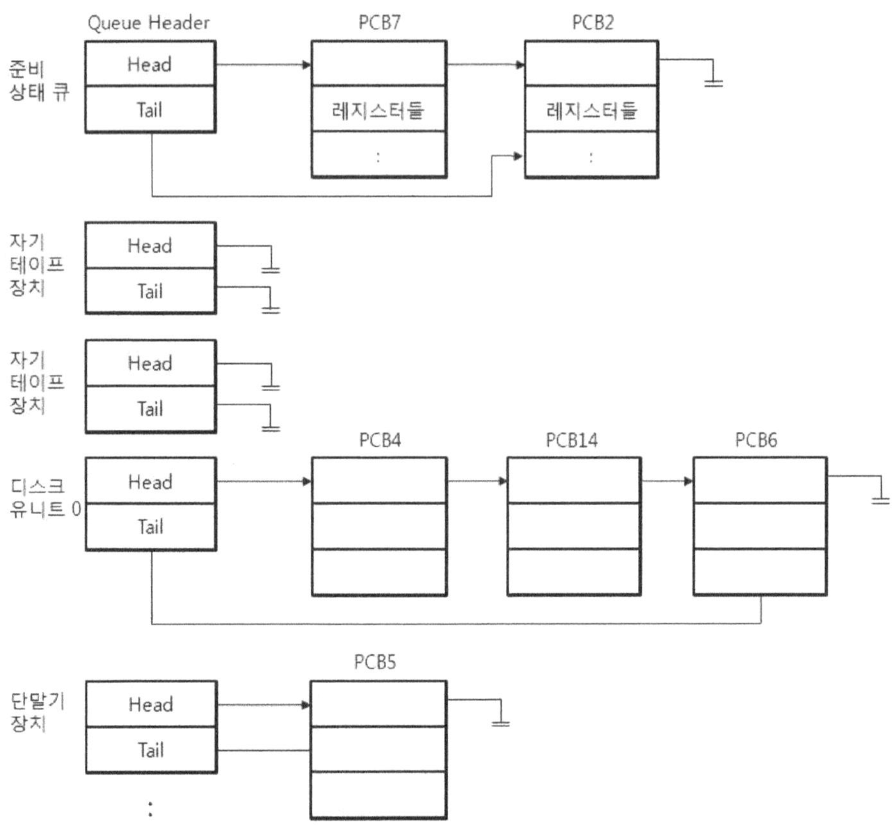

[그림 2-16] 준비상태 큐와 다양한 입출력장치 큐

예를 들면, 특정 디스크 드라이브에서 I/O를 대기하고 있는 작업들에 대한 PCB들은 서로 링크되어 있고 반면에 라인 프린터를 대기하고 있는 것들은 다른 큐에서 링크되어 있다. 이 큐들은 정돈되어 관리되는 것이 필요하고 그것은 프로세스 스케줄링 정책과 알고리즘에 의해서 결정되어진다.

디스크는 다른 프로세스들의 입출력 요청으로 인하여 바쁠 수가 있으므로 프로세스는 디스크를 대기해야 한다. 특정한 입출력장치를 대기하는 프로세스들의 리스트는 장치 큐(device queue)라고 한다([그림 2-16]). 장치가 테이프 구동기 같이 전용장치라면 장치 큐는 한 개 이상의 프로세스를 가질 수 없다. 디스크같이 장치가 공유 가능하다면, 장치 큐에 여러 개의 프로세스들이 있을 수 있다.

새로운 프로세스는 처음에 준비 큐에 놓인다. 프로세스는 실행을 위하여 선택되고 CPU를 할당받을 때까지 준비 큐에서 대기한다. 일단 프로세스에 CPU가 할당되고 실행되면 여러 가지 사건들 중의 하나가 발생한다.

- 프로세스는 입출력 요청을 발신하여 입출력 큐에 놓인다.
- 프로세스는 새로운 프로세스를 생성(fork)하며 이 프로세스의 종료를 기다린다.
- 프로세스는 인터럽트에 의하여 강제로 CPU에서 제거되어 준비 큐에 다시 놓일 수 있다.

처음의 두 경우에서, 프로세스는 결국 대기상태에서 준비상태로 전환되고 다시 준비 큐에 놓이게 된다. 프로세스는 종료될 때까지 즉 시스템을 떠날 때까지 이런 순환을 계속한다.

3. 스케줄링 정책

스케줄링 정책을 논하기 전에 먼저 대기시간(waiting time)과 응답시간(response time)의 개념을 구별하자. 대기시간이란 준비상태 큐에서 기다리는 시간을 말하며, 응답시간이란 대화형 시스템에서 사용되는 개념으로 터미널 입력을 통해서 그 응답이 나올 때까지의 시간을 말한다.

좋은 프로세스 스케줄링 정책이란 다음의 조건들이 충족될 때를 말한다.

- 주어진 시간 내에 가능한 한 많은 작업들을 실행함으로써 처리능력(throughput)을 최대로 한다.
- 빠른 대화식 요청(interactive request)에 의하여 응답시간(response time)을 최소화한다.
- 전체 작업이 시스템으로 빨리 들어가고 나가게 함으로써 경과시간(turnaround time)을 최소화한다.
- 가능한 한 빨리 준비상태 큐로부터 작업들을 나오게 함으로써 대기시간을 최소화한다.

- CPU를 시간 내에 100% 가동되도록(busy) 함으로써 CPU 효율을 최대화한다.
- 모든 사람에게 CPU와 I/O의 똑같은 시간을 제공함으로써 모든 작업들에서 공정성을 보장한다.

위에서 언급한 바와 같이, 시스템이 한 사용자만 선호한다면 그것은 다른 사용자에게 상처를 주거나 그것의 자원들을 효율적으로 사용하지 못하게 하는 결과가 된다. 어떤 판정이 시스템에 대하여 가장 중요한지를 결정하는 것은 시스템 설계자에게 달려 있다.

예를 들어, CPU 효용도를 최대가 되도록 결정해야 하고 반면에 응답시간을 최소화하고 I/O 중심과 CPU 중심 작업들의 혼합을 통해서 모든 시스템 요소들의 사용이 균형 잡히도록 해야 한다. 그래서 판정기준을 가장 잘 만족시키는 스케줄링 정책을 선택해야 할 것이다.

이 문제를 해결하기 위해서, 프로세스 스케줄러는 타이밍 기구(timing mechanism)를 사용하여 미리 정해진 시간 양을 다 쓰고 나면 실행중인 프로세스들에 주기적으로 인터럽트를 건다. 이런 경우, 프로세스 스케줄러는 현재 실행중인 작업의 모든 활동을 중지시키고 다시 준비상태 큐로 가서 그것을 재설계한다.

이와 같이 재설계하는 경우는 세 가지 경우인데, 다시 말해서 타이머가 끝나거나, 작업이 I/O 명령을 요구하거나, 작업이 완료되는 경우인데 이때 CPU는 다른 작업에게 할당되어진다. 그리고 나서 이 작업은 준비상태 큐, 대기 큐, 혹은 완료 큐로 움직인다. 다중 프로그래밍에서는 I/O 요청을 "자연대기(natural block)"라 부른다(이것은 처리기가 다른 작업으로 할당되어진다).

작업처리를 인터럽트해서 CPU를 다른 작업에 전달해 주는 스케줄링 전략을 선점(preemptive)라 부르고 이것은 시분할 환경에서 널리 사용되어진다. 물론 그 대안은 외부 인터럽트 없이 작용하는 비선점(non preemptive)인데, 따라서 이것은 일단 한 작업이 처리기를 차지하고 실행을 시작하면 인터럽트를 받지 않고, 그것이 I/O 요청을 하거나 완료까지 실행상태(running)에 머무르게 되는 경우이다.

4. 프로세스 스케줄링 알고리즘

프로세스 스케줄러는 시스템내로 작업들을 움직이게 해서 CPU를 할당하는 특정한 정책에 근거를 둔 프로세스 스케줄링 알고리즘(process scheduling algorithm)에 좌우된다. 초기 운영체제는 가능한 한 효율적으로 시스템내로 배치 작업들을 움직여 가도록 설계된 비선점 정책을 사용했다. 대화식 방법과 응답시간을 강조한 대부분의 현재 시스템은 대화식 사용자의 즉각적인 요청에 응할 수 있는 알고리즘을 사용한다.

지금부터 7가지 프로세스 스케줄링 알고리즘에 대해서 살펴보자.

1) FCFS(First Come First Served)

FCFS는 가장 간단한 프로세스 스케줄링 기법으로서 도착시간에 따라 작업들을 다루는 비선점 스케줄링 알고리즘이다. 빨리 도착하면 할수록 빨리 다루어진다.

다시 말해서, 새로운 작업이 시스템에 들어오면 이 PCB는 준비상태 큐의 뒤로 가서 연결되어지고 처리기가 할당되어지면 큐의 앞에서 제거되는 방법이다([그림 2-17]).

이것은 FIFO의 큐를 사용하기 때문에 구현하기 쉬운 알고리즘이고 배치 시스템에 좋다. 그러나 긴 작업이 짧은 작업을 오랫동안 기다리게 하고 중요하지 않는 작업이 중요한 작업을 기다리게 하며 또한 대화식 사용자들은 빠른 응답시간을 기대하기 때문에 대화식 시스템에서는 적합하지 못하다.

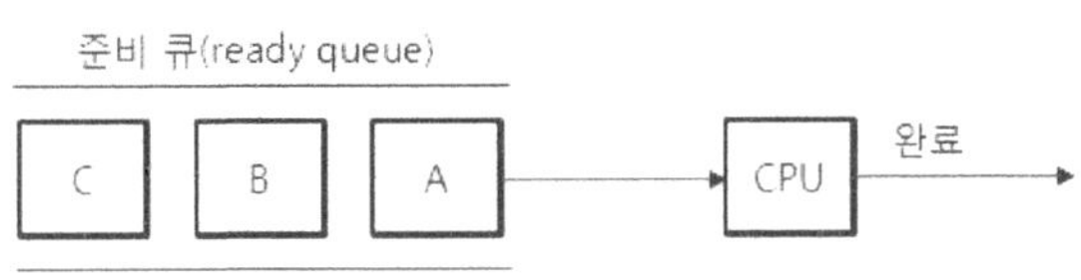

[그림 2-17] FIFO 스케줄링

예를 들어 작업이 A, B, C 순서로 도착하고, 작업의 시행시간이 다음과 같다고 하자.

작업	시행 시간
A	21
B	3
C	4

이때, FCFS 스케줄링 기법을 사용한다면 [그림 2-18] 형태의 칸트(Gantt)

차트와 평균 대기시간을 구할 수 있다. 평균 대기시간은 15ms 이다.

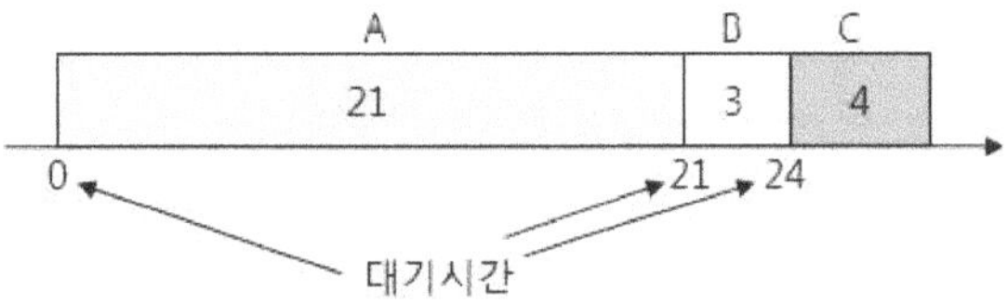

평균 대기시간 : (0+21+24)/3=15ms

[그림 2-18] FCFS 알고리즘을 사용하고 작업순서가 A, B, C인 경우

예를 들어 작업의 도착 순서를 변경해 B, C, A 순서로 도착하고, FCFS 서비스를 받는다면 [그림 2-19]의 칸트 차트가 그려지고, 평균 대기시간은 3.3ms이 된다. 즉, 평균 대기시간이 15ms에서 3.3ms로 줄어든다.

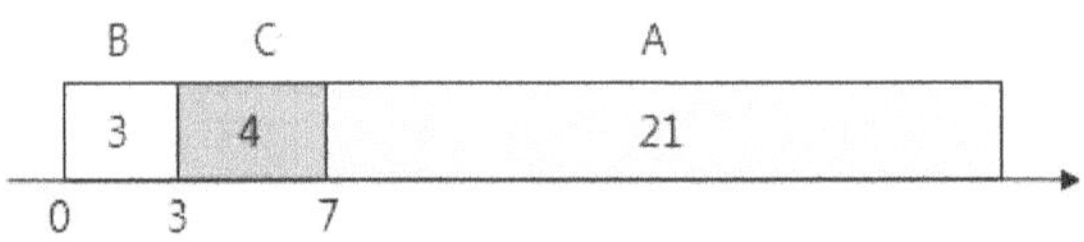

평균 대기시간 : (0+3+7)/3=3.3ms

[그림 2-19] FCFS 알고리즘을 사용하고 작업순서가 B, C, A인 경우

만약에 작업이 B, A, C 순서로 도착하고, FCFS 서비스를 받는다면, [그림 2-20]과 같은 칸트 차트가 그려지고, 평균 대기시간은 9ms이 된다.

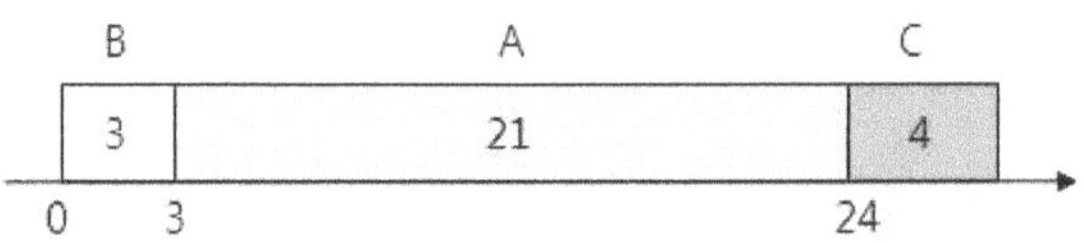

평균 대기시간 : (0+3+24)/3=9ms

[그림 2-20] FCFS 알고리즘을 사용하고 작업순서가 B, A, C인 경우

이렇듯 FCFS을 사용했을 때 작업의 도착 순서에 따라 평균 대기시간은 변동 폭이 크므로, FCFS의 평균 대기시간은 일반적으로 최소값이 아니며, 작업 시간이 다양할 경우 평균 대기시간도 변동폭이 상당히 크다는 단점을 가지고 있다.

2) SJF(Shortest Job First)

SJF는 CPU 사이클 시간에 근거를 두고 작업들을 다루는 비선점 알고리즘으로서 SJN(Shortest Job Next)이라고도 한다. 이 방법은 작업을 실행하는 데 요구되는 추정된 CPU 시간이 초기에 각 사용자들에 의하여 미리 주어져야만 하기 때문에 배치 환경에 적합하지만 대화 시스템에서는 적합하지 못하다.

예를 들면, 4개의 배치 작업이 준비상태 큐 속에 들어 있고, 각각에 대한 CPU 사이클, 즉 실행시간은 다음과 같이 추정된다.

작업	시행 시간
A	21
B	3
C	7
D	4

이때, FCFS 스케줄링을 이용해 작업순서를 ABCD로 할 경우, [그림 2-21]과 같은 칸트 차트가 그려지고 평균 대기 시간은 19ms 이 된다.

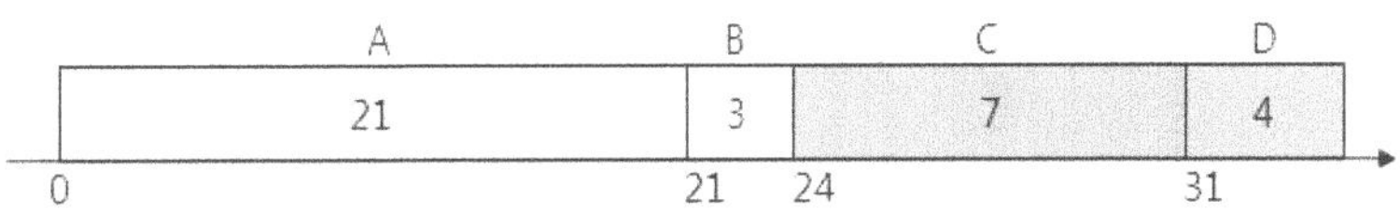

평균 대기 시간은 (0+21+24+31)/4=19ms

[그림 2-21] FCFS 알고리즘을 사용하고 작업순서가 A, B, C, D인 경우

반면에 SJF 스케줄링을 이용하여 작업시간이 제일 작은 순서부터 차례대로 실행하면, 작업순서는 B, D, C, A가 된다. 즉, 작업 B의 대기 시간은 0ms이고, 작업 D의 대기 시간은 3ms이며, 작업 C의 대기 시간은 7ms, 작업 A의 대기 시간은 14ms이므로 [그림 2-22]의 칸트 차트가 그려지고, 평균 대기 시간은 6ms이 된다.

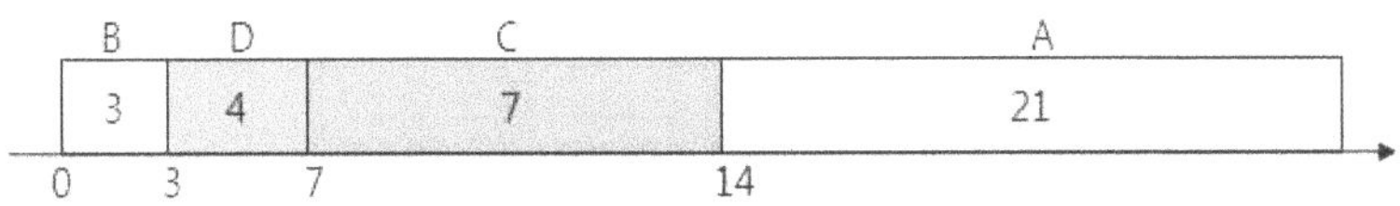

평균 대기시간은 (0+3+7+14)/4=6ms

[그림 2-22] SJF 알고리즘을 사용한 경우

이렇듯 SJF 스케줄링이 최적이고 최소의 평균 대기시간을 주긴 하지만 프로세스 스케줄링 단계에서는 구현하기 어렵다. 이것은 차기 CPU 사이클 시간을 알 수 없기 때문인데, 이때 SJF 스케줄링 차기 CPU 사이클 시간을 근사값으로 사용하게 된다.

3) 우선순위 스케줄링

우선순위 알고리즘은 비선점 알고리즘이고, 배치 시스템에서 가장 일반적 형태이다. 이 알고리즘은 중요한 작업들에 우선권을 주어 우선순위가 가장 높은 프로그램을 맨 먼저 처리하도록 하고 CPU 사이클(실행시간)이 완료되거나 자연상태(natural state)가 발생할 때까지는 인터럽트 되지 않는다. 만약, 우선순위가 같은 프로세스의 경우에는 FCFS 순서로 처리된다.

우선순위는 두 가지 측면인 외부 우선순위와 내부 우선순위로 나눌 수 있다.

(1) 외부 우선순위

사용자가 제시하는 것으로서 사용자가 비용을 더 지불한다는 조건을 제시하거나, 최고 경영자가 급히 처리해야 할 업무를 지시하는 경우로서 운영체제가 통제할 수 없는 것이다.

(2) 내부 우선순위

작업들은 일반적으로 우선순위에 근거를 두고 작업 스케줄러에 의해서 몇몇 준비상태 큐에 연결된다. 그리고 나서 프로세스 스케줄러는 여러 개의 준비상태 큐를 관리한다. 우선순위는 다음과 같은 작업의 본질적인 특성에 근거하여 처리기 관리자(processor manager)에 의하여 결정된다.

- 메모리 요구사항 : 큰 메모리를 요구하는 작업들은 적은 양의 메모리를 요구하는 것보다 우선순위를 낮게 할당한다.
- 주변장치의 번호와 형태 : 많은 주변장치를 요구하는 작업들은 적은 주변장치를 요구하는 것보다 우선순위를 낮게 할당한다.
- 전체 CPU 시간 : 긴 CPU 사이클(추정되는 긴 시간)을 가지는 작업들은 추정되는 짧은 시간보다 우선순위를 낮게 할당한다.
- 시스템 내에서 이미 소비된 시간의 양 : 이것은 작업이 처리를 위해서 시스템에 들어온 이후 경과된 총시간을 말한다. 오랫동안 시스템 내에 머물렀던 작업들에게 우선순위를 증가시켜 주는 방법이다. 몇몇 시스템들은 이와 같이 어떤 작업이 시스템 내에 머무르는 시간이 증가할

때 우선순위를 높여주는데 이 방법을 에이징(aging)이라 한다.

예를 들어, 작업이 A, B, C, D 순서로 도착하고 작업의 시행 시간과 우선순위가 다음과 같다고 하자.

작업	시행 시간	우선순위
A	15	2
B	9	3
C	5	1
D	3	4

이때 우선순위 스케줄링을 이용하면 다음과 같이 작업이 스케줄 되는데, 이때 작업 B, D가 우선순위가 동일하므로 FCFS에 의해 작업 B가 우선처리된다. 따라서 작업 순서는 C, A, B, D가 되며 [그림 2-23]의 칸트 차트가 그려지고 평균 대기시간은 13.5ms가 된다.

평균 대기시간 : (0+5+20+29)/4=13.5ms

[그림 2-23] 우선순위 스케줄링을 사용한 경우

FCFS과 마찬가지로, 우선순위 알고리즘은 실행준비는 되었지만 낮은 우선순위로 CPU를 사용하지 못하는 쓰레드는 대기 상태이기 때문에 정지된 것으로 간주하는 기아(starvation)문제가 발생한다. 즉, 우선순위 스케줄링 알고리즘에서는 낮은 우선순위 쓰레드들이 무한히 대기하는 경우가 발생하게 된다.

이러한 기아 문제의 해결 방안으로 에이징(aging)이 제시되었다. 에이징은 오랫동안 시스템에서 대기하거나 낮은 우선순위를 가진 쓰레드들의 우선순위를 점진적으로 증가시키는 것이다. 예를 들어, 우선순위가 매 15분마다 1씩 증가하는 것이다.

4) 라운드 로빈(round robin)

라운드 로빈 방법은 대화식 시스템에서 널리 사용되어지는 선점 프로세스 스케줄링 알고리즘이며 구현하기 쉽다. 이 방법은 작업의 특성에 근거를 두지 않고 또한 하나의 작업에 의해서 독점되지 않도록 활동 중인 프로세스들 사이에 CPU가 똑같이 공유되는 것을 보장하기 위해서 각 작업에 주어지는 예정된 시간할당량에 근거를 두고 있다. 이때 시간할당량(time quantum)을 시간조각(time slice)이라고도 하며 이것의 크기는 시스템의 성능에 중요한 영향을 미친다.

작업들은 FCFS 기법을 이용하는 준비상태 큐 속에 놓이고 프로세스 스케줄러는 큐의 선두에서 첫 번째 작업을 선택해서 시간할당량을 타이머로 세트하고 CPU를 이 작업에 할당한다. 그런데 이 시간을 다 쓰고도 처리가 끝나지 않으면 그 작업은 선점되어지고 준비상태 큐의 맨 뒤로 가서 놓이게 되고 이때 이 정보는 PCB 속에 저장되어진다.

이 이후 시스템에는 다음 두 경우 중의 하나가 발생할 것이다.

- 이것이 작업의 마지막 CPU 사이클이고, 완료되면, 할당된 모든 자원들을 해제하고 완료된 작업은 다음 사용자에게로 돌아간다.
- 만약 CPU 시행시간 중에 I/O 요청에 의하여 인터럽트 되면 그 작업에 대한 정보는 PCB 속에 저장되고 적절한 I/O 큐의 끝에 링크되어진다. 나중에 I/O 요청이 완료되면 그것은 CPU의 할당을 기다리기 위해서 준비상태의 맨 끝으로 돌아간다.

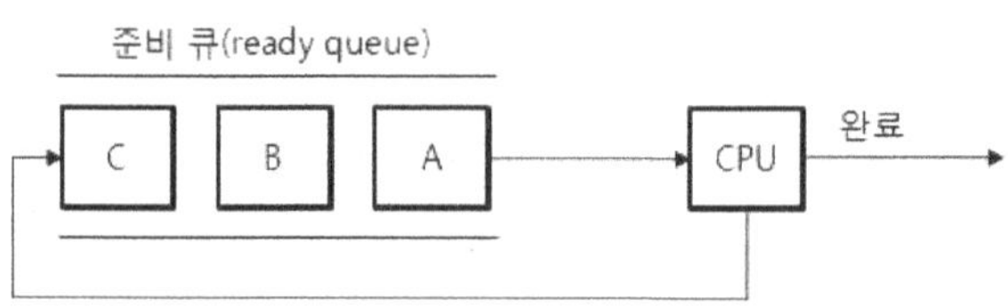

[그림 2-24] 라운드 로빈 스케줄링

예를 들어, 시간할당량 q=5이고, 준비 큐에 저장된 작업이 다음과 같다고 하자.

작업	수행시간
A	11
B	3
C	6
D	16

라운드 로빈 스케줄링을 이용해 준비 큐에 있는 작업을 시간할당량 q=5만큼 CPU를 점유하도록 한다. 라운드 로빈 스케줄링을 자세히 살펴보면 다음과 같다.

① 작업 A의 수행 시간이 11이므로 시간할당량 q=5만큼만 CPU를 점유한 후, 준비 큐의 Tail에 저장된다. 이때, 작업 A의 남은 수행 시간은 6이 된다.

② 준비 큐의 작업 B가 CPU를 점유하는데, 작업 B의 시행 시간이 시간할당량 q=5보다 작으므로 작업 B의 CPU 점유는 일찍 종료된다.

③ 준비 큐의 작업 C가 CPU를 시간할당량 q=5만큼 점유하고, 준비 큐의 Tail에 남은 수행 시간이 1인 작업 C가 저장된다.

④ 준비 큐의 작업 D는 시간할당량 q=5만큼 CPU를 점유하고, 준비 큐의 Tail에 남은 시행 시간이 11인 작업 D가 저장된다.

다시, 준비 큐 헤드에 위치한 작업을 시간 할당량 q=5만큼 CPU를 점유하고, 작업의 시행 시간이 남으면, 준비 큐의 Tail에 작업을 저장하는 작업을 반복해 라운드 로빈 스케줄링 작업을 한 결과 [그림 2-25]의 칸트 차트가 그려진다.

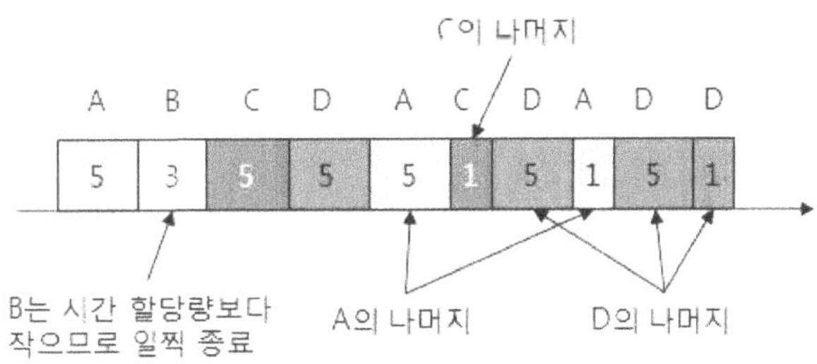

[그림 2-25] 라운드 로빈 스케줄링 한 결과

작업의 대기 시간을 라운드 로빈 스케줄링과 FCFS과 비교해보면 다음과 같다.

작업	대기시간		RR의 다음 시간 할당량 대기시간
	라운드 로빈(RR)	FCFS	
A	3+5+5+1+5=19	0	13,6
B	5	11	0
C	5+3+5+5=18	14	8,10
D	5+3+5+5+1+1=20	20	13,6,1
평균	15.5	11.25	

[그림 2-26] 라운드 로빈 스케줄링과 FCFS 대기 시간 비교

이때, 각 작업은 자신의 다음 시간 할당량이 할당될 때까지 대기 시간이 (n-1)×q=(4-1)×5=15 이상 대기하지 않는다.

라운드 로빈의 성능(performance)은 시간할당량의 크기에 큰 영향을 받는다. 극단적으로 시간할당량이 매우 크다면 라운드 로빈은 FIFO와 같다. 소프트웨어 상에는 다른 문제가 있다. 시간할당량만큼 수행되었을 때 시간에 의해 중단명령을 받는다. 중단되어 CPU를 다른 프로세스에 넘겨줄 때 전 프로세스의 레지스터들은 저장되어야 하고, 수행될 프로세스의 레지스터는 시스템에 적재되어야 한다. 이 작업을 문맥교환(context switch)이라 부르며, 이것은 순전한 오버헤드(overhead)이다. 이것은 기억장치의 속도, 레지스터의 개수, 특수한 명령어(한 개의 명령어로 모든 레지스터를 적재하거나 저장하는 명령어들) 등에 따라서 기계마다 그 정도가 다르다. 보통 10~100㎳가 소요된다.

이러한 문맥교환시간이 라운드 로빈 스케줄링에 미치는 영향을 보기 위해 시간 12을 소요하는 작업이 있다고 가정하자.

시간할당량이 12라면 작업은 그 안에 끝나고 초과부하가 없다. 만일 규정시간이 7이라면 작업은 2개의 시간할당량을 요구하게 되고 문맥교환을 요하게 된다. 시간할당량이 1이라면 문맥교환은 11번 이루어지며 그만큼 실행속도가 늦어지게 된다([그림 2-27]).

그러므로 시간할당량을 문맥교환에 소요되는 시간보다 충분히 크게 하는 것이 바람직하다. 문맥교환시간이 시간할당량의 10% 정도라면 CPU 시간의 10% 정도가 문맥교환시간에 소요된다.

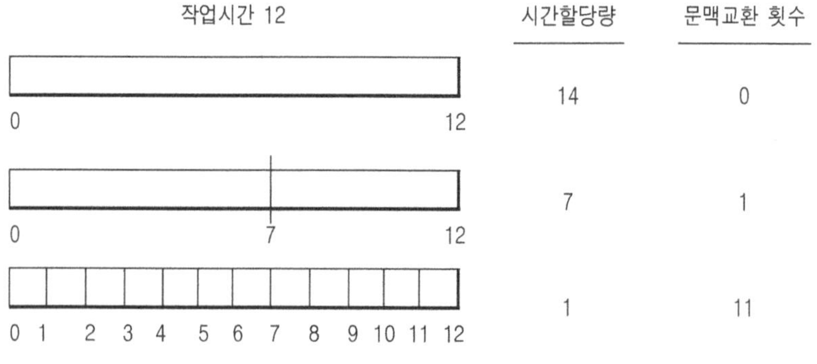

[그림 2-27] 시간할당량과 문맥교환 횟수

경과시간 역시 시간할당량의 크기에 영향을 받는다. 만일 많은 작업에서 차기 CPU 시행이 한 시간할당량 안에 마칠 수 있다면 경과시간은 좀 더 개선될 수 있다.

예를 들어, 10을 요하는 작업이 세 개 있고 시간할당량이 1이라면 평균 경과시간은 29이다. 그러나 시간할당량이 10이라면 평균 경과시간은 20으로 낮아진다. 문맥교환시간이 추가된다면 작은 시간할당량의 경우 더욱 좋지 않다.

반면에 시간할당량이 너무 커지면 라운드 로빈은 FIFO로 되어 버린다. 이 시점에서 중요한 기준은 CPU 시행의 80% 정도가 시간할당량보다 짧아야 된다는 것이다.

5) SRT(Shortest Remaining Time)

SRT는 SJN을 변형시킨 선점 알고리즘으로 처리기를 완료시키기 가장 가까운 작업에 할당한다. 그러나 이 작업마저도 준비상태 큐 속에 좀 더 새롭고, 좀 더 짧은 작업이 들어 올 경우에는 이것이 선점된다.

이 알고리즘은 각 작업을 끝내는 데 요구되는 CPU 시간을 미리 알아야 하기 때문에 대화식 시스템에서는 구현될 수 없고, 배치 환경에서 사용되어진다. 이론적으로는 SRT가 대기시간을 최소로 하지만 운영체제가 준비상태에 있는 모든 작업들에 대하여 CPU 시간을 자주 관리해야 하고 또한 선점시에 swapping되는 작업들에 대하여 "문맥교환"을 해야 하는 오버헤드로 인하여 SJF가 더 성능이 좋은 경우가 생긴다.

작업의 도착시간에 따라 작업 순서가 A, B, C, D인 경우 [그림 2-28]의 칸트 차트가 그려지며, 이 그림은 SRT 알고리즘이 계속 잇달아 도착하는 4개의 작업을 어떻게 처리하는가를 보여준다.

작업	도착 시간	시행 시간
A	0	21
B	1	3
C	2	7
D	3	4

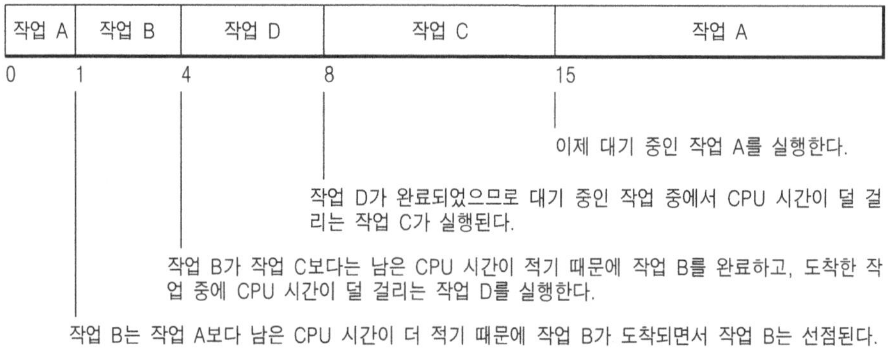

[그림 2-28] 선점 SRT 알고리즘을 사용하며 순서는 A, B, C, D인 경우

이 경우에 대기시간은 각 작업의 시작시간에서 도착시간과 다른 작업들이 도착하기 전에 작업한 것을 뺀 것으로 평균대기시간은 5.25ms이다.

작 업	도착시간	대기시간
A	0	15-1=14
B	1	1-1=0
C	2	8-2=6
D	3	4-3=1
평균 대기 시간		5.25

비선점 SJF 스케줄링일 때, 도착시간에 따라 [그림 2-29]의 칸트 차트가 그려지며, 각 작업의 대기시간은 작업 시작 시간에 도착시간을 뺀 시간으로, 평균 대기 시간은 16.75ms이다.

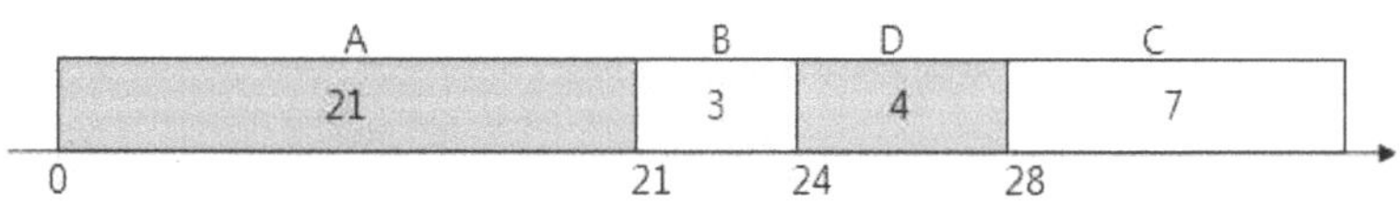

평균 대기시간 : {0+(21-1)+(24-3)+(28-2)}/4=16.75

[그림 2-29] 비선점 SJF 알고리즘을 사용하여 순서는 A,B,D,C인 경우

6) 다단계 큐(MLQ : Multi-level Queue)

다단계 큐는 별개의 스케줄링 알고리즘이 존재하는 것이 아니고 이미 언급된 여러 방법들을 공통적인 특성에 따라 몇 개로 연결해서 사용하는 시스템을 말한다. 첫 번째 예로, 각각의 우선순위 레벨을 여러 가지 큐로 나누는 우선순위 시스템의 큐를 도입하였다. 이 시스템에서 작업의 처리 속도를 가지고 분류하는 데, 한 큐는 CPU 중심 작업을, 다른 큐에서는 I/O 중심 작업을 저장하면, 프로세스 스케줄러는 시스템 균형이 잡히도록 각 큐로부터 작업들을 선택한다.

두 번째 예로는 작업의 처리 속도 보다는 작업의 성격에 따라 배치 작업과 대화식 작업의 두 경우를 지원하는 환경에서 배치 작업을 후방(background) 큐에 두고, 대화식 작업을 전방(foreground) 큐에 두면서, 전방 큐를 후방 큐보다 먼저 다룬다. 이와 같이 준비상태 큐를 여러 종류로 분할하여 각각에 큐 스케줄링 알고리즘(queue scheduling algorithm)을 준비해 둔다. 후방 큐에 있는 작업들은 전방 큐가 비어 있지 않으면 실행될 수 없다. 배치처리 작업이 실행중일지라도 전방 큐의 작업이 들어오면 배치 처리 작업은 CPU를 내주어야 되므로 선점되어야 한다.

7) 다단계 피드백 큐(multi-level feedback queue)

다단계 큐 스케줄링은 작업이 시스템에 들어가면 한 큐에서만 고정되어 끝까지 실행된다. 다시 말해서, 성질상 전방 큐와 후방 큐의 내용을 바꿀 수 없기 때문에, 전방 큐 작업과 후방 큐 작업들은 독립적인 큐에 존재해야 하고, 한 큐에서 다른 큐로 이동하지 않는다.

그러나 다단계 피드백 큐에서는 작업이 큐 사이를 이동할 수 있다([그림 2-30]). 큐 사이를 이동하는 방법으로는 어떤 작업이 요구하는 CPU 시간이 너무 크면 낮은 단계 큐로 옮겨주며, 입출력 중심 작업과 전방 큐에 있는 작업을 높은 우선순위 큐에 두고. 낮은 우선순위 큐에서 너무 오래 기다린 작업은 높은 우선순위 큐로 옮겨준다.

예를 들어, 1～3까지의 번호를 가지는 3개의 큐를 가지고 있는 다단계 피드백 큐 스케줄러를 생각해 보자([그림 2-30]). 준비상태 큐에 들어오는 작업은 일단 큐 1에 들어가게 된다. 여기에서 시간할당량 6을 할당받아 실행하여 끝나지 않으면 큐 2로 들어간다. 큐 1이 비게 되면 큐 2에서는 들어온 순서대로 12을 할당받아 실행되고, 여기서도 끝나지 않으면 큐 3로 들어가게 된다. 큐 3에 있는 작업은 큐 1과 큐 2가 비었을 때만 실행되게 된다.

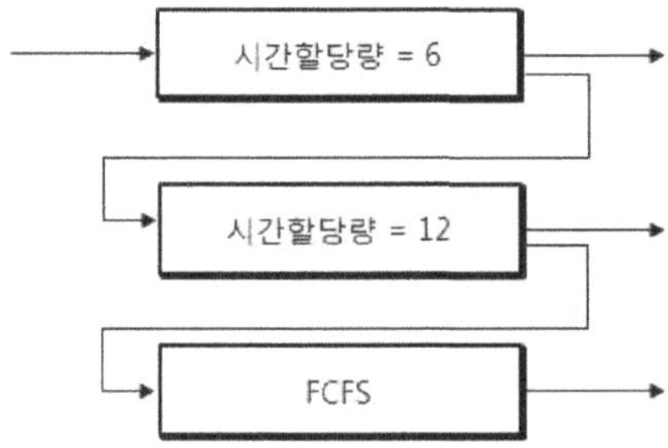

[그림 2-30] 다단계 피드백 큐

이 알고리즘은 CPU 시행이 6 이하인 작업에 최우선권을 주어 큐1에서 작업을 끝내도록 하고, 6～22 정도의 시간을 요구하는 작업은 다음 우선순위로 작업을 할 수 있도록 하고, 오랜 시간이 걸리는 작업은 자동적으로 큐 3로 들어가게 되어, FCFS 방식으로 큐 1과 큐 2을 거치면서 남은 CPU 요구 시간을 할당받아 모두 처리하게 된다.

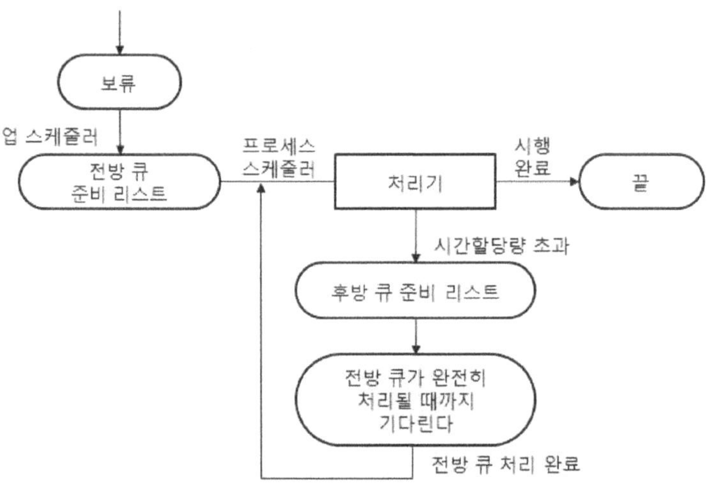

[그림 2-31] 다단계 피드백 큐의 일반적인 형태

이 방법을 일반화 한 것으로 [그림 2-31]는 전방 큐와 후방 큐를 두어 다중 피드백 큐를 구현한 것이다. 처음에 들어오는 프로세스는 전방 큐에 들어가면 T_a를 할당받게 되고, 그 동안 일을 끝내지 못하면 후방 큐에 들어가 T_b만큼 시간을 할당받는다. 한편, 후방 큐에 들어가면 전방 큐에 기다리는 프로세스가 없을 때만 처리기를 배당받는데, 이때는 $T_b > T_a$이다.

이러한 개념을 연장하면 후방 큐를 많이 만들 수 있다. 따라서, 큐의 단계가 높을수록 우선순위는 낮으나 시간할당량은 커지게 되며, 제일 마지막 큐에 있는 프로세스는 일단 처리기를 차지하면 끝까지 처리해 주는 방법으로 FCFS가 있다([그림 2-31]).

다단계 피드백 큐 스케줄러의 정의에 의해 이것이 CPU 스케줄링 알고리즘 중 가장 일반적인 것이 된다. 이것은 설계중인 특정 시스템에 맞게 적용될 수 있다. 나쁜 점은 최상의 스케줄러를 정의하기 위한 요소들의 평가값을 찾기가 쉽지 않다는 것이다. 이것은 아주 일반적인 기법이지만 또한 가장 복잡하다.

연습문제

■ 객관식 문제

1. 다음 처리기 운영체제 구성 중 주/종(master/slave) 처리기 시스템에 대한 설명으로 옳지 않은 것은?

㈎ 주프로세서는 입/출력과 연산을 담당한다.
㈏ 종프로세서는 입/출력 위주의 작업을 처리한다.
㈐ 주프로세서만이 운영체제를 수행한다.
㈑ 주프로세서에 문제가 발생하면 전 시스템이 멈춘다.

주 주/종(master/slave) 처리기 시스템 : master로 불리는 하나의 특별한 프로세서만이 운영체제를 실행하도록 되어 있고 slave 프로세서는 사용자 레벨의 프로그램만을 실행할 수 있으며, maser의 고장이 전 시스템을 가동 불가능하게 하므로 이 기법은 다른 기법보다 신뢰성이 낮다.

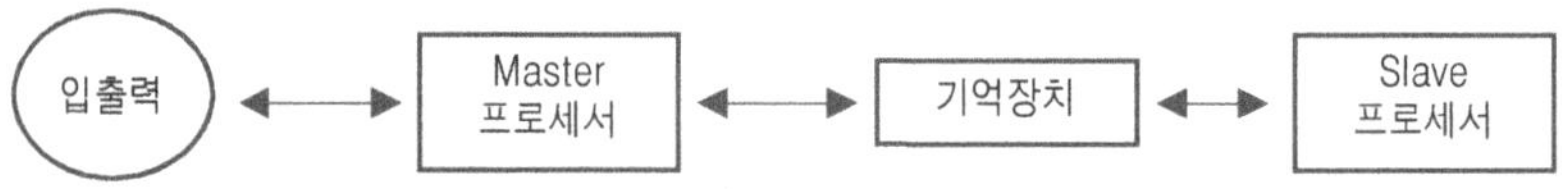

2. 가장 바람직한 스케줄링 정책은?

㈎ CPU 응답률을 줄이고 반환시간을 늘린다.
㈏ 응답시간을 줄이고 CPU 이용률을 늘린다.
㈐ 대기시간을 늘리고 반환시간을 줄인다.
㈑ 반환시간과 처리율을 늘린다.

3. 태스크 스케줄링 방법 중 round-robin 방식에 대한 설명 중 옳지 않은 것은?

㈎ FIFO 방식으로 선점(preemptive)형 기법이다.
㈏ 처리하여야 할 작업의 양이 가장 작은 프로세스에게 cpu를 할당하는 기법이다.
㈐ 대화식 사용자에게 적당한 응답시간을 보장한다.
㈑ 시간할당량이 작을수록 문맥교환에 따른 오버헤드가 커진다.

4. 스케줄링 방식 중 round-robin 방식에서 시간간격을 무한히 크게 하면 어떤 방식과 동일한가?

(가) LIFO 방식　　(나) FIFO 방식
(다) HRN 방식　　(라) Multilevel Queue 방식

주 HRN(Highest Response Next) 스케줄링 : SJF 기법의 약점, 특히 긴 작업과 짧은 작업간의 지나친 불평등을 어느 정도 보완한 기법이다. HRN은 비선점(nonpreemptive) 스케줄링 기법이며, 각 작업의 우선순위는 다음 식에 따라 계산한다.

$$\text{우선순위} = \frac{\text{대기한 시간} + \text{서비스를 받을 시간}}{\text{서비스를 받을 시간}}$$

서비스를 받을 시간이 분모에 있으므로 짧은 작업이 우선순위가 높아지는 요인이 되고 대기한 시간이 분자에 있으므로 긴 작업도 대기시간이 큰 경우에는 우선순위가 높아진다. 시스템의 응답시간은 다음 식에 따라 계산한다.

$$\text{응답시간} = \text{대기한 시간} + \text{서비스를 받을 시간}$$

5. 프로세스의 상태전이에 있어서 실행상태에 있던 프로세스가 할당시간 종료로 인하여 바뀌어지는 상태는?

(가) 보류상태　　(나) 종료상태
(다) 준비상태　　(라) 서스펜드 상태

6. 선점형(preemptive) 스케줄링 기법에 해당하는 것은?

(가) FIFO(First-In-First-Out) 스케줄링
(나) SJF(Shortest-Job-First) 스케줄링
(다) HRN(Hightest Response-ratio Next) 스케줄링
(라) round-robin 스케줄링

7. 하나의 프로세스가 자주 참조하는 페이지들의 집합을 무엇이라고 하는가?

(가) locality　　(나) working set
(다) segment　　(라) fragmentation

8. CPU 스케줄링 기법에서 작업이 끝나기까지의 실행시간 추정값이 가장 작은 작업을 먼저 실행시키는 기법은?

(가) FIFO　　(나) SRT
(다) SJF　　(라) HRN

9. 기한부(deadline) 스케줄링에 관한 설명으로 거리가 먼 것은?

(가) 작업이 주어진 특별한 시간이나 만료시간 안에 완료되도록 하는 기법이다.
(나) 동시에 다수의 기한부 작업이 수행되면 스케줄링은 보다 용이해진다.

㈐ 기한부 스케줄링에 필요한 집약적 자원관리는 많은 오버헤드를 일으킬 수 있다.
㈑ 사용자는 그 작업에 필요한 자원에 관한 정확한 정보를 시스템에 제시하여야 한다.

10. 프로세스 스케줄링 방법 중 실행시간 추정과 선점기능 때문에 스케줄러가 복잡해지고 남은 계산시간들을 저장해 놓아야 하는 단점을 보완한 대화식 작업에 적합한 프로세스 스케줄링 방법은?
㈎ HRN ㈏ SRT
㈐ SJF ㈑ FIFO

11. 운영체제가 처리기 경영에서 무시하여도 좋은 항목은?
㈎ 디스크와 같은 보조기억장치의 접근시간
㈏ 프로세스가 일괄처리 형태인가, 대화형 처리 형태인가 하는 점
㈐ 계산 위주(cpu-bound)와 입출력 위주(i/o bound)의 균형 문제
㈑ 프로세스가 높은 우선순위의 프로세스에 의해 선점(preemptive)되는 빈도

12. 복수의 프로세스가 가능하지 못한 상태를 무한정 기다리고 있는 상태를 무엇이라 하는가?
㈎ 교착상태(deadlock) ㈏ 병목상태(bottleneck)
㈐ 차단상태(blocked) ㈑ 임계영역(critical section)

13. 아래의 a, b, c, d 작업 중 운영체제가 CPU 스케줄링 기법으로 HRN 방식을 구현했을 때 가장 우선순위가 높은 것은?

	대기시간	서비스 시간
a	10초	5초
b	5초	5초
c	3초	12초
d	5초	3초

㈎ a ㈏ b ㈐ c ㈑ d

14. 다음 중 round-robin 스케줄링 기법에서 시간할당량에 대한 설명으로 올바르지 않은 것은?
㈎ 시간할당량이 너무 작으면 문맥교환 오버헤드가 작아지게 된다.
㈏ 시간할당량이 너무 작으면 문맥교환이 자주 일어나게 된다.
㈐ 시간할당량이 너무 크면 FIFO 기법과 거의 같은 형태가 된다.
㈑ 시간할당량이 너무 작으면 시스템은 대부분의 시간을 프로세서의 스위칭

에 소비하고 실제 사용자들의 연산은 거의 못하는 결과가 초래된다.

15. 프로세스 처리 스케줄러(process scheduler)가 하는 일은?
㈎ 하나의 프로세스를 준비(ready)상태에서 실행(run)상태로 만든다.
㈏ 하나의 프로세스를 대기(blocked)상태에서 실행(run)상태로 만든다.
㈐ 하나의 프로세스를 제출(submit)상태에서 준비(ready)상태로 만든다.
㈑ 하나의 프로세스를 제출(submit)상태에서 대기(blocked)상태로 만든다.

16. 비선점식 스케줄링 기법으로 짝지어진 것은?
㈎ FIFO - SJF
㈏ SRT - SJF
㈐ RR - SJF
㈑ HRN - RR

17. 스케줄링 기법 중 대화형 시스템에 부적당한 것은?
㈎ SJF(Shortest Job First)
㈏ RR(Round-Robin)
㈐ SRT(Shortest Remaining Time)
㈑ 다단계 피드백 큐

18. Brinch Hangen의 HRN 기법이 가변적 우선순위를 구하는 식으로 올바른 것은?
㈎ (대기시간 + 서비스를 받을 시간) / 서비스를 받을 시간
㈏ (서비스를 받을 시간 + 대기시간) / 대기시간
㈐ (실행시간 + 대기시간) / 대기시간
㈑ (실행시간 + 서비스를 받을 시간) / 대기시간

■ 주관식 문제

1. 프로세스 상태 모델을 그리고 설명하여라.

2. UNIX상에서의 프로세스 상태 모델을 그리고 설명하여라.

3. 작업 스케줄러, medium-term 스케줄러, 프로세서 스케줄러 각각에 대하여 기술하여라.

4. PCB가 가지고 있는 정보에 대하여 논하여라.

5. 프로세스 scheduling 정책에는 지금까지 교재에서 논의한 것과는 다른 관점에서 round robin과 우선순위가 있고, 우선순위 정책은 작업이 ready list에 들어올 때 우선순위를 미리 가지고 오는 경우, 즉 사용자가 우선순위를 제시하는 외부 우선순위와 처리기가 프로세스를 진행하는 과정에서 알 수 있는 정보에 의해

우선순위를 주는 내부 우선순위로 다시 나눌 수 있다. 이때 프로세스 scheduling 정책에서 내부 우선순위 개념을 적용하는 경우에 foreground 큐와 background 큐를 이용하는 상태 변화도를 생각하자.

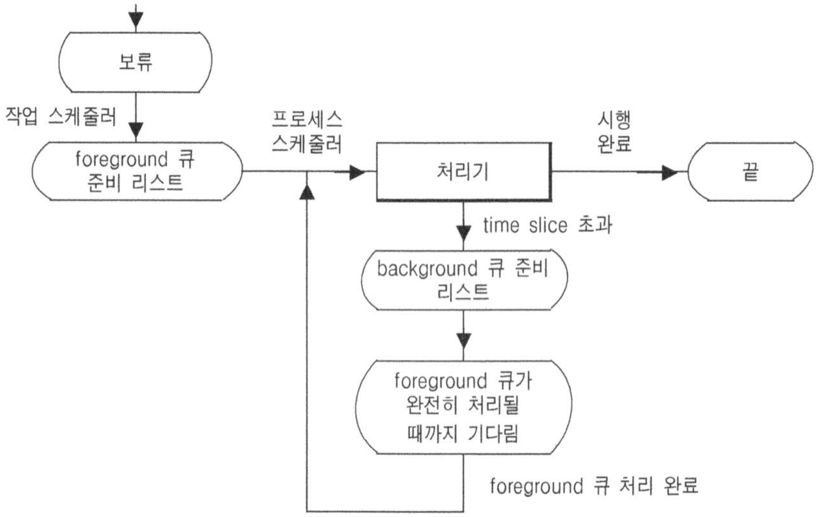

(1) 위 프로세스 스케줄러에서 적용한 scheduling의 근본 개념은 무엇인가?

(2) 이와 같은 scheduling 방법은 어떤 경우 운영체제에 적용하는 것이 적합한가?

(3) 이러한 scheduling 방식을 좀더 효과적으로 운영하기 위해서 foreground 큐와 background 큐의 구성을 각각 생각해 보고 그 이유를 기술하여라.

6. 프로세스 scheduling 정책과 기법을 구별하여 논하여라.

7. 다음과 같은 정보가 주어진다. 이 정보를 이용하여 다음의 기법에 따라 칸트 차트를 그리고 평균 대기시간을 구하여라.

작 업	도착시간	시행시간
1	0	10
2	1	2
3	2	3
4	3	1
5	4	5

(1) FCFS
(2) SJN
(3) SRT
(4) round robin(시간할당량은 2이고, 문맥교환과 자연상태를 고려하지 않는다.)

8. 다단계 큐와 다단계 피드백 큐에 대하여 논하여라.

9. 다단계 큐에서 단계마다 서로 다른 시간할당량을 지정한다면 어떤 장점이 있겠는가?

10. SRT 기법의 단점에 대하여 논하고 성능을 높이기 위해서는 어떻게 변형해야 하는지 설명하여라.

11. context switching이란 무엇이며 시간할당량(time quantum)과의 관련지어 논하여라.

12. 에이징(aging)이란 무엇인지 논하여라.

13. FIFO 기법이 대화식(interactive) 사용자에게 적당하지 못한 예를 들어라.

14. job의 도착시간 및 실행시간이 다음과 같다. 라운드 로빈 기법을 사용할 경우 평균 대기시간은 약 얼마인가?(단, quantum=10초)

작 업	예상 실행시간 (단위 : 초)	도착시간
1	10	10시 00분
2	29	10시 00분 10초
3	3	10시 00분 15초
4	7	10시 00분 16초
5	12	10시 00분 20초

15. 스레드(thread)와 프로세스(process)를 구별지어 설명하여라.

16. 스레드를 사용하면 어떤 이점들이 있는지 설명하여라.

17. 다음과 같은 작업부하가 시간 0에 도착했다고 하자. 다음 각각에 대하여 평균 대기시간을 구하여라(단, round robin의 시간할당량 = 10).

작업	시행시간
1	10
2	29
3	3
4	7
5	12

(1) SJF

(2) FIFO

(3) round robin

제 3 장

기억장치 경영

3.1 주기억장치 경영

초기 컴퓨터의 주기억장치 용량은 기껏해야 수천 바이트(수 KB)였으나, 컴퓨터로 처리하는 문제가 비교적 단순했기 때문에 이 용량으로도 그렇게 불편을 느끼지 못했다. 또한 주기억장치가 고가여서 큰 용량을 갖추는 것이 어려웠기 때문에 기억용량의 제약에 맞추어 프로그램을 분할한다든지 오버레이(overlay)기법을 많이 사용하였다. 그러나 이제는 주기억장치의 용량이 엄청나게 커지고, 또한 사용자들이 동시에 주기억장치를 사용하기 위해서는 특별한 주기억장치 경영이 필요하게 된다.

주기억장치의 경영은 주기억장치를 효율적으로 분배하고 또한 운영체제 전체의 목적에 부합되도록 운영하는데 그 목적이 있다.

주기억장치의 경영기법은 크게 나누어서 프로그램이 연속된 장소를 차지하는 연속적재(contiguous loading)와 한 프로그램을 페이지 단위로 나누어 적재하는 분산적재(scatter loading)로 구분할 수 있다.

연속적재의 주기억장치의 기법은 다중 프로그래밍을 하지 않는 단일 사용자의 경우인 단일분할과 다중 프로그래밍을 하기 위해서 주기억장치를 일정한 크기로 분할하여 사용하는 고정 분할(fixed partition), 그리고 작업의 크기에 따라 주기억장소의 영역을 동적으로 할당하는 동적 분할(dynamic partition)로 나누어진다. 또한 단편화(fragmentation)를 압축(compaction)해서 연속공간으로 만든 후 재배치시켜서 기억장소를 관리하는 동적 재배치 방법이 있다. 이 방법에는 동적 재배치 레지스터를 이용하여 기억공간을 연속으로 만들어 준다.

분산적재의 주기억장치 기법은 사용자의 프로그램이 페이지 단위로 구성되어 디스크에 존재하다가 필요한 부분만이 페이지 단위로 주기억장치에 적재 되도록 한다. 즉, 하나의 프로그램을 구성하는 페이지들이 연속된 장소에 적재되지 않고 페이지 단위로 주기억장치의 여러 곳에 분산되어 저장된다.

1. 보호 하드웨어

한 영역에 있는 코드와 데이터를 다른 영역에 있는 프로그램으로부터 보호하기 위한 필수적인 사항은 실행중인 프로그램의 바로 앞이나, 뒤의 기억장치 공간을 보호하는 것이다. 이러한 보호는 [그림 3-1]에서 설명하고 있는 바와 같이 두 개의 레지스터를 이용함으로써 가능하다.

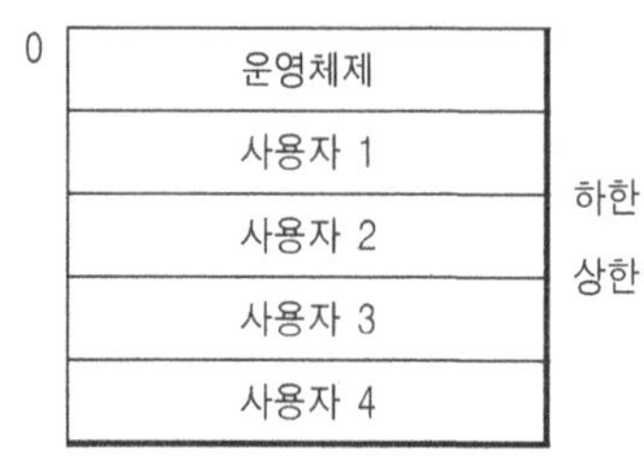

[그림 3-1] 두 개의 한계 레지스터가 논리적 주소공간을 정의

이러한 두 개의 레지스터들은 사용자 프로그램에 의해 합법적으로 생성될 수 있는 주소의 상한과 하한을 주는데, 이에는 두 가지 방법이 있으며 다음과 같다.

1) 경계 레지스터(bound register)

경계 레지스터는 각 사용자가 차지한 기억장치 공간의 프로그램의 상한주소 또는 하한 주소를 나타낸다. 따라서 주소를 지정할 때, 경계 레지스터가 기억하고 있는 주소의 상한과 하한의 사이의 값으로 설정해야 한다.

[그림 3-2 (a)]에서 설명한 것과 같이 경계 레지스터는 어셈블(assemble)할

때 절대 재배치(absolute relocation)를, 적재(load)할 때 정적 재배치(static relocation)를 요구하므로 각 논리주소는 하한보다 크거나 같고 상한보다 작아야만 한다.

예를 들어 하한 주소가 100040이고, 상한 주소가 174640이라면, 합당한 사용자 주소는 가장 작고, 가장 큰 실제주소의 값인 이 하한주소와 상한 주소의 범위 내에서 설정하므로 다른 사용자의 프로그램을 보호하게 된다.

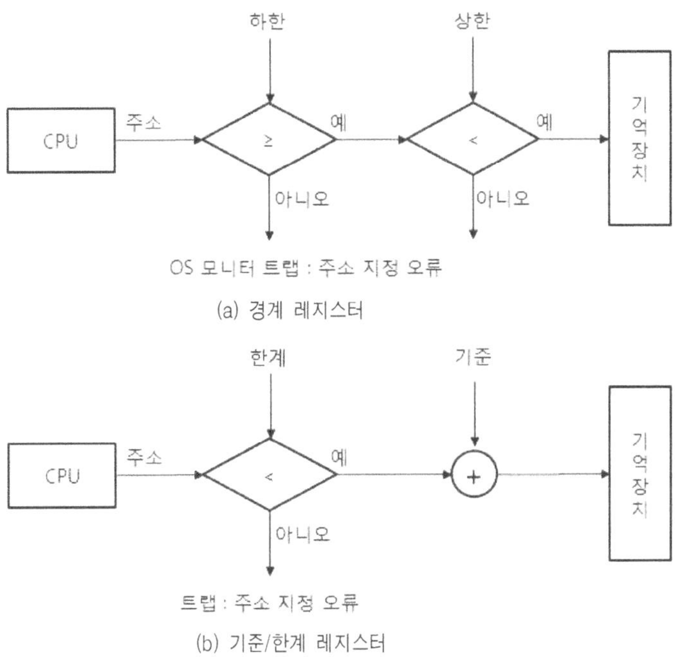

[그림 3-2] 경계 레지스터와 기준/한계 레지스터

2) 기준 레지스터(base register)와 한계 레지스터(limit register)

[그림 3-2 (b)]에서 설명하고 있듯이, 기준 레지스터와 한계 레지스터의 경우에는 각 논리주소는 한계 레지스터(limit register) 값보다 작아야 하고, 여기에 기준 레지스터(base register)에 있는 값을 더해서 동적 재배치(dynamic relocation)를 하며 이 실제주소가 기억장치로 보내진다.

예를 들어, 기준 레지스터가 기억하고 있는 주소값이 100040이고, 한계 레지스터가 기억하고 있는 주소 값이 74600이라고 할 때, 합당한 사용자 주소는 0에서 74600까지이고, 실제 주소는 기준에서 (기준 + 한계)인 100040+74600=174640까지 동적으로 재배치된다.

CDC 6600 컴퓨터와 그것의 후속 제품들은 기준 레지스터와 한계 레지스터를 사용한다.

2. 단일분할

OS가 사용되는 초기 단계로 이때에는 [그림 3-3 (a)]의 단일분할(single partition) 방법을 사용하였다. 바꾸어 말하면 다중 프로그래밍이 되지 않았다. 이 경우엔 주기억장치의 유효 이용 면에서 운영체제가 일정 주기억장치를 차지해 버리므로 낭비라고 생각했다. 어떻든 주기억장치의 일정 부분이 항상 사용되지 않는 공간으로 남아 있다든지 프로그램 중 아주 사용빈도가 낮은 부분에도 주기억장치를 어쩔 수 없이 할당해야 하는 낭비적인 요소가 있었다.

이 결과로 사용빈도가 높은 감시 프로그램과 그렇지 않은 감시 프로그램의 주기억장치 사용 방법을 달리하는 방안이 강구되었다. 즉, 사용빈도가 높은 루틴은 주기억장치를 지속적으로 사용하도록 하는 상주(resident) 루틴과 사용빈도가 낮은 루틴은 그 루틴을 필요로 할 때에만 주기억장치를 사용하도록 하는 비상주(transient) 루틴의 사고방식이 그것이다.

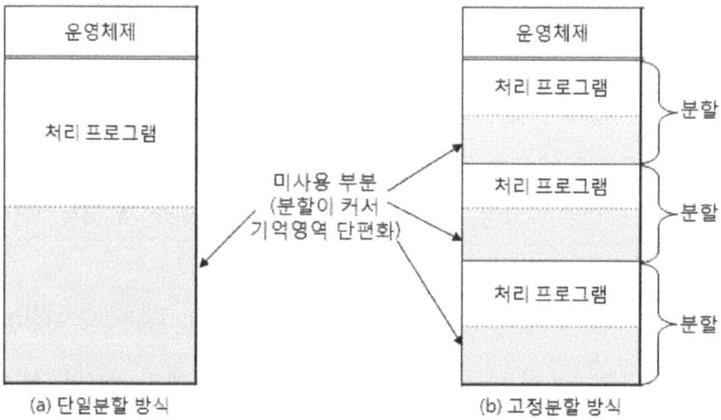

[그림 3-3] 고정 분할 방식

이 방법이 채택됨으로써 OS의 기능이 대폭 강화되었으며 처리 프로그램을 오버레이(overlay)기법으로 사용한 것도 이때부터였다. 그러나 이 기법에서의 문제는 프로그램 작성 시에 프로그램의 실행순서를 알아 이에 맞추어 오버레이 구조를 계획하여 작성 것이었다. 처리할 업무가 복잡하고 조건에 따라 여러 예외처리를 해야 하는 경우에는 이 구조를 작성하기 무척 어려웠다.

1) 장 점

이 방법의 제일 큰 장점은 단순하다는 것이다. 따라서 운영체제내의 주기억장치 경영 부분이 아주 작아도 되므로 사용자의 공간이 상당히 생기게 된다. 또한 방법이 단순하므로 이해하기가 쉽다는 것이다.

2) 단 점

사용자가 하나인 경우의 제일 큰 문제점은 자원을 낭비한다는 것이다. 첫째로 한 프로그램이 차지하고 남는 부분은 전혀 활용되지 않는다는 것이다. 둘째로 입출력하는 동안은 주기억장치에 적재되어 있는 프로그램이 시행하지 않기 때문에 처리기가 쉬게 된다. 대부분의 경우에 있어서 입출력이 차지하는 시간의 50~70%가 된다고 한다. 따라서 처리기가 비효율적으로 운영된다. 셋째로 프로그램 중에는 자주 사용되지 않는 부분이 있다. 예를 들면, 에러 처리 루틴 같은 것이다. 이러한 프로그램은 에러가 발생하지 않으면 전혀 활용되지 않는 데도 불구하고 항상 자리를 차지하고 있다.

또 한 가지의 단점은 사용자의 공간보다 큰 프로그램이 시행될 수 없다는 것인데, 그러나 운영체제에 따라서는 오버레이를 허용해서 이 문제를 해결한다.

3. 고정 분할

주기억장치의 용량이 커지게 되고 CPU의 처리속도가 빨라짐과 함께 시스템의 생산성이 강하게 의식되어 필연적으로 다중 프로그램에 눈을 돌리게 되었다. 이에 따라 처음에 고정 분할 방식의 다중 프로그래밍이 실현되었다.

고정 분할(fixed partition) 방식이란 시스템 생성시 또는 초기 프로그램 적재(initial program loading)시에 주기억장치의 크기를 일정 단위로 분할하여 고정시켜 버리는 방법이다. 경우에 따라서 초기 프로그램 적재 후에라도 오퍼레이터가 명령어(command)를 사용하여 분할의 크기를 변경할 수도 있지만, 작업이 실행 중에 요구되는 크기를 주기억장치에 맞게 동적으로 분할하여 변경할 수 없으므로 이를 고정 분할이라 부른다.

이 방식에는 다중 프로그래밍이 가능하므로 전체의 처리능력(throughput)은 향상된다. 그러나 주기억장치의 유효이용이라는 관점에서 보면 앞의 단일분할 방식의 문제점은 그대로 남아 있다. [그림 3-3 (b)]의 고정 분할 방식의 경우, 분할이 크게 고정되므로 결국은 각 분할에 사용되지 않는 주기억장치가 산재하게 된다.

이와 같이 각 분할 기억장소에 사용되지 않는 미사용 부분이 생기는 것을 단편화라 부르며, 이 단편화는 단일분할 방식의 경우보다 더 낭비적일 수 있다. 게다가 작업의 성격이나 프로그램의 크기로 말미암아 어떤 분할은 일시적으로 놀고 있을 수도 있다. 또한 분할 수를 늘리면 그만큼 각 분할의 크기는 작아져 큰 프로그램을 실행할 수 없게 되어 버린다.

고정분할 방식에서는 주기억장치의 관리가 비교적 간단하다. 그만큼 운영체제의 주기억장치 경영의 기능이 간단한데 이는 여태까지 설명한 바와 같이 주기억장치의 효과적인 이용 문제의 단점은 그대로 남아 있다는 뜻이다. 그러나 다중 프로그램을 하기 때문에 한 분할 안에 있는 프로그램이 다른 분할에 있는 장소를 사용하지 못하게 하여 사용자들을 서로 보호해야 하는 문제가 있다.

이러한 일을 하기 위해서 보통 두 개의 레지스터를 두어 한 구분의 시작과 종료 주소를 나타낸다. 전자를 기준 레지스터(base register)라 하고, 후자를 한계 레지스터(limit register)라고 한다. 따라서 처리기가 다른 프로그램에 배정될 때마다 기준과 한계 레지스터의 내용도 바뀌게 된다.

1) 장 점

계산소에서 취급하는 작업의 성격이 잘 파악되어 있으면 각 분할의 크기를 이에 맞도록 조절하여 기억장소의 효율적인 운영을 기할 수 있다.

2) 단 점

이 방법의 단점은 기억장소가 낭비될 가능성이 있다는 것이다. 예를 들어 1K, 9K, 9K, 33K와 121K를 차지하는 작업이 있다면 <표 3-1>과 같은 구분에서 "고정 분할의 단점"과 같이 될 수 있다. 아래의 표에서 전체 사용할 수 있는 장소의 크기는 712K인데 이 중에서 173K만 활용되고, 전체 용량의 75%가 넘는 539K가 낭비되고 있다.

<표 3-1> (a) 기억장소 구분 규격표

분할번호	크 기	시작주소	상 태
1	8K	312K	사용중
2	32K	320K	사용중
3	32K	352K	사용 가능
4	120K	384K	사용 가능
5	520K	504K	사용중

<표 3-1> (b) 고정 분할의 단점

분할번호	크 기	작업의 크기	비사용 부분
1	8K	1K	7K
2	32K	9K	23K
3	32K	9K	23K
4	120K	33K	87K
5	520K	121K	399K
계	712K	173K	539K

4. 동적 분할

동적 분할(dynamic partition) 방식이란 고정 분할 방식의 단점을 보완하기 위하여 작업이 요구하는 기억영역에 맞게 필요할 때마다 동적으로 할당하는 방식이다. 동적 분할 방식을 [그림 3-4]에 예시하고 있다.

이 방법은 큰 프로그램을 실행할 경우에는 프로그램 크기에 맞게 기억공간을 요구하면 되므로 프로그램의 크기에 대한 제약이 줄어든다. 그러나 이 방식도 각 프로그램은 반드시 연속된 기억 공간을 요구하므로 [그림 3-4]에서 보는 바와 같이 분할 영역과 영역 사이에 종종 단편화가 생긴다.

동적 분할 방식에서는 [그림 3-5]에서와 같이 단편화의 총합이 요구하는 영역의 크기를 넘어도 연속된 장소가 없으므로 작업을 실행시킬 수 없어 롤아웃(Roll-out)/롤인(Roll-in) 기능을 활용하여 해결한다.

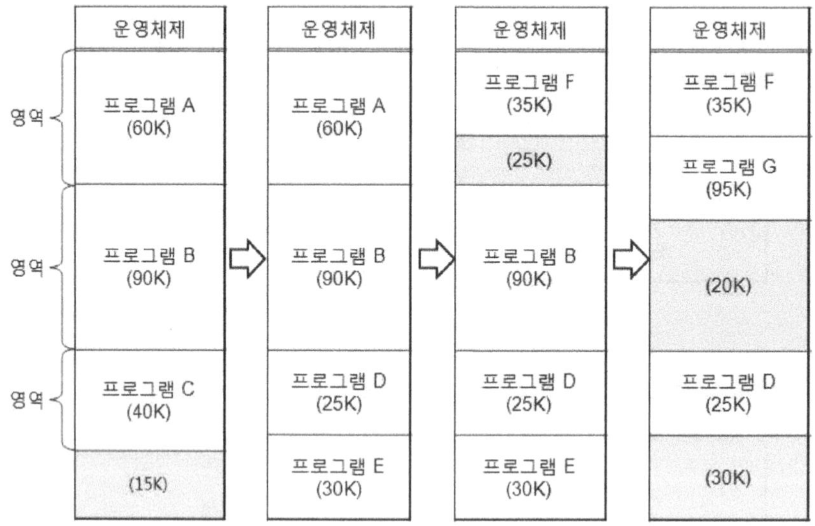

[그림 3-4] 동적 분할 방식

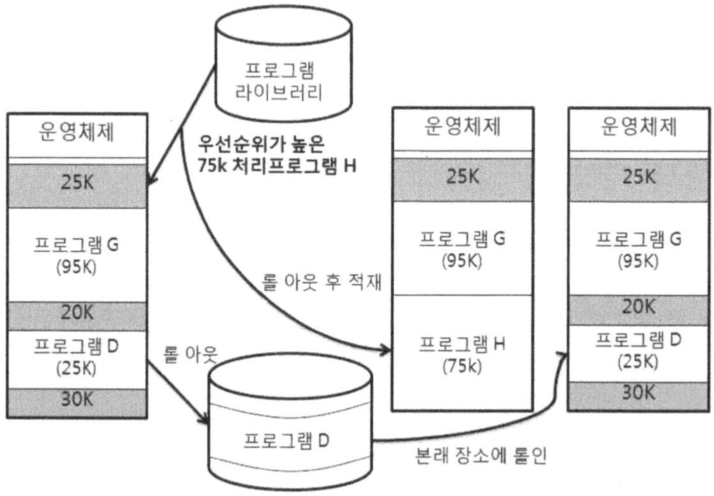

[그림 3-5] 동적 분할 방식의 롤 아웃과 롤인

다시 말해서, [그림 3-5]에서 우선순위가 높은 75k의 처리프로그램 H가 주기억장소를 차지하려고 할 때, 연속된 기억공간이 없어 실행할 수 없으므로, 기존의 기억공간을 점하고 있던 영역 중에서 처리프로그램 D를 일시적으로 보조기억장치에 롤아웃 하여 연속 공간 75K로 만들어 우선순위가 높은 작업 H에 장소를 빌려주는 방법이다. 이렇게 하여 우선순위가 높은 작업은 처리될 수 있으나 롤 아웃된 처리프로그램 D는 나중에 다시 처리를 해야 할 경우에 본래 점하고 있던 장소가 비지 않는 한 롤인 될 수가 없다. 예를 들면, 다른 곳에 충분히 많은 공간이 있어도 거기에 롤인 하여 실행하려면 재배치 레지스터라는 하드웨어가 있어야만 동적 재배치(dynamic relocation)가 가능한 문제점이 있다.

이와 같이, 동적 분할 방식은 고정 분할 방식에 비하여 기억장소의 효율적인 이용과 프로그래밍상의 제약이 없어졌다는 점에서 많이 개선이 되었으나 근본적인 해결책은 되지 못했다.

그러면, 동적 분할에 대하여 예를 가지고 기억장소 배당 알고리즘과 회수 알고리즘을 분석해 보기로 하자. 기억장소의 상태를 파악하기 위해 우선 2개의 표가 필요하다. 그 하나는 배당된(allocated) 기억장소의 상태표이고, 다른 하나는 사용 가능한(available) 기억장소의 상태표이다. [그림 3-6 (a)]는 주기억장소의 초기 상태를 그림으로 나타내고, 이것을 <표 3-2 (a)>와 <표 3-2(b)>에서 설명억장소 배당 <표 3-2 (a)>에서 상태라 함은 기억장소 분할마다 고유번호가 있어서 그 고유번호가 활용되장소 는 지 또는 아닌 지를 나타낸다.

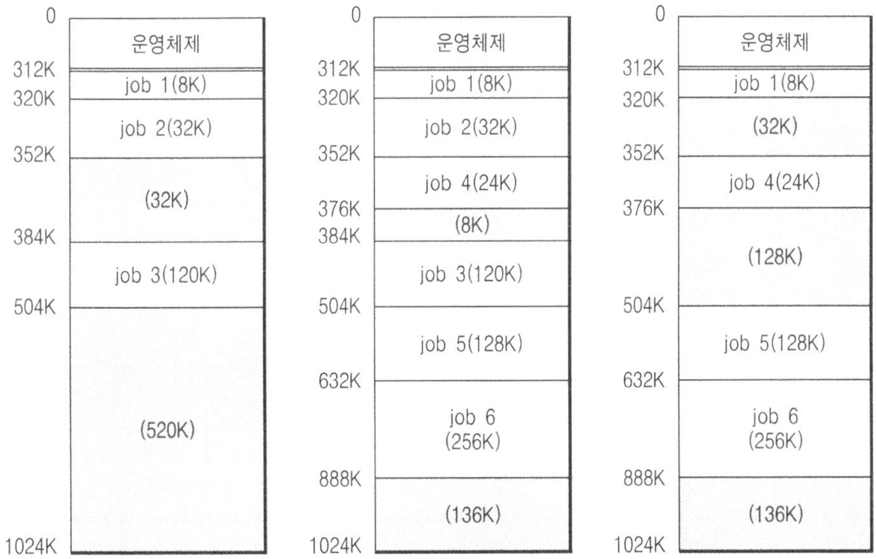

(a) 초기 상태 (b) job 4, 5와 6가 배당된 상태 (c) job 2와 3이 회수된 상태

[그림 3-6] 음영 부분은 사용 가능한 기억장소임

<표 3-2> (a) 배당된 기억장소의 상태표

분할번호	크 기	시작주소	상 태
1	8K	312K	배당중(allocated)
2	32K	320K	배당중
3	32K	352K	미사용(empty)
4	120K	384K	배당중
5	520K	504K	미사용

<표 3-2> (b) 사용 가능한 기억장소의 상태표

분할번호	크 기	시작주소	상 태
1	32K	352K	사용 가능(available)
2	520K	504K	사용 가능

<표 3-3> (a)배당된 기억장소의 상태표(Job 4, 5와 6이 시작)

분할번호	크 기	시작주소	상 태
1	8K	312K	배당중(allocated)
2	32K	320K	배당중
3	24K	352K	배당중
4	8k	376k	미사용(empty)
5	120K	384K	배당중
6	128K	504K	배당중
7	256K	632K	배당중
8	136k	888k	미사용

<표 3-3> (b)사용가능한 기억장소의 상태표

분할번호	크 기	시작주소	상 태
1	8K	376K	사용 가능(available)
2	136K	888K	사용 가능

<표 3-4> (a)배당된 기억장소의 상태표(Job 2와 3를 회수할 때)

분할번호	크 기	시작주소	상 태
1	8K	312K	배당중(allocated)
2	32K	320K	미사용
3	24K	352K	배당중
4	128K	376K	미사용
5	128K	504K	배당중
6	256K	632K	배당중
7	136K	888K	미사용

<표 3-4> (b) 사용가능한 기억장소의 상태표

분할번호	크 기	시작주소	상 태
1	32K	320K	사용 가능(available)
2	128K	376K	사용 가능
3	136K	888K	사용 가능

[그림 3-7]의 배당 알고리즘 흐름도는 배당 요청이 있을 때 사용 가능한 기억장소의 상태표에서 크기가 맞는 부분을 골라 크기와 시작주소를 재조정하고, 또한 원래의 시작주소와 배당 요청량을 가지고 사용 가능한 부분의 상태표에서 사용 중이 아닌 것을 찾아서 크기와 시작주소를 적어 주게 된다.

배당 알고리즘에는 최초적합(first fit)와 최적적합(best fit), 최악적합(worst fit)의 세 가지가 있는 데, 이 절에서 다루는 동적 분할의 배당 알고리즘은 최초적합을 사용하기 때문에 사용 가능한 부분상태표가 시작주소의 순서에 따라 정렬되어(sorting) 기억장소가 필요할 때 주소가 낮은 부분부터 찾기 시작하여 요구되는 용량을 발견하는 첫 번째가 발견되면 그 곳에 배당하는 것이다. 따라서 큰 장소가 필요할 때 이 요구를 만족시킬 수 있는 확률이 높다.

그러나 최초적합이나 최적적합 방법에서 근본적인 문제점은 여러 개의 사용하지 않은 작은 부분, 즉 단편화가 발생한다. 이것을 해결하기 위해 재배치(relocation) 기법과 분산적재의 페이징(paging) 기법이 있다. 최악적합은 3.5절의 기억장치 배치전략에서 다루기로 하자.

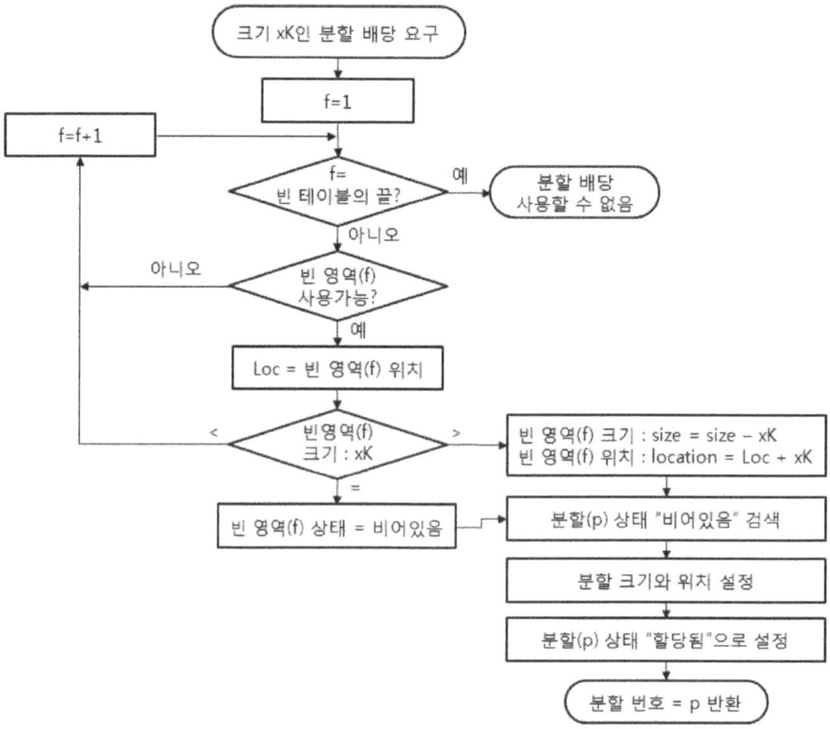

[그림 3-7] 배당 알고리즘의 흐름도

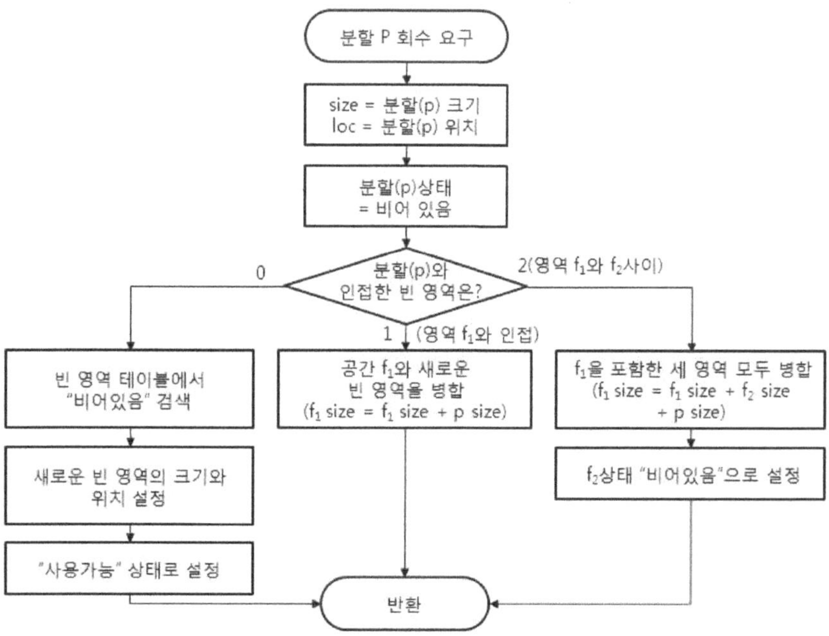

[그림 3-8] 회수 알고리즘의 흐름도

5. 압축과 분산적재

지금까지는 소프트웨어 면에서만 해결 방법을 살펴보았고, 지금부터 하드웨어 면에서의 기능을 추가하여 해결하는 방법인 압축(compaction)과 프로그램의 분산적재(scattered loading)의 두 방법을 살펴보자.

1) 기억장소의 압축

기억장소의 압축 방식이란 프로그램을 주기억장치에 적재할 때 로더(loader)가 주기억장치의 사용 가능한 기억장소를 찾는데, 이때 이 프로그램을 수용할 수 있는 연속한 공간이 없, 이에는 프로그램을 적당히 이동시켜 연속된 공간을 확보한 후에 적재하는 것을 말한다. 이와 같이 압축방식을 이용하면 단편화를 막을 수 있다.

[그림 3-9]를 보면 현재 처리 프로그램 A, B, C, D, E가 실행되고 있다. 일정 시간이 지나 프로그램 A, C가 끝나면 주기억장치는 25K, 75K씩 건너뛰면서 공백이 생긴다. 그런데 80K의 프로그램 F를 적재할 필요가 있을 때 연속된 장소가 필요하므로 이때 압축(compaction)을 수행하여 95K의 연속된 장소를 확보한다. 이렇게 하여 충분한 영역이 확보된 후에 프로그램 F를 적재한다.

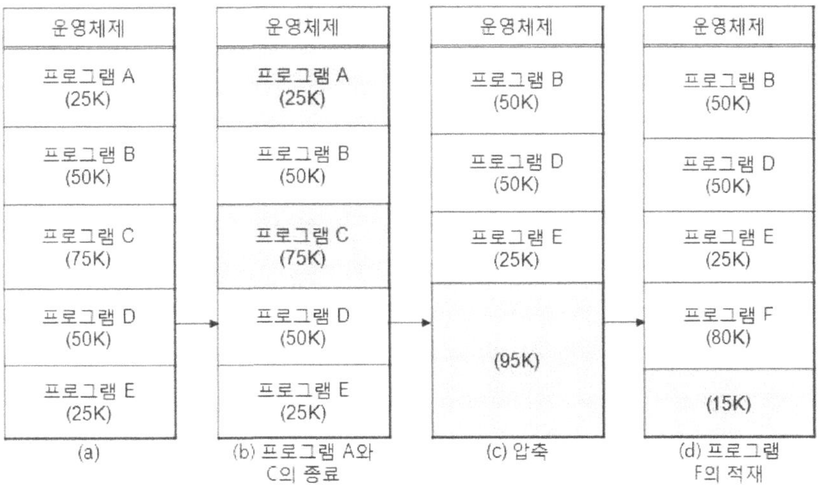

[그림 3-9] 기억장소의 압축에 의한 해결

이 경우에는 실행중인 프로그램 B, D, E는 모두 재배치해야 하므로 각 명령이 실행될 때에 상태번지를 절대번지로 변환해 주는 하드웨어가 있어야 하는데 이것을 재배치 레지스터(relocation register)라고 하며 CPU에 있어야 한다.

2) 분산적재

분산적재 방식은 적재할 프로그램이 연속된 기억장소에 있어야 할 필요가 없이 [그림 3-10]에서 보는 바와 같이 프로그램을 주기억장소의 크기에 맞게 나누어 주기억장소의 빈 장소를 찾아 거기에 적재해야 한다. 이 방식에서는 프로그램이 물리적으로 어떤 위치에 분산되어 있어도 논리적으로는 연속적으로 취급될 수 있도록 주소변환기구가 필요하게 된다.

분산적재에 의하여 주기억장치의 기억영역은 모조리 쓸 수 있어 효율적인 주기억장치의 이용을 기대할 수 있다. 그러나 프로그램을 어떻게 분할할 것이냐가 문제로 남아 있으며 단편화가 완전히 해결된 것은 아니다.

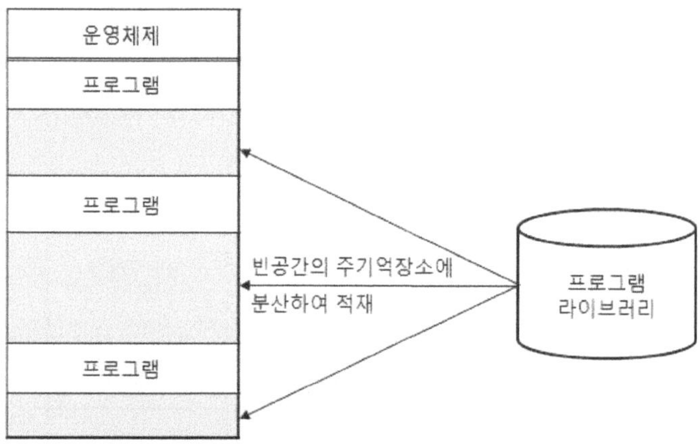

[그림 3-10] 분산적재에 의한 해결

다음 절에서 다루게 될 가상기억장치에서는 이러한 과제에 도전하고 있으며, 분산적재의 장점은 다음과 같다.

- 압축이나 프로그램의 분산적재 방법으로 주기억장치의 단편화를 거의 막아낸다.
- 프로그램은 실행 중에 필요할 때에만 주기억장치를 이용하므로 주기억장치의 사용을 그만큼 늦출 수 있어 효율이 향상된다. 예를 들면, 프로

그램 전체를 적재하면 120KB인 프로그램에서 특정 데이터 처리는 30KB 정도만 쓰인다고 가정하면, 이때 쓰이지 않은 90KB는 다른 작업에 사용되어 경제적이다.

- 주기억장소는 실행중인 작업 사이에서 동적으로 활용하는 것이 바람직하고, 필요할 때 필요한 만큼만 기억장소를 즉시 할당할 수 있어 많은 작업이 동일 기억장소를 공유하여 실행될 수 있다.

6. 기억장치 배당전략

기억장치 배당전략은 새로 들어온 프로그램과 데이터를 주기억장치내의 어디에 넣을 것인가를 결정하는 데 사용된다. 여러 문헌에서 자주 논의되는 세 가지 전략이 [그림 3-11]에 나타나 있다.

1) 최적적합(best fit) 전략

최적적합에서는 사용가능한 주소공간의 크기를 작은 것에서부터 큰 것으로 정렬하므로 요구되는 용량을 수용할 수 있는 첫 번째의 사용 가능 부분이 가장 적절한 부분이 되는 것이다. 최적적합의 장점은 첫째, 사용 가능 부분으로 정렬되어 있어서 이를 찾는 데 시간이 덜 걸린다는 것이다. 둘째, 최적인 부분을 찾기 때문에 최초적합의 경우와는 달리 큰 부분을 쪼개어 쓰는 일이 없어서 단편화가 최소가 된다. 또한, 대부분의 사람들에게는 최적적합이 직관적으로 가장 좋은 것처럼 보인다.

2) 최초적합(first fit) 전략

최초적합은 사용가능한 주소공간의 크기로 정렬하는 것이 아니라, 사용가능한 부분의 시작주소의 순서로 정렬(sorting)하는 것이다. 최초적합의 장점으로는 첫째, 회수되는 부분이 다른 사용 가능한 부분과 인접해 있는가를 검토하는 데도 편리하다. 둘째로 시작주소의 순서로 정렬되어 있어 평균적으로 표를 반만 찾아도 원하는 장소를 찾을 수 있다. 또한, 최초적합도 배당 결정을 빨리 내릴 수 있다는 점에서 직관적으로 좋은 전략이다.

3) 최악적합(worst fit) 전략

최악적합은 최적적합과는 반대로 사용가능한 주소공간의 크기를 큰 것에서 작은 것으로 정렬하기 때문에 요구되는 용량이 거의 100% 첫 번째 공간에서 수용이 가능하다. 그러나 단편화가 많이 생기는 문제점이 있어 이상한 방법이라고 생각할 수 없으나, 자세한 검사를 거친 결과 최악적합도 역시 직관적으로 큰 장점을 가지고 있다. 장점이란 큰 공백에 프로그램을 배치한 후에도 그 남은 공백도 여전히 커서 상당히 큰 다른 프로그램을 수용할 수 있다는 것이다.

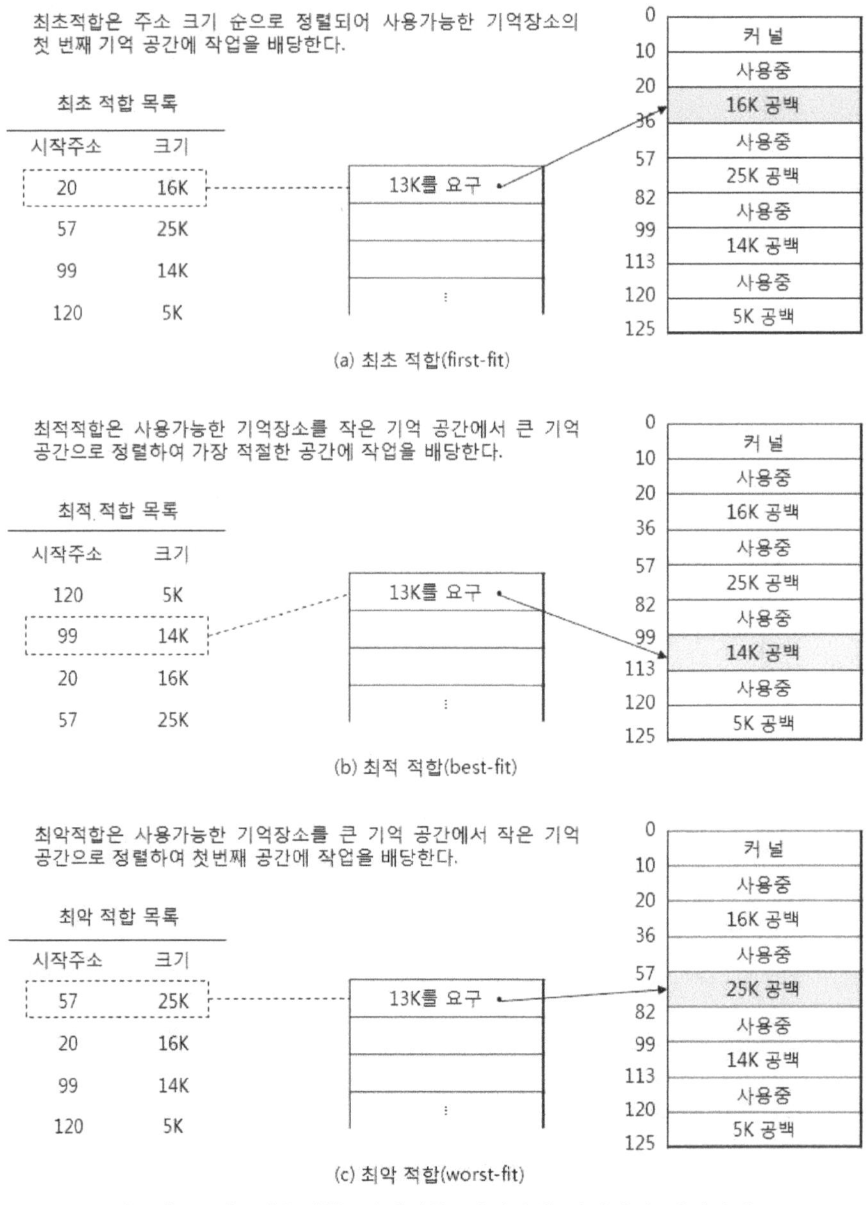

[그림 3-11] 최초적합, 최적적합, 최악적합 기억장치 배치전략

3.2 가상기억장치 경영

가상기억장치(Virtual Storage : VS)의 개념이란 프로그램에서 사용할 수 있는 기억공간을 주기억장치의 크기의 제약으로부터 해방하려고 한 것이다. 프로그래머에게는 하드웨어 구조상 허락되는 최대의 주소 공간(address space), 즉 개념상의 기억공간을 주어 프로그래밍하게 하여 프로그램 실행 시에 어떠한 매핑 기구(mapping device)에 의하여 주기억장치(Real Storage : RS)를 할당받도록 하는 구상이다([그림 3-12]).

뒤에서 다시 설명하겠지만, 가상기억장치의 주소공간으로부터 주기억장치에 공간을 할당하는 것은 페이지(page)이다.

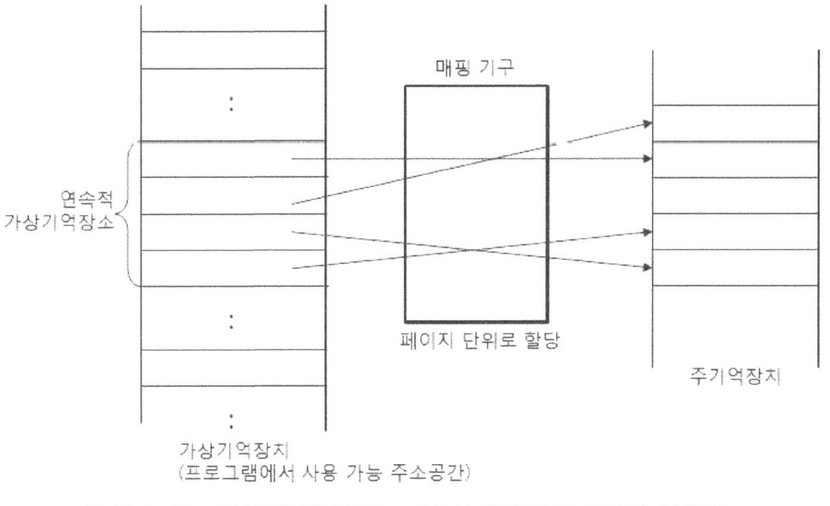

[그림 3-12] 가상기억장치에서 연속된 항목들은 반드시 연속될 필요가 없는 실기억장치의 항목들로 매핑한다.

페이지는 보통 2KB 또는 4KB의 고정길이이다. 주기억장치 크기에는 제한이 있으므로 한꺼번에 처리 프로그램 전체를 수용하기는 어렵다. 따라서 주기억장치에 들어가지 않는 프로그램의 일부분은 가상기억장치를 반영한 보조기억장치 상에 기억되어 있어, 그 부분이 참조될 때 페이지 단위로 주기억장치 읽혀진다.

이때 전술한 매핑 기구와 제어 프로그램의 역할로 주기억장치상에 할당되게 된다. 주기억장치에서 페이지를 수용할 공간이 없을 때에는 가장 사용빈도가 낮은 프로그램 부분이 보조기억장치 상으로 물러나게 되며(이를 page-out이라 한다) 이 자리에 다른 페이지를 읽어 들이도록 되어 있다(이를 page-in이라 한다).

이와 같이 필요로 하는 프로그램 부분을 요구되는 시점에 주기억장치에 읽혀 들이는 일련의 동작을 일반적으로 요구 페이징(demand paging)이라 부른다.

어떻든 VS 장치와 요구 페이징 기법으로 주기억장치의 단편화는 거의 없어지게 되고 사용빈도에 따라 기억공간을 잘 활용할 수 있게 되었으며, 또한 프로그래머에게 보다 큰 주소공간을 제공할 수 있게 되어 주기억장치의 사용효율을 향상시킬 수 있다.

그리고 주기억장치를 얼마나 크게 할 수 있느냐는 CPU에 있는 주소 레지스터의 크기에 따라 정해진다. [그림 3-13]에서 보는 바와 같이 12bit의 주소 레지스터는 2^{12}(=4,096)개의 기억장치(byte 또는 word)까지 나타낼 수 있으며 24bit의 주소 레지스터를 갖고 있는 경우에는 2^{24}(=16,777,216)의 기억장치까지 지정할 수 있다.

이와 같이 논리적으로는 주소 레지스터로 나타낼 수 있는 최대값이 주소 가능 범위가 되지만, 주기억장치가 비싸므로 이 최대값의 몇 분의 일 정도로 되어 있다. 예를 들면, 24bit의 주소 레지스터를 가지고 있는 시스템에서는 16MB까지 주기억장치를 가질 수 있지만 실제는 512KB, 1MB, 2MB 등의 크기가 대부분이다.

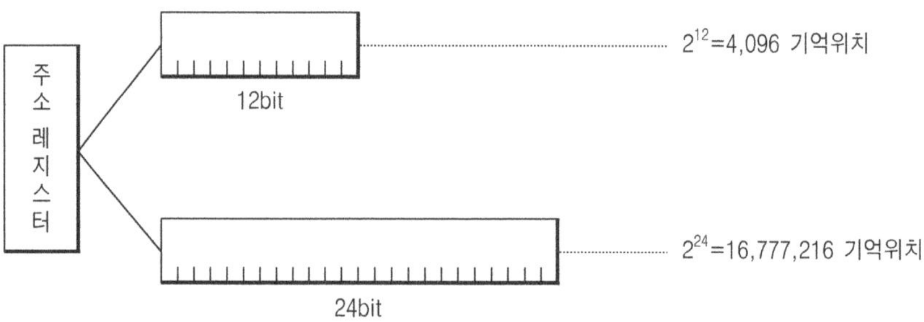

[그림 3-13] 주기억장치의 주소 상한값

1. 주소지정기구

프로그램의 실행에 필요한 주기억장소의 배당을 늦게 할수록 주기억장소의 사용 효율 향상을 꾀할 수 있다. 그러면 프로그램이 실제로 컴퓨터에서 실행되는 시점에 초점을 맞추어서 주소지정(addressing) 기구를 비교해 보자.

앞에서 간단하게 살펴본 것처럼 원시 프로그램이 언어번역 프로그램(컴파일러나 어셈블러)에 의하여 주소공간으로 변환될 때, 프로그램상의 심볼(symbol)이 주소와 연관되지만, 이 주소는 반듯이 프로그램이 실행될 때의 절대주소를 의미하지는 않는다. 따라서 번역된 주소공간을 재배치(relocation) 기법을 이용하여 주기억장치의 절대주소와 연결시켜야 한다. 이러한 재배치를 행해는 방법에는 절대 재배치(absolute relocation), 정적 재배치(static relocation), 동적 재배치(dynamic relocation)의 세 종류가 있다.

이 재배치는 주기억장치를 효율적으로 활용하게 하고, 프로그래머에게 프로그램 작업을 쉽게 해준다는 점에서 중요하다. 이 기법을 이용하는 운영체제가 주기억장치를 잘 관리해 주기 때문에 프로그래머가 주기억장치의 부족에 대하여 전혀 신경을 쓸 필요가 없다. 그러면 절대 재배치와 정적 재배치의 문제점에 대하여 살펴보고, 가상기억장치에 적용되는 동적 재배치 기법에 대해서도 살펴 보기로 하자.

1) 절대 재배치

절대 재배치(absolute relocation)는 프로그래머가 프로그램 상에 절대번지를 지정해주는 해 주기 때문에, 어셈블(assemble) 또는 컴파일(compile)시에 주소공간이 그대로 주기억장치상의 주소로 적용되는 가장 간단한 방법이다.

예를 들면, [그림 3-14]에서 프로그램 A가 컴파일 되어 만들어진 주소 공간 즉, 20에서 70K 번지까지 그대로 주기억장치의 20K에서 70K 번지에 프로그램을 적재(loading)한다. 다시 말해서 프로그램 실행 중이라도 컴파일 시에 결정된 주소가 그대로 쓰인다.

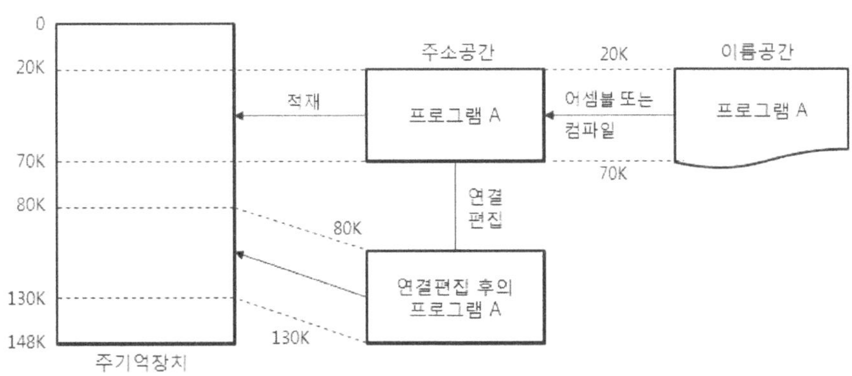

[그림 3-14] 절대 재배치

이는 컴파일 또는 어셈블러로 얻어진 주소공간을 연결 편집(linkage edit) 프로그램을 거쳐 다른 주소공간에 재배치할 수도 있다. 일단 연결 편집된 후에는 다른 장소가 아닌 반드시 그 장소에서 실행되어야 하고, 다시 연결 편집 되면 다시 다른 장소에서 실행될 수도 있다. 즉, 연결 편집 프로그램에 의해 재배치됨으로써 다중 프로그래밍 기법이 적용되어 다른 분할에서도 똑같은 프로그램을 실행시킬 수 있다.

컴파일 또는 어셈블러 시에 절대주소가 결정되든, 연결편집 시에 절대주소가 다시 결정되든, 어떠한 경우에도 프로그램 실행 시에 쓰이는 절대주소는 사전에 결정되므로 이를 절대 재배치라 한다.

절대 재배치는 연결편집 프로그램을 사용하여 다중 프로그래밍에서도 적용되는 프로그램을 만들어낼 수 있으나 어떤 분할에 어떤 프로그램을 적재시켜야 할 지 사전에 계획이 서 있어야 하며, 동일한 프로그램을 다른 분할에서도 실행되게 하려면 적재 위치가 다른 2개의 적재 모듈(load module)을 만들어 하는 번거로움이 있다.

가장 문제가 되는 것은 어떤 분할이 완전히 비어 있어도 그 분할에 적재할 수 있는 적재 모듈이 준비되어 있지 않으면 그 분할은 놀게 되는 문제가 발생한다.

또한, 실제로 프로그램의 실행은 동적으로 일어나므로 사전에 각 분할의 상황을 예상하여 작업을 스케줄 한다는 것은 아주 어려울 뿐만 아니라, 기억공간의 큰 단편화는 불가피 하다.

2) 정적 재배치

앞의 절대 재배치에서의 문제점들은 정적 재배치(static relocation)로 해결할 수 있다. 정적 재배치는 프로그래머가 프로그램의 심볼을 상대번지를 지정해주는 해 주고, 어셈블(assemble) 또는 컴파일(compile)시도 상대번지로 남아 있기 때문에, 정적 재배치에서는 프로그램이 주기억장치의 어느 분할(partition)에서 실행될 것인가는 프로그램이 실행되기 직전인 적재(load) 시에 결정된다. 정적 재배치의 모습은 [그림 3-15]이다.

컴파일이나 연결편집이 끝난 후라도 절대 재배치와는 달리 주기억장치의 주소공간은 절대번지가 아닌, 단지 상대번지를 나타낸다.

그러나 프로그램을 어떤 분할에 적재할 때 주기억장치의 절대주소가 결정되기 때문에 [그림 3-15]에서 보는 바와 같이 프로그램 A는 처음 실행 시에는 주기억장치의 70K부터 130K에 적재되어 실행되지만 두 번 째는 로더(loader)에 의해서 190K부터 250K에 적재되어 실행될 수 있다.

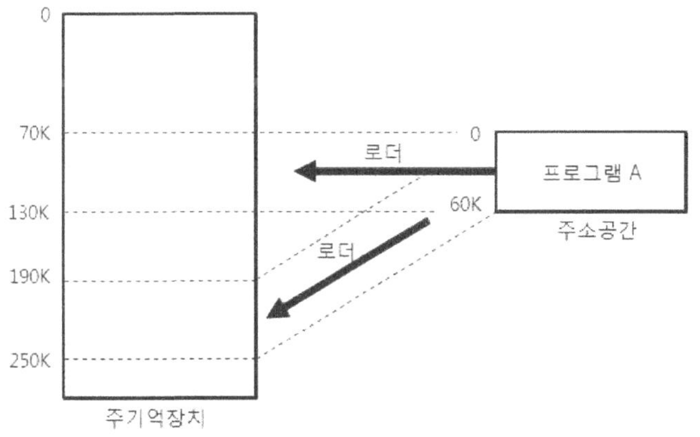

[그림 3-15] 정적 재배치

이와 같이 정적 재배치 기법은 다중 프로그래밍을 보다 유연하게 해 줄 뿐만 아니라, 일단 어떤 분할에 적재되어 버리면 역시 거기서 다른 장소로 옮길 수는 없다. 따라서 Roll-out/Roll-in의 기능이 있는 경우에도 Roll-out된 프로그램은 다시 주기억장치로 Roll-in될 때 본래의 분할된 장소에 반듯이 들어가야만 하기 때문에 정적(static)이라 한다.

이러한 정적이라는 성질과 프로그램은 연속된 기억 공간에서만 실행되는 성질 때문에 기억공간의 단편화는 어쩔 수 없다. 이는 앞에서도 지적한 바 있지만 단편화의 총용량이 다음의 프로그램을 수용하기에는 충분하지만 연속된 공간이 아니므로 그 프로그램의 실행은 할 수 없어 기다려야 한다. 이 문제를 해결하기 위한 한 방법으로 분할된 기억 공간을 한 군데로 모아 연속된 공간을 만들어서 프로그램을 할당해주는 압축(compaction)이 있다.

그러나 정적 재배치에서는 프로그램이 일단 적재되면 그 프로그램을 실행 중에 다른 장소로 옮길 수 없다. 이것이 전혀 불가능하지 않다 하여도 옮긴 만큼 프로그램 중의 주소를 조정해 주어야 한다. 이 처리를 OS가 해준다 하더라도 아주 시간이 많이 걸리는 작업이며 또 프로그래밍 상 많은 제약이 따르게 되므로 실용화는 어렵다. 따라서 무언가의 하드웨어 기구와 연결하여 해결한 방법이 동적 재배치이다.

2. 동적 재배치

동적 재배치(dynamic relocation)의 하드웨어는 지금까지 많은 연구가 뒤따라 여러 기구가 제시되었다. 따라서 여기에서는,

- 재배치 레지스터(relocation register)에 의한 방법
- 세그멘테이션(segmentation)에 의한 방법
- 페이징(paging)에 의한 방법
- 페이징 & 세그멘테이션에 의한 방법

을 설명하고 VS의 사고방식을 확실히 해두고자 한다.

그런데 정적 재배치에서는 프로그램이 적재될 때 절대주소가 결정되었지만 동적 재배치에서는 프로그램이 적재된 후에도 상대주소로 그대로 있다. 이들 주소가 실제의 절대주소로 바뀌는 것은 프로그램이 실행될 때이다. 바꾸어 말하면 프로그램의 실행 중 명령어나 데이터가 참조될 때마다 자동적으로 상대주소를 절대주소로 바꾸어 준다. 이러한 변환을 동적 재배치라 부르며 DAT(Dynamic Address Translation : 동적 주소변환)라는 특별한 하드웨어 기구가 필요하다.

1) 재배치 레지스터에 의한 방법

재배치 레지스터(relocation register)에 의한 방법은 주기억장치의 압축(storage compaction) 기법이 적용되는 동적 재배치 방법으로 알맞다.

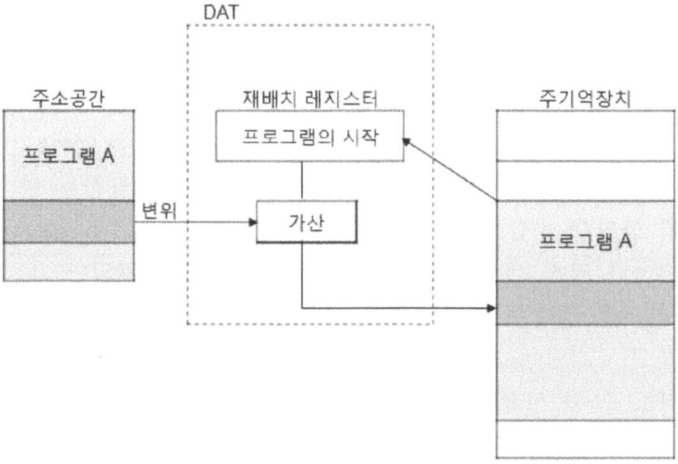

[그림 3-16] 재배치 레지스터에 의한 동적 재배치

재배치 레지스터는 재배치를 위한 특수 레지스터로 이 레지스터에는 처리 프로그램이 기억공간에 적재될 때의 시작위치가 포인터로 들어간다. 그리하여 주소공간상의 상대주소가 참조될 때마다 절대주소를 계산한다([그림

3-16] 참조). 즉 주소공간상의 상대주소, 즉 시작위치 0을 기준으로 한 변위(displacement)에 재배치 레지스터의 내용인 해당 프로그램의 주기억장치상의 시작위치가 가산되어 절대주소가 결정된다.

이 방법에 의하여 실행 도중에 프로그램을 주기억장치의 다른 위치로 옮겨야하는 경우에도 재배치 레지스터의 내용만 바꾸어 주면 된다. 따라서 정적 재배치에서 문제가 되었던 단편화의 문제는 압축을 이용하여 비교적 쉽게 해결된다. 그러나 이 방식은 프로그램을 주기억장치상에 적재할 때 분산적재가 아닌 연속된 공간에 적재하여야 하므로 주소공간이 주기억장치의 크기보다 작아야 한다는 제약이 따른다. 따라서 VS의 전제가 되는 프로그램에 보다 큰 주소공간을 준다는 문제는 재배치 레지스터를 이용한 동적 재배치에서는 해결될 수 없다.

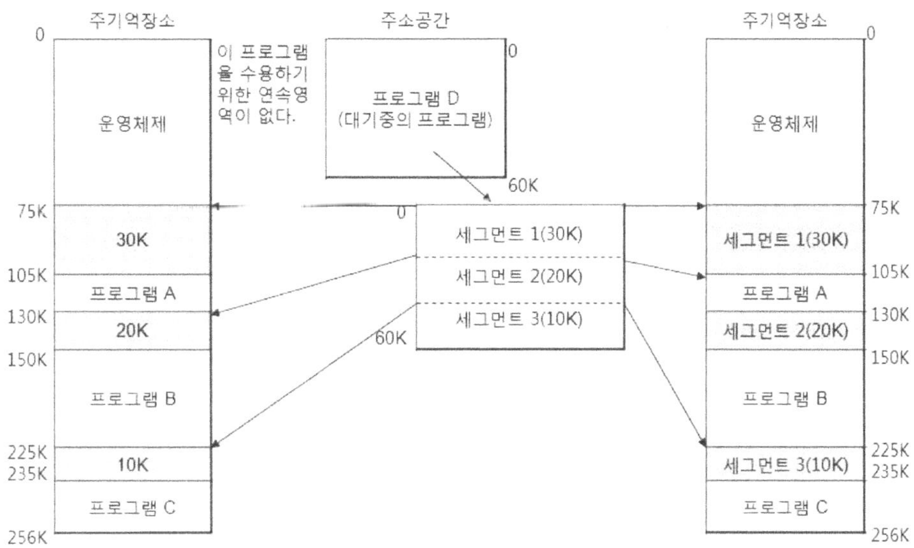

[그림 3-17] 세그멘테이션에 의한 분산적재

2) 세그멘테이션에 의한 방법

세그멘테이션(segmentation)에 의한 방법은 3.1절에서 간단히 설명한 분산적재의 한 기법이다. [그림 3-17]의 왼쪽을 살펴보자.

지금 프로그램 실행을 기다리고 있는 프로그램 D가 있다 하자. 정적 재배치의 시스템이면 프로그램 D는 주기억장치의 연속한 60K의 분할이 비지 않으면 적재될 수 없고, 비어 있는 분할의 합이 60K 이상이어도 연속해 있지 않으므로 실행될 수 없다. 따라서 60K는 놀게 된다. 이를 해결하기 위한 방법으로 기억 공간을 압축을 하여 연속 공간을 만들어 사용할 수 있는 재배치 레지스터에 의한 기법과 세그멘테이션에 의해 분산적재 하는 방법이다. 여기서는 프로그램 D의 주소공간을 세그먼트(segment)라 불리는 세 부분으로 분할하여 분산적재하는 세그멘테이션 기법을 사용한다.

[그림 3-17]에서 보는 바와 같이 프로그램 D의 크기를 세그먼트 1(30K), 세그먼트 2(20K), 세그먼트 3(10K)으로 분할한다. 이 세그먼트들을 비어 있는 기억공간의 각 분할에 적재하도록 하면 단편화에 의하여 놀고 있는 주기억장치를 효과적으로 사용할 수 있게 된다.

이러한 세그멘테이션은 운영체제가 알아서 하며 프로그래머에게 부담을 주지 않는다. 또한, 각 세그먼트의 주소는 0부터 시작하는 연속한 공간과 가상주소(상대주소)를 가지고 있다. [그림 3-18]에서 보는 바와 같이 세그멘테이션의 가상주소는 세그먼트 번호(segment number)와 변위(displacement)로 되어 있다.

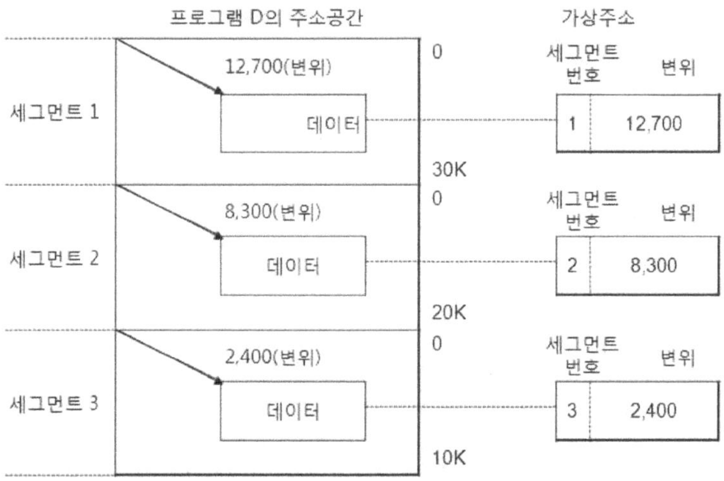

[그림 3-18] 세그멘테이션과 가상주소

세그먼트 번호는 주소공간에서 몇 번째 세그먼트인가를 나타낸다. 즉, 세그먼트된 프로그램의 논리적 순서를 나타내고 있다. 한편, 변위는 세그먼트 내의 가상위치(즉, 세그먼트의 처음 0을 기준으로 변위의 위치)를 나타낸다.

또 세그먼트 번호나 변위의 크기는 이를 나타내기 위한 비트 수로 결정된다. 예를 들면 세그먼트 번호에 8bit가 할당되어 있으면 0부터 255번($2^8 = 256$개)까지의 세그먼트를 나타낼 수 있다. 한편, 변위에 16bit가 설정되어 있으면 0부터 65,535($2^{16} = 65,536$개)까지의 주소를 나타낼 수 있다.

이와 같이 가상주소를 어떻게 분할하느냐에 따라 세그먼트의 최대수와 최대 크기가 결정된다. 어떻든 세그먼트화된 프로그램에서는 명령어나 데이터를 나타내는 주소는 두 요소, 즉 세그먼트 번호나 세그먼트내의 상대위치를 나타내는 변위로 구성되어 있다. 이 가상주소는 세그먼트화된 프로그램의 주소공간에 대응되어 있다.

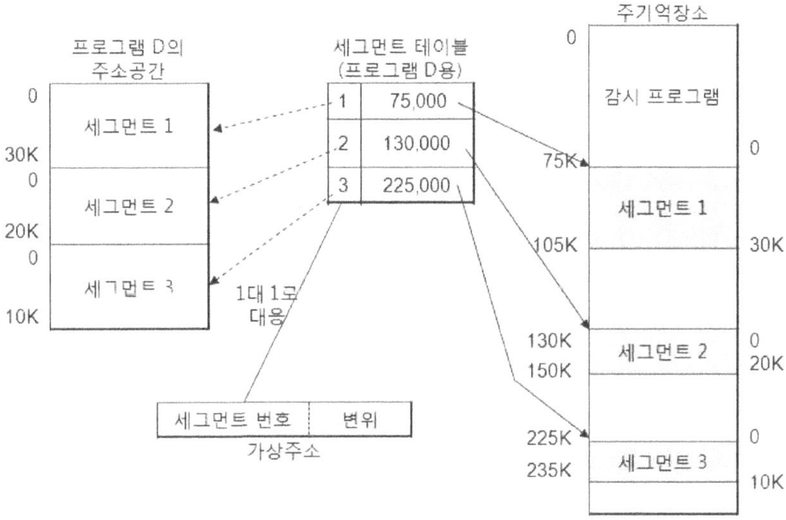

[그림 3-19] 세그먼트 테이블에서의 가상주소와 절대주소의 관계

세그먼트화된 프로그램을 실행하려면 프로그램 실행 중에 명령어나 데이터가 참조될 때마다 주소변환을 해야 한다. 이를 위해서는 역시 특별한 하드웨어 기구, 즉 DAT가 필요하다([그림 3-19] 참조). 가상주소는 세그먼트 번호와 변위로 구성되어 있으므로 세그먼트 번호로 해당 세그먼트가 수용되어 있는 주기억장치의 시작 위치를 알 수 있으며 이 주소에 변위를 더하여 절대주소를 구할 수 있다.

이것에 대하여 좀 더 상세히 살펴보기로 하자.

[그림 3-19]의 오른쪽에는 전술한 프로그램 D가 세그먼트화 되어 분산 적재된 상태를 나타내고 있다. 운영체제가 프로그램 D의 세그먼트를 주기억장치에 적재할 때에는 주소변환은 일어나지 않기 때문에, 프로그램 D의 각 세

그먼트는 가상주소 그대로이다. 그런데 CPU 명령을 실행하기 위해서는 절대주소를 써서 주기억장치상의 명령어나 자료를 참조해야 하기 때문에 프로그램 D의 가상수소를 절대주소로 변환해야 한다. 다시 말해, 프로그램을 실행하기 바로 직전에 가상주소를 절대주소로 변환하는 것을 DAT라 부른다.

그러면 실행 중에 어떻게 변환되는 지를 살펴보자. 이를 위해서는 새로운 하드웨어 기구뿐만 아니라, 세그먼트 번호를 토대로 참조할 특별한 테이블이 있어야 한다.

[그림 3-19]의 가운데 있는 세그먼트 테이블이 이것이다. 이 테이블은 주기억장치의 특정장소에 존재하며, 각 세그먼트에 대응되는 주기억장치내의 세그먼트 시작(segment origin)의 번지가 기입되어 있다.

[그림 3-19]에서 세그먼트 1은 주기억장소내의 75,000번지부터 세그먼트 2는 130,000번지부터 세그먼트 3은 225,000번지부터 시작하고 있음을 세그먼트 테이블에서 나타내고 있다. 이 세그먼트 테이블의 내용을 세그먼트 번호로 찾아 변위를 더해 주면 절대주소가 만들어진다. 실행중인 프로그램마다 이러한 세그먼트 테이블을 작성하면 된다(물론 이 일은 OS가 프로그램을 적재할 때마다 한다). 또 실행중인 프로그램을 위하여 테이블을 만드는 것을 일반적으로 매핑이라 부른다.

즉, 세그먼트 테이블은 주기억장치내의 세그먼트의 시작위치를 정확히 나타내고 있다. 그런데 이 세그먼트 테이블의 존재 장소를 신속히 알아내기 위하여 STO(Segment Table Origin) 레지스터라 불리는 특별한 제어 레지스터(control register)가 필요하다([그림 3-20] 참조).

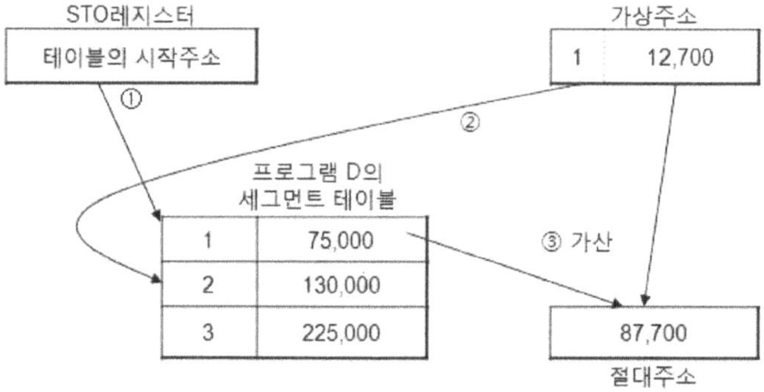

[그림 3-20] 세그먼트 테이블에 의한 동적 주소변환
(Dynamic Address Translation)

이 레지스터는 항상 현재 실행중인 프로그램의 세그먼트 테이블의 시작주소를 가리키고 있다.

이 세그먼트 테이블을 사용하면 주소변환을 하는 [그림 3-20]과 같다. 즉 다음의 3 단계로 주소가 변환되게 된다.

- STO 레지스터가 프로그램 D용 세그먼트 테이블의 시작위치를 나타낸다.
- 가상주소의 세그먼트 번호를 써서 세그먼트 테이블의 해당 항목을 찾는다. [그림 3-20]의 세그먼트 번호는 테이블의 처음 항목을 나타내고 있다.
- 세그먼트 테이블의 항목을 나타내고 있는 기억장치는 주기억장치에서의 세그먼트의 시작위치를 나타내고 있다. 따라서 이 주소에 가상주소의 변위(displacement)를 더하면 절대주소가 구해진다. [그림 3-20]에서는 세그먼트 1의 시작주소(75,000)에 변위(12,700)를 더하여 절대주소 87,700이 구해졌다.

이와 같이 세그멘테이션에서의 주소변환은 STO레지스터와 세그먼트 테이블을 써서 자동적으로 일어난다. 또 프로그램 실행 중에 어떤 세그먼트를 다른 기억공간에 옮겨도 문제는 생기지 않는다. 세그먼트 테이블내의 해당하는 세그먼트의 시작주소만 바꾸어 주면 프로그램의 실행은 재개될 수 있기 때문이다.

또한 세그멘테이션의 방식은 프로그램을 모듈화하기 쉽도록 컴파일러가 설계되어 있어 아주 효과적이며, 정적 재배치 시스템보다 단편화에 의한 낭비가 훨씬 줄어든다. 또한, 세그먼트는 프로그램 크기보다 작으므로 그만큼 단편화가 줄게 된다. 그러나 단편화가 전혀 일어나지 않는 것은 아니다. 따라서 세그멘테이션을 다소 변경하여 단편화를 거의 없앤 페이징에 의한 방식이 출현하게 되었다.

3) 페이징에 의한 방법

보통 VS는 주기억장치(Real Storage ; RS)보다 훨씬 용량이 크다. 프로그래머는 VS상의 주소공간을 생각하여 프로그램을 짜나가면 되지만, 완성된 프로그램이 실행될 때에는 RS에 들어가야 한다. 그러나 프로그램 실행 시에 반드시 프로그램 전체가 RS에 적재될 필요는 없다. 최소한 현재의 실행과 관계있는 부분만 VS상에 있으면 된다.

따라서 프로그램을 어떤 형태로 잘라서 하나씩 RS상에 갖고 와서 실행하는 방법으로 그 하나가 세그멘테이션에 의한 방법이었다. 세그멘테이션 기법을 사용하여 단편화를 어느 정도 막을 수 있었고, 프로그래머는 VS의 아주 넓은 주소공간을 얻을 수도 있었지만, 세그먼트 크기(segment size)에 따라서는 단편화가 충분히 해결되지 못했다. 그리하여 페이지 단위로 분할하는 방법이 고려되게 되었다. 세그먼트 단위로 적재하는 것을 세그멘테이션이라 부른 반면 페이지 단위로 적재하는 것을 페이징(paging)이라 부른다.

페이징 방식에서는 VS상의 주소공간을 일정한 크기의 페이지(page)로 분할한다. 페이지의 크기는 1Kbyte, 2Kbyte 또는 4Kbyte 단위로 시스템에 따라 정해져 있으며, RS도 이에 맞추어 같은 크기의 페이지 프레임(page frame)으로 나누어진다.

페이지 프레임이란 1 페이지를 수용할 수 있는 RS상의 크기이다. 프로그램의 적재는 VS상의 페이지 단위가 RS상의 페이지 프레임으로 된다. 그러나 페이지의 크기는 단편화를 줄이려는 관점에서라면 작을수록 좋다.

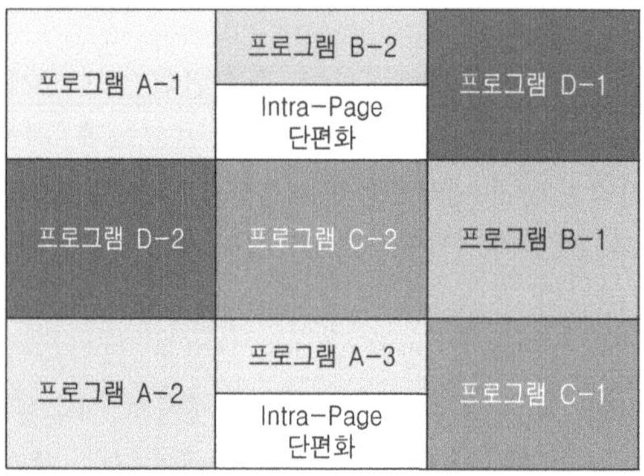

[그림 3-21] 페이징과 단편화

[그림 3-21]에서 보는 바와 같이 프로그램을 이루고 있는 페이지 중 마지막 페이지에는 Intra-Page 단편화가 생기게 된다. 따라서 페이지의 크기가 작을수록 이러한 낭비는 없어지게 된다.

그러나 페이지의 크기를 무조건 작게 하면 페이징 기구를 생각할 때 a) 페이지 단위의 입출력이 많게 되어 그만큼 전체 처리효율이 떨어질 뿐만 아니라, b) 페이지 테이블이 커지게 되어 RS를 많이 차지하는 결점이 생긴다. 여러 시험 결과 지금은 1Kbyte, 2Kbyte, 4Kbyte 등의 크기가 타당한 것으로 간주되고 있다.

어떻든 프로그램은 페이지 단위로 RS에 적재되지만 멀티프로그래밍 환경에서 정해진 RS를 효과적으로 사용하기 위하여 다른 프로그램의 페이지 프레임도 융통성 있게 쓸 수 있어야 하기 때문에, 현재 실행중이 아닌 프로그램의 각 페이지는 RS상의 페이지 프레임에 그대로 남아 있을 수가 없다. 따라서 RS와 보조기억장치상의 EPS(External Page Storage ; 외부 페이지 기억장치) 사이를 왔다 갔다 하게 된다. 이를 페이징(paging)이라 부르는데 page-out된 페이지를 page-in할 때 반드시 똑같은 페이지 프레임으로 들어갈 필요가 없다([그림 3-22] 참조). 따라서 페이징에서도 세그멘테이션의 경우와 마찬가지로 동적 재배치의 기구로 제어한다.

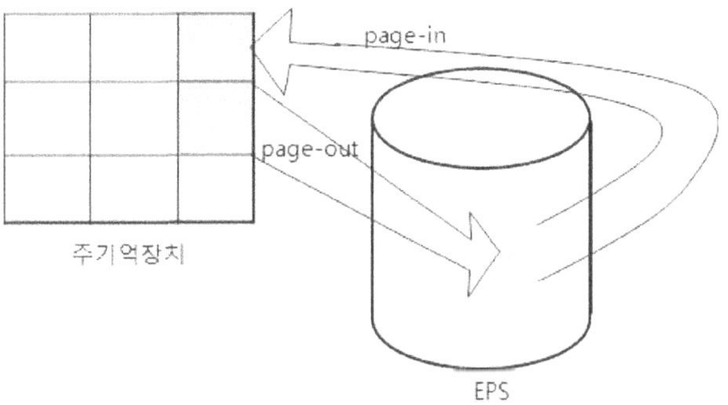

[그림 3-22] page-out과 page-in

페이징 시스템의 동적 재배치의 기구는 세그멘테이션의 경우와 본질적으로 같기 때문에 간단히 설명하기로 한다.

시스템은 VS의 각 페이지가 어떤 상태에 있는가를 알고 있어야 한다. RS상의 어느 페이지 프레임에 있는가 또는 RS상에는 없고 EPS에 있는가를 알아야 한다. 이를 위하여 페이지 테이블이라 불리는 제어 블록을 준비하여 이 테이블로 VS를 매핑하고 있다. 이 테이블은 세그멘테이션의 세그먼트 테이블에 해당되는 것으로 VS상의 각 페이지에 대응하여 기입항목이 있다([그림 3-23] 참조).

각 항목에는 그 페이지가 RS에 있을 때에는 그 페이지 프레임의 시작주소가 들어 있으며 없는 경우에는 의미 없는 기호가 들어 있다. 이 페이지 테이블을 이용하여 명령이 실행되기 바로 직전에 동적 주소변환이 일어난다. 페이징 방식의 경우 VS상의 주소는 페이지 번호와 페이지 내의 변위(displacement)의 두 요소로 구성되어 있다([그림 3-24]).

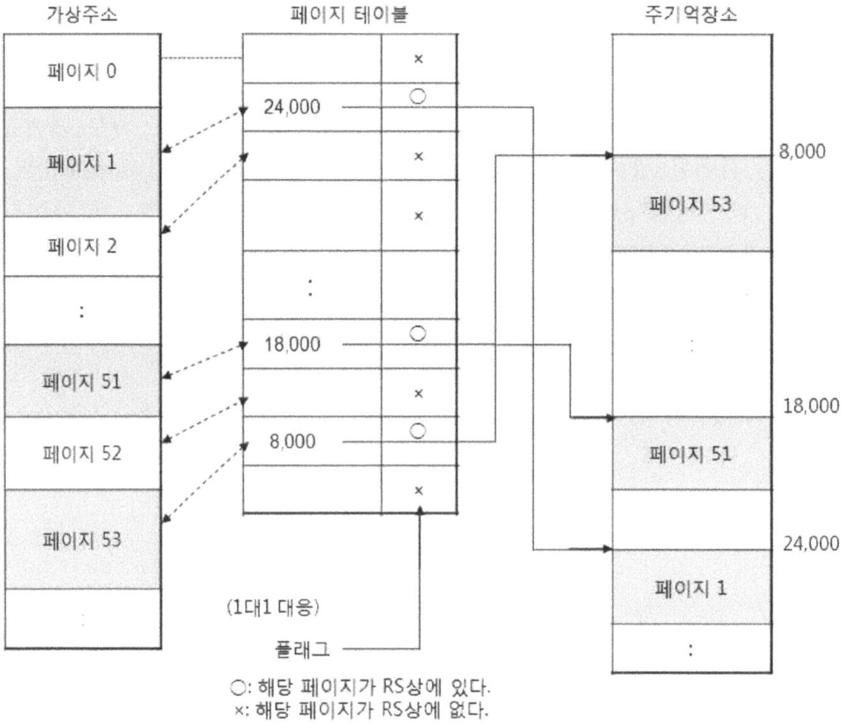

[그림 3-23] 가상주소와 실제주소의 관계

페이지 번호	변위

[그림 3-24] 가상주소의 구조

VS상의 기억장치를 나타내는 주소를 일반적으로 가상주소(virtual address)라 부르며 RS상의 실제적인 주소를 실제주소(actual address)라 부른다.

세그멘테이션 방식의 경우에는 세그먼트 테이블의 위치를 나타내기 위한 STO 레지스터가 있었는데 페이징 방식에서도 페이지 테이블의 시작주소를 나타내기 위한 하드웨어 기구로 역시 특별 레지스터가 있다([그림 3-25] 참조).

가상주소를 주소로 바꿀 필요가 있을 때 먼저 제어 레지스터로 페이지 테이블을 찾는다. 그 뒤 가상주소의 페이지 번호에 따라 페이지 테이블의 몇 번째 항목인가가 정해진다. [그림 3-25]에서는 가상주소의 페이지 번호가 1이므로 페이지 테이블의 2번째의 항목을 찾아간다. 이 2번째 항목에 기억된

RS 번지값 24,000을 찾는다. 즉, 필요한 데이터가 들어 있는 페이지는 RS의 24,000번지부터 시작하는 페이지 프레임에 있음을 알 수 있다.

따라서 이 24,000에 가상주소의 변위 986를 더하여 실제주소 24,986이 구해진다. 페이지 테이블의 기입항목에 구하는 페이지가 RS상에 없는 것으로 되어 있는 경우에는 페이지 부재 인터럽트(page fault interrupt)가 일어나 페이지 감시 프로그램을 불러 빈 페이지 프레임이 없을 때에는 사용빈도가 낮은 페이지를 page-out시킨 후에 해당 페이지를 page-in한다. 그런 후 바로 앞에서 설명한 순서에 따라 주소변환이 이루어진다.

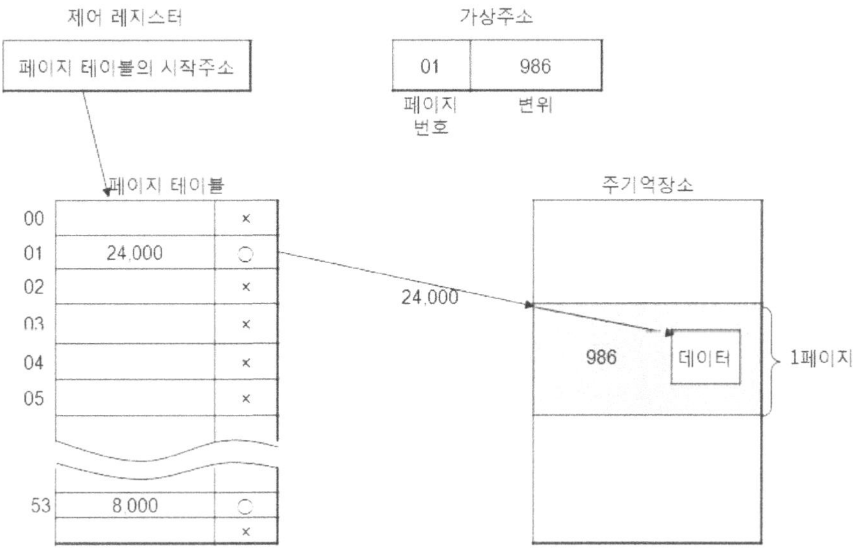

[그림 3-25] 페이지 테이블에 의한 동적 주소변환

이상에서 본 바와 같이 페이징 방식은 세그멘테이션 방식과는 본질적으로 다른 것이 없다. 다른 점은 페이징 방식은 RS상에 불려지는 단위가 페이지 크기로 고정되어 있지만 세그멘테이션의 경우에는 세그먼트의 크기가 일정하지 않는 것이 보통이다.

세그먼트 크기를 고정시키지 않는 이유 중의 하나는 세그먼트를 논리적으로 의미 있는 프로그램 모듈 크기로 해서 프로그래밍의 능률향상, 유지보수를 용이하게 하기 위해서이다.

그런데 세그멘테이션은 페이징과는 달라 프로그램 적재의 최소 단위가 논리적인 모듈 단위이므로 프로그램 실행 중 segment-out이나 segment-in 빈도는 줄어들어 페이징 방식에 비하여 프로그램 부분의 I/O면에서는 효율적이다.

그러나, 페이지 크기가 고정되어 있는 페이징 방식과는 달리 세그멘테이션 방식은 세그먼트를 RS의 어디에 배치해야 할 지 관리가 어려워진다. 다시 말해, 필요한 세그먼트의 크기가 비어 있는 분할(partition)에 들어갈 수 있느냐 없느냐 하는 것이 문제가 되어 단편화의 문제는 여전히 남게 된다.

세그멘테이션 방식도 페이징 방법도 몇 가지 문제점을 가지고 있어, 이를 해결하기 위한 방안으로 나온 것이 세그먼트과 페이지를 조합한 방법, 즉 세그멘테이션과 페이징(segmentation and Paging) 기법이다. 이 기법은 세그먼트 테이블과 페이지 테이블이라는 두 단계의 테이블을 두어 동적 재배치를 한다.

4) 세그멘테이션 & 페이징 방식에 의한 VS 시스템

세그멘테이션과 페이징(segmentation and Paging) 방식에서는 개념상의 기억장치인 VS를 세그먼트와 페이지의 두 계층으로 나누어 다룬다. 프로그래머는 이 VS가 제공하는 주소공간만을 생각하고 프로그래밍하기만 하면 된다. 즉, VS상을 세그먼트 또는 페이지로 분할하여 처리하는 것은 하드웨어와 운영체제의 기능이어서 프로그래머에게는 아무런 부담을 주지 않는다. 이 방식은 VS를 먼저 여러 세그먼트들로 분할하고, 이 세그먼트를 다시 페이지 단위로 나누어 취급한다([그림 3-26]).

이 방식은 일반적으로 세그먼트도 페이지도 일정한 크기이다. 세그먼트는 64KB의 크기가 보통이지만, 페이지는 2KB 또는 4KB 크기가 많이 쓰인다. 따라서 한 세그먼트는 16페이지나 32페이지로 구성되어 있다.

VS는 이름 그대로 실재하지 않는 기억장치이다. 프로그래머에게 보다 큰 주소공간을 제공하기 위한 가상의 기억장치이다. 프로그래머는 이 개념상의 기억장치를 상대로 프로그래밍 한다. 따라서 프로그램은 한꺼번에 다 RS에 들어갈 수 없으므로, 실행중인 프로그램을 구성하는 일부분의 페이지들은 다른 장소에 별도로 보관해야 하는데, 여기에 사용되는 보조기억장치상의 영역을 EPS(External Page Storage)라 한다.

[그림 3-27]에서와 같이 EPS는 슬롯(slot)이라 불리는 페이지가 수록될 기억공간들로 구성되어 있다. 따라서 page-out과 page-in의 실제 동작은 EPS상의 슬롯과 RS상의 페이지 프레임 사이에 일어난다. VS는 실재하지 않지만 프로그램의 적재는 VS를 상대로 행해진다.

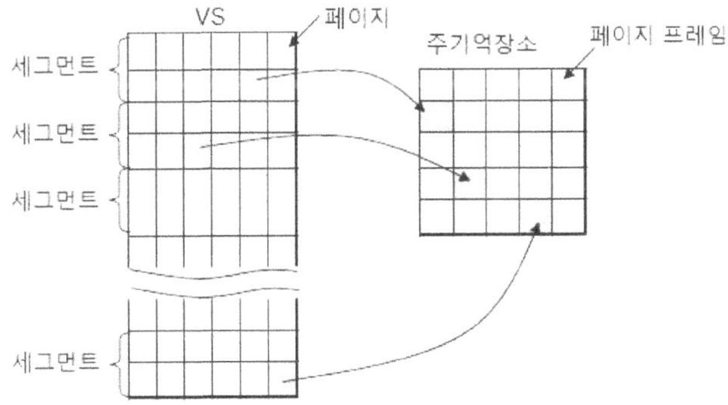

[그림 3-26] 세그먼트와 페이지의 관계

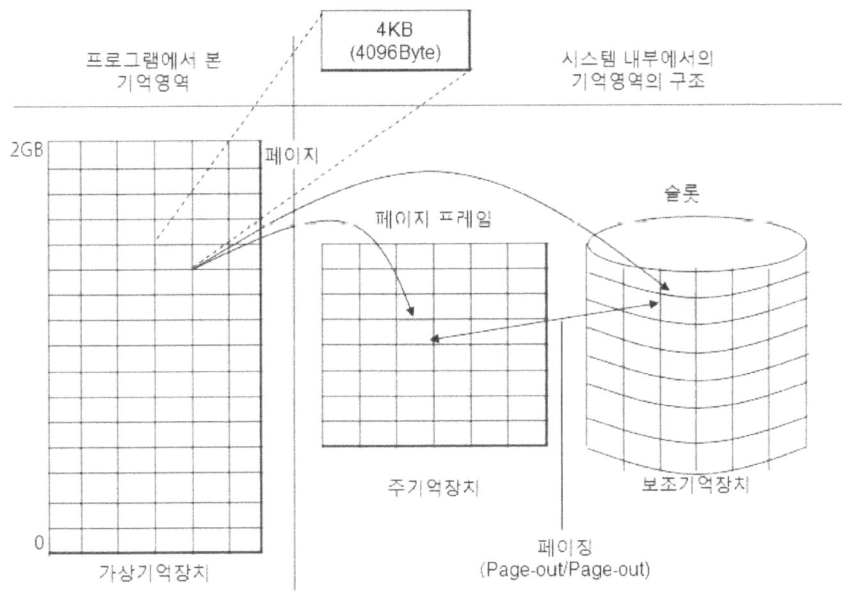

[그림 3-27] 페이지, 페이지 프레임, 슬롯의 관계

(1) 동적 주소변환(dynamic address translation) 방법

프로그램이 VS를 상대로 하여 적재되었을 때의 명령이나 데이터의 주소는 역시 가상주소이다.

바꾸어 말하면 페이지 단위로 RS상에 있는 프로그램에 쓰인 주소는 실제주소(actual address)와는 거리가 먼 가상주소(virtual address)이다. 이 가상주소의 형식은 [그림 3-28]과 같이 세그먼트 번호, 페이지 번호 및 변위로 되어 있다.

세그먼트 번호	페이지 번호	변위

[그림 3-28] 가상주소의 형식

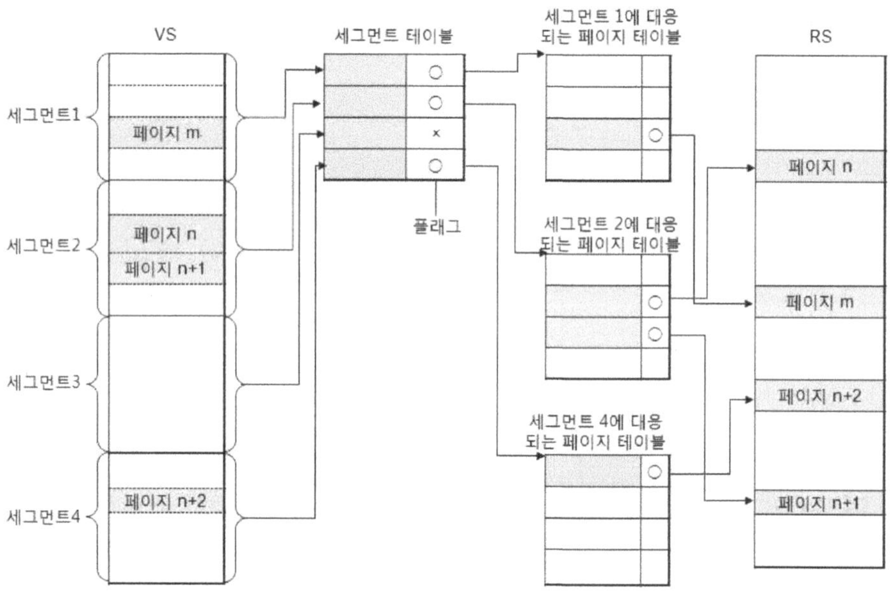

[그림 3-29] 세그먼트 테이블과 페이지 테이블에 의한 가상주소와 실제주소의 관계

세그먼트 번호 필드에 비트 수는 VS가 몇 개의 세그먼트로 나누어지는지를 결정하고, 페이지 번호 필드에 비트 수는 한 세그먼트가 몇 개의 페이지로 구성되는가를 나타낸다. 예를 들어, 페이지 번호 필드가 4개 비트이면 세그먼트는 16($2^4 = 16$) 개 페이지로 구성되고, 5개 비트이면 32 ($2^5 = 32$)개 페이지로 구성된다. 변위 필드가 나타내는 비트 수는 1개의 페이지 크기가 몇 바이트인가를 나타낸다. 즉, 11개 비트이면 2048 ($2^{11} = 2048$)이고, 12개 비트이면 4096($2^{12} = 4096$)바이트를 나타낸다. 이들 세그먼트 번호, 페이지 번호 및 변위에 관해서는 운영체제가 관여하기 때문에 프로그래머는 전혀 고민할 필요가 없다.

동적주소 변환 기법은 가상주소를 실제주소로 변환하기 위하여 세그먼트 테이블과 페이지 테이블이 참조된다. 하나의 VS에 하나의 세그먼트 테이블이 필요하다. 세그먼트 테이블은 VS상의 각 세그먼트에 대한 내용이 작성되고, 이 기입항목에 대응하여 이 세그먼트내의 각 페이지의 소재를 나타내는 페이지 테이블이 있다. 이 페이지 테이블은 앞의 페이지 방식의 페이지 테이블과 거의 같으나 세그먼트마다 만들어진다는 점에서 다르다.

단, [그림 3-29]에서 보는 것같이 VS상의 세그먼트가 모두 쓰이지 않을 때에는 세그먼트 테이블에 해당 기입항목 표시 란에 이러한 뜻의 플래그(flag)가 들어간다(그림에서는 편의상 ×로 표시되어 있다). 이때에는 그 세그먼트가 현재 사용되지 않기 때문에 페이지 테이블이 필요 없다. 즉, 세그먼트 테이블의 기입항목에는 그 세그먼트에 해당되는 페이지 테이블의 주소가 들어 있고, 페이지 테이블의 각 기입항목에는 해당 페이지가 있는 RS상의 페이지 프레임의 주소가 들어 있다.

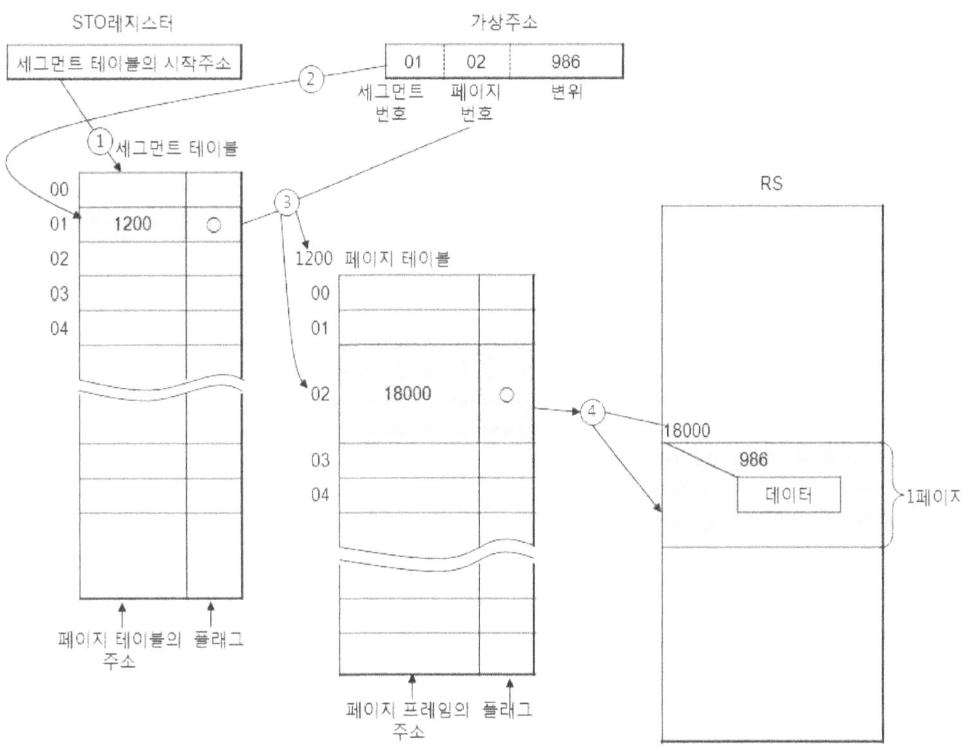

[그림 3-30] 세그먼트 테이블과 페이지 테이블에 의한 동적 주소변환

세그멘테이션이나 페이징 방식과 마찬가지로 세그먼트 테이블의 시작주소를 나타내는 특별 레지스터가 CPU에 있고, 이를 STO 레지스터(Segment Table Origin Register)라 부른다. 이 STO 레지스터에는 항상 세그먼트 테이블의 시작주소가 들어 있다. 또 세그먼트 테이블과 페이지 테이블도 운영체

제가 RS상에 만들어 준다. 이리하여 가상주소로 변환될 때에는 먼저 이 STO 레지스터가 참조되어 세그먼트 테이블의 위치를 찾는다([그림 3-30]의 ①).

그리고 가상주소의 세그먼트 번호를 이용하여 세그먼트 테이블상의 해당 항목을 찾는다([그림 3-30]의 ②). 여기에는 페이지 테이블의 시작 주소가 있으므로 이 주소와 가상주소의 페이지 번호를 이용하여 페이지 테이블내의 해당 항목을 찾는다([그림 3-30]의 ③). 해당 페이지가 RS상의 페이지 프레임에 있으면 이러한 내용이 표시되어 플래그(flag) 난에 표시되어 있으므로 페이지 프레임의 주소에 가상주소의 변위를 더하여 실제주소를 계산할 수 있다([그림 3-30]의 ④).

플래그에 페이지 부재 표시가 있으면 프로그램 인터럽트가 일어나 그 뒤는 페이징 슈퍼바이저(supervisor)가 처리해 준다. 즉, 사용 가능한 페이지 프레임을 찾아내어 해당 페이지를 EPS로부터 page-in함과 동시에 그 페이지 프레임의 주소를 페이지 테이블의 해당란에 기입하고 플래그를 페이지가 있는 것으로 바꾼다. 그런 후 앞에서와 같이 주소변환을 한다.

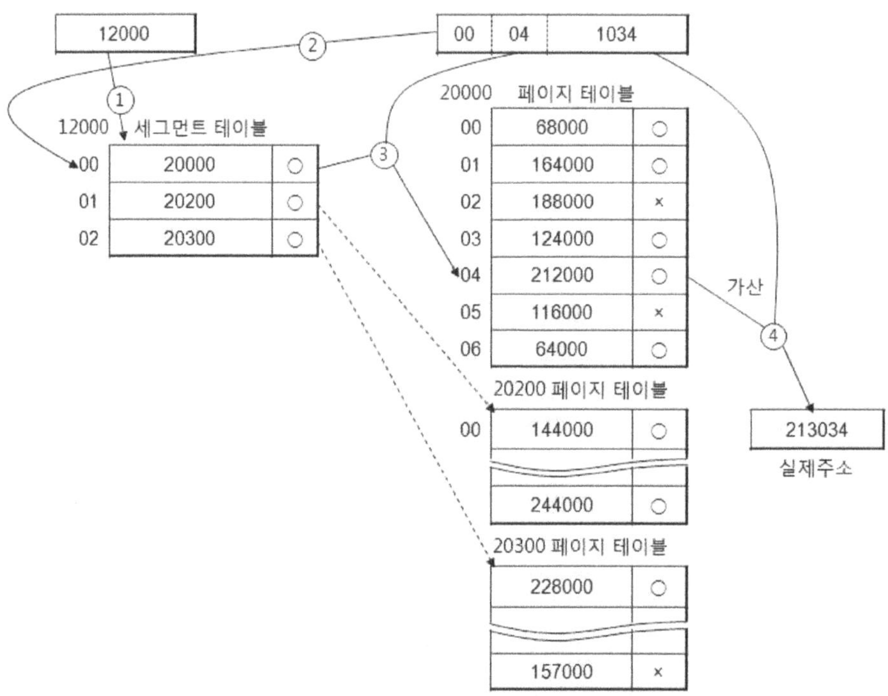

[그림 3-31] 동적 주소변환의 예

[그림 3-31]은 가상주소로부터 실제주소로 변환할 때의 그 구체적인 예를 보여주고 있다. STO 레지스터의 12,000에 의하여 세그먼트 테이블의 존재 위치 주소를 알 수 있고, 가상주소의 세그먼트 번호에 의하여 세그먼트 테이블의 해당 기입항목에 이를 수 있다. 페이지 테이블이 있는 주소 212,000를 가져와 이 주소에 가상주소 변위를 더하면 실제주소가 나온다. 이와 같은 처리는 하드웨어 기구와 DAT 기구를 통하여 명령이 실행될 때마다 이루어진다.

세그멘테이션과 페이징을 이용한 동적 재배치의 방법은 프로그래머나 오퍼레이터에게 아무런 부담도 주지 않고, 운영체제가 주소공간을 세그먼트나 페이지로 나누고, 이에 맞는 가상주소를 만들고 프로그램을 적재할 때 세그먼트 테이블과 페이지 테이블을 만든다.

또한, DAT를 이용하여 프로그램 실행 중에 자동적으로 주소변환을 해준다. 그리고 세그멘테이션은 프로그램 또는 시스템의 주소공간을 관리하는 데에 적합하며 페이징은 RS의 효과적인 관리에 알맞다.

⑵ 고속 주소변환

고속 주소변환 방법에는 연관 레지스터(associative register)에 의한 방법과 TLB(Translation Lookaside Buffer)에 의한 방법이 있는데, 이 TLB는 다음에 설명하는 연관 레지스터와 기능과 구조는 유사한데 단지 캐시(cache)를 이용하여 많은 정보를 저장시켜 관리할 수 있을 뿐 아니라 레지스터보다 상대적으로 비용이 저렴한 장점이 있다.

지금까지 설명한 세그멘테이션과 페이징 방식에서는 명령을 실행할 때마다 주소변환을 하게 되므로 프로그램의 실행시간이 길어지는 문제가 생긴다.

연관 레지스터는 세그먼트 테이블과 페이지 테이블을 이용한 비교적 느린 변환을 보충하기 위한 기구이며 RS의 테이블을 참조하는 것보다 훨씬 빠른 특수 목적의 고속 레지스터로 되어 있다. 레지스터는 8개, 16개, 128개가 있는 경우가 있다. [그림 3-32]에서는 8개의 연관 레지스터를 예로 들고 있다.

[그림 3-32]의 오른쪽에 점선으로 표시된 것이 여태까지 설명한 테이블을 이용한 주소변환 경로이며, 왼쪽의 실선으로 나타낸 것이 연관 레지스터에 의한 변환 모습을 나타내고 있다.

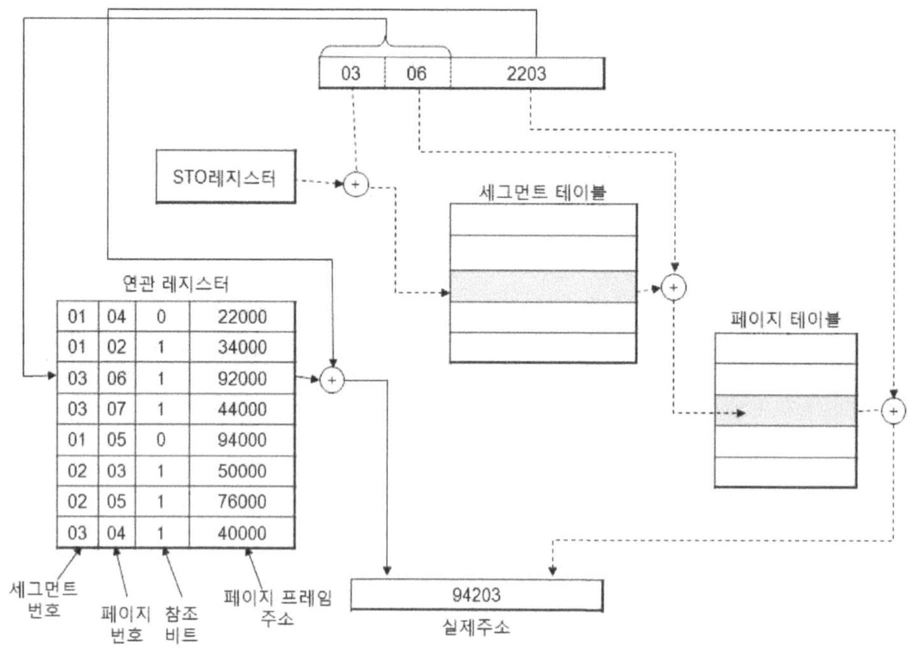

[그림 3-32] 연관 레지스터에 의한 주소변환

연관 레지스터에는 실행중인 프로그램이 최근에 쓴 8개 페이지의 세그먼트 번호와 페이지 번호가 들어 있다. 프로그램에서 가상주소를 참조해야 될 때에는 가상주소의 세그먼트 번호와 페이지 번호 부분이 연관 레지스터의 세그먼트 번호와 페이지 번호가 비교된다. 8개의 레지스터 중에 가상주소의 번호와 일치되는 것이 있으면 연관 레지스터의 페이지 프레임 주소에 가상주소의 변위 부분이 가산되어 실제주소가 구해진다. 이와 동시에 레지스터의 참조 비트(reference bit)가 1이 된다.

이들 8개 레지스터의 내용과 가상주소와의 비교는 하나씩 되는 것이 아니라 전부 동시에 병행으로 행해진다. 연관 레지스터는 아주 고속이어서 주소변환에 걸리는 시간은 거의 무시할 수 있는 정도이다.

가상주소의 세그먼트 번호, 페이지 번호가 연관 레지스터 중 전혀 일치하는 것이 없으면 [그림 3-32]의 오른쪽에 있는 것처럼 세그먼트 테이블과 페이지 테이블을 써서 변환한다. 실제로는 테이블에 의한 변환은 연관 레지스터의 내용과 가상주소가 비교될 때 동시에 시작된다. 내용이 일치되면 테이블에 의한 변환은 즉시 중단되지만, 일치되지 않으면 계속한다. 이렇게 하여 구해진 페이지 주소 및 세그먼트 번호와 페이지 번호가 연관 레지스터의 어느 하나에 들어간다. 이때 어느 레지스터에 넣을 것인가는 참조 비트에 의하여 결정된다.

[그림 3-32]의 연관 레지스터와 같은 경우에는 처음 레지스터와 마지막에서 두 번째 레지스터의 참조 비트가 0이므로 이 중 어느 하나가 쓰인다. 또 새로운 내용이 연관 레지스터에 들어갈 때에는 참조 비트는 자동적으로 1이 된다.

연관 레지스터에서의 변환은 RS를 전혀 액세스하지 않고 아주 고속으로 이루어지므로 세그먼트 테이블과 페이지 테이블을 이용한 변환의 효율 저하를 완전히 막을 수 있다.

5) RS와 EPS의 관리

지금까지 명령의 실행시에 주소를 동적으로 변환하는 모습에 대하여 검토하였다. 동적 주소변환이 실현됨에 따라 VS와 RS의 연결이 가능하게 된다. 즉, VS상에 적재된 프로그램이 RS에서 실행되게 된다. 프로그램은 VS상의 연속된 주소공간에 적재되어 가상주소가 할당된다. 그러나 VS는 개념상의 기억장치이며 실제로 존재하지 않으므로 VS상에서 프로그램이 실행될 수는 없다.

프로그램은 RS상의 페이지 프레임에 페이지 단위로 분산되어 page-in되며, 가상주소를 가진 상태로 페이지 프레임에 기억된다. 따라서 명령이 실행될 때에는 이 가상주소를 실제주소로 바꾸어 주어야 하며, 이러한 주소변환을 맡아 하는 것이 DAT 기구와 연관 레지스터이다.

세그멘테이션과 페이징 방식의 주소변환을 하면 단편화를 적극 막을 수 있어 RS를 효과적으로 이용할 수 있다. 또한 프로그램 중 사용빈도가 높은 부분은 항상 RS에 존재하며, 역으로 사용빈도가 낮은 부분은 EPS에 기억되어 필요할 때마다 page-in하면 된다. 이에 따라 빈도에 따른 RS의 효과적인 이용이 가능하다. 상세한 것은 차츰 다루기로 한다.

지금까지는 동적 재배치의 하드웨어면에 초점을 맞추어 설명해 왔다. 이를 어떻게 허용하느냐에 따라 여러 소프트웨어 또는 OS의 작성을 생각할 수 있다. 여기서는 세그멘테이션 & 페이징 방식 시스템의 소프트웨어는 어떤 것을 고려해야 하는가를 살펴보기로 하자.

페이징에 관련된 관리를 생각할 때 RS내에는 페이지 할당과 EPS상의 페이지 할당의 두 가지 면을 생각해야 하며 전자의 관리에는 페이지 프레임 테이블, 후자에는 외부 페이지 테이블(EPT ; External Page Table)을 이용한다.

(1) 페이지 프레임 테이블에 의한 RS 관리

RS는 VS상의 페이지와 같은 크기의 페이지 프레임(page frame)으로 분할되어 있다. 페이지 프레임도 페이지와 같은 크기에 맞춰 2KB 또는 4KB 단위로 일정하다. RS는 [그림 3-33]의 좌측 위에 나타나고 있는데 이 예에서는 RS의 크기는 128KB이고, 페이지 프레임의 크기는 4KB이므로 32개의 페이지 프레임이 만들어진다.

운영체제는 이들 페이지 프레임을 잘 관리하여 프로그램에 페이지 단위로 RS를 나누어준다. 프로그램을 구성하고 있는 각각의 페이지를 RS의 페이지 프레임에 page-in할 때 아무렇게나 페이지 프레임에 넣어서는 안 된다. 왜냐하면 이미 사용 중인 페이지 프레임일 가능성이 있기 때문이다. 따라서 각 페이지 프레임이 이미 어떤 페이지에 할당되어 있는 가 또는 미사용의 상태인가를 나타내기 위한 어떤 테이블이 있어야 한다. 이것이 페이지 프레임 테이블(page frame table)이다([그림 3-33] 참조).

이 테이블의 크기는 RS내의 페이지 프레임 수에 따라 정해진다. [그림 3-33]에서는 페이지 프레임이 32개이므로 페이지 프레임 테이블에는 32개의 기입항목이 필요하다. [그림 3-33]에 있는 것처럼 페이지 프레임 테이블의 내용은 페이지 프레임 번호, 프로그램명, 세그먼트 페이지 번호, 그리고 마지막으로 상태 비트(status bit), 참조 비트(reference bit), 변경비트(change bit)들이 있지만, 참조 비트(reference bit)와 변경비트(change bit)는 뒤에서 다루기로 한다.

페이지 프레임 번호는 RS의 페이지 프레임에 해당하는 일련의 번호이다. 각 페이지 프레임에 어떤 프로그램의 어떤 페이지가 들어 있는가를 나타내는 것이 프로그램명, 그리고 세그먼트와 페이지 번호이다. 상태 비트는 해당 페이지 프레임의 사용 가능 여부를 나타내는 것으로 이 비트가 '1'이면 페이지 프레임이 사용되고 있고, '0'이면 미사용을 나타낸다.

따라서 운영체제가 새로운 페이지를 RS에 할당할 때에는 페이지 프레임 테이블의 상태 비트가 '0'인 페이지 프레임을 찾으면 된다. 세그멘테이션과 페이징 방식에서는 페이지 프레임 테이블을 이용하여 사용자 프로그램에 페이지 프레임을 해당해 준다.

세그먼트 테이블과 페이지 테이블이 동적 주소변환을 위하여 사용되지만, 페이지 프레임 테이블은 RS를 효과적으로 관리하기 위하여 운영체제(제어 프로그램)에 의하여 사용된다.

페이지 프레임 번호	프로그램 명	세그먼트/페이지 번호	상태 비트	참조 비트	변경 비트
0	k		1		
1	k		1		
2	k		1		
3	k		1		
4	k		1		
5	k		1		
6	k		1		
7	k		1		
8	A		1		
9	B		1		
10	B		1		
11			0		
12			0		
13	A		1		
14	A		1		
15			0		
16	B		1		
17			0		
18	B		1		
19	B		1		
20			0		
21	A		1		
22			0		
23	A		1		
24			0		
25	A		1		
26	A		1		
27			0		
28	B		1		
29	B		1		
30	B		1		
31			0		

페이지 프레임 테이블

[그림 3-33] 프로그램이 적재되었을 때의 페이지 프레임 테이블

그러면 프로그램이 적재될 때의 페이지 프레임 테이블의 상태를 구체적인 예를 보면서 살펴보자. 간단히 하기 위하여 [그림 3-33]에서는 페이지 프레임 테이블에 세그먼트와 페이지 번호는 생략되어 있다. 먼저, 운영체제의 핵인 커널이 RS에 어떤 상태로 기억되어 있는 지 살펴보자. 커널 프로그램의 크기가 32KB이므로 페이지 프레임 0부터 7까지 연속하여 적재되어 있는 것으로 페이지 프레임 테이블의 페이지 프레임 번호가 0부터 7까지의 상태 비트는 모두 '1'(사용중)이다.

다음은 사용자 프로그램 A와 B가 어떤 상태로 RS 상에 기억되어 있는 지 살펴보자. 프로그램 A는 7개의 페이지 프레임, 프로그램 B는 8개의 페이지 프레임을 쓰고 있다.

따라서 각 페이지가 RS상에 적재되어 있는 상태에 대하여 페이지 프레임 테이블의 기입항목에 잘 반영되어 있다. 각 프로그램을 구성하고 있는 페이지는 페이지 테이블 중에 매핑 되어 있으므로 RS내에서는 연속한 페이지 프레임에 있을 필요가 없다. 페이지 프레임 테이블을 보면 빈 페이지 프레임과 사용 중인 페이지 프레임은 어디에 할당되어 있는가를 즉시 알 수 있다.

프로그램 A가 끝나면 프로그램 A에서 사용하던 페이지 프레임의 상태 비트는 모두 '0'이 된다. 프로그램 B가 끝나도 마찬가지이다.

(2) 외부 페이지 테이블에 의한 EPS 관리

실행중인 프로그램을 구성하는 모든 페이지는 RS 또는 EPS의 어느 한 곳에 기억되어 있음을 알았다. EPS는 RS상에 기억할 수 없는 페이지의 복사본이 보관된다. EPS상의 레코드 영역은 슬롯(slot)이라 불리며 따라서 슬롯의 크기는 페이지 크기와 같다. EPS에는 RS상에 없는 VS의 페이지가 있는데, 이들 사이에 매핑 방법에 대하여 살펴보자.

먼저 페이지 테이블에 추가되는 앞에서 조금 언급한 플래그 항목에 대하여 좀 더 상세하게 살펴보기로 하자. [그림 3-34]를 봐주기 바란다.

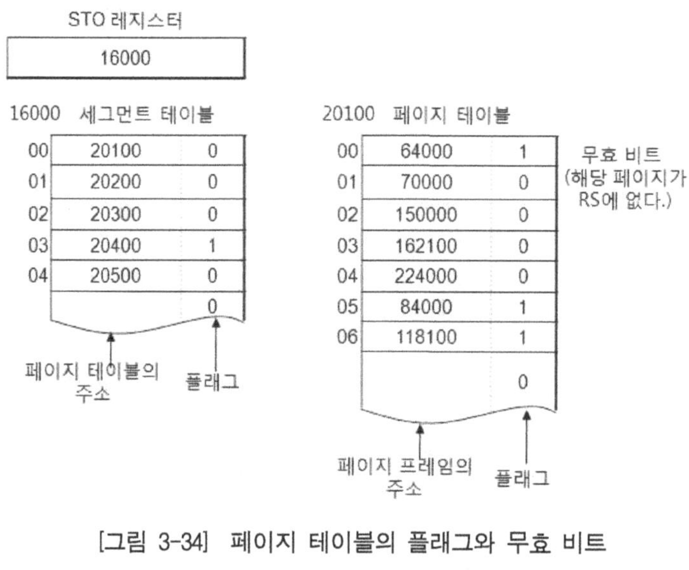

[그림 3-34] 페이지 테이블의 플래그와 무효 비트

페이지 테이블의 플래그 항목은 일반적으로 무효 비트(invalid bit)라 부르는데 이 비트가 '1'이면 그 페이지는 RS의 페이지 프레임에 없으며, '0'이면 해당 페이지가 페이지 프레임에 있음을 나타낸다. 그리고 해당 페이지가 페이지 프레임에 없음을 페이지 부재(page fault)라 한다.

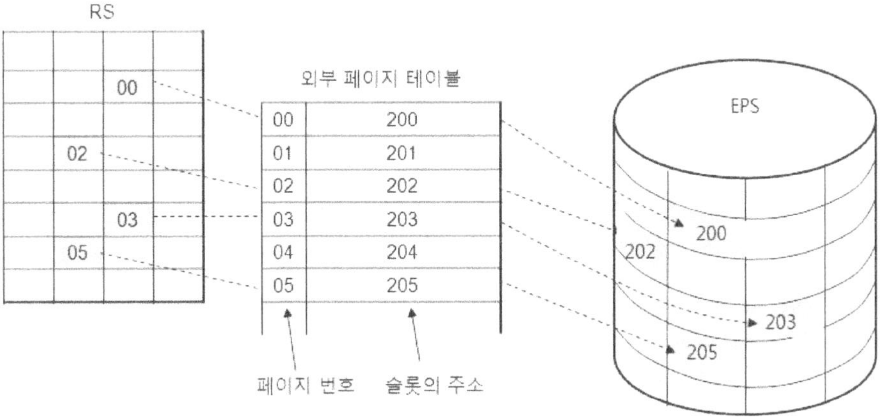

[그림 3-35] 외부 페이지 테이블

페이지 부재는 부재인 페이지가 EPS에 page-out되어 있음을 암시한다. 이때 문제가 되는 것은 해당 페이지가 EPS의 어느 슬롯에 있는 지를 알아내는 것이다. 이에 쓰이는 것이 외부 페이지 테이블(External Page Table)이다([그림 3-35]). 따라서 이 외부 페이지 테이블에 있는 페이지 번호는 페이지 테이블의 것과 일치한다.

외부 페이지 테이블은 EPS에 기억되어 있는 모든 페이지에 관하여 슬롯에 매핑되어 있다. 따라서 페이지 부재가 일어나면 운영체제는 외부 페이지 테이블을 사용하여 다음과 같은 절차로 기억장치를 관리하게 된다.

- 시스템은 외부 페이지 테이블의 대응 기입항목을 조사하여 슬롯 주소(slot address)를 써서 EPS상의 페이지를 찾는다.
- 그 페이지를 수용하기 위한 빈 페이지 프레임을 선정한다.
- EPS상의 슬롯에 있는 해당 페이지를 RS상의 페이지 프레임에 page-in 한다.
- page-in 후에는 페이지 테이블의 기입항목 중 페이지 프레임 주소와 무효 비트를 고쳐서 그 페이지가 RS상에 있음을 나타낸다.
- 가상주소를 실제주소로 변환하여 프로그램의 실행을 재개한다.

지금까지 세그멘테이션과 페이징 방식을 쓰는 VS 시스템에서 필요로 하는 모든 테이블에 대하여 살펴보았다. 그러면, 지금까지 설명한 각종 테이블의 상호관계를 파악하고 시스템 전체를 정리해 보기로 하자([그림 3-36]).

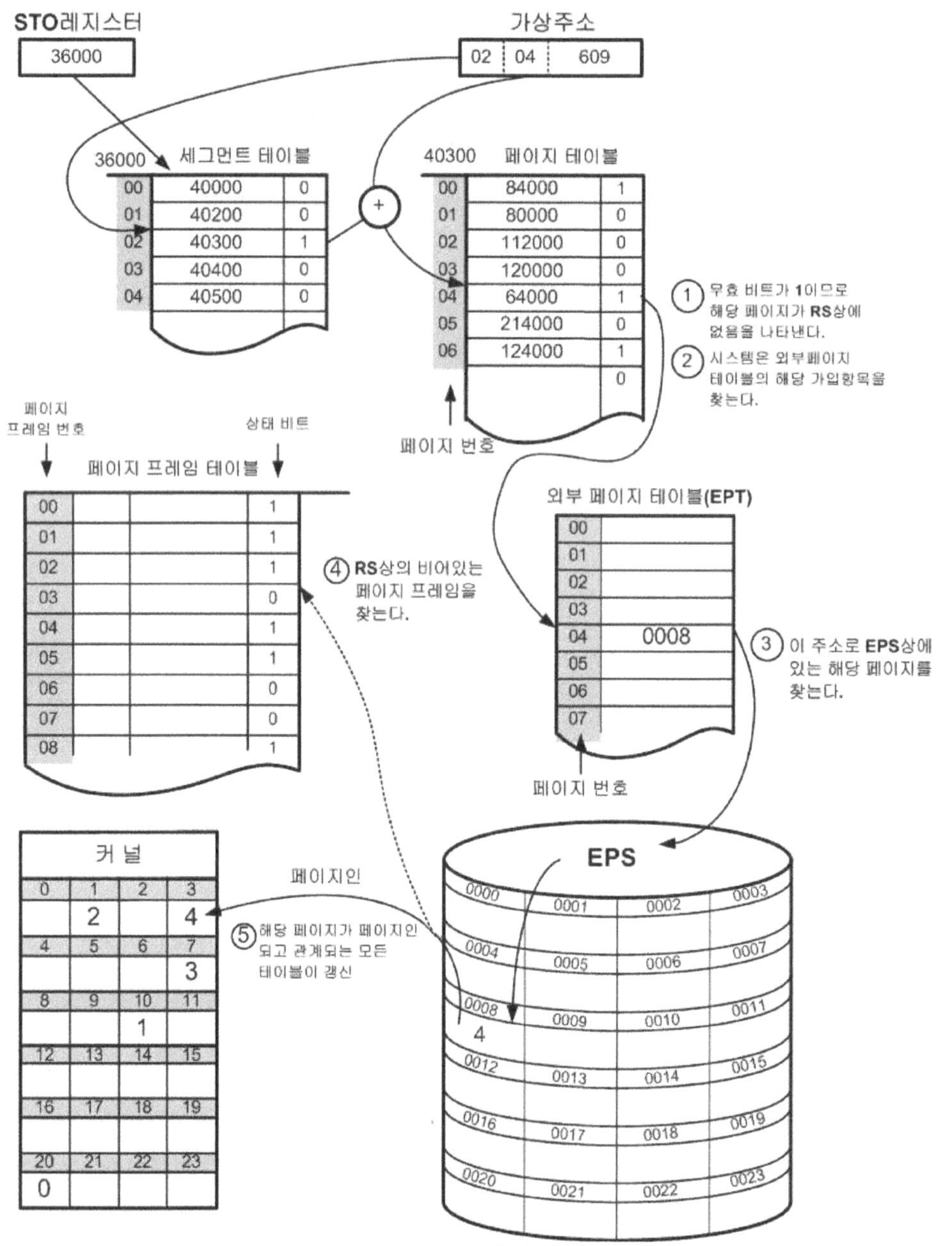

[그림 3-36] 페이지 부재 처리

[그림 3-36]에서 프로그램 중의 어떤 명령을 실행하려고 오른쪽 위에 있는 가상주소를 참조하였다고 하자. DAT 기구는 이 가상주소의 세그먼트 번호와 STO 레지스터에 있는 시작주소를 토대로 세그먼트 테이블상의 해당 기

입항목을 찾는다. 또 기입항목 중 페이지 주소와 가상주소의 페이지 번호를 토대로 페이지 테이블상의 해당 기입항목을 찾는다.

해당 기입항목의 무효 비트가 '1'이므로 원하는 페이지가 RS에는 없음을 나타내는 페이지 부재 인터럽트가 일어나고 그 뒤의 처리는 커널의 페이지 슈퍼바이저(paging supervisor)에 넘긴다. 이것은 외부 페이지 테이블을 참조하여 요구하는 페이지가 EPS의 어느 슬롯(slot)에 있는가를 찾는다. 한편, 페이지 프레임 테이블을 참조하여 빈 페이지 프레임을 찾아 거기에 슬롯에 있던 페이지를 page-in 한다. 이렇게 하여 원하는 페이지를 쓸 수 있게 된다. 그런데 슈퍼바이저(supervisor)의 일은 여기에서 끝나지 않는다.

페이지 테이블 중의 해당 기입항목을 page-in된 상태로 바꾸어야 한다. 즉, 해당 기입항목의 페이지 프레임 테이블의 해당 기입항목도 고친다. 그런 후 가상주소의 변환을 DAT 기구에 맡긴다.

6) 요구 페이징과 프로그램 실행

(1) 요구 페이징과 페이지 대체

요구 페이징(demand paging)이란 해당 페이지를 필요한 시점에 RS로 page-in하는 방식이다. 전술한 바와 같이 주소변환의 필요성이 생겼을 때 세그먼트 테이블을 경유하여 페이지 테이블을 찾아가서 페이지 테이블의 기입항목이 그 페이지가 RS상에 없음을 나타내면 페이지 부재 인터럽트가 일어나 EPS로부터 원하는 페이지를 갖고 오는 방식이다. 대부분의 VS 시스템에서는 대체로 이러한 방식을 취하고 있다.

페이지 부재(page fault) 처리는 앞에서도 설명했듯이 여러 단계를 거쳐야 할 필요가 있다. 그러나 이용 가능한 페이지 프레임이 있는 한, 다시 말해서 페이지 프레임 테이블에서 상태 비트가 0인 경우는 처리는 비교적 간단하다. 지금까지는 빈 페이지 프레임이 존재하는 것을 조건으로 하였다. 그러나 VS 시스템에서는 VS 쪽이 RS 쪽보다 훨씬 크기 때문에 최종적으로 이용 가능한 모든 페이지 프레임이 다 쓰이게 된다.

RS의 페이지 프레임이 여러 프로그램의 페이지로 모두 쓰여 새로운 페이지가 page-in될 수 없을 때 어떤 원칙에 따라 어떤 페이지 프레임을 EPS로 빼내고 새로운 페이지를 page-in하도록 해주어야 한다. 이러한 동작을 페이지 대체(page replacement)라 한다. 페이지 대체는 다음의 두 이유로 시스템 성능(system performance)에 큰 영향을 미치므로 아주 중요하게 다루어야 한다.

- 빈번히 참조되는 페이지를 대체하면 곧 다시 그 페이지를 RS의 페이지 프레임에 불러들여야 한다. 이는 시스템 과부하를 초래하므로 피해야 한다.
- page-in된 후에 그 페이지의 내용이 바뀐 경우에는 반드시 page-out해야 한다. 즉, 페이지의 내용이 바뀌지 않은 경우에는 EPS에 있는 페이지를 필요한 시점에 그대로 RS로 page-in하여도 지장이 없으나, RS상에서 변경이 있은 경우에는 EPS상에 존재하는 이전의 페이지는 아무런 쓸모가 없기 때문에, 변경된 페이지를 RS에서 EPS로 반듯이 page-out해야 한다.

이 두 점을 염두에 두고 페이지 대체 방법을 검토해 보기로 하자. 페이지 대체 방법에는 여러 방법이 있다.

① FIFO치환법(First-in First-out Method)

이 방법은 RS에 가장 먼저 들어온 페이지를 먼저 보내는 방법이다. 이는 RS에 가장 오래 있었던 페이지부터 치환하려는 사고방식이다. 이 방식은 바로 위에서 지적한 첫 번째 문제는 해결 되지는 않는다. 또한 두 번째의 문제는 페이지 내용의 변경 유무에 따라 치환의 우선순위를 검토해야한다. FIFO는 이에 따른 간단한 장점이 있으나 실제로 운영될 때에는 한 프로그램에서 사용할 수 있는 페이지 프레임의 수가 늘어남에도 불구하고 페이지 부재는 더욱 더 자주 일어날 수 있음이 다음과 같은 간단한 예에 의해서 증명된다. 가상기억장치는 5개 공간으로 구성된다. 주기억 장치(M) 3개와 4개인 경우를 보자.

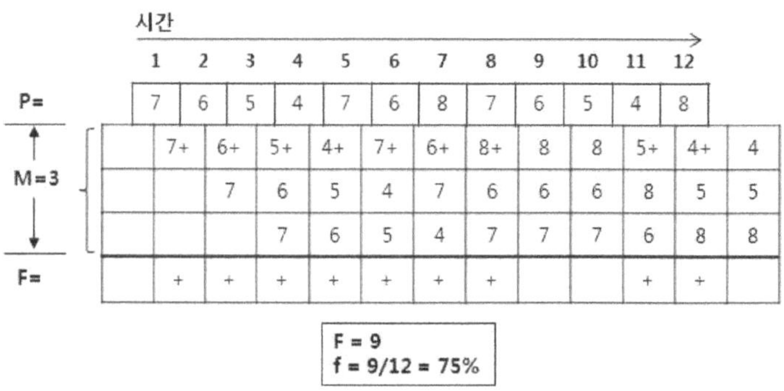

(a) M=3인 경우

시간 →

	1	2	3	4	5	6	7	8	9	10	11	12
P=	7	6	5	4	7	6	8	7	6	5	4	8

M=4		7+	6+	5+	4+	4	4	8+	7+	6+	5+	4+	8
			7	6	5	5	5	4	8	7	6	5	4
				7	6	6	6	5	4	8	7	6	5
					7	7	7	6	5	4	8	7	6
F=		+	+	+	+			+	+	+	+	+	+

F = 10
f = 10/12 = 83%

(b) M=4인 경우

[그림 3-37] FIFO 페이지 상태 분석

따라서 [그림 3-37]을 보면 M=4일 때가 M=3일 때 보다 페이지 부재가 한 번 더 일어난다. 문헌에 의하면 이러한 현상이 주기억 장치의 차이가 두 배일 때도 발생한다고 한다. 일반적으로 다른 알고리즘은 주기억 장치의 크기가 증가함에 따라서 페이지 부재의 수가 줄어드는데 반해 FIFO는 종종 페이지 부재수가 늘어나는 일이 발생하는 데, 이런 현상을 Belady의 페이지 이상(anomaly) 현상이라고 한다.

실패 함수(failure function) F는 실패의 수, P는 페이지 호출에서 페이지 참조된 수라면, 페이지 부재율은 f=F/P이 된다. 따라서 [그림 3-37 (a)]의 경우 12개 참조 가운데 9개가 실패 했으므로 페이지 부재율 f는 9/12 = 75%가 되고, [그림 3-37 (b)]의 경우, 12개 참조 가운데 10개가 실패 했으므로 페이지 부재율 f는 10/12=83%가 된다.

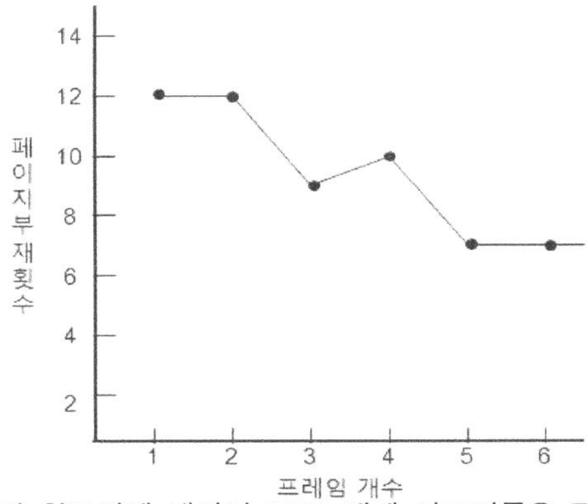

[그림 3-38] 어떤 참조열에 대하여 FIFO 대체 알고리즘을 적용했을 때의 페이지 부재 커브

② LRU기법(Least Recently Used)

이상적인 방법으로는 페이지 참조를 예견하여 빈번히 참조될 것으로 보이는 페이지는 가능한 대체를 피하고, 당분간 더 이상 참조되지 않을 것으로 예상되는 페이지를 대체하면 좋을 것이다. 그러나 시스템에서 일어나는 일을 예견하다는 것은 곤란하므로 이러한 방법은 현실적이지 못하다. 이러한 이상적인 치환법에 가까운 것으로 LRU(Least Recently Used) 기법이 있다. LRU 기법에서는 오랫동안 참조되지 않았던 페이지 즉, 최근에 거의 쓰이지 않았던 페이지를 먼저 대체하는 것이다. LRU 기법에서는 현시점을 기준으로 가까운 시점에 사용했던 페이지는 가까운 장래에 다시 참조될 것이라는 예상하여 대체를 지연시키는 것이다. 이렇게 하여 빈번히 참조되는 페이지를 가능한 한 RS의 페이지 프레임에 머무르게 한다.

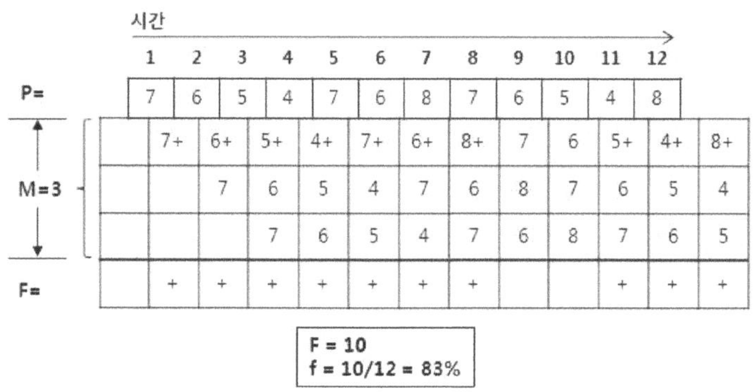

(a) M=3

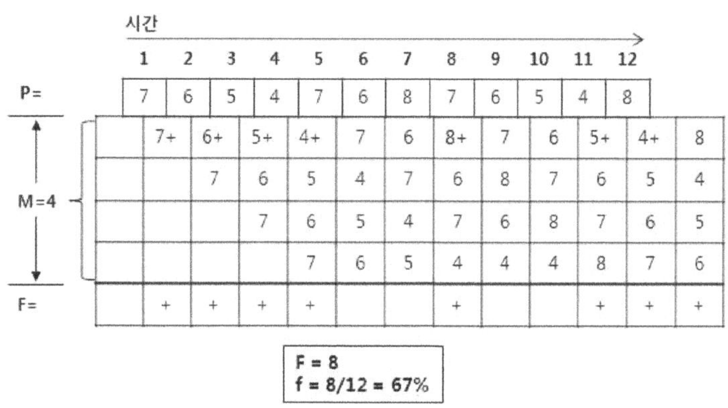

(b) M=4

[그림 3-39] LRU방법의 예

이것은 뒤에 설명한 국부(Locality)이론에 근거를 두었다. [그림 3-39]의 LRU 기법은 M리스트 위에 가장 최근에 참조된 페이지를 두고, 가장 최근 동안까지도 참조 되지 않은 페이지는 M리스트의 밑에 둔다. 그리고 이것이 대체된다.

[그림 3-39]는 두 가지 메모리 크기 즉 M=3과 M=4인 경우의 LRU 대체를 나타낸 것이다.

③ LFU(Least Frequently Used)

LRU와 근사 방법으로서 LFU 기법이 있다. 이 기법에서는 각 페이지들이 얼마나 많이 사용(빈도수)되어졌는지에 착안한다. 여기서는 호출된 횟수가 가장 적은 페이지가 대체된다. 이 방법도 직관적으로는 흥미를 끌지만 종종 대체의 결과가 좋지 않은 수가 있다. 예를 들어, 호출이 가장 적은 페이지가 가장 최근에 주기억장치로 옮겨진 페이지일 가능성이 있다. 이때의 페이지는 다른 페이지들이 두 번 이상 사용되었음에 불구하고, 최근에 주기억장치로 옮겨온 페이지라고 해서 LFU 기법은 이 페이지를 대체시키지 않고 호출이 많았던 페이지를 대체시킴으로써 다시 주기억장치로 즉시 재호출 하게 되는 인이 발생한다. 모든 페이지 대체기법들은 이와 같이 항상 좋은 결정을 내리지는 못한다.

그 근본적인 원인은 정확히 미래를 예측할 수 없기 때문이다. 따라서 옳은 결정만 내리기를 기대할 수는 없기 때문에, 옳은 결정을 내리는 대신에 시간이 적게 걸리고 오버헤드가 적은 기법을 사용하는 것이 바람직하다.

④ OPT(Optimal)

Belady에 의한 대체 알고리즘인 OPT(Optimal)는 최적 알고리즘으로 Min(Minimal)이라고도 하며 가장 최적인 것으로 판명되었다. 이 알고리즘은 장래를 예측하여 참조되지 않을 페이지를 제거하는 것이다. 이것은 장래의 지식을 요구하기 때문에 OPT 알고리즘은 비현실적이다.

OPT 알고리즘의 작동원리는 [그림 3-40]에 예시되어 있고, 페이지 부재의 수는 개개의 IN 열에서 관찰될 수 있다. 여기서 FIFO, LRU 방법보다 OPT는 페이지 부재의 숫자가 제일 적다.

앞에서 보았듯이 M=4인 경우 FIFO는 10개, LRU는 8개 이지만, [그림 3-40]을 살펴보면 OPT는 6개의 페이지 부재를 일으킨다. 그리고 FIFO는 Belady의 페이지 이상 현상이 발생하지만, OPT나 LRU 대체 알고리즘은 발생하지 않는다.

시간 →

	1	2	3	4	5	6	7	8	9	10	11	12	
P=	7	6	5	4	7	6	8	7	6	5	4	8	
M=3		7+	6+	5+	4+	4	4	8+	8	8	8	8	8
			7	6	6	6	6	6	6	6	5+	5	5
				7	7	7	7	7	7	7	7	4+	4
F=		+	+	+	+			+			+	+	

F = 7
f = 7/12 = 58%

(a) M=3

시간 →

	1	2	3	4	5	6	7	8	9	10	11	12	
P=	7	6	5	4	7	6	8	7	6	5	4	8	
M=4		7+	6+	5+	4+	4	4	8+	8	8	8	8	8
			7	6	5	5	5	5	5	5	5	4+	4
				7	6	6	6	6	6	6	6	6	6
					7	7	7	7	7	7	7	7	7
F=		+	+	+	+			+				+	

F = 6
f = 6/12 = 50%

(b) M=4

[그림 3-40] OPT 대체의 예

⑤ NUR(Not Used Recently) 기법

NUR 기법은 적은 오버헤드로 LRU에 근사하며 실제로 자주 쓰이는 기법이다. 근래에 쓰이지 않는 페이지들은 가까운 미래에도 쓰이지 않기 쉬우므로 이러한 페이지들은 호출되는 페이지들로 대체된다. 주기억장치에 있는 동안 그 내용이 바뀌지 않은 페이지를 대체시키는 것이 바람직하므로 NUR 기법은 각 페이지 당 2개의 하드웨어 비트를 필요로 한다. 이 두 개의 비트는 다음과 같다.

- 참조 비트(reference bit) = 0 ; 페이지가 참조되지 않았을 때
  = 1 ; 페이지가 참조된 적이 있을 때
- 변경 비트(dirty bit, modified bit, change bit)
  = 0 ; 페이지 내용이 변경되지 않았을 때
  = 1 ; 페이지 내용이 변경되었 때

NUR 기법은 다음과 같다. 처음에 모든 페이지들의 참조 비트는 0으로 한다. 어떤 페이지가 참조되면 그 페이지의 참조 비트는 1로 한다. 또한, 변경 비트의 초기 값도 0으로 주어지며 어떤 페이지의 내용이 변경되면 변경 비트는 1로 한다. 하나의 페이지가 대체될 때 첫 번째로 참조된 적이 없는 페이지를 찾게 되는데 만일 그러한 페이지가 없는 경우에는 참조된 적이 있는 페이지를 대체시킨다.

만일 어떤 페이지가 참조되지 않았다면 다음으로 그 페이지가 변경되었는지를 검사한다. 만일 그 페이지가 변경되지 않았다면 그 페이지를 대체시키는 데 그 이유는 변경된 페이지를 대체시키는 경우 그 페이지를 다시 보조기억장치에 써야 하는 번거로움이 따르기 때문이다. 만일 모든 페이지가 변경되었다면 변경된 페이지를 대체시킨다.

다중 사용자 시스템(multiple user system)에서 주기억장치는 여러 사용자가 공유해야 하며 따라서 조만간에 대부분의 참조 비트는 1이 된다. 그렇게 되면 대체에 가장 적합한 페이지를 식별하기가 곤란하여진다.

이 문제를 해결하기 위해서는 주기적으로 모든 참조 비트를 0으로 하여 다시 정상적으로 페이지가 참조될 때 1로 한다.

위에 설명된 NUR 기법에서는 참조 비트와 변경비트의 값에 따라 페이지를 4개의 그룹으로 구분할 수 있다.

등급값	참조 비트	변경 비트	설명
0	0	0	참조도 없고, 변경도 없었음
1	0	1	참조는 없었으나, 최근에 변경되었음.
2	1	0	참조가 있었고, 변경은 없었음.
3	1	1	참조가 있었고, 변경도 있었음

등급값에 따라 페이지 대체 순서를 살펴보면, 참조비트와 변경비트가 각각 0인 경우에 등급값 0을 갖는 페이지가 제일 먼저 대체되고, 참조비트와 변경비트가 각각 1인 경우에 등급값 3을 갖는 페이지가 제일 마지막에 대체된다.

[그림 3-41]의 등급값을 살펴보면, 0인 페이지 "P7"의 등급값이 제일 낮으므로 제일 처음 대체할 페이지로 선정된다.

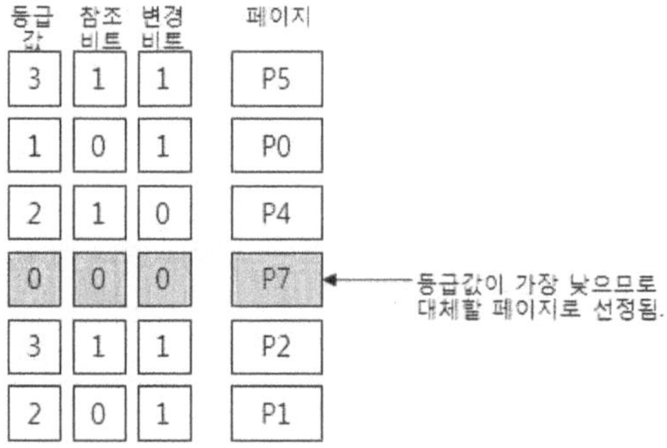

[그림 3-41] NUR 페이지 대체기법

⑥ 2차 기회 페이지 대체기법(SCR : Second Chance Replacement)

2차 기회 페이지 대체기법(SCR : Second Change Replacement)은 FIFO에 대한 변형으로 가장 오랫동안 메모리에 있으면서 가장 자주 쓰였던 페이지가 대체될 수 있다는 것을 막기 위해 참조 비트를 두어 페이지의 참조 비트가 0이면 그 페이지는 대체되고, 참조 비트가 1이면 0으로 설정한 다음 FIFO 리스트의 꼬리로 옮겨 놓아 2차 기회를 부여하는 기법이다.

즉, 페이지가 참조될 때 참조 비트를 1로 설정하고, 만약 이 페이지가 대체할 차례가 되어 참조비트를 검사 하였는데 참조 비트가 1이면, 참조 비트를 0으로 변경해 다음에 검사될 때까지 페이지를 대체시키지 않고 2차 기회를 부여한다. 이때, 다음 검사 시까지 한번이라도 참조가 되면, 또 다시 참조 비트가 1이 되어, 계속해서 2차 기회를 부여받을 수 있어 참조 비트가 0으로 변경되고, 이 참조비트가 계속 0이면 그 페이지는 대체 대상이 된다.

모든 참조 비트가 1로 되어 있을 때는 계속해서 2차 기회를 부여해가면서 환형 큐 형태인 FIFO를 한 바퀴 돌게 되고, 그리고 다시 처음의 대체할 페이지가 있던 곳으로 오게 되면 모든 참조 비트가 0이 된다. 그리고 페이지들이 더 이상 참조되지 않았다면 당분간 FIFO 대체와 유사하게 페이지 대체가 이루어진다.

[그림 3-42 (a)]의 경우, 페이지 프레임 "P2"를 대체하려고 할 경우, 참조 비트를 검사해보니 참조 비트가 1이므로 이 값을 0으로 설정한다. 그리고 [그림 3-42 (b)]처럼 FIFO의 머리 부분으로 이동시켜 2차 기회를 부여한다. 만약에 페이지 "P2"가 단 한 번의 참조도 발생하지 않고, 페이지가 FIFO의 꼬리 부분에 도착했다면 그 페이지 대체는 대체될 것이다.

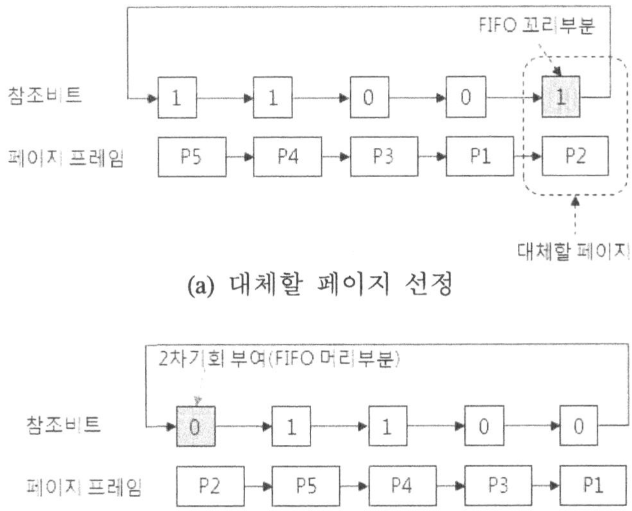

(a) 대체할 페이지 선정

(b) 2차기회 부여

[그림 3-42] 2차 기회 페이지 대체기법

(2) LRU의 기본동작

앞에서 LRU에 대하여 살펴보았지만, 참조된 페이지나 변경된 페이지를 시스템이 어떻게 식별하느냐 하는 점에 대해서는 언급이 없었다.

이는 각 페이지 프레임 단위로 존재하는 기억보호 키 중 특별한 2개의 비트인 참조 비트(reference bit)와 변경 비트(change bit)에 의해서 제어되어진다. 참조 비트는 그 프레임이 현시점과 가까운 시점에 참조된 적이 있으면 항상 자동적으로 참조 비트가 1이 된다.

한편, 변경 비트는 그 페이지 프레임의 내용이 RS에 들어와서 변경되었는가를 나타낸다. 즉, 데이터가 페이지 프레임내의 어딘가에 수록되면서 내용이 변경되면 자동적으로 변경 비트가 1이 된다. 이 변경 비트는 page-out 해야 하는 지를 판정하는 데 사용된다. 또 이들 참조 비트와 변경 비트는 [그림 3-43]과 같이 페이지 프레임 테이블의 새로운 항목으로 추가되어 있다.

그러면, 이러한 기본적인 사항을 고려하여 페이지 대체 시에 발생하는 페이지 부재의 상황에 어떻게 대처해야 하는가를 살펴보자.

LRU 방법에 의하여 페이지 대체를 하는 경우에는 먼저 대체해야 할 페이지를 선택하고, 이 대체 작업은 말할 것도 없이 운영체제의 슈퍼바이저가 한다. 그러면 두 경우를 들어 LRU 방식에 의한 페이지 대체의 알고리즘을 생각해 보자.

- 대체 대상이 되는 페이지가 page-in되어 RS상에서 변경이 없는 경우
- 대체 대상이 되는 페이지가 page-in되어 RS상에서 변경된 경우

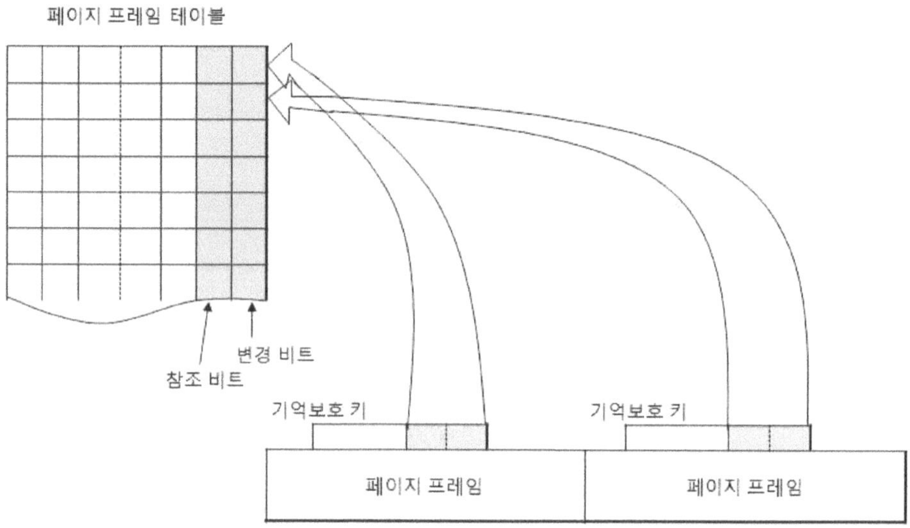

[그림 3-43] 기억장소 보호 키와 참조 비트 및 변경 비트의 관계

① 대체 대상이 되는 페이지가 page-in되어 RS상에서 아무런 변경이 없는 경우

대체 대상이 되는 페이지가 page-in되어 RS상에서 아무런 변경이 없는 경우에는 여태까지 설명한 페이지 부재 처리 절차에 특히 새로운 단계를 추가할 필요는 없다.

이것의 처리 과정은 다음과 같다. 가상주소의 변환 중 페이지 부재가 발견되는 경우에 필요로 하는 페이지가 RS상에 없기 때문에 페이지 테이블의 기입항목의 무효 비트가 '1' 인 음을 알 수 있다. 시스템은 페이지 부재 처리를 하기 위하여 프로그램의 실행을 중단하고 페이지 부재 인터럽트를 일으킨다.

슈퍼바이저는 페이지 프레임 테이블을 조사해서 이용 가능한 페이지 프레임들이 모두 사용 중이면, [그림 3-44]에서 보는 바와 같이 상태 비트는 모두 '1'이 된다. 이때 시스템은 LRU 방식에 따라 치환해야 할 페이지를 고른다. 이 경우에는 페이지의 내용이 page-in된 후 아무런 변경이 없는 경우로 페이지 프레임 테이블의 변경 비트는 '0'이다.

따라서 이런 경우엔 RS상에 치환의 대상이 되는 페이지의 복사본이 EPS에 있기 때문에 page-out할 필요가 없이, RS상의 위치에 page-in하기만 하면 된다. 그리고 나서, 슈퍼바이저는 대체될 페이지의 페이지 테이블의 해당 기입항목 중 무효 비트를 0으로 해주고, 페이지 부재를 일으킨 페이지에 대해서 해당 테이블을 갱신하여 프로그램의 실행을 재개하도록 해 준다.

② 대체 대상이 되는 페이지가 page_in되어 RS상에서 변경된 경우

대체 대상이 되는 페이지가 page-in되어 내용이 RS상에서 이미 변경된 경우에는 반듯이 EPS로 page-out을 실행하여 이 페이지의 복사본을 새로 보존해야 한다. 이렇게 하지 않으면 EPS상 대체되지 않은 이전의 페이지가 다시 참조될 경우, 이것이 다음에 page-in되어 프로그램의 결과가 틀리게 된다.

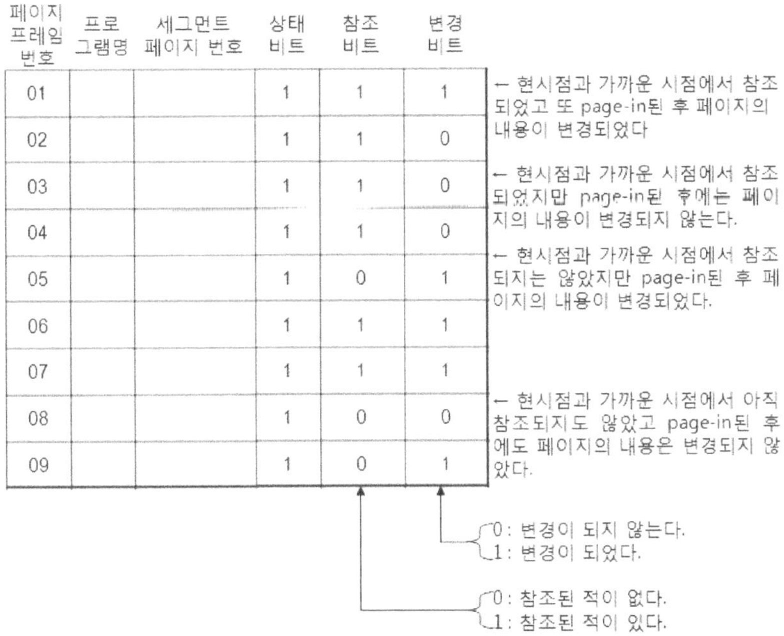

[그림 3-44] 페이지 프레임 테이블의 참조 비트와 변경 비트

Page-out 동작은 RS의 페이지 프레임으로부터 EPS의 슬롯에 해당 페이지를 전송하는 것이다. 이때 선택되는 슬롯은 그 전에 있던 자리가 아니어도 좋다. 필요한 것은 새로운 페이지를 수용하는 슬롯의 위치를 나타내기 위하여 외부 페이지 테이블의 해당 기입항목을 갱신하는 것이다. 이렇게 page-out한 후 페이지 부재를 일으킨 페이지를 page-in하고 관련 테이블의 기

입항목을 고친 후 프로그램의 실행을 다시 시작한다.

이러한 동작은 LRU 방식에 의하여 참조 비트가 '0'인 것부터 우선적으로 페이지 대체가 이루어진다.

이상에서 본 바와 같이 요구 페이징과 효율 좋은 페이지 대체의 알고리즘에 의하여 RS의 단편화를 방지할 뿐만 아니라, 많이 참조되는 프로그램의 페이지가 RS에 항상 적재되도록 상태를 유지해 준다.

(3) LRU 프로그램의 실행

먼저 페이지 부재 인터럽트가 일어났을 때 슈퍼바이저가 하는 기본적인 처리를 정리해 보기로 하자. 슈퍼바이저는 처음에 페이지 프레임 테이블의 상태 비트를 조사한다. 상태 비트 중 '0'이 있으면(즉, RS에 빈 페이지 프레임이 존재) 그 페이지 프레임에 해당 페이지를 page-in하고, 페이지 프레임 테이블의 기입항목의 상태비트를 1로 갱신한다. 만약, 페이지 프레임이 모두 사용중(상태비트가 1)이면 페이지 프레임 테이블 중 참조 비트를 확인하여 '0'인 것을 찾는다. 또한, 그 기입항목의 변경 비트가 '0'인가를 조사한다.

[그림 3-45]의 page-in 수행 과정에 각 단계별 설명은 다음과 같다.

① 가상주소로 참조한 페이지의 무효 비트가 1이 되어 있으므로 주소변환 중 페이지 부재 인터럽트가 발생하므로 페이징 슈퍼바이저로 제어가 넘어간다.

② 슈퍼바이저는 외부 페이지 테이블의 해당 기입항목을 참조하여 그 페이지가 기억되어 있는 슬롯의 위치를 찾아낸다.

③ 페이지 프레임 테이블의 각 기입항목을 조사한다. 모든 상태 비트가 '1'이므로 다시 참조 비트를 확인한다. 페이지 프레임 번호 2의 참조 비트가 '0'이므로 이 페이지 프레임을 선택하고, 이 페이지 프레임의 변경 비트를 확인한다. 변경 비트가 '0'이므로 이 페이지 프레임의 내용은 이미 슬롯에 기억되어 있는 내용과 같으므로 page-out은 필요 없다.

④ 요구 페이지를 슬롯에서 해당 페이지 프레임에 page-in한다.

⑤ 요구 페이지를 페이지 프레임 2에 page-in한 결과를 페이지 테이블 및 페이지 프레임 테이블의 해당 기입항목을 갱신한다.

[그림 3-46]의 페이지 부재시 page-out/page-in의 단계별 설명은 다음과 같다.

① 주소변환 중 페이지 부재 인터럽트가 일어나면 페이징 슈퍼바이저로 제어가 넘어간다.

② 외부 페이지 테이블의 해당 기입항목을 참조하여 요구 페이지가 수록되어 있는 슬롯의 주소를 구한다.

③ 페이지 프레임 테이블의 상태 비트를 조사한다. 모두 '1'이므로 참조 비트 0인 대체할 페이지 프레임 5를 고른다. 이 기입항목의 변경 비트가 '1'이므로 이 페이지는 RS에 page-in된 후 내용이 변경되었음을 알 수 있다.

④ 페이지 프레임 5에 있는 페이지를 page-out하고 이에 대응되는 외부 페이지 테이블의 기입항목을 갱신한다.

⑤ 요구 페이지를 슬롯으로부터 page-in한다.

⑥ 요구 페이지를 페이지 프레임 5에 page-in한 결과를 페이지 테이블과 페이지 프레임 테이블의 대응 기입항목에 반영시켜 갱신한다.

변경 비트가 '0'이면 page-out은 하지 않고 EPS상에 있는 페이지를 page-in 한다. 한편, 변경 비트가 '1'이면 EPS에 page-out한 후 해당 페이지 프레임에 요구 페이지를 page-in한다. 이 경우에는 페이지 테이블, 페이지 프레임 테이블, 외부 페이지 테이블이 모두 갱신된다.

기본적인 절차는 이상과 같으나 page-in시 RS의 어느 페이지 프레임을 선택해야 하는가, 또 EPS의 어느 슬롯에 page-out해야 하는가는 커널이 결정하고, 이 시점에 가장 적합한 장소를 선택한다. 또 이들 알고리즘의 세부적인 것은 각 커널에 따라 다르다.

프로그램 실행 중 페이지 대체를 일으키는 페이지 부재가 생겼을 때의 처리 모습을 정리한 것이 [그림 3-45]이다. 이러한 처리를 한 후 주소변환을 재개하여 프로그램이 실행되어 간다.

한편 프로그램 실행 중 페이지 대체를 수반하는 페이지 부재가 일어났을 때의 처리순서를 구체화한 것이 [그림 3-46]이다.

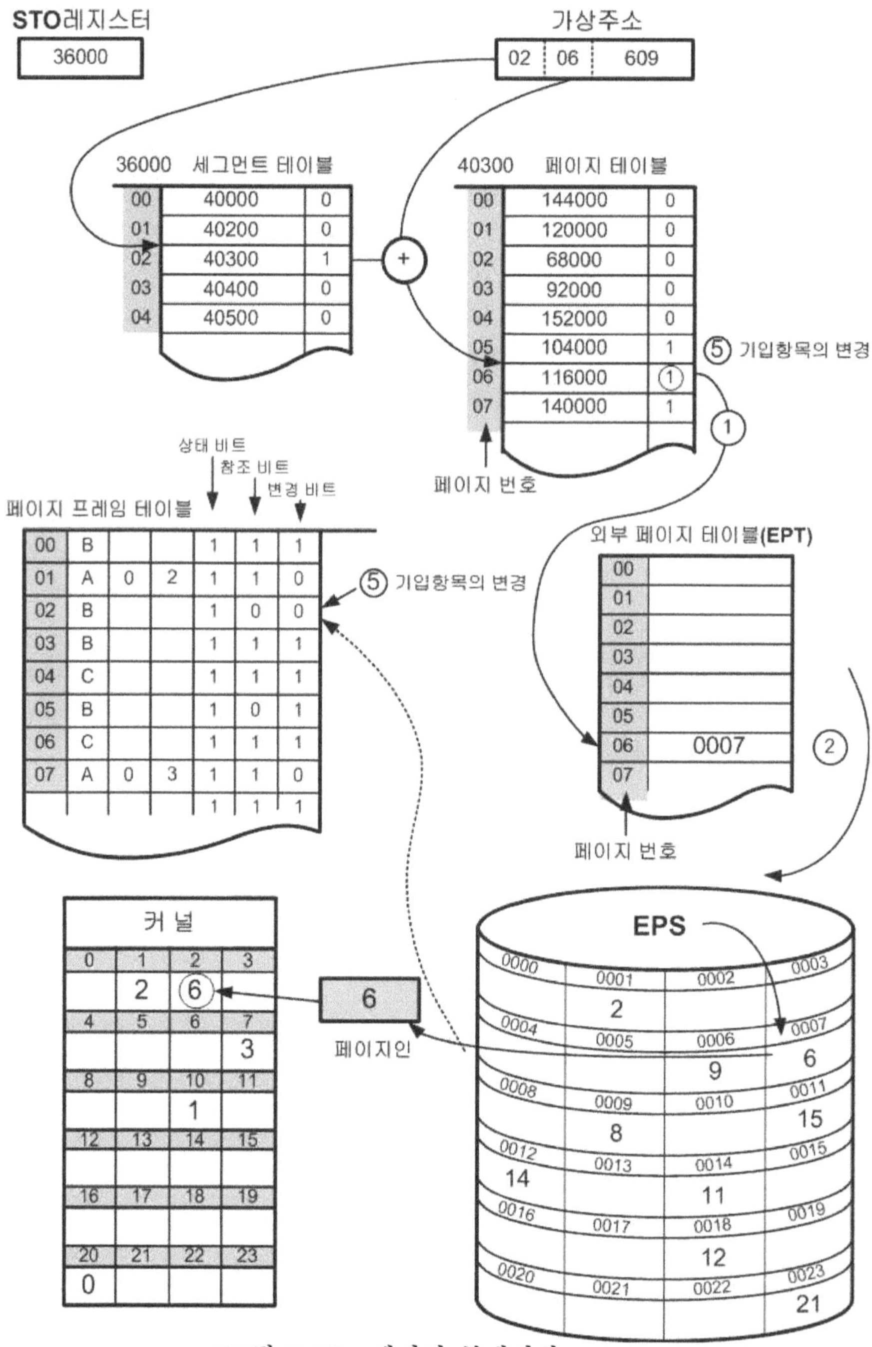

[그림 3-45] 페이지 부재시의 page-in

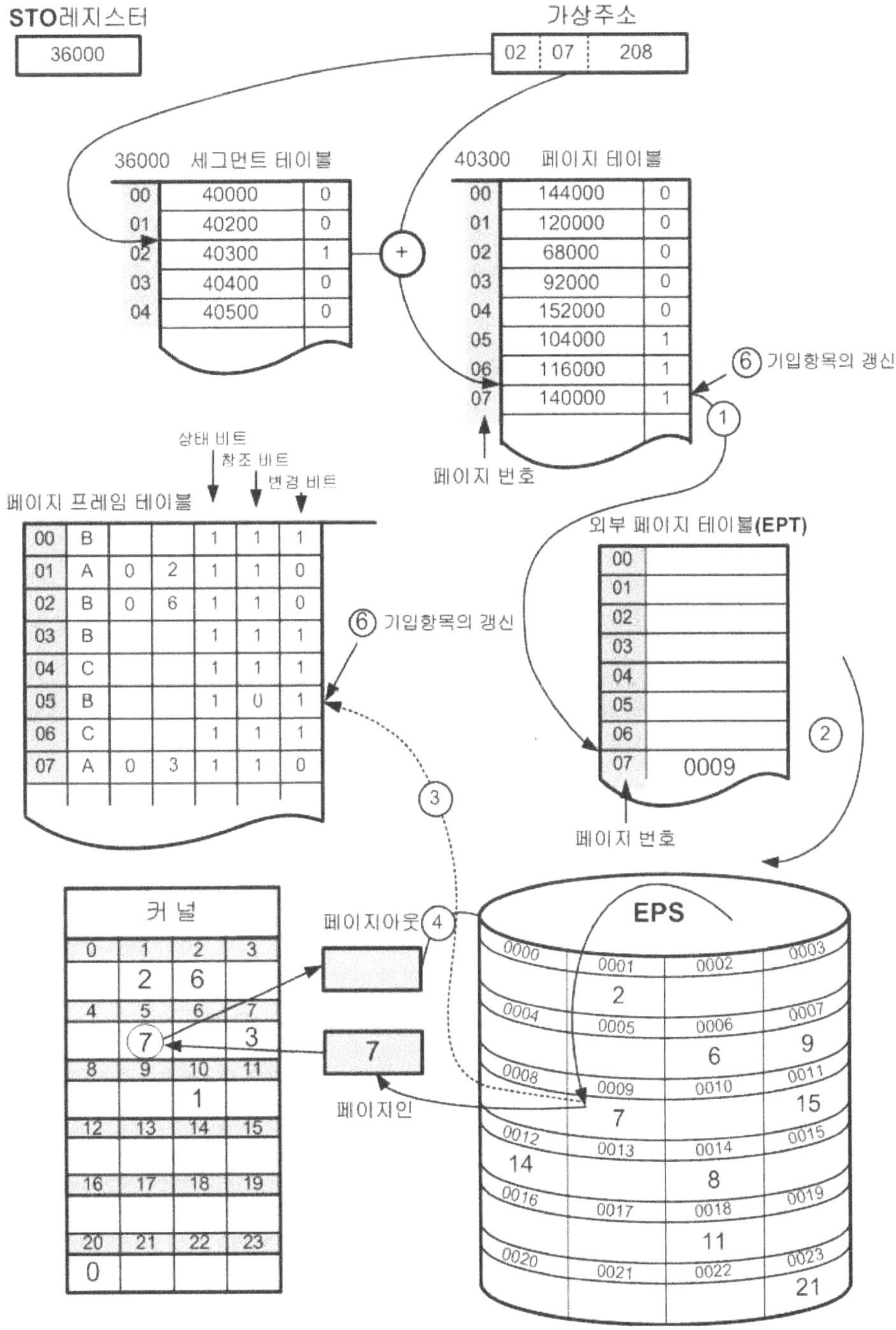

[그림 3-46] 페이지 부재시의 page-out/page-in

7) 페이지 고정

지금까지는 모든 페이지가 page-in/page-out의 대상이 되는 것을 전제로 하였지만, 특수한 프로그램이라든지 프로그램의 특수한 부분은 절대로 page-out 또는 page-in되어서는 안 되는 경우도 생긴다. 따라서 어떤 페이지는 장기간 또는 일정 시간 페이징 하지 못하게, RS에 그대로 둘 필요가 생긴다. 이를 일반적으로 페이지 고정(page fix)이라 부른다.

요구 페이징 시스템(demand paging system)에서 페이지를 고정하는 이유는 다음의 세 가지이다.

- 시스템 전체가 계속해서 필요로 하는 기능은 RS내에 상주하고 있어야 한다. 예를 들어, 제어 프로그램 중에서 커널(kernel) 부분이 page-out되어 버리면 시스템은 대기상태가 되고 말 것이다. 페이징 슈퍼바이저가 페이징 기능을 도맡아 하고 있는데, 만약 이 프로그램이 RS에 상주하고 있지 않다면 결국 다른 프로그램들을 페이징 할 수 없다. 따라서 아주 사용빈도가 높은 제어 프로그램 부분이 페이징 되어 버리면 입출력으로 인해 그만큼 시스템 과부하가 생기게 된다. 이를 피하기 위하여 사용빈도가 높은 제어 프로그램 부분을 RS내에 항상 상주 하도록 하는 것을 슈퍼바이저 고정화라고 한다.

- 어떤 작동이 계속되고 있는 사이에 사용하고 있던 페이지 프레임이 변경되면 정확한 데이터를 read/write한다는 보장할 수 없다. 그 좋은 예가 입출력 데이터 영역이다. 한참 I/O 작동이 진행되고 있는 중에 입출력 데이터 영역이 page-out되어 버리면 정확한 데이터를 read/write한다는 것을 보장을 할 수 없게 된다. 이 때문에 I/O 작동 중에 I/O 영역을 단기간 고정을 시키는 것을 페이지 단기 고정화라 한다.

- OCR이나 MICR를 사용하는 특수 입출력장치의 작동은 시간에 많이 의존하고 있다. 이들 장치를 대상으로 하는 프로그램들이 페이징 대상이 되면 입출 데이터가 페이징 동작으로 분실되어 버릴 가능성이 있기 때문이다. 따라서 시간에 많이 의존하는 이러한 프로그램들의 모든 페이지들은 실행 중에는 고정되어야 하는 데 이를 페이지 장기 고정화라고 한다.

이상의 조건에 부합되는 페이지는 모두 장기간 또는 일정 시간 고정되어야 한다. 그러나 일반적으로 페이지 고정은 가능한 한 피하는 것이 좋다. 어떤 페이지가 고정되면, 그 페이지 프레임은 페이징에 이용하지 못하고 RS를 차지하고 있기 때문이다.

이상에서 본 바와 같이 VS 시스템에서는 모든 페이지를 페이징의 대상으로 하고 있는 것은 아니다. 영구히 고정화된 페이지, 프로그램 실행 중 고정화된 페이지, 특정 연산만을 실행하는 동안만 일시적으로 고정화되는 페이지들이 있다.

3. 스래싱

스래싱(thrashing)을 언급하기 전에 먼저 전역대체과 국부대체 개념을 살펴보자. 여러 프로세스가 프레임을 사용하려고 하면 페이지 대체를 전역대체(global replacement)과 국부대체(local replacement)의 2개로 크게 구분할 수 있다. 전역대체는 프로세스가 대체할 프레임을 그 프레임이 현재 다른 프로세스에게 할당되어 있을지라도 그에 상관없이 전체 프레임 중에서 하나를 선택해서 그 프레임을 쓸 수 있도록 해 주고, 국부대체는 각 프로세스가 자신의 프로세스에게 할당된 프레임들 중에서만 선택하도록 해 준다.

국부내체 방법 하에서는 사 프로세스에 할당된 프레임의 수는 변하지 않지만, 전역대체 하에서는 한 프로세스가 다른 프로세스에 할당된 프레임들 중에서도 선택할 수 있기 때문에 그 프로세스에 할당되는 프레임의 수는 증가한다.

전역대체 알고리즘에서의 문제점은 그 자신의 페이지 부재율을 조절할 수 없다는 것이다. 한 프로세스에 대한 기억장치내의 페이지 집합은 그 프로세스뿐만 아니라 다른 프로세스의 페이지 기법에 의한 동작에도 영향을 받는다. 따라서 똑같은 프로그램도 완전히 외부적 환경에 따라서 전혀 다르게 수행될 수 있다(예를 들면, 어떤 때는 0.5초 걸리던 것이 다음 수행 때는 10.3초가 걸리는 수도 있는 것이다).

그러나 국부대체 알고리즘 하에서는 이런 일이 일어나지 않는다. 국부대체 알고리즘 하에서는 한 프로세스에 대한 기억장치내의 페이지 집합은 오로지 그 프로세스의 페이지 기법의 동작에만 영향 받게 된다.

어떤 프로세스가 실제로 필요한 수만큼 충분한 프레임을 갖지 못할 경우에는 페이지 부재가 너무 자주 일어나 페이지들을 자주 대체해야 한다. 그러나, 모든 페이지가 실제로 다 사용되는 경우에는 대체한 페이지를 다시 이어서 page-in 하고, 또 대체해야 하는 경우가 발생하므로 페이지 부재가 계속해서 일어나게 되어 프로그램은 계속 페이지 대체를 하게 된다.

이와 같이 너무 자주 페이지 대체가 일어나는 현상을 스래싱(thrashing)이라 한다. 어떤 프로세스가 프로그램 수행에 보내는 시간보다 페이지 대체에 보내는 시간이 더 크면 스래싱을 한다고 하고, 스래싱은 시스템에 과부하를 일으켜 심각한 성능의 저하를 초래하게 된다.

실제로 초기의 페이지 시스템에서 있었던 경우를 살펴보자. 운영체제는 CPU의 효율성을 감시해서 CPU의 효율이 너무 낮으면 새로운 프로세스를 시스템에 도입해서 다중 프로그램의 정도를 높이게 된다. 이때는 전역대체 알고리즘이 사용된다.

어떤 프로세스가 새로운 수행 단계에 들어서 더 많은 프레임을 필요로 하면, 그 프로세스는 먼저 페이지 부재가 발생하여 다른 프로세스들의 페이지를 내 보낸다. 그러나 이러한 프로세스들도 페이지들을 필요로 하고 페이지 부재가 발생하여 다른 프로세스의 페이지를 몰아낸다.

이런 페이지 부재가 발생하여 다른 프로세스들은 페이지 대체를 위한 페이징 처리장치를 사용해야 된다. 이렇게 페이징 처리장치를 쓰기 위해 프로세스가 대기하는 동안 준비 큐(ready queue)는 비게 된다. 따라서 프로세스가 페이징 처리장치를 기다리는 동안 CPU의 효율성은 떨어진다.

프로세서(processor) 스케줄러는 CPU의 효율성의 감소를 알게 되어 다중 프로그래밍의 정도를 높이게 된다. 새로운 프로세스는 수행중인 프로세스로부터 페이지를 빼앗아서 수행을 시작하려고 하는데, 이렇게 되면 더 많은 페이지 부재(page fault)가 일어나서 페이징 처리장치를 기다리는 큐(queue)는 더 길어지게 된다.

따라서 CPU의 효율성은 더욱 떨어지게 되고, CPU 스케줄러는 효율성을 높이기 위해 다중 프로그래밍의 정도를 점점 더 높이게 된다. 드디어 스래싱이 일어나게 되어 시스템의 효율은 형편없게 되고 페이지 부재는 엄청나게 늘어나게 된다. 결과적으로 유효 기억장치 접근시간이 증가하게 된다. 마침내 프로세스들은 모든 시간을 페이지 대체에 낭비하게 되어 아무런 일도 못하게 된다.

이러한 현상은 [그림 3-47]에 설명되어 있다. CPU의 효율성이 다중 프로그래밍(multiprogramming)의 정도에 따라 그려져 있다. 다중 프로그래밍의 정도가 커짐에 따라 CPU의 효율성도 최대값이 될 때까지는 커지지만, CPU 효율을 더 높이기 위하여 다중 프로그래밍의 정도가 더욱 더 크게 하면 마침내 스래싱이 일어나게 되고 CPU의 효율성은 급격히 떨어지게 된다. 따라서, 이 시점에서 CPU의 효율성을 높이고 스래싱을 멈추게 하기 위해서는 다중 프로그래밍의 정도를 낮춰야 된다.

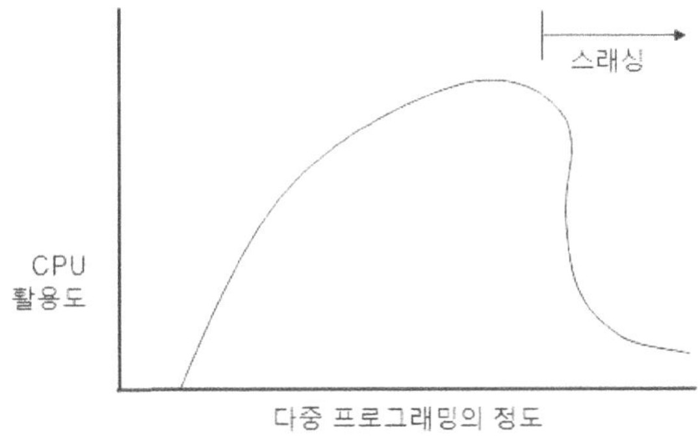

[그림 3-47] 스래싱

1) 국부성

스래싱 현상을 방지하기 위해서는 각 프로세스는 필요로 하는 페이지 프레임을 가져야 하는 데, 이를 위하여 작업 세트(working set) 이론이 사용된다. 작업세트란 어떤 프로세스가 현재 사용하고 있는 페이지들의 집합을 나타내는 것으로 만약, 전체 작업 세트가 메모리에 존재하면, 그 프로세스는 다음 실행 단계(예를 들어, 컴파일러의 다음 pass)로 이동될 때까지, 가능한 페이지 부재를 야기하지 않고 실행될 것이다. 만약 이용 가능한 메모리가 너무 작아 전체 작업 세트를 수용하지 못하면, 그 프로세스는 수많은 페이지 부재를 야기 시켜 실행 속도를 떨어뜨릴 것이다.

이 개념을 잘 이해하기 위하여 프로세스에 실제로 사용되는 페이지를 알아보기 위하여 국부성(locality)의 개념은 중요하다. 국부성이란 운영체제의 기억장치 관리에서 중요한 개념으로 프로세스들은 기억장치 내에서 정보를 전역으로 균일하게 액세스하는 것이 아니라 국부적인 부분만을 참조한다는 것이다. 국부성 개념은 시간과 공간에서 다루어지며, 운영체제의 기억장치 관리에서 중요하게 다루어진다. 이것은 이론적인 특성이라기보다는 실험적인 특성으로 자주 나타난다.

페이징 시스템에서 프로세스들은 각각 그들의 페이지들 중 가상 주소 공간 내에서 서로 인접해 있는 몇몇 페이지들만을 많이 사용하는 경향이 있으며, 이것은 각 프로세스가 어떤 주어진 기간 동안 그의 전 페이지들 중 인접한 특별한 몇 개의 페이지만을 실행하는 경향이 있다. 실제로 국부성은 컴퓨터 시스템에서 프로그램과 데이터의 구성을 볼 때 매우 중요한 개념으로 이들에 대하여 좀 더 자세히 살펴보자.

(1) 시간 국부성(temporal locality)

시간 국부성(temporal locality)이란 최초 참조된 기억장소가 시간상으로 가까운 미래에도 계속 참조될 가능성이 높음을 의미한다. 예를 들면, 다음과 같다.

- 순환(looping) : 한 작업이 루프를 실행하고 있다면, 루프내의 명령어들은 광범위하게 참조될 수 있지만 루프 외부의 명령어들은 그 루프가 완료될 때까지 전혀 사용되지 않는다.
- 서브루틴(subroutine) : 서브루틴이 호출될 때는 새로운 지역을 정의하고, 이 지역 내에서 기억장치는 서브루틴의 명령어들이나, 지역변수들, 전역변수들의 집합을 참조하게 되고 서브루틴 수행이 끝날 때까지 프로세스는 이 지역을 떠나게 된다. 왜냐하면 지역변수나 서브루틴의 명령어들은 이 지역을 떠나서는 더 이상 실제로 수행되지 않기 때문이다. 다시 이 구역이 돌아올지는 알 수 없다.
- 스택(stack)도 스택 영역 내에서만 이루어지는 시간 국부성을 나타낸다.
- 계산(counting)과 누계(totaling)에 사용되는 변수들의 경우도 시간 국부성이 나타난다.

(2) 공간 국부성(spatial locality)

공간 국부성(spatial locality)이란 하나의 기억장소가 참조되면 그 근처의 기억장소가 계속 참조되는 경향이 있음을 나타낸다. 예를 들면 다음과 같다.

- 배열(array)
- 순차적 코드의 실행
- 관련된 변수들을 서로 인접해서 선언하는 경우에도 공간구역성이 나타난다.

어떤 프로세스에게 현재의 구역을 만족시키기 위해 충분한 프레임을 제공해 준다고 가정하자. 그 프로세스는 먼저 모든 페이지가 기억장소를 차지하게 될 때까지 그 구역에서 페이지 부재를 발생하게 된다. 그러나 그 프로세스가 구역을 바꿀 때까지는 페이지 부재가 발생하지 않게 된다. 만약에 현재의 구역의 크기보다 적은 프레임 수를 할당하게 되면, 그 프로세스는 실제로 사용하는 모든 페이지들을 기억장치 내에 둘 수가 없기 때문에 스래싱을 일으키게 된다.

기억장치에 있어서 각 프로세스들은 많이 참조되는 페이지들을 주기억장치에 가지고 있는 한 페이지 부재를 방지하여 그 프로그램은 효율적으로 실행될 수 있다는 것이다. 이 Denning은 프로그램 거동의 작업 세트 이론(working set theory of program behavior)을 정립했는데 이것은 구역성에 근거를 두고 있으며 그 구체적인 내용은 다음 절에서 논한다.

2) 작업 세트 모델

Denning은 프로그램 거동의 작업 세트 이론(working set theory of program behavior)이라 불리는 페이징 시스템 하에서의 프로그램의 거동에 대한 이론을 정립했다. 쉽게 말하면 작업 세트는 하나의 프로세스가 자주 참조하는 페이지들의 집합이다. Denning은 하나의 프로그램이 효율적으로 실행되기 위해서는 그의 작업 세트가 주기억장치내에 유지되어야 하며 그렇지 않는 경우에는 그 프로그램이 보조기억장치로부터 계속 페이지들을 요구하게 되므로 스래싱이라 불리는 과대한 페이징 동작을 하게 된다고 주장했다.

작업 세트 기억장치 관리법은 실행중인 프로그램의 작업 세트를 주기억장치에 유지시키는 것을 원칙으로 하는 기억장치 관리 방법이다. 기억장치에 새로운 프로세스를 더 추가시킬 것인가에 대한 결정은 그 프로세스의 작업 세트가 주기억장치에 모두 유지될 수 있는가의 여부로 결정되는데, 처음 시작되는 프로세스인 경우에는 시스템이 그 프로세스의 작업 세트의 크기를 미리 알 수 없으므로 종종 어림짐작으로 책정이 된다.

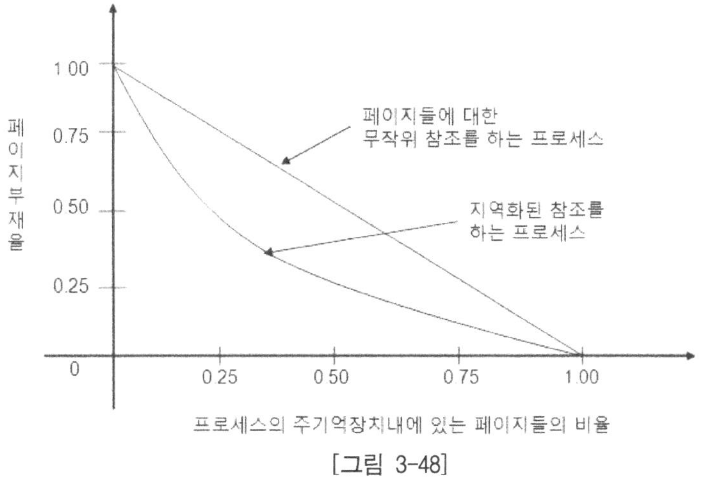

[그림 3-48]

3) 페이지 부재 빈도

작업 세트 모델(working set model)은 아주 성공적이고 작업 세트를 알면 프리페이지(prepaging)에 아주 유용하지만 스래싱(thrashing)을 조절하는 것은 힘들다. PFFF(Page Fault Frequency)는 더 직접적인 접근 방법을 취한다.

스래싱이란 페이지 부재가 너무 자주 일어나는 것을 말한다. 우리가 원하는 것은 페이지 부재율을 조절하는 것인데, 페이지 부재율이 너무 높으면 그 프로세스가 더 많은 프레임을 필요로 한다는 것이고, 따라서 원하는 페이지 부재율의 상한과 하한을 정해 놓고 페이지 부재율이 상한을 넘으면 그 프로세스에게 다른 프레임을 더 할당해 주고, 하한보다 낮으면 그 프로세스로부터 프레임을 회수한다. 이렇게 함으로써 직접적으로 스래싱을 방지하면서 페이지 부재율을 측정하고 조절할 수 있는 것이다.

작업 세트 방법에서와 마찬가지로 어떤 프로세스를 중지시켜야 될 경우도 있다. 페이지 부재율이 증가되고 유효 프레임이 없게 되면 어떤 프로세스를 골라서 그 프로세스를 중지시켜야 한다. 이렇게 되면 그 프로세스에게 할당되었던 프레임은 높은 페이지 부재율을 갖는 프로세스들에게 분배시키게 된다.

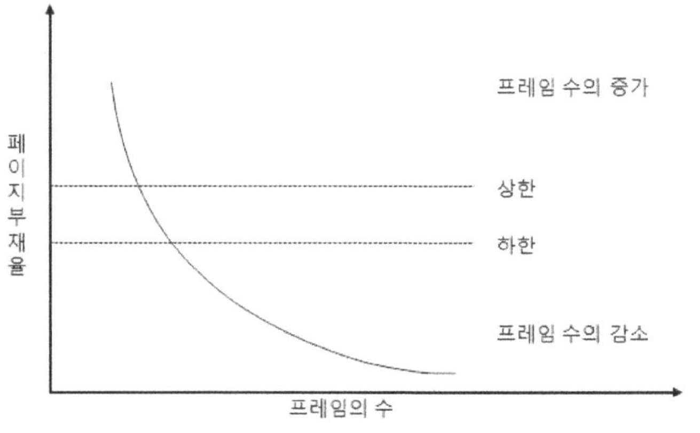

[그림 3-49] 페이지 부재 빈도

연습문제

■ 객관식 문제

1. 기억장치 관리기법 중 세그먼트 기법에서 사용하는 기억장소 보호 방법은?
(가) 경계 레지스터(bound register)
(나) 기억장치 보호 키(storage protection key)
(다) 기준 레지스터(base register)
(라) 재배치 레지스터(relocation register)

2. temporal locality의 예가 아닌 것은?
(가) 루프 (나) 서브루틴
(다) 프로그램의 순차적 수행 (라) 스택

3. 기억장치 관리의 페이지 대체기법이 아닌 것은?
(가) LFU (나) FIFO
(다) SJF (라) LRU

4. Denning이 제안한 프로그램의 움직임에 관한 모델로 프로세스를 효과적으로 실행하기 위하여 주기억장치에 유지되어야 하는 페이지들의 집합을 의미하는 것은?
(가) locality (나) working set
(다) overlay (라) mapping

5. 기억장치의 관리전략 중 반입(fetch)전략의 설명으로 맞는 것은?
(가) 프로그램/데이터를 주기억장치로 가져오는 시기를 결정하는 전략
(나) 프로그램/데이터의 주기억장치내의 위치를 정하는 전략
(다) 주기억장치내의 빈 공간 확보를 위해 제거할 프로그램/데이터를 선택하는 전략
(라) 프로그램/데이터의 위치를 이동시키는 전략

6. 스래싱(Thrasing) 현상에 대한 설명으로 옳은 것은?

(가) CPU가 프로그램 실행보다는 페이지 대체에 많은 시간을 소모하는 현상
(나) 프로세스의 페이지 요청이 급격히 증가하는 현상
(다) 다중 프로세스 시스템에서 데이터의 일관성이 무너지는 현상
(라) 실시간 시스템에서 작업들이 그들의 종료시한 이내에 처리되지 못하는 현상

7. 페이지 기법에서 페이지 크기를 작게 할 때 미치는 영향에 대한 설명으로 가장 적합한 것은?
(가) 유용도가 커진다.
(나) 관리가 용이하다.
(다) 총 입·출력 시간이 줄어든다.
(라) 단편(fragmentation)이 커진다.

8. 기억장치 관리전략은 주기억장치 자원을 가장 잘 사용하도록 설계되어야 하는데, 다음 중 주기억장치 관리전략과 거리가 먼 것은?
(가) fetch 전략　　(나) placement 전략
(다) paging 전략　　(라) replacement 전략

9. 일반적으로 가상 메모리 시스템에서 다중 프로그래밍의 정도가 커질수록(적재된 작업의 수가 많아질수록) CPU의 이용률은 증가된다. 그러나 어느 정도를 넘어서면 CPU 이용률이 급격히 떨어지며 디스크 장치의 이용률이 증가한다. 이러한 현상을 무엇이라고 하는가?
(가) thrashing　　(나) locality
(다) fragmentation　　(라) working set

10. 프로그램이 프로세서에 의해 수행되는 속도와 프린터 등 결과를 처리하는 속도의 차이를 극복하기 위해 디스크 저장공간을 사용하는 기법은?
(가) 링킹(linking)　　(나) 사이클 스틸링(cycle stealing)
(다) 스풀링(spooling)　　(라) 페이징(paging)

11. 페이지 대체 알고리즘 중 최근에 가장 적게 참조된 페이지가 대체되는 방식은?
(가) LRU(Least Recently Used)　　(나) FIFO(First In First Out)
(다) LIFO(Last In First Out)　　(라) MRU(Most Recently Used)

12. 주기억장치상에서 빈번하게 기억장소가 할당되고 반납됨에 따라 기억장소들이 조각들로 나누어지는 현상을 무엇이라고 하는가?
(가) compaction　　(나) fragmentation
(다) coalescing　　(라) collision

13. 어떤 프로세스가 프로그램 수행에 소요되는 시간보다 페이지 대체에 소요되는 시간이 더 많은 경우를 의미하는 것은?

㈎ page fault ㈏ thrashing
㈐ overloading ㈑ demand paging

14. 기억장치 관리전략 중 새로 반입된 프로그램을 주기억장치의 어디에 위치시킬 것인가를 결정하는 전략은?

㈎ 요구반입(demand fetch) 전략
㈏ 예상반입(anticipatory fetch) 전략
㈐ 배치(placement)전략
㈑ 대체(replacement)전략

15. 페이지 기법에서 옳지 않은 사항은?

㈎ 페이지 크기가 작을수록 더 많은 페이지가 존재한다.
㈏ 페이지가 클수록 더 큰 페이지 테이블 공간이 필요하다.
㈐ 페이지 크기가 작을 경우 우수한 work set을 가질 수 있다.
㈑ 페이지 크기가 클수록 참조되는 정보와는 무관한 많은 양의 정보가 주기억장치에 남게 된다.

16. 기억장치의 동적분할 방식에 대한 설명으로 올바르지 않은 것은?

㈎ 단편화 현상이 발생하지 않는다.
㈏ 기억장소 활용률이 높아진다.
㈐ 고정분할 방식에 비해 실행될 프로세스 크기에 대한 제약이 완화된다.
㈑ 미리 크기를 결정하지 않고 실행할 프로세스의 크기에 맞게 기억장소를 분할하기 때문에 가변분할 기억장소 배당 방식이라고도 한다.

17. 페이지 대체기법 중 시간 오버헤드를 줄이는 기법으로서 참조 비트(referenced bit)와 변형 비트(modified bit)를 필요로 하는 방법은?

㈎ FIFO ㈏ LRU
㈐ LFU ㈑ NUR

18. 연속 및 불연속 기억장치 할당에 관한 설명으로 올바르지 않은 것은?

㈎ 불연속 기억장치의 할당은 주기억장치내의 이용 부분을 여러 작은 부분으로 나누어 실행할 수 있다.
㈏ 불연속 기억장치에서는 분산되어 있는 블록 또는 조각들을 반드시 인접하여 적재하여야 한다.
㈐ 가상기억장치에서는 연속 기억장치보다는 불연속 기억장치 할당기법을 채택하여 사용하고 있다.
㈑ 연속 기억장치 할당기법에서는 오버레이 기법을 활용하여 주기억장치보다 더 큰 프로그램을 실행할 수 있게 하였다.

■ 주관식 문제

1. 보호 하드웨어 기구에 대하여 논하여라.

2. 주기억장치 경영기법을 연속적재와 분산적재로 나누어 설명하여라.

3. 기억장치 배치전략의 (1) 최초적합(first-fit), (2) 최적적합(best-fit), (3) 최악적합(worst-fit)에 대하여 논하고, (4) 기억장치가 100K, 500K, 200K, 300K, 600K순으로 분할되었을 때 (1), (2), (3)의 알고리즘들을 212K, 417K, 112K, 426K순의 프로세스를 어떻게 할당하는가? 어느 알고리즘이 기억장치를 가장 적절하게 사용하는가?

4. 동적 재배치(dynamic relocation) 기법에 대하여 논하여라.

5. 분산적재(scatter loading)란 무엇인가?

6. 다음 용어를 설명하여라.
(1) storage compaction
(2) overlay 기법
(3) swapping

7. 다음의 주소(address)지정 기구에 대하여 논하여라.
(1) 절대 재배치(absolute relocation)
(2) 정적 재배치(static relocation)
(3) 동적 재배치(dynamic relocation)

8. Seqmentation 기법에 대하여 논하여라.

9. Paging 기법에 대하여 논하여라.

10. Segmentation & Paging 기법에 대하여 다음 두 가지 방법으로 분류하여 논하여라.
(1) 동적 주소(DAT)변환 방법
(2) associative register에 의한 고속 주소변환 방법

11. 상태 비트, 참조 비트, 변경 비트의 각각 역할에 대하여 논하여라.

12. 우리가 만일 다음 그림과 같은 하드웨어 구성을 가지고 있다면 페이징 기법이란 필요한 페이지를 M_2에서 M_1으로 들여오고 M_1에서 공간이 필요할

M_1에서 M_2로 페이지를 내보내는 것이다. 다음 그림의 아래에 있는 표에서 페이지 호출순서 P가 FIFO 알고리즘의 입력으로 이용될 때 어떤 일이 발생되는지를 나타낸 것이다(단, M_1에 있는 페이지 수는 2이다).

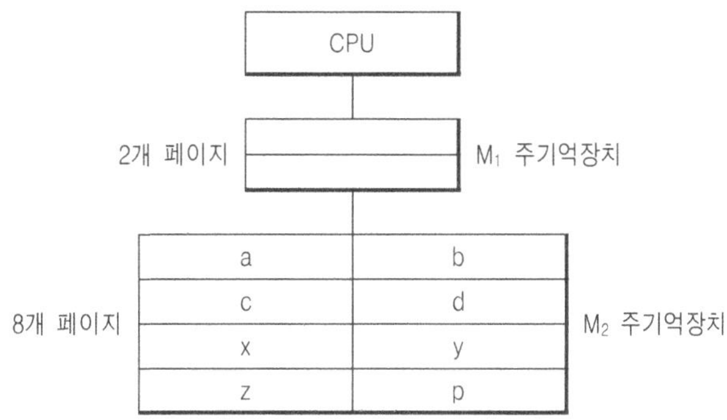

페이지 호출 순서 P	a	a	b	b	c	c	a	b	
페이지 부재 F	*		*		*		*	*	F=5
M_1의 내용	a	a	b	b	c	c	a	b	
	–	–	a	a	b	b	c	a	

이 표가 보여주는 가장 유용한 정보는 발생한 페이지 부재의 개수이다. 참조(reference)된 횟수(페이지 호출표의 길이)로 페이지 부재의 수를 나누어 1에서 뺀 것이 즉, 성공률 S가 된다.

$$즉,\ f=F/P=5/8=0.625$$
$$s=1-f=0.375$$

페이지 호출표 P를 다음과 같이 가정하고 다음에 열거된 문제를 해결하여라.

P=abacabdbacd

(1) FIFO 알고리즘을 사용해서 주기억장치의 크기가 두 페이지인 경우 위와 비슷하게 페이지 호출표 P에 대한 표를 만들어라. 이 페이징 알고리즘의 성공률은 얼마인가?
(2) LRU 알고리즘을 사용하는 경우에 대해서도 문제 (1)을 반복하여라.
(3) 왜 FIFO 알고리즘에서는 특별히 한 번의 페이지 부재가 더 발생하는지 그 이유를 간단히 설명하여라. 다시 말해서 LRU가 FIFO보다 더 좋은 이유는 페이지 호출표 P의 어떤 특징 때문인가?
(4) 기억장치 M_1에 있는 페이지의 수를 3이라 했을 때 문제 (1)을 반복하여라.

(5) (4)의 경우 어떠한 일이 발생할 수 있는지를 간단히 설명하여라. 특히 M_1의 페이지 수가 S에 미치는 영향은 무엇인가? 또, M_2의 페이지 수를 변화시키는 것이 S에 미치는 영향은 무엇인가?

(6) FIFO와 LRU는 직관적으로 좋은 방법인 것처럼 보인다. 그에 반해 MRU (Most Recently Used)는 직관적으로 나쁜 것처럼 보인다. MRU 알고리즘에 대해 문제 (1)을 반복하여라. 이것은 우리의 직관과 P와 같은 페이지 호출표의 특징의 일반적 성격에 관해서 무엇을 암시하는가?

13. FIFO Page Anomaly에 대하여 논하여라.

14. 주기억장치는 공공연하게 사용하기 위한 4개의 페이지 프레임으로 구성되어 있다. 아래의 보기를 보면서 다음 문제에 대해 논하여라.

페이지 프레임	적재될 때의 시간	마지막으로 참조되었을 때의 시간	참조 비트	변경 비트
0	126	279	0	0
1	230	280	1	0
2	120	282	1	1
3	160	290	1	1

(1) 페이지 프레임의 구성을 FIFO에 의하여 대체하여 보아라.
(2) 페이지 프레임의 구성을 LRU에 의하여 대체하여 보아라.
(3) 페이지 프레임의 구성을 MRU에 의하여 대체하여 보아라.
(4) 페이지 프레임의 구성을 LFU에 의하여 대체하여 보아라.

15. 최적(OPT) 페이지 대체기법은 미래에 대한 예측이 불가능하기 때문에 실현 불가능하다. 하지만 OPT가 구현될 수 있는 경우가 있다. 어떤 경우인가?

16. LRU 방법에서 페이지 대체시 고려해야 할 두 가지 방법을 서술하여라.

17. 페이지 대체의 처리 절차를 서술하여라.

18. 페이지 고정을 세 가지로 분류하여 논하여라.
(1) supervisor 고정
(2) 페이지의 단기고정
(3) 페이지의 장기고정

19. 스래싱(thrashing)이란 무엇인가?

20. 구역성(locality)에 대하여 논하여라.

21. 작업 세트 모델(working set model)이란 무엇인가 논하여라.

22. PFF(Page Fault Frequency)에 대하여 논하여라.

23. 최적 알고리즘(OPT)에 대하여 논하여라.

24. second chance 대체와 clock page 대체기법에 대하여 논하여라.

25. NUR 기법에 대하여 논하여라.

26. 작업 세트 모델에서 아래 그림과 같이 일련의 기억장치 참조에 대하여 #가 10회의 기억장치 참조에 소요되는 시간이라면 T일 때의 작업 세트는 무엇이 되는가?

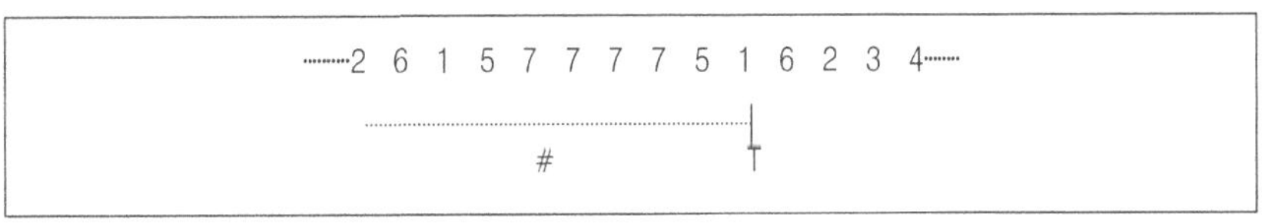

(1) {1, 2, 5}
(2) {1, 2}
(3) {1, 2, 5, 6, 7}
(4) {1, 2, 5, 6}

제 4 장

주변장치 경영

4.1 소 개

주변장치의 경영을 논하기 전에 먼저 주변장치부터 살펴보자. 주변장치(device)란 프린터, 플로터, 테이프 드라이브, 디스크 드라이브 그리고 드럼과 같은 입출력장치와 이들을 통제하는 제어장치(control unit) 그리고 채널(channel)을 통틀어서 말하며, 따라서 주변장치 경영이란 입출력장치, 제어장치, 채널들을 경영하는 것으로서 다음 4가지 기본기능으로 되어 있다.

- 각 입출력장치의 상태를 파악한다. 이때 일반적으로 사용되는 것은 뒤에 설명되는 UCB, CCB, CUCB와 같은 데이터베이스이다.
- 어떤 프로세스가 주변장치를 언제, 얼마 동안 사용할 것인가를 결정한다.
- 주변장치를 실제로 프로세스에게 할당(allocate)한다.
- 주변장치를 프로세스 단계나 작업 단계에서 회수(deallocate)한다.

프로세스 단계란 I/O 명령이 실행되어진 후 그 주변장치를 일시적으로 내놓는 단계를 말하며 작업 단계란 그 작업이 끝나서 그 주변장치를 영원히 내놓은 경우를 말한다.

4.2 주변장치의 특성–하드웨어 측면

1. 입출력장치

여기에서 의미하는 입출력장치(input or output device)는 사용자가 원하는 문자나 그림 등의 데이터를 컴퓨터에 전달하거나 출력하는 장치를 말한다. 가장 대표적인 입력장치에는 키보드가 있으며, 그 외에도 마우스, 스캐너, 디지타이저, 조이스틱, 디지털 카메라, 광학마크 판독기, 광학 문자 판독기 등이 있다. 그리고 출력 장치에는 프린터, 모니터, 플로터, 마이크로필름 출력 장치 등이 있다.

이러한 입출력 장치의 대부분의 경우에 속도는 느리고, 한 입출력 명령에 의해서 입출력되는 자료의 양은 한 바이트씩이다. 따라서 소형 기계의 경우 이들은 채널 없이 직접 CPU에 의해서 일일이 입출력을 수행한다. 주변장치의 운영 문제에 있어서 이들이 차지하는 비중은 그리 크지 않으므로 이러한 장치의 기계적인 특성에 대한 설명은 생략한다.

2. 기억장치

기억장치(storage device)라 함은 컴퓨터 내의 데이터와 프로그램을 기억하는 장치로 반도체 메모리를 이용한 주기억 장치와 외부 기억장치인 하드 디스크와 플로피 디스크 등으로 크게 나눠진다.

기억장치의 종류는 매우 다양하지만, 이들을 액세스 시간(T_{ij})의 변화에 의해서 분류할 수 있다.

T_{ij} = i번째 항목을 호출하고 나서 다음 j번째 항목을 호출하는 데 걸리는 시간

- T_{ij}의 편차가 크면 순차 액세스 장치(sequential access device) : 테이프
- T_{ij}가 일정하면 완전 임의 액세스 장치(completely direct access device) : 코어(core)
- T_{ij}의 편차가 작으면 임의 액세스 장치(random or direct access device) : 디스크

본 절에서는 직접 액세스 기억장치 중 디스크에 대해서만 살펴보자.

1) 직접 액세스 기억장치(Direct Access Storage Device : DASD)

직접 액세스 기억장치는 디스크나 드럼의 특정한 장소를 직접 read하거나 write할 수 있는 장치들을 말한다. 이것들은 두 개의 부류, 다시 말해서 고정 read/write 헤드를 가진 것과 이동 read/write 헤드를 가진 것으로 나누어진다.

DASD 액세스 시간(T_{ij})의 편차는 자기 테이프만큼 크지는 않지만, 특정 레코드의 위치는 이것을 액세스하는 데 요구되는 시간의 양에 직접 영향을 준다.

(1) 고정 헤드 디스크

고정 헤드 디스크(fixed head disk)는 자기 원통이나 자기 디스크의 각 트랙에 하나씩의 고정된 판독/기록 헤드가 장착된 디스크 장치이다. 각 디스크는 양면이 포맷된 자기 필름이 덮여 있는 축음기 레코드 앨범처럼 보인다. 각각의 원은 트랙이다. 데이터는 고정 read/write 헤드에 의하여 각 트랙 위에 순차적으로 기록되어진다.

[그림 4-1]에서처럼 고정 헤드 디스크는 헤드와 트랙이 1:1로 대응하므로 트랙을 바꾸기 위해 헤드를 움직일 필요가 없어 위치 결정의 시간 지연이 없으므로 이동 헤드 디스크보다도 더 빠르다. 하지만, 가격이 비싸고 이동 헤드 디스크와 비교해서 기억장치 공간이 작다는 단점이 있다.

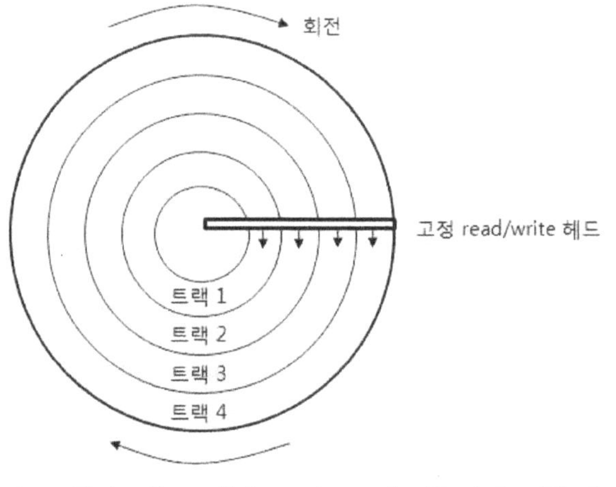

[그림 4-1] 트랙당 1개로 1개의 read/write 헤드를 가진 고정 헤드 디스크

고정 헤드 디스크는 가상기억장치를 실행하는 경우처럼 매우 높은 성능이 요구될 때만 사용되어진다.

(2) 이동 헤드 디스크

이동 헤드 디스크(movable head disk)는 디스크 표현 위에 떠 있는 하나의 read/write 헤드를 가진다. 디스크들은 많은 개인용 컴퓨터에서 사용되는 것처럼 개개의 장치나 혹은 디스크 팩의 일부일 수 있다. [그림 4-2]는 전형적인 디스크 팩을 보여준다.

디스크 각 기록표면에 동심원을 이루고 있는 원형의 기록위치를 트랙(track)이라 하며, 디스크의 중심축으로부터 동일한 거리에 위치하고 있는 트랙의 모임을 실린더(cylinder)라 한다. 예를 들어, 6매의 디스크로 구성된 디스크 팩의 사용 가능한 기록표면은 10면이며, 이러한 디스크 팩은 10개의 판독/기록 헤드를 가진다. 그리고 일반적으로 한 면은 0~199의 200개 트랙을 갖게 되는데, 각 면의 0번 트랙의 모임이 0번 실린더, 1번 트랙의 모임이 1번 실린더가 된다. 이러한 디스크 팩에는 200개의 실린더가 존재하게 된다.

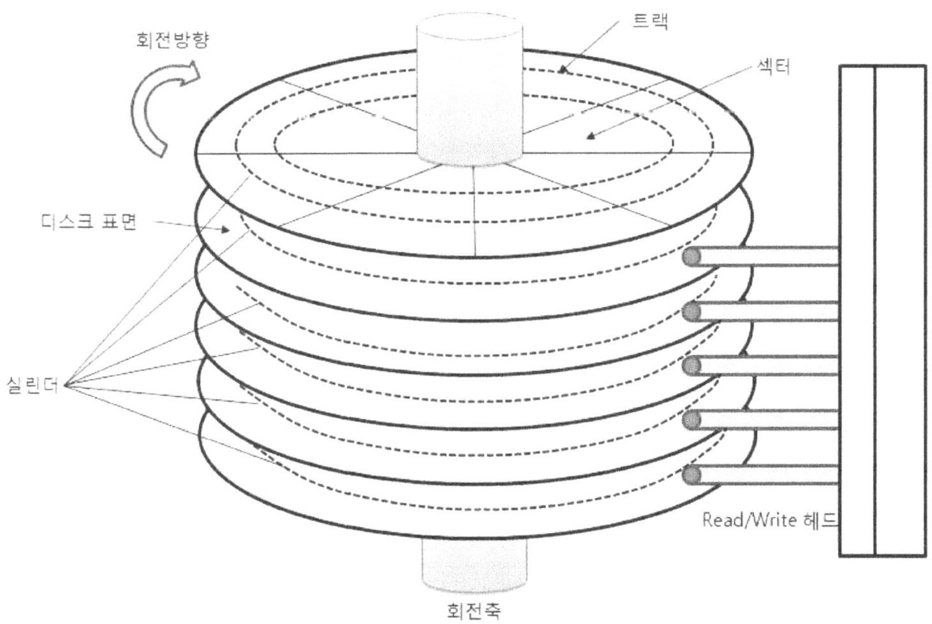

[그림 4-2] 디스크 팩의 모양

하나의 트랙은 [그림 4-3]과 같이 여러 개의 섹터(sector)로 나누어지는데, 각 섹터는 그 길이가 고정되거나 또는 변할 수 있으며 하나의 레코드 또는 여러 개의 레코드를 포함할 수도 있다.

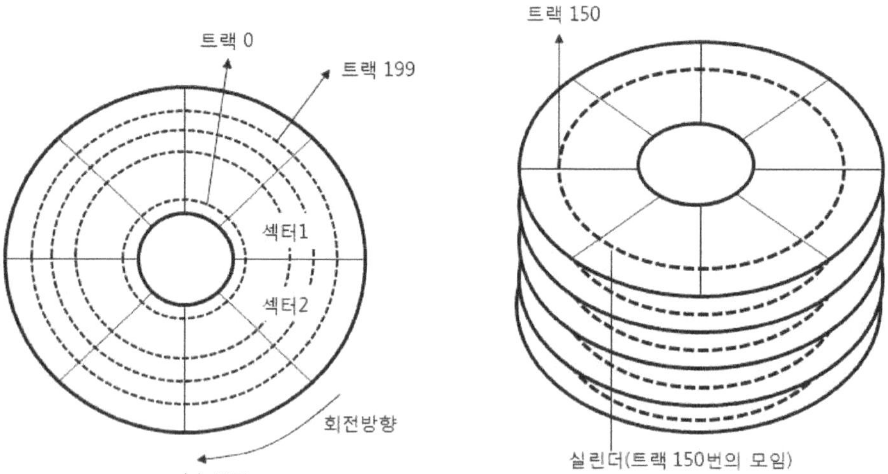

(a) 섹터

(b) 실린더

[그림 4-3] 디스크 섹터와 실린더

하나의 디스크 볼륨(disk volume)은 트랙과 실린더로 되어 있으므로 실린더 번호(cylinder number)와 트랙 번호(track number)를 써서 원하는 위치를 지정할 수 있다. 그리고 트랙 번호는 동일한 실린더간의 해당 트랙을 담당하는 read/write 헤드의 번호로 나타나기 때문에 헤드 번호(head number)라고도 한다.

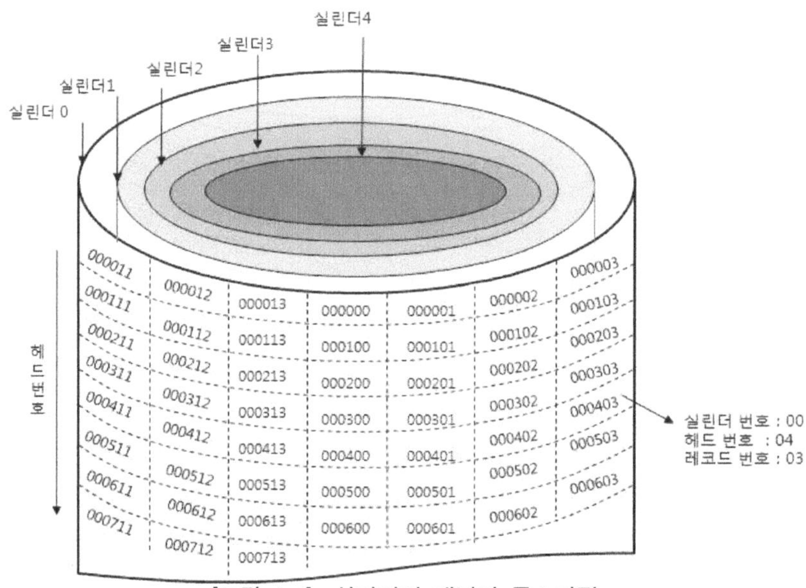

[그림 4-4] 실린더의 개념과 주소지정

[그림 4-4]는 디스크의 주소지정 예를 보여주고 있다. 한 트랙에는 여러 개의 레코드가 들어가므로 1 트랙 내에 있는 레코드를 식별하기 위하여 레코드 번호(record number)를 쓰고 있다.

2) 액세스 시간

장치가 고정 헤드냐 이동 헤드냐에 따라서, 파일을 액세스하는 데 요구되는 시간에는 3가지 요소, 다시 말해서 설정시간(seek time), 탐색시간(search time) 그리고 전송시간(transfer time)이 있을 수 있다.

설정시간은 3요소 중에서 가장 느린 것으로 적절한 트랙 위에 read/write 헤드의 위치를 정하는 데 요구되는 시간이다. 분명히, 설정시간은 고정 read/write 헤드를 가진 장치에는 적용되지 않는다. 탐색시간은 회전 지연시간(rotational delay time)이라고도 하는데 요구되는 레코드가 read/write 헤드 아래로 움직일 때까지 드럼이나 디스크를 회전시키는 데 걸리는 시간이다. 그리고 전송시간은 데이터가 실제로 보조기억장치에서 주기억장치로 전송되어질 때 걸리는 시간으로, 3요소 중에서 가장 빠른 시간이다.

드럼과 디스크는 계속 회전하기 때문에 고정 헤드 장치와 이동 헤드 장치의 액세스 시간을 계산할 때, 회전속도와 read/write 헤드 위치에 상대적인 레코드의 위치에 대해서도 고려해야만 한다.

- 회전속도(rotational speed) : 각 장치마다 다양하지만 각 장치 내에서 그 속도는 일정하다.
- read/write 헤드의 위치에 상대적인 레코드의 위치 : 전체의 액세스 시간은 전송시간과 탐색시간을 더한 값이다.

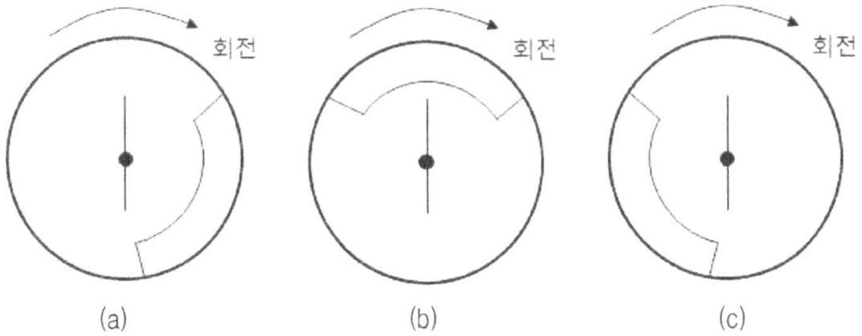

[그림 4-5] 디스크상의 레코드에 대한 회전 지연시간

[그림 4-5]은 read/write 헤드 위치에 상대적으로 요청되는 레코드에 대한 3가지 기본적인 위치를 설명한 것이다. [그림 4-5 (a)]는 I/O 명령이 실행될

때 레코드가 read/write 헤드 가장 가까이 위치하기 때문에 가장 좋은 상황으로 이 경우의 회전 지연시간이 zero이다. [그림 4-5 (b)]는 I/O 명령이 실행될 때 그 레코드가 read/write 헤드의 정반대에 위치하기 때문에 회전 지연시간은 평균적인 상황이다. 즉, t가 한 번의 회전 시간이라면 t/2의 회전 지연시간을 나타낸다. [그림 4-5 (c)]는 I/O 명령이 실행될 때 그 레코드가 막 read/write 헤드를 통과했기 때문에 최악의 경우이다. 이것은 레코드가 read/write 헤드 아래를 재위치로 잡는 데 완전히 한 바퀴를 돌아야 하므로 회전 지연시간은 t이다.

(1) 고정 헤드 장치인 경우

고정 헤드 장치는 그것의 트랙 번호와 레코드 번호를 알고서 레코드를 액세스할 수 있다. 데이터를 액세스하는 데 요구되는 전체 시간은 고정헤드 장치이므로, 설정시간을 제외한 두 개의 요소인 탐색시간(회전지연)과 전송시간에 의해 좌우된다.

액세스 시간 = 탐색시간(회전지연) + 전송시간(데이터 전송)

하나의 레코드를 액세스하는 데 시간이 얼마나 걸리는지 예를 들어 살펴보자. 전형적으로 한 번 도는 데 16.8ms가 걸린다면 [그림 4-5]의 (b)의 경우 평균 회전 지연시간은 8.4ms이다. 데이터 전송시간은 주변장치마다 다르지만, 전형적인 값은 바이트당 0.00094ms이라면, 100바이트인 레코드를 전송할 때 0.094ms(거의 0.1ms)가 걸린다. 따라서 이 숫자를 사용해 액세스 시간을 계산해보면 <표 4-1>과 같다.

<표 4-1> 16.8ms/회전으로 고정 헤드 DASD에 대한 액세스 시간

최대 액세스	16.8ms+0.00094ms/byte
평균 액세스	8.4ms+0.00094ms/byte
순차 액세스	레코드의 길이에 좌우된다. 일반적으로 전송률은 1ms 미만이다.

액세스에는 편차가 거의 없다. 그래서 이 매체는 무작위로 레코드를 액세스하는 사용자들이나 낮은 활동성을 가진 파일들에 좋다. DASD에 기록된 데이터는 응용 프로그래머의 판단력에 따라서 블로킹될 수 있고 안 될 수도 있는데, DASD에서 레코드들 사이에 IRG(Inter Record Gap)가 없기 때문에 블로킹은 공간을 절약하는 데 사용되지 않고 시간을 절약하는 데 사용된다.

레코드를 블로킹하는 데 장점을 살펴보기 위해 100바이트를 가진 레코드와 10개의 레코드를 가진 블록들에 대하여 전과 똑같은 값을 가지고 사용해 보자. 만약 10개의 레코드를 개별적으로 읽고자 한다면, 한 개의 레코드마다 탐색하고, 전송해야 하므로 레코드 1개의 액세스 시간에다 10을 곱해 전체 액세스 시간을 계산 할 수 있다.

액세스 시간 =8.4+0.094=8.494ms(한 개에 대해서)

전체 액세스 시간 =10(8.4+0.094)=84.94ms(10개에 대해서)

반면에, 10개의 레코드를 가진 한 블록을 읽기 위해서는 액세스를 한번만 하면 된다. 그래서 단 한 번만의 탐색 시간이 소요되며, 레코드 1개의 전송 시간에 10을 곱하여 한 블록의 전송 시간을 계산을 할 수 있다.

액세스 시간 =8.4+(0.094×10)

=8.4+0.94

=9.34ms(한 블록에 10개의 레코드인 경우)

(2) 이동 헤드 장치인 경우

이동 헤드 디스크와 드럼은 액세스 시간의 연산에 세 번째 시간요소를 더 한다. 여기서 세 번째 시간요소란 암(arm)을 적절한 트랙 위의 위치로 옮기는 데 요구되는 시간으로 설정시간(seek time)이라 부른다.

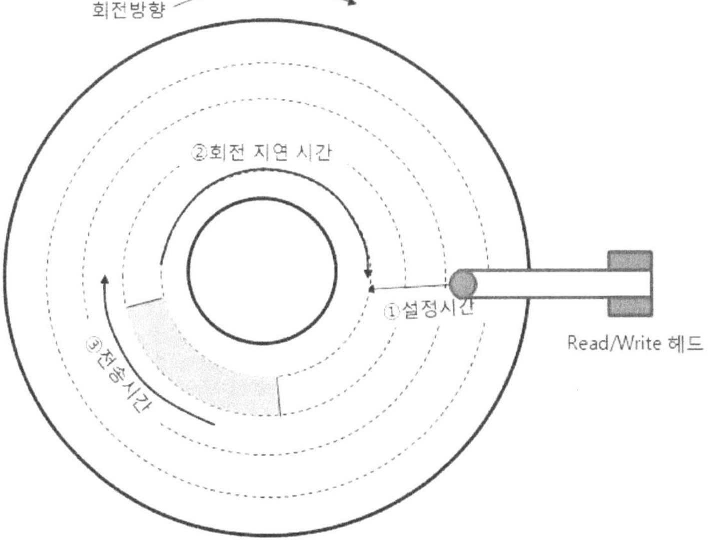

[그림 4-8] 디스크의 데이터 액세스 시간

따라서 액세스 시간에 대한 공식은 다음과 같다.

액세스 시간=설정시간(암 이동)+탐색시간(회전 지연)+전송시간(데이터 전송)

이 방정식에서 액세스 시간의 3개 요소 중에서 설정시간이 가장 길기 때문에, 가능한 한 효율적으로 암을 이동하는 설정방법을 찾는 것이 많은 연구의 주제가 되어 왔다. 여기서는 몇 가지 설정방법을 살펴보자.

탐색시간과 전송시간을 계산하는 것은 고정 헤드 DASD에 지시된 방법과 똑같다. 암을 이동시키는 데 요구되는 최대 설정시간은 일반적으로 50ms이다. <표 4-2>는 이동 헤드 DASD에 대한 전형적인 액세스 시간이다.

<표 4-2> 이동 DASD에 대한 전형적인 액세스 시간

최대 액세스	50ms+16.8ms+0.00094ms/byte
평균 액세스	25ms+8.4ms+0.00094ms/byte
순차 액세스	레코드의 길이에 좌우된다. 일반적으로 전송률은 1ms 미만이다.

액세스 시간에 편차는 고정 헤드 DASD와 비교해서 증가했지만, 특히 테이프를 액세스할 때와 비교할 때 상대적으로 작은 값이다. 고정 헤드 장치인 경우와 마찬가지로 이동 헤드 장치에서의 블로킹은 액세스 시간을 최소화하는 데 좋은 방법이다. 고정 헤드 디스크에 대한 것과 똑같은 예를 사용 100바이트를 가진 레코드 10개를 개별적으로 읽을 경우, 10번 설정과 이어서 10번 탐색을 하므로 전체 액세스 시간은 다음과 같다.

액세스 시간 $= 25 + 8.4 + 0.094 = 33.494$ms(한 레코드에 대하여)

전체 액세스 시간 $= 10 \times 33.494 = 334.94$ms(10개 레코드에 대하여)

그러나 10개의 레코드들을 한 블록으로 두면, 액세스 시간은 굉장히 줄어든다.

전체 액세스 시간 $= 25 + 8.4 + (0.094 \times 10)$

$= 33.4 + 0.94$

$= 34.34$ms(10개 레코드에 대하여)

하지만, 이 값들은 실제 운영되는 환경에서는 적용되지 않을 것이다. 예를 들어, I/O가 일어나는 동안 그밖에 다른 것이 발생하는 것을 고려하지 않았다. 따라서 시스템의 이 요소들을 가지고 성능을 비교해 볼 수 있다 하더라도 전체의 모양은 보지 못한다.

전체적으로 볼 때 이동 헤드 장치는 비록 검색시간이 걸린다 하더라도 비용이 싸고 더 큰 용량을 가지기 때문에 고정 헤드 DASD보다 더 일반적이다. 시스템 설계자는 다음의 둘 중에 하나를 선택해야 한다.

- 더 많은 기억공간을 가진 값싸고 느린 검색을 하는 이동 헤드
- 기억공간은 적지만 빠른 검색을 하는 값비싼 고정 헤드

3) 버퍼(buffer)

버퍼는 상대적으로 느린 I/O 장치와 매우 빠른 CPU 장치 사이에 데이터 이동을 동기화하는 데 널리 사용되어진다. 버퍼는 시스템의 전반, 다시 말해서 주기억장치, 채널, 제어장치에 있어서 편리한 위치에 놓여 있는([그림 4-9] 참조) 일시적인 기억장치 영역이다. 이것은 처리기가 필요하기 전에 입력장치로부터 읽혀진 데이터를 저장하고 쓰여질 데이터를 출력장치를 위해 저장하는 데 사용된다.

제한된 주기억장치의 버퍼 공간을 사용자에게 최적으로 분배하기 위해 버퍼 매니저가 사용자의 요구에 따라 버퍼 공간을 할당한다. 주기억장치 가운데 현재 사용하지 않는 부분은 버퍼 매니저의 관리하에 들어가게 되고, 버퍼 요구량이 할당 가능 공간을 초과하면 버퍼 매니저는 그 사용자 프로세스를 지연시키거나 우선순위가 낮은 프로세스에 할당된 버퍼 공간을 회수하게 된다. 회수는 사용도가 낮은 것부터 할 수도 있다. 이 내용은 가상기억장치 경영에서 상세히 설명되어 있다.

만일, 버퍼 관리가 시스템 전체에 대해 페이지된 다음 프로그래밍하에서 수행되어지면 별개의 버퍼 관리 프로그램은 없어도 된다. 그러나 어떤 버퍼 관리에서든지 주기억장치의 단편(fragmentation)으로 인한 낭비를 최소화하기 위해 파일 시스템에서 사용되는 버퍼의 크기와 한계를 운영체제가 사용하는 페이지와 연관시켜 고려하는 것이 좋다.

프로세스가 블록을 요구하면 버퍼 매니저는 이것을 다음과 같은 단계로 처리한다.

① 테이블을 대조해서 그 블록이 이미 주기억장치에 있는지 조사한다.
② 만일 있으면 그 블록을 포함하고 있는 버퍼에 대한 포인터를 프로세스에 넘긴다.
③ 만일 없으면 버퍼를 할당하여 그 블록을 버퍼로 읽어 들이고 프로세스는 운영체제의 큐에 넣어 대기하도록 한다.

버퍼를 채우고 비우는 루틴들은 항상 서로 짝을 이루고 있으며, 하나가

생산자라면 다른 하나는 소비자라 할 수 있다. 만약에, 입력 파일에 대한 생산자는 채널 프로그램이고, 소비자는 사용자 프로그램이다. 반대로, 출력 파일의 경우에는 사용자 프로그램이 생산자가 되고 채널 프로그램이 소비자가 된다.

그런데 단순 버퍼링의 중요한 사실은 버퍼가 소비자에 의해 비워지고 있는 동안에 생산자가 동시에 버퍼를 채울 수 없다는 것이다. 그리하여 프로그램의 대기 가능성을 줄이기 위해서 흔히 이중 버퍼링(double buffering)을 사용한다. 이중 버퍼링에서는 파일 당 두 개의 버퍼 구역을 할당하여, 소비자가 두 버퍼 중 하나를 비우고 있는 동안 생산자가 나머지 버퍼를 채울 수 있도록 하자는 데 있다.

즉, 첫번째 버퍼가 공백이 되었을 때, 두번째 버퍼는 이미 가득 차 있어야 한다. 소비자는 이 두번째 버퍼를 다시 비울 수 있고, 반면에 생산자는 첫번째 것을 다시 채울 수 있는데 이중 버퍼링은 이 과정의 반복으로 생각하면 된다([그림 4-6]).

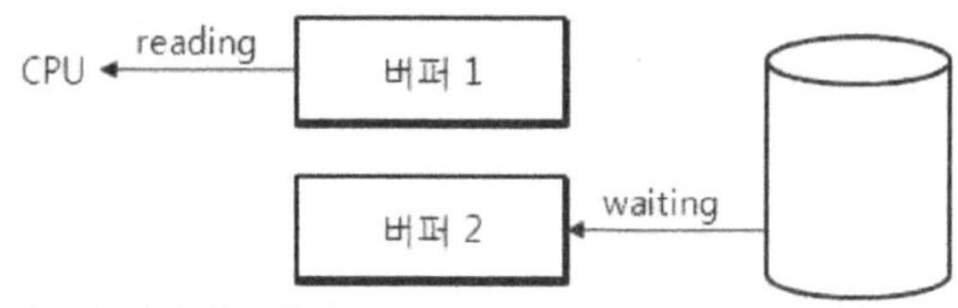

(a) 버퍼 2가 채워지는 중이므로 CPU는 버퍼 1에서 데이터를 읽는 경우

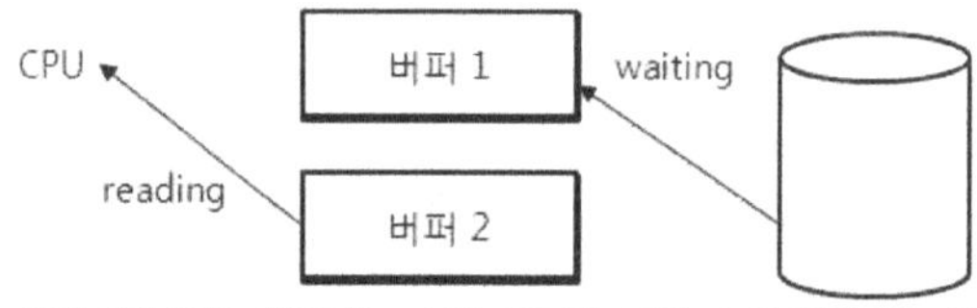

(b) 버퍼 2가 가득 채워지는 순간 CPU에 의해 즉시 읽혀지는 경우
(버퍼 1이 다시 채워지는 동안)

[그림 4-6] 이중 버퍼링 예제

4) 램(RAM) 디스크

램 디스크(RAM disk)는 실제 디스크가 아닌 램(DRAM, 플래시 등)을 이용하여 디스크 드라이브를 구현하는 방식으로 반도체를 이용하여 정보를 저장하는 하드웨어 방식과 램을 보조 기억 장치로 활용하는 소프트웨어 방식이 있다.

기존의 테이프 드라이브, 플로피 디스크, 하드 디스크 드라이브 등의 장치는 미디어의 회전이나 접근하는 헤드의 이동과 같은 기계적 구동이 많아, 진동, 소음, 발열, 마모 등의 문제가 있다. 게다가 헤드를 목적의 위치로 이동하는 데 일정한 시간이 필요하며, 읽기, 쓰기는 주기억장치에 견주어 속도가 느리다.

그런데, 램 디스크는 휘발성 반도체 메모리를 사용하여 속도가 빠르고, 진동, 소음, 마모 등의 결점이 없는 저장 기능을 제공한다. 또한, 발열도 하드디스크 드라이브보다 적다는 장점을 가진다.

하지만 램를 이용하여 기록 정보를 보관하고 유지하려면 외부로부터 전원이 꾸준히 공급되어야 하고, 또 자기/빛을 이용하는 여러 기록 미디어에 견주어 용량당 비용이 비싸다는 결점이 있다. 따라서 보통 일시적인 기억 매체로 이용하는 것이 일반적이다. 이를테면, 인터넷 임시 기억장소로도 자주 쓴다.

5) 디스크 캐시(disk cache)

캐시는 캐시 메모리와 디스크 캐시로 구분한다.

- 캐시 메모리 : CPU와 주기억 장치 사이의 속도 차이를 완화하기 위한 메모리
- 디스크 캐시 : 속도가 빠른 컴퓨터 본체와 느린 자기 디스크(보조기억장치)의 완충용 메모리

(1) 캐시 메모리

속도차이가 현격하게 나는 장치 사이에 존재하여 속도차이를 보완하는 기억장치를 버퍼라고 하는데, CPU와 메인메모리 사이에서 존재하면서 두 장치의 속도 차이를 보완해주는 캐시 메모리 역시 버퍼의 한 일종이라 할 수 있다.

캐쉬 메모리는 CPU의 속도와 같거나 느리며, 주기억장치의 속도보다는 월등히 빠르다. 따라서 이러한 캐시 메모리는 CPU와 주기억장치 사이에서 속도 완충의 역할을 한다. 캐시 메모리가 이러한 속도 완충을 할 수 있는 핵심은 참조되는 데이터의 지역성(locality)이라고 할 수 있다.

즉, 캐시 메모리에 참조될 확률이 높은 데이터들을 저장하고 있으면, CPU는 상대적으로 느린 주기억장치에 접근하지 않고, 상대적으로 빠른 캐시 메모리에서 바로 데이터를 가져다 사용함으로써 속도 완충 역할을 한다.

이렇게 CPU가 데이터를 원할 때, 캐시 메모리 내에 해당 데이터가 존재할 때를 HIT라고 하고, 이렇게 적중하는 정도를 캐시 적중률(hit rate)이라고 하며, 캐시 적중률로 캐시 메모리를 평가한다. 반면에 해당 데이터가 캐시 메모리 내에 존재하지 않는 경우, MISS라고 한다.

당연히 적중률(hit rate)이 높으면 좋으며, 캐시 메모리의 속도가 빠르면 빠를수록 캐시의 성능에는 좋은 요인이 된다고 볼 수 있다.

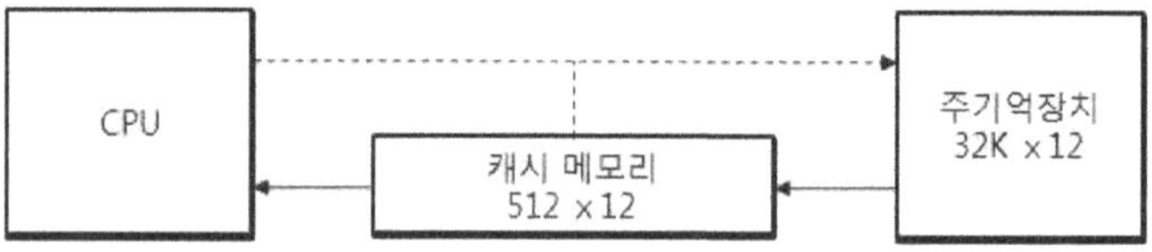

(2) 디스크 캐시

운영체제에서 사용되는 디스크 성능을 향상시키기 위하여 메모리를 사용하는 또 다른 방법이 디스크 캐시(disk cache)는 하드디스크로부터 데이터를 읽고(read) 쓰는데(write) 소요되는 시간을 개선할 수 있도록 고안된 기법이다.

즉, 디스크 캐시는 최근에 디스크에서 요구되었거나 직전에 디스크에 기록된 정보를 저장해둔다. 만약 요구된 정보가 디스크 캐시에 저장되어 있으면, 프로그램은 디스크 구동 장치(disk drive)가 그 정보를 디스크로부터 꺼내 오는 것을 기다리지 않아도 되기 때문에 프로그램의 실행을 상당히 고속화되므로, 디스크 성능에 큰 영향을 미친다.

오늘날 디스크 캐시는 보통 하드디스크의 일부로서 포함되며, 램(RAM)의 특정한 일부분에 존재할 수도 있다.

디스크 캐시는 읽기(read) 성능을 가장 잘 향상시킨다. 예를 들어, 두 개의 프로세스가 거의 동시에 똑같은 디스크 블록들을 읽고 있다면, 그 디스크 블록들은 단지 한 번만 디스크에서 읽혀진다. 왜냐하면, 최근에 디스크 블록이 읽힌 적이 있으므로, 그 디스크 블록은 디스크 캐시에서 발견되어질 것이다. 따라서 읽기(read) 성능은 향상된다. 하지만, 캐시는 여전히 디스크 I/O를 행하여야 하기 때문에 디스크 쓰기(write) 성능을 향상시키지는 못한다. 하지만 캐시는 미래에 쓰기(write) 성능은 향상될 것이다.

물론, 프로세스가 조금씩 디스크 블록을 작성한다면 어느 정도의 쓰기(write) 속도향상을 얻을 수 있다. 모듈 작성(writing)은 그 디스크 블록이 완전히 채워져서 그것이 디스크로 작성될 때까지 디스크 캐시 복사에서 행하여진다. 그러나 중요한 디스크 쓰기(write)를 하는 어떤 프로그램은 이미 전체의 디스크 블록을 버퍼링하고 있으므로 디스크 캐시 시스템은 전혀 이롭지 못하다.

4.3 시스템 주변장치

시스템의 주변장치(system device)는 일반적으로 3가지 부류, 즉 전용주변장치(dedicated device), 공용주변장치(shared device), 그리고 가상주변장치(virtual device)로 나누어진다. 이것들의 차이점은 주변장치 경영자에 의하여 어떻게 관리되어지는가 뿐만 아니라 주변장치들의 특성상의 기능이다.

1. 전용주변장치

전용주변장치는 일단 한 작업이 주변장치를 차지하면 그 작업이 끝날 때까지 계속 차지하게 된다. 입출력장치의 성격에 따라서는 이러한 방법을 사용해야만 한다.

예를 들면, 프린터, 카드 입력기 또는 테이프 등은 공용하기는 힘들다. 프린터의 경우 여러 사용자가 이를 동시에 사용하려고 하면 각 작업들의 결과가 서로 뒤죽박죽 섞이므로 나중에 이들을 잘라서 붙여 놓지 않으면 안 되는 경우가 있다. 그래서 한 작업에서 계속하여 전용으로 프린터를 사용하지 않는다면 비효율적이다. 따라서 가능한 한 공용 또는 가상장치의 개념을 적용하여 효율성을 높여야 한다.

2. 공용주변장치

디스크, 드럼 그리고 대부분 다른 직접 액세스 저장장치(DASD ; Direct Access Storage Device)들은 여러 프로세스에 의해서 동시에 공용될 수 있다.

예를 들면, 여러 프로세스는 거의 동시에 한 디스크 내에 있는 자료를 읽을 수 있다. 이러한 공용주변장치를 경영하는 것은 매우 복잡하며 특히 효율성을 높이려고 할 때 더욱 어렵다. 예를 들면, 두 개의 프로세스에서 디스크 A로부터 자료를 읽겠다는 요청이 들어왔을 때 어떤 요청을 먼저 다루어야 하는지를 결정하는 기구(mechanism)가 있어야 한다. 이것은 부분적으로 소프트웨어(I/O scheduler)에 의해서 수행될 수 있고 혹은 하드웨어(정교한 채널과 제어장치를 가진 컴퓨터)에 의해서 수행될 수 있다.

이러한 요청문제를 해결하는 방법은 이들 요구에 우선순위를 부여하여 취급하거나 또는 효율성을 높이기 위해서 빨리 해결할 수 있는 요구를 우선적으로 취급하는 것이다. 후자의 예로는 현재 디스크의 읽기(read) 헤드가 위치하는 근처에 있는 자료에 대한 요청을 먼저 해결하는 것이다.

3. 가상주변장치

프린터와 같은 장치는 일반적으로 전용할 수밖에 없으나 이를 스풀링(simultaneous peripheral operation on-line)과 같은 기법을 통해서 공용주변장치로 바꾸는 방법이 있다. 프린터에 있어서 문제점은 계산 과정에서 산발적으로 출력되기 때문에 여러 개의 작업이 장치를 공용하면 결과가 서로 섞인다는 것이다. 따라서 여러 개의 작업에서 프린터에 출력을 요청하면 작업단위로 디스크의 특정 부분에 이들을 우선 출력시킨 후에 작업들이 끝나면 이 결과를 작업 단위로 계속해서 사용하면 결국 여러 개의 작업이 프린터를 공용하는 결과가 된다.

그러므로 프린터의 효율성도 높아지게 되는데, 이와 같이 실제 장치를 다른 주변장치에 simulate하는 방법이 가상주변장치의 개념이다.

카드 입력기의 경우에도 이와 유사한 작업이 가능하다. 따라서 작업에서는 프린터에 직접 출력을 하는 것이 아니라 가상 프린터에 출력을 하고 실제로 프린터에 출력시키는 것은 운영체제에서 시간의 여유가 생길 때 프린터 핸들러로 하여금 수행하게 한다. 일반적으로 이러한 기법을 스풀링([그림 4-7])이라고 하는데, 이 기법은 프린터, 카드 입력기, 텔레타이프와 같이 속도가 느린 입출력장치에는 모두 적용될 수 있다.

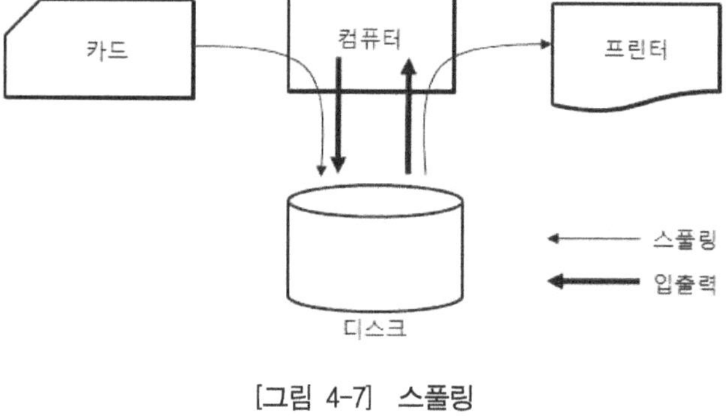

[그림 4-7] 스풀링

스풀러(spooler)는 본래 디스크를 매우 큰 버퍼처럼 사용하는데, 그 이유는 가능한 한 미리 입력장치로부터 읽어 들이고 출력장치가 그것을 받을 수 있을 때까지 출력 파일을 저장하기 위함이다.

간단한 버퍼링에 비해 스풀링의 장점은 한 작업의 입출력과 다른 작업의 계산을 중복할 수 있다는 것이다. 간단한 시스템에서도 스풀러는 한 작업의 출력을 인쇄하는 동안 다른 작업의 입력을 읽어 들일 수 있으며, 이 시간 동안에도 또 다른 작업이 수행될 수 있다. 즉, 디스크로 그 작업의 카드를 읽고 디스크에 그 작업의 출력 라인을 인쇄할 수 있다. 버퍼링이 한 작업의 입출력과 그 작업의 계산과 입출력만을 중복할 수 있는 데 비해, 스풀링은 많은 작업의 입출력과 계산을 중복시킬 수 있다.

4.4 채널과 제어장치, 입출력장치

주변장치와 주변장치 경영에 대해서는 앞 절에서 다루었다. 이제부터는 이들 장치들이 어떤 일을 하는 지 살펴보기로 하자

1. 채널(Channel)과 제어장치, 입출력 장치의 상호관계

[그림 4-8]은 주기억장치, CPU, 채널, 제어장치 및 입출력장치와의 상호관계를 나타낸다. [그림 4-8]은 채널을 기준으로 좌측으로는 CPU와 주기억장치에 연결되어 있고, 우측으로는 입출력 인터페이스를 통하여 제어장치에 연결되고, 제어장치는 입출력장치에 연결되어 있는 것을 보여준다. 표준 입출력 인터페이스(standard I/O interface)란 제어장치와 채널과 같이 서로 다른 장치들을 상호 접속하는 경우에 접속 조건 또는 규격을 표준화된 형식으로 연결하는 방식을 말한다.

따라서 표준 입출력 인터페이스는 모든 종류의 채널과 제어장치 사이의 제어를 표준화 할 수가 있어 어떠한 입출력장치가 출현하여도 표준 입출력 인터페이스의 표준적인 방식으로 채널과 제어장치를 연결하여 사용할 수 있다.

채널의 역할은 CPU와 입출력장치 사이에 중계 역할로 CPU로 하여금 데이터 처리와 입출력 동작을 동시에 처리 할 수 있게 해 주고, 입출력장치와 주기억장치 사이에 데이터를 직접 전송하도록 제어하는 일을 한다. 이렇게 함으로써 CPU가 입출력장치와 직접 데이터를 주고받는 일을 하던 것을 채

널에 넘겨주고, 채널이 입출력 작업을 하는 동안에 CPU는 실제 데이터 연산만을 할 수 있게 된다.

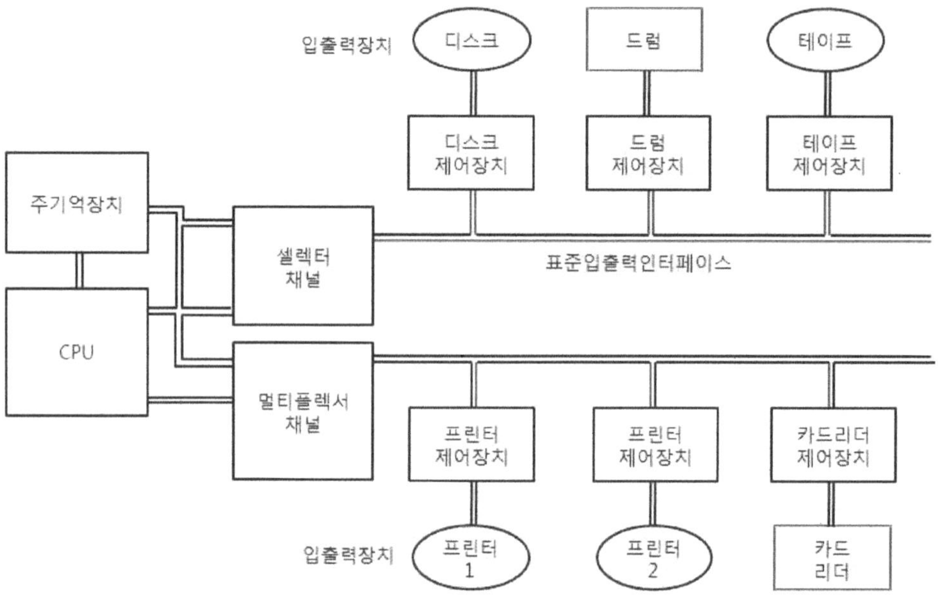

[그림 4-8] 주변장치들의 상호관계

채널은 모든 입출력장치에 공통적인 읽고, 쓰는 기능은 제어할 수 있지만, 프린터 장치에서 용지의 스킵(skip) 또는 여백(space) 기능이나, 자기 테이프 장치에서 되감기(rewind)와 같은 고유한 기능들은 제어할 수가 없다. 이러한 기능은 입출력장치를 제어하는 제어장치만이 할 수 있다. 채널이 모든 제어장치를 제어하지만, 제어장치는 입출력장치만을 제어한다. 자기 테이프 장치는 자기 테이프 제어장치가, 자기 디스크 장치는 자기 디스크 제어장치, 프린터 장치는 프린터 제어장치가 제어한다.

채널에는 일정 데이터를 모아두는 버퍼 장치가 있어서 주기억장치와 채널 버퍼 사이의 데이터 전송은 1바이트 단위 혹은 다수 바이트 단위로 병렬 전송되고, 채널의 버퍼에서 제어장치에 데이터 전송은 비트 단위로 직렬 전송된다. 반대로, 제어장치에서 채널로 전송되어 온 데이터는 채널의 버퍼에서 바이트 단위로 조립된 후 주기억장치에 병렬로 전송된다. 한편 제어장치에도 버퍼 장치가 있어서 입출력장치와 제어장치 사이에서는 장치에 따라 병렬전송과 직렬전송이 가능하다. 예를 들어, 프린터 제어장치의 경우에는 채널에서 고속으로 전송되어 온 데이터를 모아서 프린터 장치에 저속으로 출력을 위한 버퍼를 가지고 있다. 제어장치는 채널로부터 제어신호를 받아 입출력장치의 고유한 기능과 데이터 전송의 타이밍을 제어하는 역할도 하고, 또한 입출력장치의 상태를 채널에게 알리는 역할도 한다.

[그림 4-8]은 하나의 CPU 및 주기억장치에 두 종류의 멀티플렉서(multiplexer) 채널과 셀렉터(selector) 채널이 연결된 것을 보여준다. 각 채널은 독립적으로 동시에 작동될 수 있으며, 각각의 채널은 각각 다른 제어장치들과 연결되고, 각각의 제어장치는 동일한 여러 개의 입출력장치와 연결될 수 있다. 연결될 수 있는 입출력 장치의 수는 제어장치의 종류에 따라 다르다.

2. 채널의 동작 방식과 종류

1) 채널의 동작방식

채널의 동작 방식이란 [그림 4-9]에서와 같이 주기억장치와 입출력장치 사이에서 데이터를 주고받는 방식으로 멀티플렉스 방식(multiplex mode)와 버스트 방식(burst mode)이 있다. 멀티플렉스 방식은 여러 개의 입출력장치가 채널의 기능을 공유하고, 시분할 방식으로 데이터를 전송하는 방식으로 저속의 입출력 장치들이 채널에 부착된다. 버스트 방식은 하나의 입출력 장치가 데이터를 전송하는 동안에는 채널의 기능을 독점하므로 고속의 입출력 장치가 부착된다.

2) 채널의 종류

채널의 종류는 [그림 4-8]에서 셀렉트(selector) 채널과 멀티플렉스(multiplexer) 채널이 있다. 버스트 방식을 사용하는 셀렉트 채널은 자기 디스크, 자기 드럼, 자기 테이프와 같은 고속 입출력장치를 제어하기 위한 것이라면, 멀티플렉스 방식을 사용하는 멀티플렉서 채널은 주로 카드 리더, 프린트, 또는 데이터 통신 등의 저속 입출력장치를 제어하기 위한 것이다. 그러나 멀티플렉서 채널은 고속 입출력장치와도 연결이 될 수 있기 때문에 버스트 모드로도 동작할 수 있지만, 셀렉터 채널은 버스트 모드로만 동작한다.

멀티플렉스 모드로 동작하는 멀티플렉서 채널은 여러 서브채널(sub channel)을 가지고 있다. 입출력 동작이 일정시간 간격으로 분할되어 서브채널들은 각 시간 간격으로 단지 한 입출력장치에만 연결되어 일부 데이터만 전송되도록 되어 있다. 이 방식이 가능한 것은 입출력 동작이 각 서브채널들을 이용하여 시분할 처리를 하고 있고, 이러한 시분할이 가능한 것은 각 입출력 동작이 비교적 저속이기 때문이다. 또한, 이 방식은 입출력장치에서 바이트 전송 사이에 시간적 여유가 있는 저속 입출력장치에서만 가능하다.

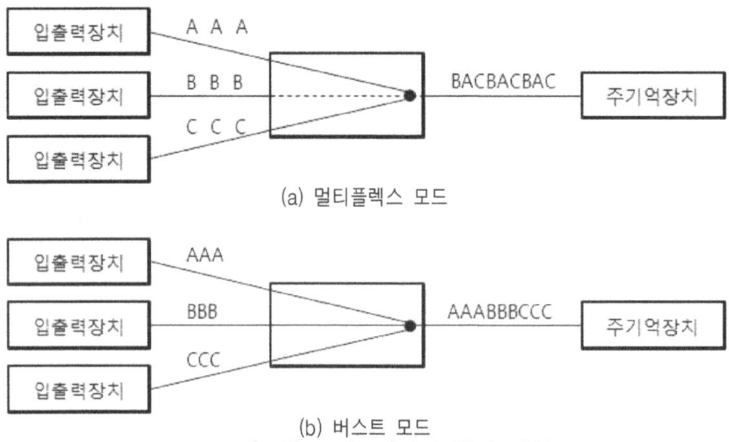

[그림 4-9] 채널의 동작 방식

버스트 모드는 주기억장치와 특정 입출력장치 사이의 통신에서 한 블록의 데이터가 전송될 때 채널이 독점되기 때문에, 이 채널에 연결되어 있는 다른 입출력장치는 그 블록의 데이터가 전송이 끝날 때까지 기다려야 한다. 즉, 한 순간에 하나의 입출력장치만 제어가 가능하고 2개 이상의 입출력장치를 제어하지 못한다. 이 방식은 다른 입출력장치의 데이터를 읽어 들일 시간적 여유가 없을 정도로 고속 입출력장치에 관여하기 때문에, 한 블록을 구성하고 있는 바이트와 바이트 사이의 전송 간격에 공백이 없다. 따라서 고속 입출력 장치인 드럼, 디스크, 자기 테이프 장치와 같은 장치는 버스트 모드로 동작하는 셀렉터 채널과 연결되어 있다. 셀렉터 채널은 멀티플렉스 채널과 같이 서브채널들로 구성되지 않고 하나의 채널로만 되어 있어 멀티플렉스 모드로 작동할 수 없다.

3. 채널 프로그램과 채널 레지스터

초기 컴퓨터에서는 CPU가 I/O 명령어 해석하고, 각 장치에 명령어 실행을 지시하는 일을 하였다. 이 I/O 작업으로 인하여 CPU의 처리능력이 떨어져 CPU는 고유한 기능인 연산 처리를 할 수 없게 되어 CPU가 하던 I/O을 대신할 채널이 필요하였다. 채널은 단지 데이터의 중계역을 할 뿐만 아니라, CPU가 하던 I/O 명령어 해석, 각 장치에 명령어 실행을 지시하고 그 실행 과정을 제어하던 일을 담당한다. 이 채널은 CPU의 명령에 의하여 동작되며 동작이 완료되면 I/O 인터럽트의해서 CPU에 알린다. 이와 같이 채널과 CPU의 동작은 I/O 인터럽트에 의해서 동기화되어진다.

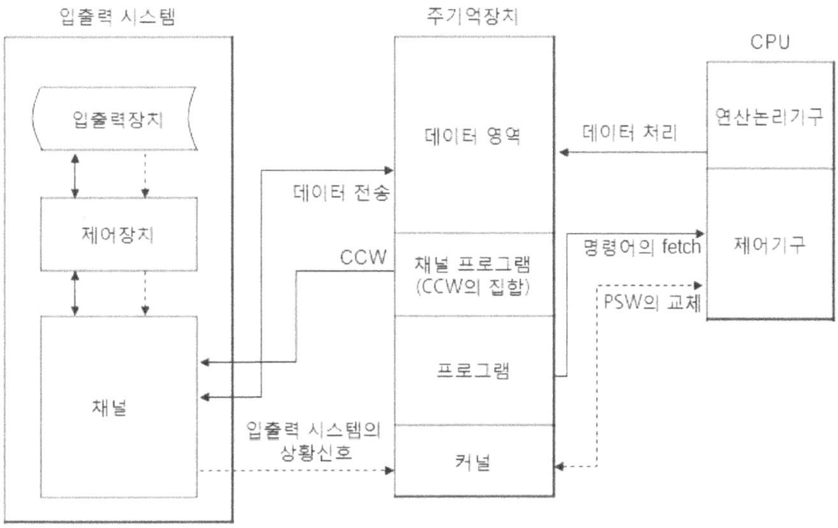

[그림 4-10] 주변장치와 주기억장치, 그리고 CPU와의 상호관계

[그림 4-10]에서 보는 바와 같이 CPU에서 해석, 실행되는 것은 보통의 프로그램이지만, 채널에서 실행되는 것이 채널 프로그램이다. CPU에서 해석되고 실행되는 프로그램은 사칙연산명령, 분기명령, 이동명령 또는 입출력명령 등으로 구성되고, 채널에서 실행되는 채널 프로그램은 read 명령어, write 명령 또는 채널 프로그램의 실행순서를 제어하는 명령어들의 CCW(Channel Command Word)로 구성되어 있다. CPU 프로그램 입장에서 보면 채널 프로그램은 CPU에서 해석될 수 있는 명령어는 아니고, 채널에서 해석되고 실행된다.

채널, 제어장치, 입출력장치로 구성되어 있는 입출력 시스템의 동작이 완료되거나 이상상태가 감지되면 그 상황은 커널에 보관됨과 동시에 PSW를 교체하는 인터럽트를 일으켜 CPU에 알린다. 이러한 일이 있을 때까지 CPU는 완전히 입출력 동작과 독립적으로 데이터 처리를 해나갈 수 있지만, I/O 인터럽트가 생기면 CPU에서는 커널에 보관된 입출력 시스템의 상황신호를 분석하여 입출력 완료의 상황을 파악한다.

1) 채널 프로그램인 CCW(Channel Command Word) 구조

채널 프로그램은 입출력 동작을 실질적으로 지시하고 제어하는 CCW로 구성되어 있다. 채널 프로그램은 어떤 경우에는 읽고, 쓰는 하나의 CCW가 될 수도 있고, 어떤 경우에는 일련의 입출력을 지시하는 여러 개의 CCW로 될 수도 있다. CCW의 구조는 64bit, 즉 8byte로 되어 있으며 [그림 4-11]에 잘 나타나 있다. 이들의 구성 요소에 대하여 살펴보자.

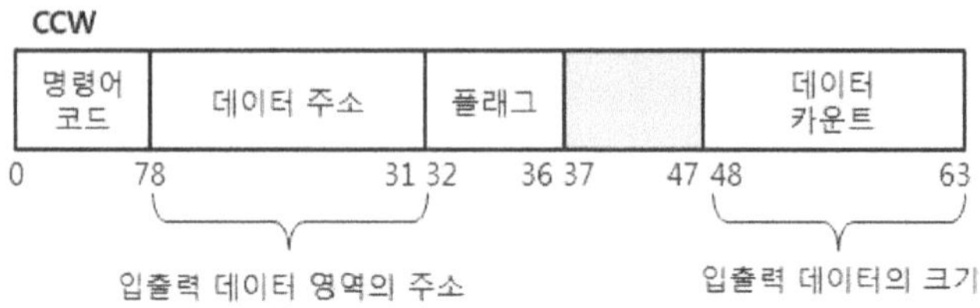

[그림 4-11] CCW의 구조

a) 명령어코드(command code)

최좌측 8개 비트(0~7비트)는 명령어코드를 나타내며 종류는 다음과 같다.

- Read : 입력장치로부터 레코드를 읽기 위한 명령어
- Write : 출력장치에 레코드를 출력하기 위한 명령어
- Read Backward : 자기 테이프에만 있는 명령으로 자기 테이프를 역으로 읽는 명령어
- Sense : 입출력장치의 이상 상태와 입출력 장치의 상황 정보를 주기억장치에 알리는 명령어
- TIC(Transfer In Channel) : 채널 변경 시에 채널을 jump하는 명령어
- Control : 자기 테이프의 rewind, backspace, 디스크의 positioning과 같이 입출력장치에 대한 고유한 기능을 수행하는 명령어.

b) 데이터 주소(data address)와 카운트(count)

다음 24개 비트(8~31비트)는 주기억장치의 어느 주소부터 출력하고, 어느 주소에 써넣을 것인가를 지시하는 데이터 주소(data address)가 들어 있다. 얼마만큼의 데이터를 읽고 쓸 것인가는 비트 위치 48~63의 데이터 카운트에

표시되어 있다. CPU가 SIO(Start I/O) 명령을 이용하여 채널에 I/O 동작을 명령하면, 주기억장치에 저장된 CCW의 내용이 각각 분리되어 채널의 레지스터들에 나뉘어 적재된다.

c) 플래그(flag)

플래그는 주기억장치와 I/O 장치 사이에 전송되는 데이터를 연결하여 사용할 수 있도록 5개 비트(32~36)로 구성되어 있다. 여기서는 5개 비트 중에서 두 개 비트인 CD(Chain Data)와 CC(Chain Command)에 대해서만 살펴보기로 하자.

32번째 비트인 CD가 1로 설정되어 있으면, 데이터 연결(chaining)을 나타내고, 0으로 설정되어 있으면 현재의 CCW가 마지막 CCW라는 것을 나타낸다. 33번째 비트는 CC로 이 CC 플래그가 1과 CD 플래그가 0으로 설정되면, 동일한 장치에서 동일한 명령어들이 연결되는 것을 나타낸다.

d) 37~47 비트

37～47비트는 사용되지 않는다.

2) 채널 레지스터

CPU를 구성하고 있는 레지스터에서 명령어를 해석하고, 데이터를 처리하는 것과 마찬가지로 채널을 구성하고 있는 각종 레지스터도 CCW를 해석하고 실행한다.

CCW를 주기억장치의 어디서 꺼내올 것인가는 [그림 4-14]를 살펴보면, CAW에 명령 주소 필드에 주소를 명령주소 레지스터(command address register)에 가져오고 그 주소를 이용하여 CCW를 찾아간다. CCW를 찾으면 이 CCW의 명령어 코드(command code)는 입출력 연산 레지스터에 등록되고 또 해석된다.

입출력 데이터 영역에 CCW의 데이터주소 부분은 데이터 주소 레지스터(data address register)에 적재된다. 또한, 입출력 데이터의 자릿수를 나타내는 카운트 부분은 카운트 레지스터(count register)에 적재된다. CPU의 PSW에 보호키가 있어 데이터의 입출력에 대하여 보호를 하듯이 채널도 보호키가 있어 현재 프로그램 처리과 관계없는 장소에 데이터가 입출력되는 것을 보호한다.

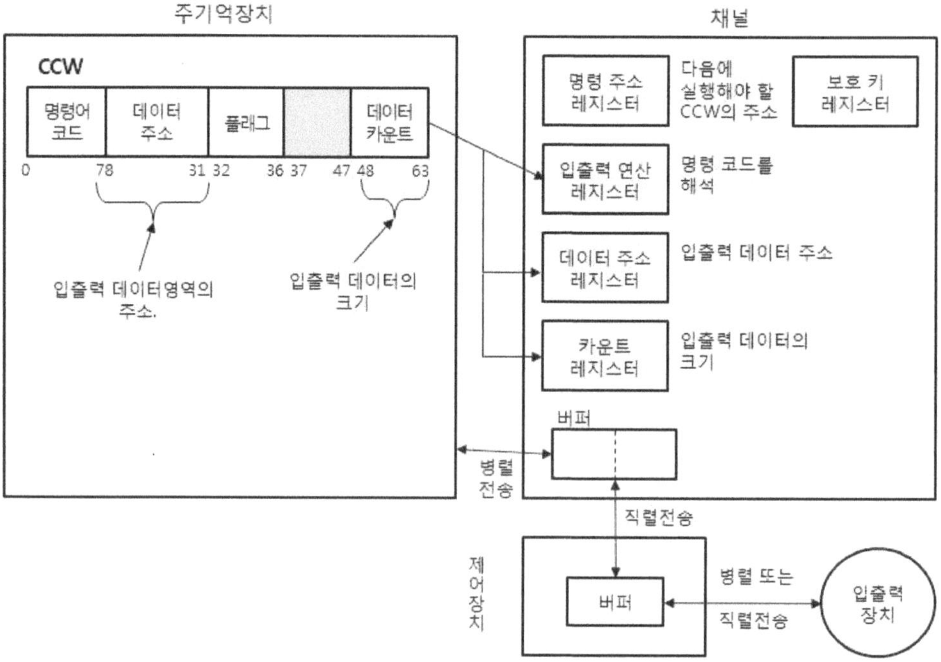

[그림 4-12] 채널의 구조

3. I/O 동작 순서

I/O 동작의 순서를 살펴보기 전에 먼저 [그림 4-13]에 CAW(Channel Address Word) 구조에 대하여 살펴보자.

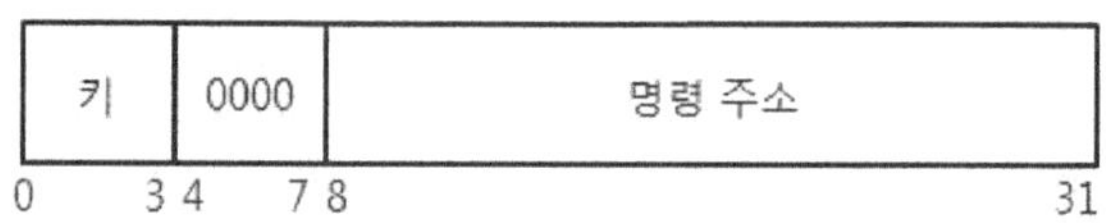

[그림 4-13] CAW 구조

이 CAW는 채널 프로그램이 시작하는 위치를 주기억장치에 명시하고 있다. 첫 번째 0~3비트는 보호키 필드로 SIO와 관련된 모든 명령어들에 대하여 기억장치 보호키를 형성한다. 이 키는 데이터가 기억장치에 놓일 때 언제든지 기억장치 키와 일치한다. 두 번째 4~7 비트는 항상 0 값이다. 세 번째 8~31 비트는 명령어 주소로 주기억장치에 존재하는 첫 번째 CCW의 위치를 가리킨다.

그러면, 이제부터는 I/O 동작과 CPU가 어떻게 처리되는가를 살펴보기로 하자. I/O 동작 요청은 프로그래머들이 작성한 처리 프로그램 내의 read나 write 명령들에 의해서 이루어지며, 파일이나 레코드의 형식은 이 명령어 내에서 정의되어있다. 채널프로그램은 이들 명령에서 정의된 레코드의 자릿수와 같은 정보를 이용하여 커널에 의해서 자동으로 만들어진다.

처리 프로그램 처리 내에서 특정한 서비스를 요구하기 위하여 read나 write 명령을 사용하여 커널을 호출하는 것을 시스템 호출(system call) 또는 SVC(supervisor call)이라 하고, 이것에 의하여 프로세스의 제어권이 커널 프로그램에게로 즉시 넘어가는 SVC 인터럽트를 일으킨다. 이 인터럽트에 의해서 커널내의 SVC 루틴이 실행된다. SVC 루틴이란 read, write와 같은 SVC 명령어에 의해 커널 내에서 실행되는 프로그램을 말한다.

그러면 [그림 4-14] ①의 처리 프로그램에서 입출력 명령인 read, write와 같은 명령에 의하여 제어권을 커널에게 넘기는 SVC 인터럽트가 일어난다. 이 경우에는 당연히 SVC의 NPSW(New PSW)가 CPU의 CPSW(Current PSW)가 되고, 교체된 NPSW의 명령주소에는 SVC 인터럽트 처리 루틴의 주소가 있어 이 주소를 찾아가서 이 루틴을 실행하게 된다. 이 루틴에는 SVC 명령의 오퍼랜드에 지시된 인터럽트 코드를 분석한 후 입출력 감시 프로그램에 분기한다. 결과로 [그림 4-14]의 ①에 표시된 바와 같이 커널 프로그램의 일부인 입출력 감시 프로그램이 실행되게 된다.

입출력 감시 프로그램 중에 I/O 동작의 시작을 요구하는 SIO(Start I/O) 명령이 있다. 이 명령은 문제처리 프로그램에서는 사용할 수 없는 특권명령이다. 그런데 SIO 명령의 오퍼랜드에는 입출력 감시 프로그램에 의해서 I/O 동작을 요구하는 채널, 서브채널 및 입출력장치가 지정되어 있다. 이 명령이 CPU에서 해석되면 지정된 채널(또는 서브채널)과 입출력장치가 사용 가능한 상태에 있는가를 조사한다([그림 4-14]의 ② 및 ③ 참조). SIO 명령이 실행되고 있는 도중에 에러나 예외상황이 검출되든지 채널이나 서브채널이 현재 다른 프로세스에서 사용되고 있을 때에는 I/O 인터럽트가 발생하여 I/O 동작은 시작되지 않는다.

그러나 아무런 문제가 없이 지정된 채널, 입출력장치가 사용 가능할 때에는 주기억장치의 72번지부터 시작되는 4바이트로 된 CAW(Channel Address Word)에 최좌측 4개 비트에 들어 있는 보호 키는 채널의 키 레지스터에 들어간다. 이 보호 키는 PSW에 들어 있는 보호키와 같은 뜻을 가지며, 입력동작에서 이 보호키와 일치하지 않는 장소에 읽혀지려고 하면 인터럽트가 발생한다. 출력시에도 마찬가지로 적용된다. 다음의 4비트는 모두 0이다. 최우측의 24개 비트인 명령어주소 필드에 채널 프로그램 중 가장 먼저 실행해야 할 CCW의 첫 번째 주소가 들어 있고, 이것이 명령어 주소 레지스터에 적재된다([그림 4-14]의 ④).

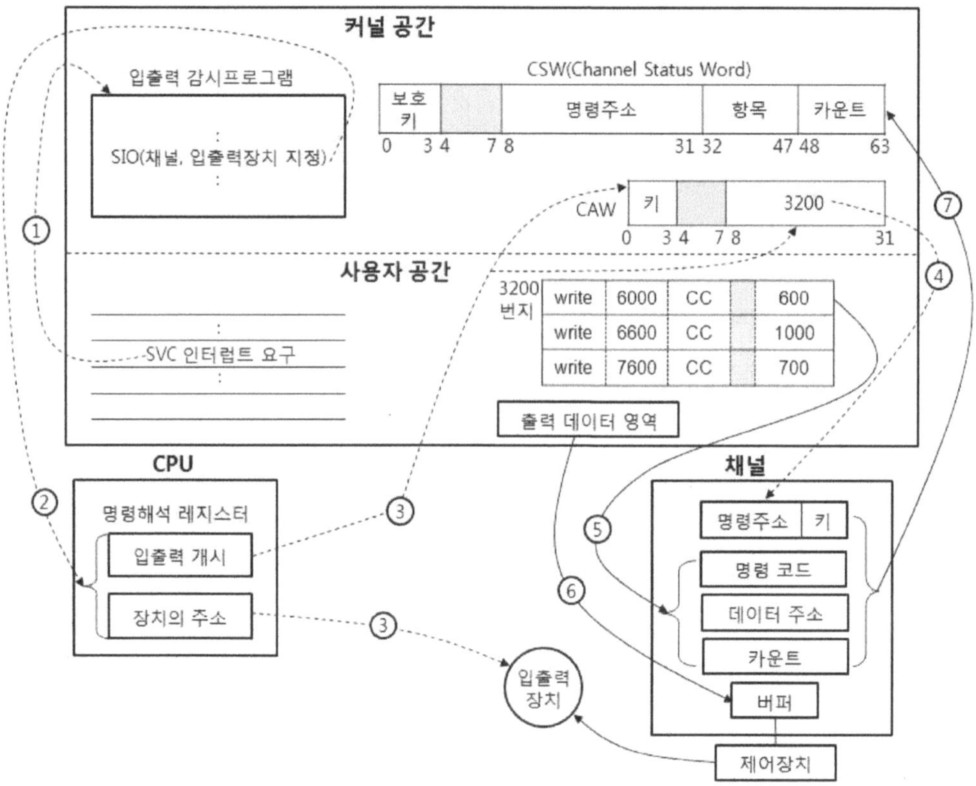

[그림 4-14] I/O 동작의 순서

따라서 채널 프로그램인 CCW가 하나씩 실행될 때마다 채널의 명령어주소 레지스터에 명령어 주소가 바뀌어 다음에 실행할 CCW의 장소를 가리킨다. CAW의 정보가 채널의 명령주소 레지스터와 보호 키 레지스터에 등록되면 그 다음부터는 CPU 대신에 채널이 제어권을 가지고 채널 프로그램을 실행해 간다. CCW에 있는 모든 정보가 입출력 연산 레지스터, 데이터 주소 레지스터, 카운트 레지스터에 각각 적재되어 해석, 실행된다(⑤).

CCW의 플래그에 CC가 기입된 것은 그 CCW가 실행된 후에는 자동적으로 다음 CCW가 채널에서 해석되어 실행된다는 것을 뜻한다. [그림 4-14]에서 CCW의 명령어 코드는 write를 가정하고 있으므로 주기억장치의 출력 데이터 영역의 연속된 2,300 바이트의 내용이 세 레코드(처음은 600 byte, 다음은 1000 byte, 세 번째가 700 byte)로 출력된다([그림 4-14]의 ⑤와 ⑥ 참조).

채널 프로그램이 정상적으로 실행이 완료되면 주기억장치의 64번지부터 시작하는 64비트(CSW ; Channel Status Word))에 입출력 동작의 종료에 관한 정보를 보내고, 채널 프로그램의 실행 중에 에러나 이상상태가 발견되면 I/O 인터럽트가 일어난다. 이 인터럽트로 CPU의 PSW는 I/O 인터럽트의 신PSW와 대체된다. 즉 입출력 감시 프로그램에 다시 제어가 넘어간다.

64번지에서 시작되는 64bit의 기억장소를 CSW라 부른다. CSW는 I/O 동작이 끝났을 때의 상황을 입출력 감시 프로그램에 전달하는 역할을 한다. 즉, I/O 동작이 끝났을 때의 보호키의 내용, 어느 CCW를 실행하고 종료했는가, 어떤 이유로 입출력이 종료되었는가(정상종료인지 에러나 이상상태가 발생한 비정상 종료인지), CCW의 카운트 부분에 표시된 입출력 자릿수 중 몇 자리를 남기고 종료되었는가 하는 등이 표시되어 있다. 그러나 I/O 인터럽트로 입출력 감시 프로그램에 제어권이 넘어가면 이 프로그램에서는 CSW의 내용을 분석하여 에러 이상상태의 원인을 찾아 상응한 처리를 한다. 정상종료일 경우에는 다음의 처리로 넘어가게 된다([그림 4-14]의 ⑦ 참조).

4.5 주변장치 분배정책

주변장치의 분배 방법(device allocation)에는 전용, 공용 그리고 가상의 세 가지가 있다는 것은 이미 언급한 바 있다. 가상주변장치의 개념은 전용주변장치를 공용주변장치로 바꾸어 주는 역할을 하므로 이에 설명은 앞 절에서 하였다. 따라서 여기서는 전용과 공용의 분배의 경우만을 다룬다.

어떤 종류의 주변장치는 한 작업에서 이를 사용하기까지 수동적인 작업이나 혹은 상당한 시간을 요하는 입출력 조작이 필요하다.

예를 들면, 카드 입력기의 경우에는 카드덱(card deck)을 hopper에 수동으로 올려놓아야 하며, 자기 테이프의 경우에는 원하는 데이터 레코드의 위치를 우선 찾아야 한다. 이러한 장치를 여러 작업이 연결해서 사용하려면 상당한 시간을 필요로 한다. 따라서 이러한 장치는 한 번에 한 작업이 끝날 때까지 전용되어야 하고 그 작업이 그 장치를 해제(release)할 때까지 배당되지 않는다. 그러므로 전용장치의 분배는 작업 스케줄러와 함께 그 작업이 시작될 때에 배당된다.

하지만, 자기 디스크와 드럼과 같이 임의 호출장치는 위치를 바꾸는 것이 쉽고 빠르기 때문에 여러 개의 작업에 의하여 공용될 수 있다. 공용주변장치를 사용하는 작업들은 각기 전용할 수 있는 부분이 배정되어 있으므로 공용주변장치를 논리적으로 여러 개의 전용 장치 집단이라고 생각할 수 있다. 임의호출장치는 위치를 빠르게 바꿀 수 있기 때문에 이러한 공용이 가능하다.

주변장치 경영에서는 어느 작업이 어떠한 전용장치를 사용하고, 그 공용장치의 어느 부분이 그 작업에 배당될 것인가는 작업 스케줄링과 함께 결정된다. 이런 주변장치의 경영은 다음의 세 가지로 구분될 수 있다.

- I/O traffic controller : 모든 주변장치, 제어장치 및 채널의 상태를 파악한다.
- I/O 스케줄러 : 작업으로부터 입출력 요구가 들어왔을 때 채널, 제어장치 및 주변장치를 분배하는 정책을 수행한다.
- I/O 장치 핸들러(device handler) : I/O 스케줄러에 의해서 내린 결정을 시행하는 역할을 한다. 즉 채널 프로그램을 작성하며 입출력을 시작시키고 주변장치에서 오는 인터럽트를 처리한다. 이러한 I/O 장치 핸들러는 각각의 주변장치마다 하나씩 존재한다.

1. I/O traffic controller

I/O traffic controller는 모든 채널, 제어장치 및 주변장치의 상태를 파악해서 이들이 분배될 수 있는지의 여부를 결정한다. I/O traffic controller는 채널과 제어장치의 희귀성에 의한 상호간의 독립성 그리고 기억장치로부터 주변장치를 연결하는 여러 가지의 통로 때문에 매우 복잡해질 수 있다.

I/O traffic controller에서는 다음과 같은 세 가지 문제에 대한 해답을 주어야 한다.

- I/O 요구에 알맞은 통로의 존재 여부
- 이용 가능한 통로의 존재 여부
- 이용 가능한 통로가 현재 없으면 언제 사용 가능한지에 대한 여부

이러한 문제를 해결하기 위해서 traffic controller는 UCB(Unit Control Block), CUCB(Control Unit Control BlockB), 그리고 CCB(Channel Control Block)과 같은 데이터베이스를 이용한다. 이러한 제어 블록에 수록된 정보는 [그림 4-15]와 같다. 통로의 존재 여부는 요구되는 UCB에서 시작해서 거꾸로 CUCB 그리고 CCB를 차례로 검토하면 된다. 통로가 하나 이상이면 이 중에

어느 것이 적합한가를 결정해야 하는데, 경우에 따라서는 이 문제가 중요하다.

UCB(Unit Control Block)
주변장치의 이름 (Device Unit Identification)
주변장치의 상태 (Status of Device)
이 주변장치에 연결된 제어장치들의 목록
이 주변장치를 기다리는 프로세스들의 목록

CCB(Channel Control Block)
채널의 이름 (Channel Identification)
채널의 상태 (Status of Channel)
이 채널에 연결된 제어장치들의 이름
이 채널을 기다리는 프로세스들의 목록

CUCB(Control Unit Control Block)
제어장치의 이름 (Control Unit Identification)
제어장치의 상태 (Status of Control Unit)
이 제어장치에 연결된 주변장치들의 목록
이 제어장치에 연결된 채널들의 목록
이 제어장치를 기다리는 프로세스들의 목록

[그림 4-15] 여러 개 제어 블록

[그림 4-16]과 같은 구성도를 보면 주변장치 G와 I로 가는 통로는 하나뿐인 데 비해서 주변장치 H로 가는 통로는 5개나 된다. 따라서 주변장치 H가 요구될 때에 채널 A를 사용하면 주변장치 G는 사용 불가능하게 된다.

일반적으로 입출력이 과부하일 때 한 프로세스에서 입출력을 요구하면 사용 가능한 통로는 존재하지 않게 된다. 이러한 경우에는 하나의 입출력이 끝나서 인터럽트가 들어와야만 주변장치, 제어장치 또는 채널 등을 쓸 수 있게 된다.

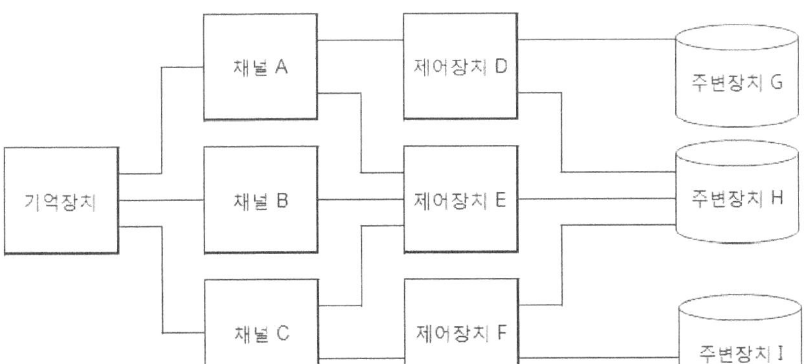

[그림 4-16] 불균형적인 입출력 구조

그러면 입출력 요구가 들어온 것을 전부 검토하여 어느 것이 만족될 수 있는가를 판단할 수 있다. 여러 개의 프로세스에서 입출력을 요구할 경우에 모든 요구를 전부 검토하려면 시간이 많이 걸리므로 [그림 4-16]에 표시된 바와 같이 특정된 장치를 요구하는 프로세스를 제어 블록에 표시하여 이것들만 검토하는 것이 더욱 효율적이다.

2. I/O 스케줄러

사용 가능한 통로의 수보다 더 많은 I/O 요구가 있으면 어떤 I/O 요구를 먼저 선택하는 것이 필요하다. 일반적으로 프로세스 스케줄링에 고려되는 모든 사항이 마찬가지로 적용된다. 그러나 프로세스 스케줄링과 근본적으로 다른 점은 시분할 개념에 의해 장치를 공용하는 것이 아니라 일단 채널 프로그램이 시작되면 그것이 끝날 때까지 모든 자원을 차지한다는 것이다. 일반적으로 이러한 채널 프로그램은 간단해서 단시간내에 끝나지만 반면에 상당한 시간이 걸리는 채널 프로그램이 있을 수 있다.

I/O 스케줄링은 프로세스 스케줄러와 관련되어 있다. 예를 들면, 프로세스 스케줄러에 의해서 높은 우선순위를 부여받은 프로세스는 I/O 스케줄러에 의해서도 우선적으로 취급되는 것이 상례이다. 이렇게 함으로써 그 작업을 빨리 처리할 수 있다. 일단 I/O 스케줄러는 I/O 요구의 상대순서를 결정하고 나면 I/O traffic controller는 이 중에 어느 것이 만족될 수 있는가를 결정하고 그리고 나서 I/O 장치 핸들러에서는 다시 주변장치의 특성과 연관된 스케줄링을 할 수 있다.

3. I/O 장치 핸들러

I/O 장치 핸들러(I/O device handler)는 CCW(Channel Command Words)를 만들어 주고, 에러 상태를 다루고, 그리고 I/O 인터럽트를 처리하는 것 외에도 주변장치 형태에 따라 상세한 스케줄링 알고리즘을 제공한다.

즉, I/O 장치 핸들러의 탐구전략은 대기하고 있는 많은 프로세스들 사이에 주변장치를 할당하는 데 사용되는 미리 정해진 정책으로 프로세스들이 주변장치를 차지하는 순서를 정하고, 그 목적은 설정시간(seek time)과 회전지연시간(rotational delay time), 다시 말해 잠복시간(latency time)을 최소로 유지하는 것이다.

여기서 설정시간을 최소화하는 데 가장 널리 사용되는 스케줄링 알고리즘에는 FCFS, SSTF, SCAN, C-SCAN 그리고 N-SCAN 있고, 회진지연시간을 최소화하는 데 사용되는 것은 에션바흐 기법, SLTF, 섹터 큐잉이 있다.

그리고 모든 스케줄링 알고리즘은 다음과 같은 목적 하에 스케줄링을 해야 한다.

- 암(arm) 이동을 최소화
- 평균 응답시간을 최소화
- 응답시간의 편차를 최소화

하지만, 이 목적들은 단지 지침서일 뿐이고, 실제 시스템에서는 설계자는 일반 사용자에게 시스템을 가능한 한 좋게 하는 전략을 선택해야 한다.

1) FCFS(First Come First Served) 스케줄링

FCFS는 먼저 도착한 요청이 먼저 서비스되는 기법으로 프로그램하기 쉽고, 사용자들에게 공평하다는 점에서 가장 간단한 주변장치 스케줄링 알고리즘이다. 그러나 이것은 설정(seek) 전략의 세 가지 목적 중 어느 하나도 충족시키지 못한다.

예를 들어, 번호가 0부터 99인 100개의 트랙을 가진 이동 헤드 디스크가 있다고 하자. 헤드는 방금 전에 트랙 53의 요청을 끝내고, 현재 트랙의 위치가 60에 있으며, 만일 요청 큐에 다음과 같은 순서로 유지될 때,

23, 70, 37, 12, 85, 75, 53, 80

FCFS 기법을 이용하여 총 헤드의 이동을 계산해 보자.

헤드 이동	트랙이동
60 → 23	37
23 → 70	47
70 → 37	33
37 → 12	25
12 → 85	73
85 → 75	10
75 → 53	22
53 → 80	27
	274

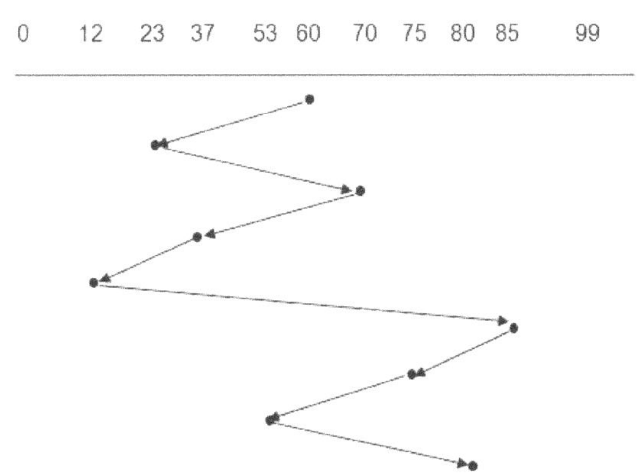

총 트랙 이동 수=274
평균 트랙 이동 수=274 / 8=34.25

FCFS 기법은 요청 큐에 들어 있는 순서대로 트랙을 이동시킨다. 현재 트랙의 위치가 60이므로 요청 큐의 첫 번째 값인 23으로 이동한다. 그리고 70, 37, 12, 85, 75, 53, 80 순서로 트랙을 이동시킨다. 총 트랙 이동은 274이고, 평균 트랙 이동은 34.25가 된다.

2) SSTF(Shortest Seek Time First) 스케줄링

FCFS의 단점은 헤드가 60에서 23으로, 다시 23에서 70로 지나치게 많이 이동한다는 것이다. 그러나 60에서 23으로 가기 전에 먼저 가까이 있는 37, 53을 함께 처리하고 23으로 간다면 이동 거리가 크게 줄게 되어 디스크의 처리율이 크게 향상된다는 것이다.

이와 같이 SSTF는 디스크 요청을 처리하기 위하여 헤드가 먼 곳까지 이동하기 전에 현재의 헤드에 가까운 것부터 처리하면서 이동하면 설정시간(seek time)을 줄인다.

앞의 예제를 이용하여 현재 헤드 위치를 60이라고 할 때 총 헤드의 이동을 계산해 보자

헤드 이동	트랙이동
60 → 53	7
53 → 70	17
70 → 75	5
75 → 80	5
80 → 85	5
85 → 37	48
37 → 23	14
23 → 12	11
	112

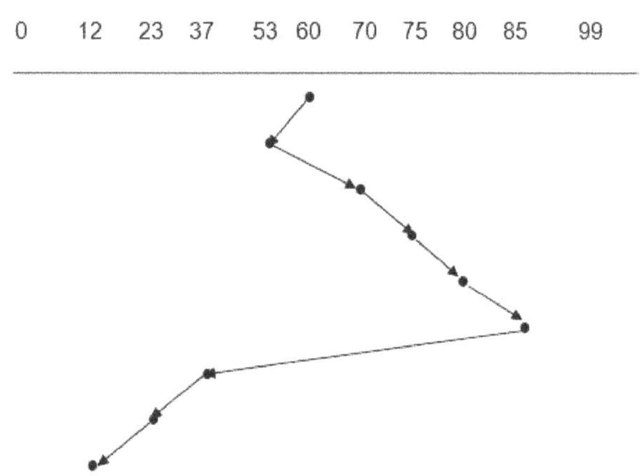

총 트랙 이동 수=112
평균 트랙 이동 수=112 / 8=14

SSTF와 FCFS를 비교해 보면 약 112헤드만 이동하게 되어 디스크의 처리시간을 크게 감소시켰다. 그러나 이것 또한 문제점이 있다. SSTF는 SJF(Shortest Job First)와 유사한 형태이므로 SJF가 가지고 있는 문제점인 짧은 작업만 처리하다 보니 큰 작업은 무한정 기다림 현상이 생기는데 SSTF도 마찬가지로 디스크 요구의 무한정 기다림(indefinite postponement) 상태가

발생할 수 있다는 것이다.

예를 들면, 70를 처리하고 75를 처리하려는 도중에 새로운 요청인 88, 91 등의 요청 등이 계속적으로 도착할 경우 12는 기아상태에 빠질 수 있다. 따라서 SSTF는 FCFS보다 상당히 개선되었지만 최적의 방법은 아니다. 또 하나의 단점은 안쪽과 바깥쪽의 트랙을 차별하기 때문에 응답시간에 큰 편차가 생긴다는 점이다. 그러나 처리량과 평균 응답시간이 향상된 것을 고려하면 이러한 큰 편차는 묵인할 수 있다. SSTF의 경우는 처리량이 주안점인 일괄처리 시스템에서는 유용하나 응답시간의 편차가 크기 때문에 대화 시스템에서는 SSTF가 맞지 않다.

3) SCAN 스케줄링

SCAN은 요청 큐에 대기 중인 요구들 중에서 현재 헤드의 진행방향으로 가장 가까운 요구를 먼저 서비스 하고, 입출력 헤드가 디스크의 끝까지 도달하였을 때는 역으로, 반대 방향의 끝까지 이동하면서 요청된 트랙을 처리해 나가는 스케줄링 기법이다. 이때 만약에 새로운 디스크 요청이 헤드의 바로 앞 요청의 큐(queue)에 도착되면 즉시 처리되나 반대로 헤드 바로 뒤에 있나년 헤느가 디스크의 끝까지 이동하고 나서 다시 되돌아올 때까지 기다려야 한다.

헤드의 시작 위치가 60이고 이동방향이 0 트랙에서 99 트랙 방향일 때, SCAN을 적용하면 트랙 이동은 다음과 같다.

헤드 이동	트랙이동
60 → 70	10
70 → 75	5
75 → 80	15
80 → 85	5
88 → 99	11
99 → 53	46
53 → 37	16
37 → 23	14
23 → 12	11
	133

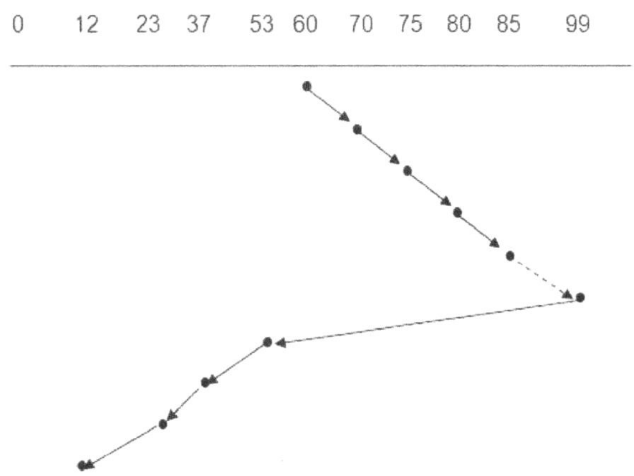

총 트랙 이동 수=133
평균 트랙 이동 수=133 / 9=14.78

현재의 위치가 60이고 이동방향이 0 트랙에서 99 트랙 방향일 때, 60에서 가까운 70, 75, 80, 85로 이동한다. 그리고 맨 마지막 트랙인 99로 이동한 후, 방향을 바꿔 53, 37, 23, 12로 이동한다. 총 트랙 이동 수는 133이고 평균 트랙 이동 수는 14.78이다.

SCAN 알고리즘은 엘리베이터의 동작과 유사하기 때문에 엘리베이터 알고리즘이라고도 부른다. SCAN은 처리량과 평균 응답시간이 FCFS보다 개선되었다는 점에서는 SSTF와 같지만, SCAN은 SSTF에서 발생하는 차별대우를 많이 없애고 훨씬 낮은 편차를 갖게 한다. 즉, SCAN에서 헤드를 안쪽과 바깥쪽을 왔다 갔다 하기 때문에 바깥쪽 트랙은 가운데 트랙보다 적게 서비스를 받는다. SSTF의 차별대우만큼은 심각하지 않다.

SCAN 스케쥴링은 이동방향을 바꿀 때, 99트랙이나 0트랙으로 이동한 후 방향을 변경하는 특징이 있는데, 이 특징으로 SCAN은 불필요한 이동이 발생한다. 이러한 불필요한 이동을 보완한 것이 LOOK이다("LOOK"이란 그 방향으로 움직이기 전에 요청이 있는지를 검사한다는 뜻이다). LOOK은 0트랙, 99트랙으로 이동하여 방향을 변경하는 것이 아니라 요청큐에 있는 가장 큰 값으로 이동하였으면 그 트랙에서 방향을 변경한다. 또는 요청 큐에 있는 가장 작은 값으로 이동하였으면 그 트랙에서 방향을 변경한다. 따라서 SCAN보다는 이동을 덜하게 된다.

헤드가 85까지 이동한 후, 더 이상 99방향으로 이동할 요청이 없으므로 방향을 반대로 바꿔 53, 37, 23, 12순서로 헤드를 이동한다.

헤드 이동	트랙이동
60 → 70	10
70 → 75	5
75 → 80	15
80 → 85	5
85 → 53	32
53 → 37	16
37 → 23	14
23 → 12	11
	108

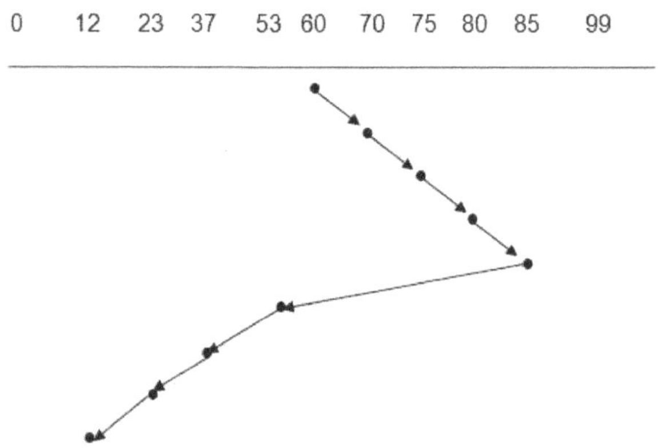

총 트랙 이동 수=108
평균 트랙 이동 수=108 / 8=13.5

4) C-SCAN(Circular-SCAN) 스케줄링

SCAN은 각 트랙에 대한 요청이 균등하다고 가정할 때, 헤드가 한쪽 끝에 이르러 방향을 바꾸어야 할 시점에서 요청밀도가 높은 쪽은 최초의 시작 부분이며, 나중에 처리된 헤드 바로 뒷부분은 비교적 밀도가 낮다. 따라서 밀도가 높은 쪽의 요청은 상당히 오랜 시간을 대기하게 된다. 이와 같이 가장 왼쪽과 가장 바깥쪽의 실린더를 차별하게 되는 것을 C-SCAN에서는 이 차별을 없앴다. 그리하여 대기시간을 좀 더 균등하게 하려고 SCAN에 변형을 가한 것이 C-SCAN이다. 이 경우 SCAN과 같이 한쪽 방향으로 헤드를 이동해 가면서 요청을 처리하지만 한쪽 끝에 다다르면 반대 방향으로 헤드를 이동하는 것이 아니라 다시 처음부터 처리를 진행하게 된다. 방법은 본질적으로 마치 처음과 마지막 트랙을 서로 인접시킨 것과 같은 원형처럼 디스크를 처리한다.

헤드의 시작 위치가 60트랙이고 이동방향이 0트랙에서 99트랙 방향일 때, C-SCAN을 적용하면 트랙 이동은 다음과 같다. 60트랙에서 70, 75, 80, 85까지 이동한 후, 99트랙까지 이동한다. 그리고 99트랙에서 헤더의 이동 방향을 바꿔 0트랙까지 이동 한 후, 요청 큐에 저장되어 있는 12, 23, 37, 53트랙으로 헤드를 이동한다.

헤드 이동	트랙이동
60 → 70	10
70 → 75	5
75 → 80	5
80 → 85	5
85 → 99	14
99 → 0	99
0 → 12	12
12 → 23	11
23 → 37	14
37 → 53	16
	191

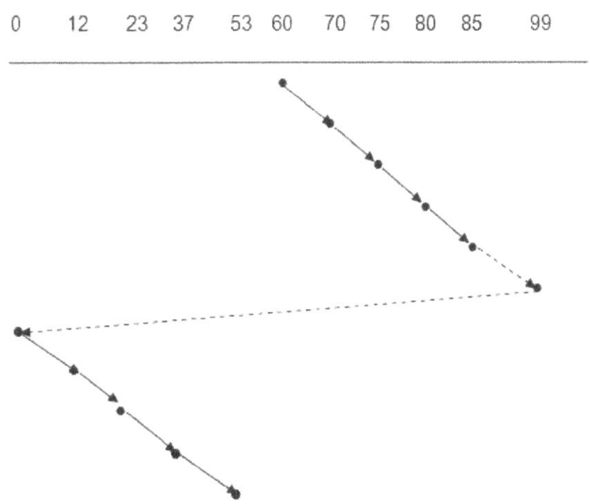

종 트랙 이동 수=191
평균 트랙 이동 수=191 / 10=19.1

SCAN과 C-SCAN를 비교해보면, SCAN은 99 트랙에서 방향을 변경한 후,

99 트랙에 가까운 트랙으로 이동하므로 99트랙에서 53 트랙으로 이동한다. 그런데, C-SCAN은 99 트랙에서 방향을 변경하여 0트랙으로 곧장 이동하고 0트랙에서 가까운 12트랙으로 이동한다.

이때, C-SCAN 대신에 C-LOOK를 적용하면 트랙 이동은 다음과 같다.

헤드 이동	트랙이동
60 → 58	2
58 → 37	21
37 → 23	14
23 → 12	11
12 → 99	87
99 → 80	19
80 → 75	15
75 → 70	5
	174

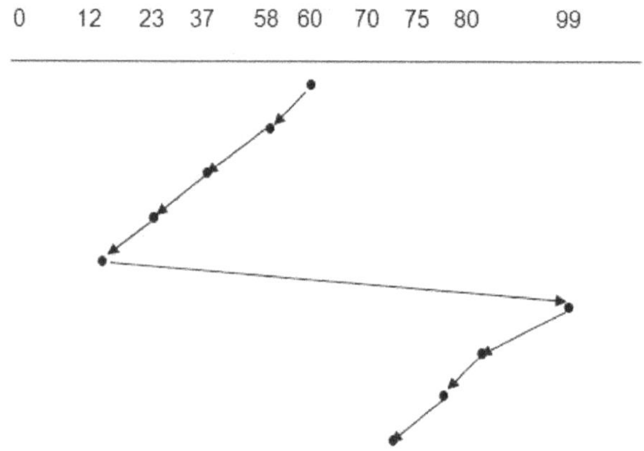

총 트랙 이동 수=174
평균 트랙 이동 수=174 / 8=21.75

C-LOOK은 LOOK과 마찬가지로 99트랙까지 이동하지 않고, 요청 큐에 있는 트랙의 최고값인 85 트랙에서 헤드의 이동 방향을 바꾼다.

헤드 이동	트랙이동
60 → 70	10
70 → 75	5
75 → 80	5
80 → 85	5
85 → 12	73
12 → 23	11
23 → 37	14
37 → 53	16
	139

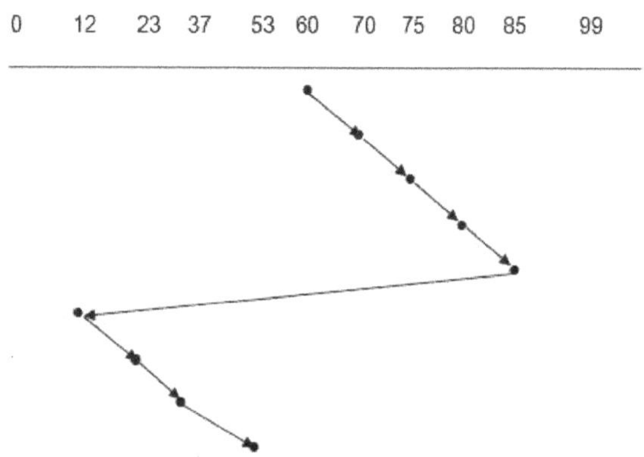

총 트랙 이동 수=139
평균 트랙 이동 수=139 / =17.38

이때, 0 트랙까지 이동하지 않고 요청 큐에 있는 트랙의 최저값인 12 트랙로 이동한 후, 이동방향을 바꾸어 23, 37, 53 트랙으로 이동한다. 따라서 총 트랙 이동수는 C-SCAN에 보다 매우 작다.

5) N-단계 SCAN 스케줄링

헤드는 SCAN과 같이 안팎으로 움직이지만, N-단계 SCAN에서는 어떤 방향의 진행이 시작될 당시의 요청 큐에서 대기 중이던 요청들만 서비스하며, 진행 도중 도착한 요청들은 한데 모아져서 다음의 반대 방향 진행 때 최적으로 서비스할 수 있도록 재배열(무한정 대기 가능성을 배제)하는 방법이다. 장점으로는 N-단계 SCAN은 처리량과 평균 응답시간에서 좋은 실행효율을 보이며, 응답시간의 편차가 작다.

SCAN은 진행 도중에 도착한 요청은 반대 방향으로 진행시 처리해야만 한다. 지금까지의 스케줄링에 사용한 예제를 이용해 진행 도중에 요청이 도착할 경우의 처리 과정을 살펴보자.

예를 들어, 요청 큐에는 23, 70, 37, 12, 99, 75, 58, 80이 있고 시작 헤드가 60이고, 헤드가 37에 도착했을 때, 25의 요청이 들어 왔을 경우 3-단계 SCAN 스케줄링으로 헤드의 이동 시간을 계산해보자.

N=3이므로, 요청 큐를 3개의 요청 큐로 분리하고, 첫 번째 요청큐, 두 번째 요청큐, 그리고 세 번째 요청큐 순서로 트랙을 이동한다. 트랙 이동 중에 새롭게 도착한 요청은 맨 마지막 요청 큐에 저장되어 다른 요청 큐에 대기 중인 작업이 종료되기를 기다린다.

N=3일 경우	23	70	37	12	85	75	53	80	
25요청 추가	23	70	37	12	85	75	53	80	25
재배열	70	37	23	12	75	85	80	53	25

먼저 시작헤드가 60에서 99번 트랙 방향으로 이동하므로, 첫 번째 요청 큐인 23, 70, 37을 70, 37, 23으로 정리한다. 헤드가 60번에서 70번 트랙 이동하고, SCAN 방식이므로 99번 트랙에서 이동 방향을 0번 트랙으로 바꾼 후, 트랙번호 37, 23으로 이동한다.

두 번째 요청 큐는 현재 헤드의 이동방향이 0번 트랙 방향이므로, 0번 트랙에서 방향을 99번 트랙 방향으로 바꾼 후에 12, 75, 85번 트랙으로 이동한다.

새로 요청한 트랙번호 25가 추가되어 있는 세 번째 요청 큐도 두 번째 큐와 마찬가지로 99번 트랙에서 헤드의 이동방향을 바꾼 후에 80, 53, 25번 트랙으로 이동한다.

헤드 이동	트랙이동
60 → 70	10
70 → 99	29
99 → 37	62
37 → 23	14
23 → 0	23
0 → 12	12
12 → 75	63
75 → 85	10
85 → 99	14
99 → 80	19
80 → 53	27
53 → 25	28
	311

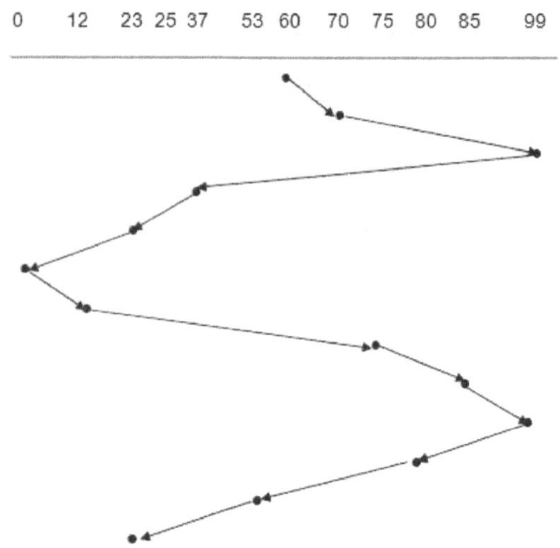

총 트랙 이동 수=311
평균 트랙 이동 수=311 / 12= 25.92

6) 에센바흐 기법(Eschenbach scheme)

헤드는 C-SCAN처럼 움직이는데 예외로 모든 실린더는 그 실린더에 요청이 있든지 없든지 전체 트랙이 한 바퀴 회전할 동안의 서비스를 받는다. 그리고 한 실린더내에서 회전위치를 이용할 수 있도록 요청측을 재배열하며 두 개의 요청이 실린더에서 같은 섹터의 위치에 있으면 한 방향으로 진행시 한 개의 요청만을 서비스한다. 이 방법은 탐색시간뿐 아니라 회전 지연시간을 최적화하려고 했던 최초의 기법으로서 매우 부하가 큰 항공예약 시스템을 위해 개발되었다.

7) SLTF(Shortest-Latency-Time-First)

설정시간 최적화의 SSTF 전략에 해당하는 회전시간 최적화로서 일단 디스크 헤드가 특정 실린더에 도착하면 그 실린더내의 여러 트랙에 대한 많은 요청들이 있을 수 있다. 이런 모든 요청을 검사한 후 회전 지연시간이 가장 짧은 요청부터 서비스한다. 장점으로는 실제 구현이 비교적 쉽다.

8) 섹터 큐잉(sector queuing)

고정 헤드 장치를 스케줄링하는 알고리즘으로, 트랙을 일정한 수의 블록으로 나눈 섹터에 기초해 섹터 위치에 따라 대기행렬에 정렬되고 가장 가까운 섹터가 우선적으로 서비스되며 각각의 요청에 있어서 디스크의 주소는 트랙과 섹터로 나타낸다. 고정 헤드는 설정시간이 없으므로 회전시간만이 지연요소가 된다.

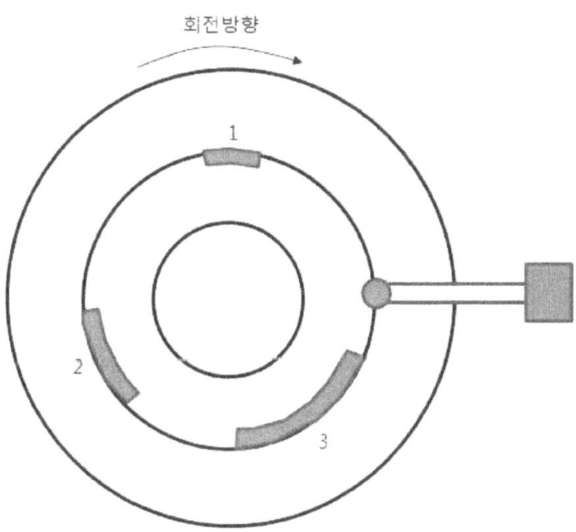

[그림 4-17] SLTF 스케줄링

[그림 4-18] 섹터 큐잉

<표 4-3> 디스크 스케줄링 방법 및 특징

종 류	방 법	특 징
FCFS 스케줄링	대기 큐를 재배열하지 않고 들어온 순서대로 처리한다.	오버 헤드가 크다. 응답시간이 길다.
SSTF 스케줄링	현재 헤드의 위치에서 가장 가까운 요청을 서비스한다.	응답시간의 편차가 크므로 대화형 시스템에 부적합하다(설정시간 최적화).
SCAN 스케줄링	헤드가 디스크 표면을 양방향으로 요청을 서비스한다. 헤드는 진행방향에 더 이상 요구가 없을 때 방향을 바꾼다. (부하가 적은 경우 가장 좋은 방법)	SSTF가 갖는 응답시간에 있어서의 차별대우와 큰 편차를 해결한다.
N-단계 SCAN 스케줄링	헤드는 SCAN에서와 같이 양방향으로 움직이나, 진행중 요구들을 한데 모아 처리한다.	SCAN의 지연과 무한연기를 해결한다. 응답시간 편차가 적다.
C-SCAN 스케줄링	헤드는 트랙의 안쪽으로, 한 방향으로 움직이며 처리하다가 안쪽에 더 이상 요청이 없으면 다시 바깥에서 안쪽으로 진행한다. (부하가 중간에서 많은 경우 가장 좋은 방법)	SCAN의 가장 안쪽과 바깥쪽의 실린더에서 차별대우를 해결한다(SCAN의 대기시간의 균등화).
에션바흐 기법	헤드는 C-SCAN처럼 한 방향으로 움직이나 모든 실린더에 요청이 있든지 없든지, 전체 트랙이 한 바퀴 회전할 동안에 서비스를 받는다.	회전시간 최적화를 처음으로 시도한 것
SLTF 스케줄링	일단 디스크 헤드가 특정 실린더에 도착하면 도착한 순서에 관계없이 대기 큐에 지정된 순서대로 서비스를 받는다.	(회전시간 최적화)
섹터 큐잉	드럼과 같은 고정 헤드 장치를 스케줄링할 때 사용하는 것으로서 탐색시간이 없고 회전 지연시간만 존재한다.	고정 헤드 장치 알고리즘

연습문제

■ 객관식 문제

1. 디스크에서 헤드가 70트랙을 처리하고 60트랙으로 이동해 왔다. SCAN 방식을 사용할 때 다음 디스크 큐에서 가장 먼저 처리되는 트랙은?

[20, 50, 80, 100]

(가) 20　　(나) 50
(다) 80　　(라) 100

2. I/O 효율을 높이기 위해 I/O의 내용을 디스크 등에 모아두었다가 처리하는 방식은?

(가) over lapping　　(나) pipelining
(다) spooling　　(라) relocating

3. CPU와 입/출력 장치와의 속도차이를 줄이기 위해 사용하는 기법은?

(가) storage Protection　　(나) storage Interleaving
(다) buffering　　(라) polling

4. 다음 중 SSTF(Shortest Seek Time First) 디스크 스케줄링에 대한 설명으로 옳은 것은?

(가) 모든 요청을 공평하게 서비스한다.
(나) 큐에 대기중인 요청의 서비스 받을 순서가 변하지 않는다.
(다) 대화형 시스템에 유용하다.
(라) 헤드에서 먼 곳에 대한 요청은 기아상태를 일으킬 수 있다.

5. 어떤 디스크가 실린더 3개, 실린더당 트랙이 100개, 트랙당 섹터가 10개로 이루어져 있으며 한 섹터의 크기가 180byte라고 가정할 때, 이 디스크 용량은 몇 KB인가?

(가) 180KB　　(나) 380KB
(다) 540KB　　(라) 720KB

6. 다음 중 디스크 스케줄링 기법의 종류가 아닌 것은?
(가) FIFO(First In First Out)
(나) SCAN
(다) SSTF(Shortest Seek Time First)
(라) C-SCAN

7. 다음 중 디스크의 파일 할당방법에 대한 설명 중 옳지 않은 것은?
(가) 연속할당은 외부적 단편화를 일으킬 수 있다.
(나) 연결할당은 파일에 직접 액세스가 불가능하다.
(다) 색인할당은 연속할당의 외부 단편화를 해결한다.
(라) 인덱스 할당은 외부 단편화와 관계없이 직접 주소를 제공한다.

8. 다음 중 버퍼링과 스풀링의 차이점에 대한 설명으로 올바르지 않은 것은?
(가) 스풀링은 H/W적으로 구현하고 버퍼링은 S/W적으로 구현한다.
(나) 버퍼링과 스풀링 모두 입출력 작업을 효율적으로 운영하기 위하여 고안되었다.
(다) 버퍼링과 스풀링 모두 CPU와 독립적으로 수행된다.
(라) 버퍼링과 메모리에 대하여, 스풀링은 디스크에 대하여 행해지는 방법이다.

9. 다음의 입출력 채널(Input / Output Channel)에 관한 설명 중 틀린 것은?
(가) 주프로세서와는 독립적으로 입출력을 행한다.
(나) 채널은 주기억장치를 직접 액세스할 수 있다.
(다) 입출력 완료시 폴링 방식으로 프로세서에 입출력 완료를 알린다.
(라) 채널은 선택 채널과 멀티플렉서 채널로 구분할 수 있다.

■ 주관식 문제

1. 주변장치 경영이란 무엇인가?

2. 시스템 주변장치의 유형을 들고 논하여라.

3. blocking과 deblocking이란 무엇이며, blocking의 장점을 열거하여라.

4. 액세스 시간을 고정 헤드 장치와 이동 헤드 장치로 나누어 서술하여라.

5. double buffering에 대하여 논하여라.

6. 번호가 0부터 199인 200개의 트랙을 가진 이동 헤드 디스크가 있다. 처음의 요청 트랙은 98이고, 마지막 트랙은 67로 되는 다음과 같은 선형요청 디스크 큐(queue)를 생각해 보자.

98, 183, 37, 122, 14, 124, 65, 67

가령 입출력 헤드가 초기에 트랙 53에 있다. 다음과 같은 스케줄링 알고리즘에서 이 요청을 만족시키기 위해 총 헤드 운동은 얼마인가?

(1) FCFS
(2) SSTF
(3) SCAN
(4) LOOK
(5) C-SCAN

7. 채널의 레지스터 종류를 들고 각각의 기능에 대하여 논하여라.

8. 주기억장치, 채널, 제어장치, 입출력장치와의 관계를 지어 설명하여라.

9. CSW, CAW, CCW 각각에 대하여 논하여라.

10. CPU와 채널과의 병행 동작에 대하여 논하여라.

11. 주변장치 분배정책에 대하여 논하여라.

12. SCAN이 SSTF보다 응답시간의 편차가 작은 이유는 무엇인가?

13. C-SACN의 처리량과 SCAN의 처리량을 비교해 보아라.

14. SSTF가 안쪽이나 바깥쪽보다 가운데 트랙을 선호하게 되는 이유를 설명하여라.

15. 광기억장치의 종류를 들고 설명하여라.

16. 회전 지연시간을 최소로 하는 디스크 스케줄링 알고리즘을 분류하여 설명하여라.

17. 디스크 캐싱(disk caching)에 대하여 논하여라.

18. 디스크 스케줄링에서 부하가 적은 경우의 방법은 어떤 것이며, 그 이유를 설명하여라.

19. disk caching과 RAM disk를 비교하여 설명하여라.

제 5 장

정보 경영

5.1 서 론

1. 파 일

메모리는 휘발성 저장 매체이므로 데이터를 영구히 저장하기 위해서는 ROM, 하드디스크, 플래시 메모리와 같은 비휘발성인 보조기억장치가 이용된다. 이러한 보조기억장치에는 운영체제 코드, 프로그램 코드, 기타 데이터 등이 파일 형태로 저장되며, 디스크를 사용하여 파일(file)을 실현하는 것이 파일 시스템이다.

모든 디스크의 입출력은 물리적 레코드라는 블록 단위로 이루어지며, 시스템마다 블록의 크기는 조금씩 다르지만, 같은 시스템이라면, 블록의 크기는 동일하다. 물리적 레코드(physical record)와 논리적 레코드(logical record)의 크기는 서로 다르다. 논리적 레코드는 가변적이기 때문에, 여러 개의 논리적인 레코드를 블록킹(blocking) 함으로서 물리적 레코드로 만든다.

그러나 UNIX 운영체제에서 파일이란 임의의 길이인 일련의 바이트 연속으로 각 바이트는 파일의 시작점에서 오프셋(offset)으로 주소를 지정하며, 이러한 경우에 하나의 바이트가 논리적 레코드가 된다. UNIX 파일 시스템에서는 필요에 따라 자동으로 바이트들을 물리적인 디스크 블록(블럭당 512 바이트, 1K, 2K)으로 패킹(packing) 또는 언패킹(unpacking)한다.

논리적인 레코드의 크기, 물리적인 블록의 크기 그리고 패킹 기법은 얼마나 많은 논리적 레코드들이 각 블록에 실제로 들어가게 되는가를 결정하며 패킹은 사용자의 응용 프로그램이나 운영체제에 의해 실행되어진다. 또한, 각 파일은 각 사용자에 의해서 소유되고, 다른 사용자들에 의해서 무단 사용되는 것을 보호해 준다. 각 파일은 고유한 이름을 가지고 있으며, 이 이름은 문자 스트링으로 그 파일이 계층구조의 어디에 있는가를 보여준다. 이들에 대해서는 차츰 살펴보기로 하자.

2. 파일 조작

파일 시스템에서 파일 조작이란 추상적인 자료 형태인 파일을 다음 7가지 시스템 호출(system call)을 통해서 어떻게 다루어지는 가를 말한다. 이를 위해 파일 시스템은 파일 생성(create), 파일 열기(open), 파일 닫기(close), 파일 읽기(read), 파일 쓰기(write), 파일 재설정(reset) 및 파일 삭제(delete)와 같은 시스템 호출(system call)을 사용한다.

1) 파일 생성(create)

파일을 생성하기 위해서는 2단계가 필요하다. 첫째, 파일을 저장하기 위한 파일 시스템에 있는 공간을 찾아야 한다. 둘째, 새로 생성된 파일에 대한 항목을 디렉토리로 만들어야 하며, 이 디렉토리 항목에는 파일의 이름과 파일 시스템내의 위치가 기록된다.

2) 파일 열기(open)와 닫기(close)

많은 시스템들은 생성된 파일을 처음 사용할 때 열기(open)하고, 운영체제는 모든 열린 파일에 대한 정보를 가지는 작은 테이블을 유지한다. 파일이 더 이상 실제로 사용되지 않으면 닫기(close)하고, 열린 파일을 테이블로부터 제거된다. 이 파일을 열기한 작업이나 프로그램이 종료되면, 자동적으로 파일을 닫기 한다. 그러나 대부분의 시스템은 파일이 사용되기 전에 먼저 프로그래머가 시스템 호출로 열기를 요구한다.

3) 파일 읽기(read)

파일 읽기는 파일 이름과 읽는 데 필요한 정보(예를 들어, 옵셋 위치)를 명시하는 시스템 호출이다. 관련 디렉토리 항목을 찾기 위해서 디렉토리를 탐색하고, 그 블록이 읽혀지면 디렉토리에 존재하는 포인터가 갱신된다.

일반적으로 파일을 읽기하거나 쓰기를 할 때는 두 개의 포인터, 즉 읽기 포인터와 쓰기 포인터를 가질 수 있으며, 대부분의 시스템은 하나의 현재 파일 포인터를 가진다. 읽기와 쓰기 조작은 이 포인터를 사용하여 디렉토리 항목내의 공간을 절약하고 시스템의 복잡성을 감소시킨다.

4) 파일 기록(write)

파일 쓰기는 파일 이름과 쓰기에 필요한 정보(예를 들어, 옵셋 위치)를 명시하는 시스템 호출이다. 파일명이 주어지면 시스템은 파일의 위치를 알기 위해서 디렉토리를 탐색한다. 디렉토리 항목에는 파일의 현재 블록(일반적으로 파일의 시작)에 대한 포인터를 가지고, 이 포인터를 사용하여 다음 블록의 주소를 계산하고 정보를 쓰기 한다. 이때 쓰기 포인터(write pointer)는 갱신된다. 이와 같이 포인터를 사용하여 연속적인 쓰기는 파일에 대한 일련의 블록을 기록하는 데 사용된다.

5) 파일 재설정(reset)

파일 재설정은 현재 파일 위치에서 파일의 첫 부분으로 재설정(reset)하는 것을 말한다. 파일 재설정은 어떠한 실제적인 입출력을 포함하지는 않는다.

6) 파일 삭제(delete)

파일을 삭제하기 위해서는 지정된 파일을 디렉토리에서 찾는다. 관련 디렉토리 항목이 발견되면, 해당 파일의 모든 공간을 해제시키고, 디렉토리 항목도 무효화시킨다.

이 모든 파일 조작에 대한 시스템 호출은 이어서 나오는 유닉스 파일시스템에서 상세하게 다루므로 좀 더 이해하기 쉬울 것이다.

3. 파일 시스템의 기능

파일 시스템(file system)은 기억장치 관리 시스템의 한 부분인 보조기억장치상의 파일을 관리하는 일을 한다. 즉 파일 시스템은 적절한 제어 방식으로 정보를 보관하는 개인용의 저장장소(private storage)를 제공하고, 이 장소에 저장된 정보를 여러 사용자가 공유(sharing)할 수 있도록 해준다. 다음은 파일 시스템이 가지는 여러 가지 기능을 보여준다.

a) 사용자가 파일을 생성(create)하고, 갱신(update)하며, 삭제(delete)할 수 있도록 한다.
b) 적절한 제어 방식을 통해 타인의 파일을 공동으로 사용할 수 있도록 하며, 타인의 작업을 활용할 수 있게 한다.
c) 파일 시스템의 파일 공유 기법은 읽기(read) 액세스, 기록(write) 액세스, 수행(execute) 액세스 또는 이들을 조합한 액세스 제어 방법을 제공한다.
d) 사용자가 각 응용에 적합한 구조로 파일을 구성할 수 있도록 한다.
e) 사용자가 파일간의 정보 전송명령을 내릴 수 있게 한다.
f) 불의의 사고로 인한 정보의 손실이나 고의적인 정보의 파괴를 방지하기 위해 예비(backup)와 복구(recovery) 능력을 갖춰야 한다.
g) 물리적 장치명(physical device name)을 사용하는 대신에 기호화된 이름(symbolic name)을 사용하여 자신의 파일을 참조하도록 함으로써 장치와의 독립성(device independence)을 보장해 준다.
h) 정보를 암호화(encryption)하고 해독(description)할 수 있는 능력을 갖추어야 한다.
i) 파일 시스템은 사용하기 편리한 인터페이스(user-friendly interface)를 제공하기 때문에, 사용자는 데이터가 저장되어 있는 특성상지, 데이터의 기억 형태, 데이터 전송 방식 등에 대해 신경 쓸 필요가 없다.

4. 파일 시스템의 장단점

1) 장점

파일 시스템의 장점으로는 데이터 생성과 수정을 용이하게 하고, 온라인 실시간 시스템(on-line real time system)에서 응답시간(response time)을 빠르게 한다.

2) 단점

파일 시스템의 단점으로는 데이터를 이중관리하거나 데이터의 일관성이 결여(inconsistencies)되므로, 새로운 시스템의 개발 시 개발비용이 과대 지출될 우려가 있다. 또한, 많은 양의 데이터를 종합적으로 관리하는 것이 불가능하며, 데이터 관리와 프로그램 관리의 상호의존성이 너무 크고, 데이터 호환성(compatibility)이 결여되는 문제점들이 있다.

5. 디렉토리

지금까지 살펴본 파일 시스템은 주로 보조기억장치상의 파일에 이름을 붙이고, 저장이나 검색을 위해 논리적으로 그것들을 어디에 위치시켜야 하는지 등을 관리하는 역할을 한다. 그리고 파일이 어디에 저장되어 있고, 그 파일의 형태, 파일의 소유자는 누구인지, 어떻게 할당 되었는가 등에 대한 각 파일의 실제적인 속성에 대한 정보는 보조 기억 장치에 있는 디렉토리에 해서 유지된다.

본 절에서는 디렉토리 구조와 현재 운영체제에서 가장 많이 사용되고 있는 트리 디렉토리 구조에 대해서 살펴보자.

1) 디렉토리 정보

이러한 디렉토리가 갖는 정보는 다음과 같다.

a) 파일 이름 : 사용자가 작성한 것으로, 한 디렉토리 내에서는 파일 이름이 중복될 수 없다
b) 파일 형태 : 이진(bin), 텍스트(txt), 실행(exe) 파일 등의 형태.
c) 장치 이름 : 파일이 적재된 장치의 이름
d) 파일 주소 : 파일이 저장된 장치의 물리적인 주소(색인 또는 블록 번호 등)
e) 파일 크기 : 현재 파일의 크기
f) 파일 소유자 : 파일의 제어권을 갖고 있는 사용자의 이름
g) 접근 권한 : 파일의 쓰기, 읽기, 실행에 대한 접근 권한
h) 생성 날짜 : 파일이 생성된 최초 날짜

이 외에도 디렉토리는 마지막으로 파일을 읽은 날짜, 변경한 날짜, 현재 사용 내용 등의 정보를 갖고 있다.

2) 트리 디렉토리 구조

대부분 운영체제 디렉토리는 [파일명, 아이노드 번호]형태의 리스트를 가지고 있는 파일이다. 이 리스트의 아이노드 번호는 인덱스 노드(index node) 혹은 아이노드라고 하는 파일 헤더(file header)를 포인트 한다. 이 아이노드는 파일이름을 제외한 모든 파일 속성들이 저장되어 있어, 실질적으로 파일이나 서브디렉토리를 찾아가기 위해 아이노드 번호가 가리키는 아이노드를

이용한다.

[그림 5-1]은 [파일명, 아이노드 번호] 리스트를 갖는 디렉토리 구조를 설명한 것이다. 모든 디렉토리에는 현재 디렉토리(current directory)를 의미하는 "."과 상위 디렉토리를 의미하는 ".."가 존재한다. 특히, 상위 디렉토리를 의미하는 ".."는 디렉토리의 위치를 변경하고자 할 때 주로 사용하는데, 만약에 현재 위치가 루트 디렉토리라면 [그림 5-1]처럼 현재 디렉토리와 상위 디렉토리의 아이노드 번호가 같을 것이다. 루트 디렉토리는 가장 최상위 디렉토리이기 때문에 상위 디렉토리가 존재하지 않으므로 아이노드 번호를 현재 디렉토리의 아이노드 번호와 동일하게 사용한다.

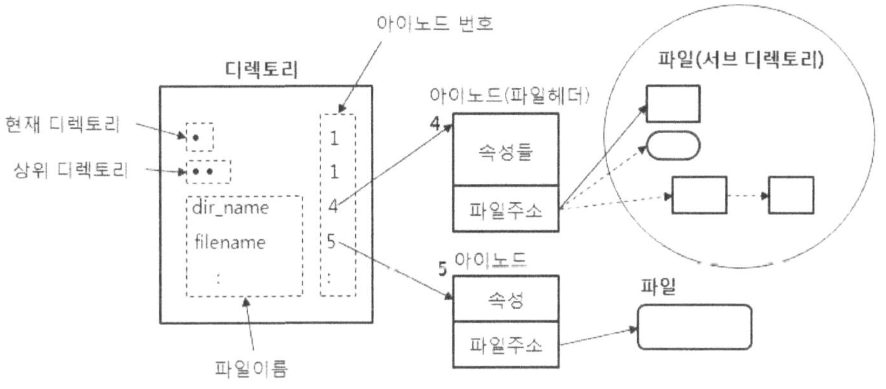

〔그림 5-1〕 디렉토리 구조

이때, 디렉토리의 아이노드 번호는 아이노드 배열에서 아이노드의 위치를 가리키며, 이 아이노드에는 그 파일 혹은 디렉토리의 정보가 저장되어 있다. 이 아이노드를 파일 헤더라고 부르며, 아이노드 구조는 [그림 5-2]와 같다.

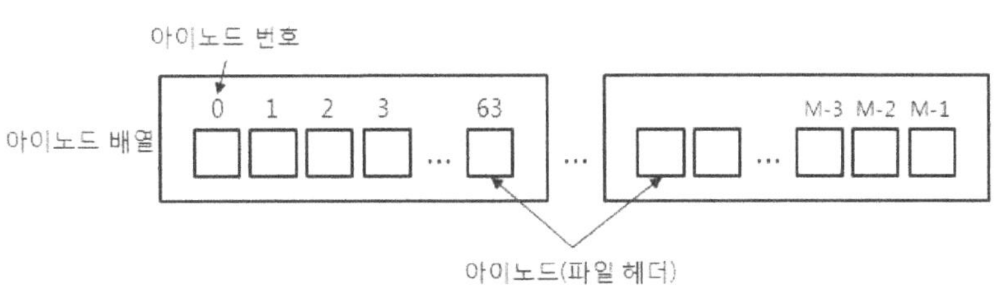

〔그림 5-2〕 아이노드(파일 헤더) 블록 구조

트리 디렉토리(tree directory)는 [그림 5-3]처럼 디렉토리가 트리(tree)처럼 계층적으로 구성된 디렉토리로서, 트리내의 모든 디렉토리는 서브 디렉토리를 가질 수 있으며, 서브 디렉토리 또한 자신의 서브 디렉토리를 가질 수 있다. 이때 모든 디렉토리의 구조는 내부적으로 똑같은 형식을 가가지며, 모든 파일들은 유일한 경로 이름을 가진다.

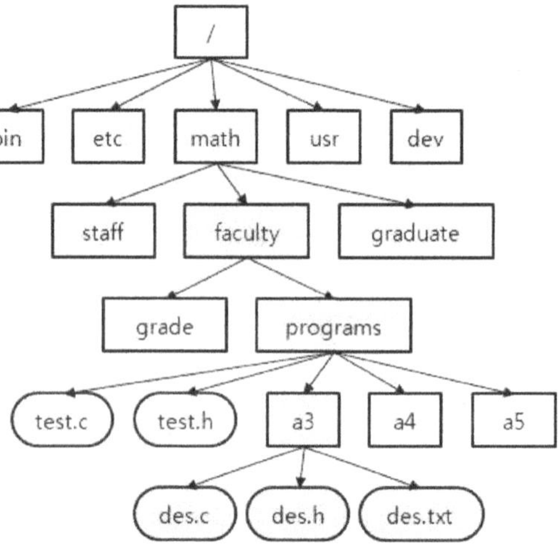

〔그림 5-3〕 트리 디렉토리 구조

트리 디렉토리에서는 현재 사용자가 위치하고 있는 디렉토리가 현재 디렉토리(current directory)이며, 현재 디렉토리 안에는 사용자가 현재 관심을 가지고 있는 대부분의 파일을 검색할 때에는 경로 이름 없이 가능하지만, 그 외의 디렉토리에 있는 파일을 검색하고자 할 때에는 반드시 그 파일이 들어 있는 디렉토리의 이름을 명시해야만 한다.

이렇게 디렉토리의 이름을 명시하는 방법에는 절대경로명(absolute path name)과 상대경로명(relative path name)이 있다. 절대 경로명은 루트 디렉토리부터 지정된 파일이 들어 있는 디렉토리까지의 모든 경로를 지정하는 것이고, 상대경로명은 현재 디렉토리를 기준으로 지정된 파일이 들어 있는 디렉토리까지의 모든 경로를 지정하는 것이다.

예를 들어 [그림 5-3]의 현재 디렉토리가 faculty라고 할 때, a3 디렉토리의 파일을 검색하고자 할 때에는 절대경로명은 /math/faculty/programs/a3이고, 상대경로명은 program/a3이 된다. 이것에 대해서는 뒤에서 다시 다루기로 한다.

지금까지 설명한 것을 더 쉽게 이해하기 위해서 [그림 5-3]의 실제 트리 디렉토리 구조를 이용하여 내부의 변환 관계를 살펴보자.

[그림 5-4]는 [그림 5-3]의 트리 디렉토리에서 운영체제에서 실질적으로 a3 디렉토리의 des.c 파일을 찾아하는 과정을 설명한 것이다.

디렉토리는 [파일명, 아이노드 번호]로 구성되므로, 루트 디렉토리 내의 math 디렉토리의 아이노드 번호는 5이다. 아이노드 배열에서 5번째 아이노드에 저장되어 있는 디렉토리 주소인 2020으로 math 디렉토리를 찾는다. math 디렉토리 내의 faculty 디렉토리의 아이노드 번호가 6이므로 아이노드 배열에서 6번째 아이노드에 저장되어 있는 디렉토리 주소인 572를 찾아 faculty 디렉토리를 찾는다. 동일한 방법으로 a3 디렉토리 내에 있는 des.c파일을 검색할 수 있다.

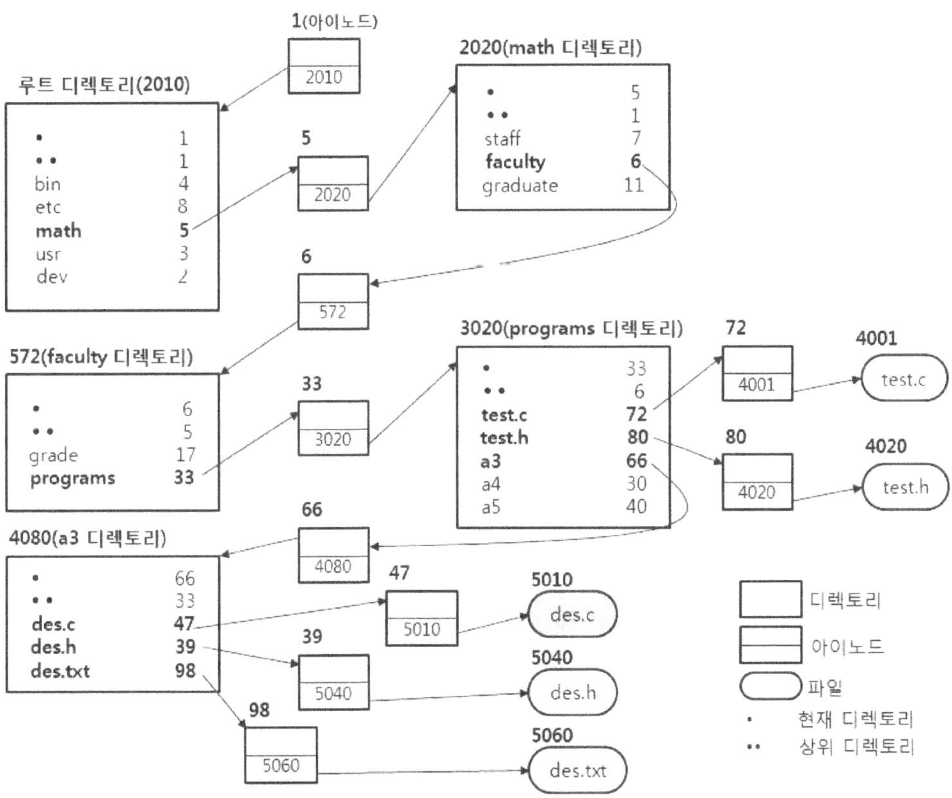

〔그림 5-4〕 트리 구조 디렉토리의 구조

5.2 UNIX 파일 시스템

UNIX에서 파일시스템(file system)이란 일반적으로 크기가 일정한 블록 단위(섹터라고도 불리며 일반적으로 512바이트, 1K, 2K와 같은 크기를 갖는다)인 파일을 조직적으로 쉽게 검색하고, 접근하고, 보관할 수 있도록 만들어진 체제로 모든 파일들은 계층적인 구조를 가진다. 파일은 계층구조 내의 위치한 디렉토리(윈도우95 이후에는 폴더) 또는 서브디렉토리 아래 놓여지고, 이 디렉토리 구조를 통하여 파일까지 경로명을 설정하는 형식을 취한다.

파일 시스템은 하드디스크, CD-ROM 드라이브, 플래시메모리 등 다양한 형태의 주변 장치를 지원할 수 있고, 하나의 시스템에 여러 개의 파일 시스템을 사용하는 것이 가능하다. 가령 다른 주변 장치에 있는 파일에 접근하려면, 이 주변 장치의 파일 시스템을 어떤 디렉터리로 놓을 것인지를 운영체제에게 알려야 한다. 이것을 가리켜 "파일 시스템을 마운트(mount)한다"고 한다. 예를 들어, 유닉스에서 CD-ROM을 읽으려면 CD-ROM의 파일 시스템을 루트 밑의 /mnt 디렉터리 밑에 나타나게 하는 명령을 내린다. 일반적으로 컴퓨터의 관리자만이 파일 시스템을 마운트 할 수 있다.

UNIX 파일 시스템의 또 다른 특징은 다수의 사용자들이 파일시스템을 공유(sharing)할 수 있다는 것이다. 여러 명의 사용자가 하나의 파일시스템을 함께 사용하기 때문에 파일에 대한 권한 문제가 발생하게 된다. 개개의 파일의 소유자가 누구이고, 어떤 사용자는 접근이 가능하지만 어떤 사용자는 접근이 제한된다. 이러한 문제를 해결하기 위하여 사용자별로 홈 디렉토리(home directory)라는 특정한 영역을 지정하여 독점적으로 사용할 수 있게 한다.

UNIX 파일시스템의 가장 큰 특징은 모든 입출력 장치들을 파일로 다룬다는 것이다. UNIX 시스템에서 CD-ROM, 플로피디스크, 디스플레이 등과 같은 장치들과 통신을 하기 위해서는 해당 장치와 1:1로 연결된 파일에 접근하면 된다.

1. 파일의 유형

1) 정규 파일(regular file)

정규 파일(regular file)은 일반 파일(ordinary file)이라고도 하며 실제 데이터(프로그램을 포함하여)를 가지고 있는 것으로, 일반 사용자에 의해 생성되고 이용되는 파일의 총칭이다. 파일의 개수가 많아지면 자연적으로 파일들을 찾기 쉽게 분류할 수 있도록 디렉토리(directory) 혹은 폴더(folder)라고 하는 기능을 이용한다. 정규 파일은 다시 텍스트 파일과 2진(binary) 파일로 나누어진다. 텍스트 파일은 ASCII 문자들로만 구성된 파일을 말하며 단말장치나 프린터로 출력이 가능하다. 이진 파일은 원시 프로그램을 어셈블하거나 컴파일하여 만들어진 실행 가능한 파일이고, 일정한 형식을 지닌 데이터 파일로 그 내용을 단말장치나 프린터로 출력이 불가능한 파일이다. 단, 이들 내용을 보려면 UNIX상의 od 명령어를 사용해야 한다.

2) 디렉토리 파일(directory file)

디렉토리 파일(directory file)은 정규파일들을 계층구조로 분류할 수 있도록 지원하면서 다른 파일을 조작하고 액세스하는 데 필요한 정보를 가지고 있으며, 실제로 데이터 파일을 가지고 있지는 않다. 또한, 하나의 디렉토리는 다른 디렉토리를 가리킬 수도 있고, 필요에 따라 [그림 5-5]에서처럼 계층적으로 조직화하여 원할 때는 디렉토리를 만들거나 삭제할 수 있으며 필요에 따라 디렉토리 구성도 변경할 수도 있다. [그림 5-5]에서 일반 사용자를 위한 디렉토리의 이름은 home으로 지정되어 있으나, 이를 다른 위치로 바꾸거나 디렉토리의 이름을 변경하여도 특별한 문제는 발생되지 않는다. home 디렉토리 밑에 위치하는 park과 hong은 일반 사용자에게 할당된 파일의 예이다.

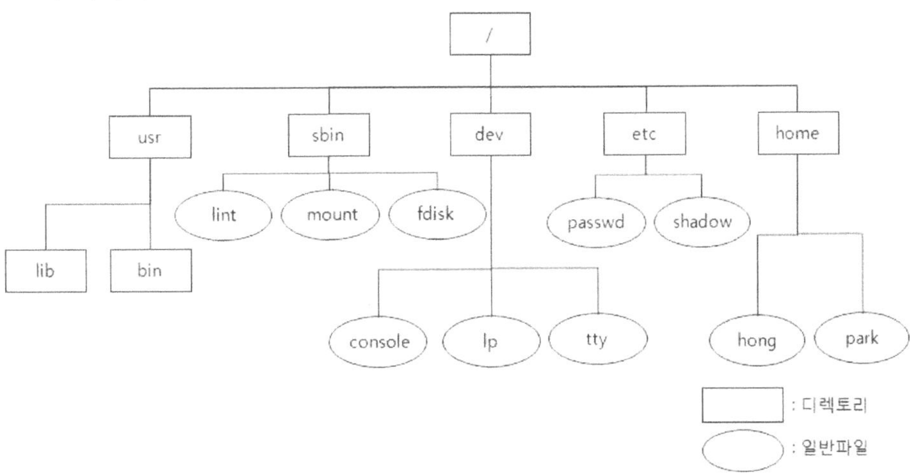

[그림 5-5] 계층적 트리 구조의 파일 시스템

디렉토리 파일은 [그림 5-6]과 같이 [파일이름, 아이노드 번호(i-node number)]로 이루어져 있고, 여기서 아이노드 번호는 파일의 특성 정보를 가지고 있는 아이노드를 가리킨다. 우리는 디렉토리 안에 무엇이 있는가를 실제로 볼 수가 없지만, 유닉스의 ls 명령을 이용하여 디렉토리 내부 정보를 볼 수 있다.

UNIX 시스템에는 다수의 파일들이 존재하기 때문에 이들을 구분할 수 있는 이름체계(naming)가 필요하다. 인간도 같은 이름을 가진 사람들을 구분하기 위하여 이름 대신에 주민등록 번호를 가지고 있듯이, 파일도 파일 이름 대신에 주민등록 번호에 해당되는 아이노드 번호(i-node number)를 가지고 있다. 다시 말해서, UNIX 시스템에 존재하는 모든 파일은 고유한 아이노드 번호를 가지고 있으며, 운영체제는 이 번호를 이용하여 파일들을 처리한다. 그러나 번호를 기반으로 한 파일 명칭은 사용하기 불편하기 때문에 일반 사용자들이 실제로 이용할 때는 파일 경로명(Pathname)을 사용한다.

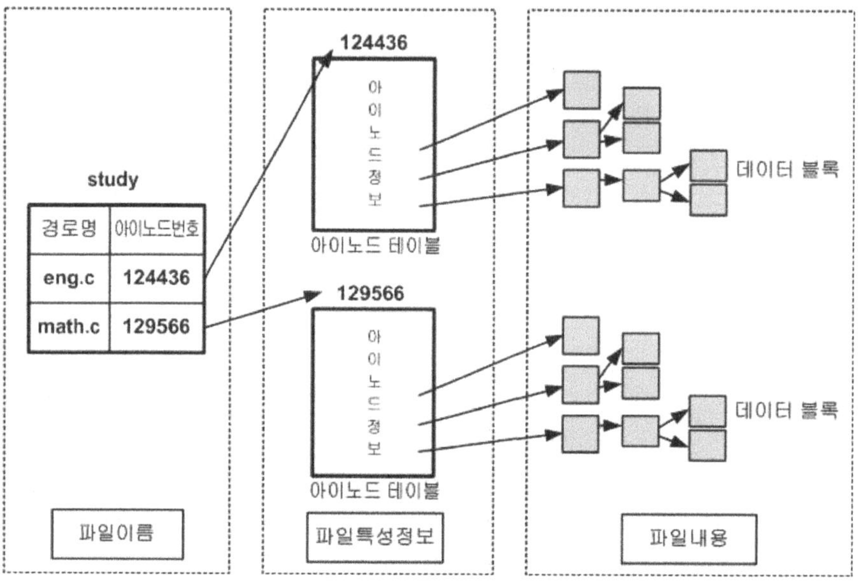

〔그림 5-6〕 디렉토리 파일과 포인터

[그림 5-6]에서와 같이 파일들에 대한 특성 정보는 파일시스템 관련 정보 중의 하나인 아이노드 테이블(i-node table)이라고 하는 테이블 공간에 저장된다. UNIX 시스템에서 파일이 생성된다는 의미는 아이노드 테이블의 엔트리가 할당된다는 의미이고, 파일의 고유번호인 아이노드 번호는 아이노드

테이블의 인덱스 번호에 해당된다.

아이노드 테이블의 정보에는 해당 파일의 데이터를 보관하고 있는 디스크의 위치 정보가 들어 있다. 일반적인 파일시스템에서는 데이터들을 블록이라고 하는 특정 크기로 구분하여 하드디스크에 보관한다. 따라서 아이노드 테이블에 보관되는 위치 정보는 하드디스크의 블록 주소가 된다. 만일 test.c 나 a.out 등의 개별 파일의 내용까지 읽어야 하는 경우에는 아이노드 테이블에서 관리하는 디스크 블록 주소를 참조하여 데이터의 내용이 포함된 디스크 블록을 찾는 과정이 필요하다.

3) 특수 파일(special file)

특수 파일(special file)은 디바이스 파일(device file)이라고도 하며 디스크, 라인프린터, 테이프 장치 등의 I/O 채널에 대한 정보를 가지고 있는 파일로서 대부분 /dev 아래 있다. 특수 파일은 다른 파일과는 달리 데이터를 가지고 있지 않고, 입출력장치를 파일 시스템에 흡수시켜, 파일들과 동일하게 취급하면 사용자의 입출력장치 사용이 훨씬 쉽다는 이점이 있다. 각 I/O 장치는 최소한 한 개 이상의 특수 파일로 정규 파일과 함께 쓰는 것이 가능하다. [그림 5-5]에서 dev라는 디렉토리는 console, lp, tty라는 파일명이 나오고, 그 포인터를 따라가면 console, lp, tty라는 파일을 찾는 것처럼 되어 있으나, 이 포인터를 따라가면 실제로는 각각의 입출력장치를 만나게 된다. tty로 시작하는 파일은 모두 터미널을 나타낸다. 터미널 tty01의 특수화일은 /dev/tty01로. 어떤 명령의 결과를 이 파일로 보낸다면 그 터미널의 화면으로 보내는 것과 같다. 예를 들어, 아주 무서운 메시지를 보여주는 scary라는 파일이 있고, who 결과에서 현재 이 시스템은 Park이란 사용자는 lp를 사용하고 있고, Lee란 사용자는 tty01 터미널을 사용하고 있음을 보여준다.

```
% who
Park      lp       Jun 01   09:08
Lee       tty01    May 31   10:30
```

〔그림 5-8〕 who 사용 예

끝으로, 다음 cp 명령을 사용하면 이 무서운 파일의 내용을 친구의 터미널 화면으로 직접 복사할 수 있게 된다.

```
cp scary /dev/tty01
```

그러면, 친구는 갑자기 무서운 메시지가 디스플레이상에 나타나서 친구는 두려움으로 떨게 되고 즉시 로그아웃하게 될 것이다.

이 특수파일을 세부적으로 나누면 다음과 같다. 문자 장치 파일(character devicel file)은 한 번에 한 문자만을 읽고, 쓰는 터미널과 같은 물리적인 장치를 나타내고, 블록 장치 파일(block devicel file)은 한 번에 한 블록의 데이타만을 읽고, 쓰는 디스크와 같은 물리적인 장치를 나타낸다. 심볼릭 링크 파일(symbolic link file)은 시스템 어딘가에 다른 파일의 위치를 정의하는 논리적 파일을 의미한다.

소켓장치 파일(socket device file)은 UNIX 시스템에서 제공하는 소켓 기능을 이용하여 프로세스 통신을 하는 파일을 말한다. 소켓라이브러리는 한 시스템에 존재하는 프로세스뿐만이 아니라, 다른 시스템에 존재하는 프로세스들 간의 데이터 통신도 지원된다. 현재 인터넷에서 사용되는 네트워크 프로그램들은 대부분 소켓 기능을 이용하여 통신 기능을 구현하고 있다. 파이프 장치 파일(pipe device file)은 한 시스템에 존재하는 프로세스들 간의 통신만을 지원하기 때문에 원격(remote) 프로세스와의 통신은 소켓 함수를 사용해야한다. 오늘날의 UNIX 시스템은 동일한 시스템에 존재하는 프로세스 간의 통신도 소켓 기능을 사용하여 구현하기 때문에 파이프 기능의 활용 폭은 좁아졌다. 특히 관례적인 차원에서 파이프라는 명칭이 사용되고 있는 UNIX 기능들도 실제로는 소켓과 같은 기능으로 구현된 경우가 많다.

지금까지 다룬 3가지 파일을 심볼로 나타내면 [표 5-1]과 같다.

〈표 5-1〉 파일 타입과 심볼

파일 타입	심 볼
정규파일(regular file)	-
디렉토리 파일(directory file)	d
문자장치 파일(character device file)	c
블록장치 파일(block device file)	b
소켓 장치 파일(socket device file)	s
파이프 장치 파일(pipe device file)	p
심볼릭 링크 파일(symbolic link file)	l

2. 디렉토리 구조

[그림 5-5]에서 루트 디렉토리는 "/"(slash)로 표현되고, 전체 파일 시스템의 뿌리를 나타내며, 이 디렉토리 밑에는 다른 모든 디렉토리를 가진다. 루트 디렉토리 밑에는 usr, bin, dev, etc, tmp, lib등과 같은 디렉토리가 존재하며, 다시 이들 디렉토리 밑에 수많은 다른 디렉토리와 파일들이 트리 구조를 이루고 있다. 예를 들어, 다음 "ls" 명령어는 지정한 디렉토리의 모든 파일을 보여주는 명령어로 / 다음에 디렉토리 이름을 쓴다. 예를 들어, etc 디렉토리의 정식 이름은 /etc이고, 이 디렉토리의 모든 파일 이름을 보기 위해서는 다음과 한다.

```
ls /etc
```

이것의 의미는 "/(루트)디렉토리 밑에 있는 etc라는 이름의 디렉토리"가 된다. 또한, 이 디렉토리 밑에 다른 디렉토리나 파일이 있는 경우에는 이름을 /로 구별한다. 예를 들어, /etc 디렉토리 밑에 passwd라는 파일이 있으면, 이 파일의 정식 이름은 /etc/passwd이고, /usr 디렉토리 밑에 toad라는 다른 디렉토리가 있고, 이 디렉토리 밑에 frog라는 파일이 있으면 이 파일의 정식 이름은 /usr/toad/frog이다.

이와 같이 루트디렉토리는 전체 파일 시스템의 기반이 되며. 다음과 같이 이 디렉토리는 밑에 다른 모든 디렉토리를 가진다.

a) /bin 디렉토리는 유닉스의 기본 프로그램을 가지고 있으며, 많은 유닉스 명령이 저장되어 있다. "bin"이라는 이름은 프로그램의 저장용 창고로 대부분이 2진 파일을 가진다.
b) /dev 디렉토리는 물리적인 장치를 가리키는 특수화일(예를 들어 lp, tty001, ttyoo2)을 가지고 있다. 이것은 루트 디렉토리 밑에 다른 디렉토리로서 모든 특수 파일을 보려면 다음과 같이 ls를 사용한다.

    ls /dev

  "tty"로 시작하는 이름을 가진 모든 파일은 터미널을 뜻한다. 예를 들어, 터미널 tty01을 뜻하는 특수화일은 /dev/tty01로서 어떤 명령의 결과를 이 파일로 보낸다면 그 터미널의 화면으로 보내는 것과 같다. /dev 디렉토리에는 null이라는 파일이 있는 데, 이 파일은 존재하지 않거나, 비어 있는 장치를 뜻한다. /dev/null을 읽으면 아무 것도 나타나지 않고,

/dev/null에 출력을 쓰면 결과는 사라진다.

c) /etc 디렉토리는 대부분 시스템 관리자를 위해 필요한 곳으로 이곳에는 시스템을 관리하는 데 필요한 프로그램이나 파일이 있다. 가장 많이 사용되는 파일로는 시스템의 암호 파일인 passwd이다.

d) /lib 디렉토리는 프로그래머들이 사용하는 프로그램의 라이브러리를 가지고 있다.

e) /lost+found 디렉토리는 유닉스 파일 시스템을 점검하는 특수 프로그램(fsck)에 의해 사용된다. 이 프로그램은 어디에도 속하지 않는 파일을 발견할 때, 이것을 /lost+found 디렉토리에 보관한다. 그러면 시스템 관리자가 이 파일을 살펴보고 적절한 장소에 보관한다.

f) /sys는 시스템 소스 파일을 보관하는 디렉토리로 시스템 관리자와 프로그래머들에게만 관심이 있는 것이다.

g) /tmp 디렉토리는 임시저장용으로 사용되는 파일을 수시로 이곳에 저장할 수 있고, 여기에 있는 모든 화일을 자동적으로 삭제할 수 있다. 전형적으로 짧은 시간 동안만 파일을 저장할 경우에 이곳을 사용한다. 예를 들어, vi 편집기를 사용할 때, vi는 편집하고자 하는 파일의 복사본을 만들어 이 파일을 /tmp 디렉토리에 저장한다.

h) /usr 디렉토리는 루트디렉토리에 있는 것 중 가장 중요한 서브디렉토리 중의 하나로 밑에 또 다른 많은 서브디렉토리를 가지고 있으며, 그 디렉토리들은 시스템에 사용되는 매우 중요한 프로그램들을 포함하고 있고, 설정 파일들도 지니고 있다. 많은 디렉토리들이 시스템 운영에 있어서 필수적인 것에 반하여, /usr에 있는 파일들은 선택적이라고 말할 수 있다.

i) /sbin 디렉토리는 시스템 관리 명령어의 대부분이 존재한다. 일반 사용자들은 이 디렉토리 밑에 존재하는 이 명령어들을 사용하는 경우가 없지만 시스템 관리자들이 필수적으로 사용하는 명령어들이 존재한다.

j) /mnt 디렉토리는 외부 장치인 플로피 디스크, CD-ROM, Samba 등을 마운트하기 위해서 제공되는 디렉토리이다.

3. 파일시스템 구성요소

파일이란 디스크나 테이프에 저장된 데이터의 집합으로 문서, 프로그램, 계산표, 그림, 메시지 등을 말한다. 특히, 유닉스에서는 디스크나 테이프에 저장된 데이터 집합을 파일이라고 할 뿐만 아니라, 입출력장치인 키보드, 모니터, 프린터와 같은 물리적인 구동장치(device)도 파일로 취급한다. UNIX 파일 시스템에서 데이터는 크게 파일 형태로 저장되는 사용자 데이터(user data)와 파일과 디렉토리에 대한 정보를 의미하는 메타 데이터(meta data)로 나누어진다. 메타 데이터에는 수퍼블럭 정보, 비트맵 정보, 아이노드 정보, 디렉토리 정보 등이 있다.

UNIX 기반 파일 시스템은 물리적 디스크를 [그림 5-8]에서처럼 디스크 파티션이라는 논리적 디스크로 나누어진다.

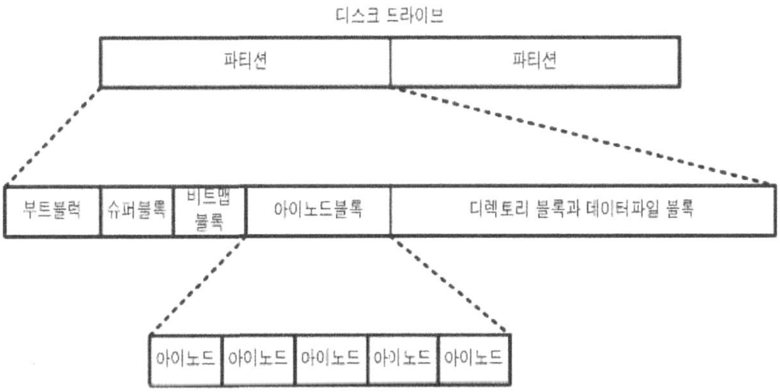

〔그림 5-8〕 디스크 파티션의 구성요소

각각의 디스크 파티션은 [그림 5-8]에서 다시 5개 부분인 부트블록(boot block), 수퍼블록(superblock), 비트맵 블록(bitmap block), 아이노드(inode)블록, 디렉토리 블록과 데이터 파일 블록(data file block)으로 나누어진다.

1) 부트 블록(boot block)

디스크의 첫 번째 논리적인 디스크 블록 0을 부트 블록이라 하며, 이것은 파일 시스템 선두의 첫 번째 블록에 있으며 운영체제를 기동시키기 위한 부트스트랩(bootstrap) 프로그램을 수록하고 있다.

2) 수퍼블럭(superblock)

두 번째 논리적인 디스크 블록 1을 슈퍼 블록이라 하며, 이것은 파일 시스템의 현재 상태를 정의하는 모든 정보를 가지고 있다. 수퍼블럭은 파일 시스템마다 하나씩 존재하며 각 파일시스템에 대한 일반적인 정보를 가지는 블록으로 아이노드의 수와 free 아이노드의 수, 데이터 블록의 수, 데이터 블록의 크기, 파티션 식별 이름과 같은 정보를 가지고 있다. 슈퍼 블록의 내용이 변경되었을 경우에는 커널(kernel)은 이를 주기적으로 디스크에 기록(write)하여 슈퍼 블록이 파일 시스템의 현황과 일치하도록 한다. 슈퍼 블록은 파일 시스템마다 하나씩 존재하며 그 파일 시스템을 운영하는 데 필요한 모든 정보를 담고 있다.

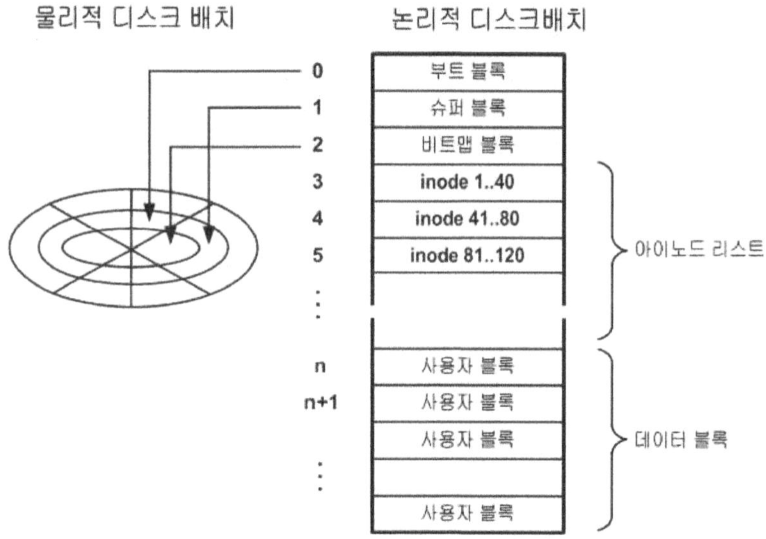

〔그림 5-9〕 디스크 블록의 사용

3) 비트맵 블록(bitmap block)

세 번째 논리적인 디스크 블록 2을 비트맵 블록이라 하며, 비트맵 블록은 아이노드와 데이터 블록의 할당 현황을 나타낸다. 데이터 블록의 비트맵이 1로 설정되어 있으면 해당되는 아이노드와 해당되는 데이터 블록이 사용되고 있고, 0으로 설정되어 있으면 해당되는 아이노드와 데이터 블록이 free 상태에 있음을 나타낸다. 예를 들어, 아이노드를 0~1024까지 표현 하려면 비트맵은 1024개 필요하게 된다. 만일 포맷을 할 경우에 비트맵만 모두 0으로 초기화해 주면 되고, 아이노드와 데이터 블록은 변경할 필요가 없다. 슈퍼블록도 포맷을 했기 때문에, 늘어난 용량으로 수정할 필요가 있다. 이것과 관련하여 creat(), read(), open(), write()와 같은 시스템 호출이 어떻게 동작하는지를 살펴보자. 예를 들어, creat("/bklee")라는 코드를 실행했다고 하자. 그러면, 이것은 루트 디렉토리 밑에 있는 bklee라는 파일을 만드는 것이다. 이 과정을 살펴보자.

a. 슈퍼블록에 존재하는 최상위 루트의 아이노드 번호를 찾는다.
b. bklee라는 파일이 존재하는 지를 살핀다. 만약 bklee라는 파일이 존재하면, 에러로 진단하고 없으면 다음 단계로 진행한다.
c. 루트(/) 아이노드를 찾고, 여기서 루트 데이터 블록을 발견할 수 있다.
d. 비트맵 블록에서 free한 아이노드를 찾아서 bklee라는 파일의 메타데이터를 아이노드 블록에 기록한다.
e. 비트맵 블록은 bklee가 생성되었으므로 해당되는 비트맵에 0을 1로 바꾸고, 루트(/)의 데이터 블록에 bklee 정보를 기록한다.

현재까지는 bklee에 대한 정보를 루트 디렉토리(부모 디렉토리)에 추가했고, write를 하지 않았기 때문에 bklee의 크기는 0으로 데이터 블록을 할당받지는 않았다. 다음으로 open("/bklee")라는 코드를 실행시키면, inode 번호를 찾아내어서 파일을 읽거나 쓸 수 있다.

a. 루트 아이노드를 발견하여 루트 데이터 블록에 접근하여 bklee라는 파일을 찾는다.
b. bklee의 아이노드를 찾을 수 있으므로 이것을 메모리에 로드한다. 여기서, 메모리로 로드한다는 것은 파일을 open한 것이 이후에 읽거나 쓸 수 있다는 의미로 속도가 향상된다.
c. bklee의 open된 파일 테이블을 생성(옵셋을 저장)한 후 리턴한다. 옵셋은 파일의 읽거나 쓸 위치를 나타내고, open시 옵션이 없다면 옵셋은 0이 된다. 여기서, 파일 테이블을 따로 두어 옵셋을 저장하는 것은 아이노드가 여러 옵셋을 저장할 수 없기 때문이다. 즉, 파일 테이블은 파일을 open할 때마다, 추가로 하나씩 생성된다. 예를 들어,

```
fd1=open("/bklee");
read(fd1, buf, 100);/*0에서부터 읽는다*/
fd2=open("/bklee");
read(fd2, buf, 100);/*0에서부터 읽는다*/
```

이렇게 두 가지 모두 0에서부터 읽을 수 있다. 즉, 아이노드는 하나지만. 파일 테이블은 여러 개 일수 있다. 파일 테이블은 생성 후에 아이노드를 가르키고 자신의 위치를 리턴 해 준다. 즉, 파일 테이블을 찾으면 아이노드를

읽을 수 있고, 아이노드를 찾으면, 데이터의 위치를 찾아 읽을 수 있다. 이때, 파일 테이블의 옵셋 값을 보고, 몇 번째 데이터 블록을 읽을지 알 수 있다.

4) 아이노드 블록(inode block)

디스크 블록 0과 1, 2을 제외한 디스크 블록 3부터 n-1까지의 (n-4)개의 블록은 아이노드를 저장하는 곳으로서 아이노드 리스트라고 부른다. 이 아이노드는 파일에 관한 이름 정보를 제외한 파일의 유형(type), 파일 허가권(permission), 파일 소유자(owner), 파일 그룹(group) 소유자, 파일 크기(size) 등의 정보와 파일과 관련된 데이터 블록의 포인터를 가지고 있다. 각각의 아이노드는 파일 시스템 내에서 유일한 아이노드 번호(inode number)에 의해서 포인터 되어진다. "ls -i 파일 이름" 명령을 실행하면, 각 파일에 대한 아이노드 번호를 알아볼 수 있다. UNIX상에서 디렉토리나 파일은 반드시 [그림 5-10]에서처럼 하나의 아이노드라는 자료구조를 가지며, 크기는 32바이트 혹은 64바이트로 매우 작다.

a) UID와 GID		메타 데이터
b) 파일 접근 허가권		
c) 타임스탬프		
d) 파일 유형		
e) 파일 크기		
f) 파일 링크의 수		
g) 데이터 블록의 수		
h) 파일이 저장된 디스크 블록의 포인터	직접 포인터	
	직접 포인터	
	직접 포인터	
	간접 포인터	
	이중간접 포인터	
	삼중간접 포인터	

〔그림 5-10〕 아이노드의 정보 구조

[그림 5-10]은 아이노드의 자료구조로 각 항목에 저장되는 정보는 메타 데이터와 데이터 블록의 포인터로 구성되어 있다. 메타데이터 정보는 a)에서 g)까지이고, h)는 데이터 블록의 포인터를 나타낸다. 이 그림의 자료구조를

항목별로 설명하면 다음과 같다.

a) 소유자 정보(owner information) : 파일이나 디렉토리에 대하여 사용자와 그룹을 식별해준다. UID는 사용자를, GID는 그룹을 나타낸다.
b) 파일 접근 허가권(permission)은 소유자, 그룹, 기타 사용들로 구분하여 접근을 제한한다. 이것에 대해서는 뒤에서 상세히 살펴볼 것이다.
c) 타임스탬프(time stamps) : 파일에 마지막으로 접근한 시간과 수정한 시간, 만들어진 시간에 대한 정보가 담겨있다.
d) 파일 유형(file type) : 정규 파일, 디렉토리 파일, 특수 파일인 심볼릭 링크, 블록 장치, 문자 장치를 구분해주는 파일의 유형을 나타낸다.
e) 파일 크기(file size)는 현재의 파일 사이즈를 나타낸다.
f) 하드 링크 수(link count)
g) 데이터 블록의 수(data block count)
h) 데이터 블록 포인터

[그림 5-11]을 이용하여 데이터 블록을 포인트 하는 방법에 대하여 자세히 살펴보기로 하자. 이것은 인덱스 블록 기법으로 열두 개의 직접 블록 포인터(direct block pointer)는 블록을 직접적으로 포인트하고, 나머지 세 개의 간접 블록 포인터(indirect block pointer)는 간접적으로 데이터를 포인트하는 것으로 단일(single), 이중(double), 삼중(triple) 간접 블록 포인터로 나누어진다.

직접 포인터는 4바이트 공간에 데이터 블록 1개(=8K로 가정)를 가리키는 주소를 가지고 있다. 총 12개까지 가능하며, 12개 전부 사용할 경우는 약 96K$(=12\times8)$ 크기의 파일 정보를 저장할 수 있다.

단일 간접 포인터는 파일의 크기가 96K 바이트를 초과하는 경우에 사용한다. 아이노드에서 크기가 8K인 1개의 단일 간접 블록을 포인터하면, 이 단일 간접 데이터 블록 1개의 크기는 8K이고, 실제 데이터 블록 한 개를 가리키는 주소는 4바이트이기 때문에 단일 간접 블록 포인터의 총 수는 2048 $(8\times1024\div4=2048)$개로 2048개의 데이터 블록을 포인터 할 수 있다. 2048개를 모두 사용한다고 하면, 총 16M$(\fallingdotseq 2048\times8)$ 크기의 파일 정보가 아이노드 하나로 인해서 저장되는 것이다.

이중간접 포인터는 아이노드에서 크기가 8K인 1개의 이중 간접 블록을 포인터하면, 이 이중 간접 데이터 블록 1개의 크기는 8K로 이중 간접 블록 포인터의 총 수는 2048$(8\times1024\div4=2048)$개가 만들어지고, 2048개는 각각이 단일 간접 포인터를 가리킨다. 따라서 이중 간접 포인터가 모두 사용될 경우에 2048×16M=32G 크기의 파일 정보를 저장할 수 있다.

삼중 간접포인터는 아이노드에서 크기가 8K인 1개의 삼중 간접 블록을 포인터하면, 이 삼중 간접 데이터 블록 1개의 크기는 8K로 간접 블록 포인터의 총 수는 2048($8 \times 1024 \div 4 = 2048$)개가 만들어지고, 2048개는 각각이 이중 간접 포인터를 가리킨다. 다시, 이중 간접 포인터 각각은 단일 간접 포인터를 가리킨다. 따라서 삼중 간접 포인터가 모두 사용될 경우에 2048×32G=64T 크기의 파일 정보를 저장할 수 있다.

이와 같은 방식으로 데이터를 저장한다면 디스크 블록의 크기가 커질수록 대용량의 파일을 저장할 수 있게 된다. 그러나 간접 블록 포인터 개념을 사용하기 때문에 데이터를 담은 블록이 여기 저기 산재해 있을 경우 데이터를 검색하는 속도가 상당히 느려질 수가 있다.

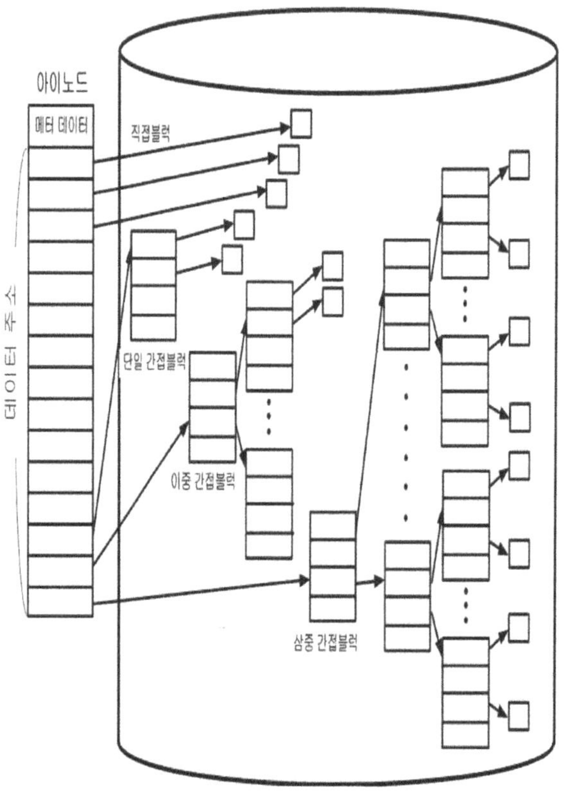

〔그림 5-11〕 데이터 블럭 포인터

5) 데이터 블록과 디렉토리 블록

아이노드 리스트 공간 다음에 나타나는 디스크 블록들은 여러 파일들을 저장하기 위한 공간으로 데이터 블록과 디렉토리 블록으로 나누어진다. 데이터 블록은 실제로 파일이 저장되는 공간이고 디렉토리 블록들은 각각 [그림 5-13]에서처럼 루트 디레토리 밑에 디렉토리와 아이노드 번호, 디렉토리 밑에 서브디렉토리와 아이노드, 서브디렉토리 밑에 파일과 아이노드들로 구성된다.

4. 데이터 블록과 아이노드와의 관계

데이터 블록은 파일의 내용을 저장하는 블록으로 데이터끼리 묶어서 관리하고, 아이노드 블록은 파일의 아이노드 등을 저장하는 블록으로 아이노드를 여러 개 모아서 관리한다. 이 아이노드들이 모여서 블록을 이루고 있고, 아이노드에 있는 데이터 블록의 위치 정보는 데이터 블록에 파일 콘텐츠를 가리키고 있다. 대부분 시스템에서는 아이노드 크기가 고정되어 있다. 아이노드 크기가 고정되어 있으면, 아이노드에 있는 데이터 블록의 위치의 포인터 크기도 고정되어 있다. 그렇다면, 파일 크기가 매우 큰 영화 파일 같은 것은 아이노드 크기가 고정되어 수많은 데이터 블록을 다 가리키지는 못하므로 간접 주소 방식을 사용한다.

파일 시스템에서 디렉토리 파일은 파일에 대한 경로명과 아이노드 번호를 가지고 있다. [그림 5-12]은 파일 시스템의 대략적인 계층구조를 보여주고, [그림 5-13]은 이 계층구조에서 아이노드 번호와 파일 이름이 어떻게 짝지어 있는 지를 보여준다.

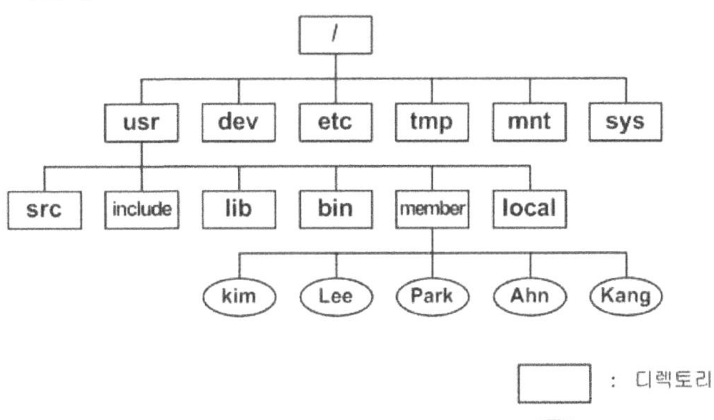

〔그림 5-12〕 파일시스템의 계층구조

유닉스에서 파일 시스템 계층구조는 디렉토리를 이용한 트리(tree) 구조로 [그림 5-12]에서 맨 위에는 루트 디렉토리가 있고, 아래로 내려가면서 여러 개의 서브디렉토리가 차례로 위치해 있다. 맨 마지막 계층에는 파일이 있다. 그렇다면 [그림 5-12]의 파일 시스템에서 Kim라는 파일은 어떤 순서로 찾아가는지 살펴보자. /usr/member/Kim이라는 파일을 찾고 싶다면 우선 여러 디렉토리를 거쳐 가야 할 것이다. 처음으로 필요한 아이노드가 파일 시스템의 루트(/) 아이노드다.

〔그림 5-13〕 아이노드와 파일이름의 상관관계

[그림 5-13]을 보면 아이노드 1이 루트의 아이노드라는 것을 알 수 있다. 아이노드 1의 데이터를 보면 그 아이노드에 대한 데이터 블록 인덱스가 1이라는 것을 알 수 있고, 디렉토리 블록의 내용을 보기 위해 디렉토리 블록 1을 찾아 간다. 디렉토리 블록에 담겨 있는 정보를 보면 루트 디렉토리 하위 계층에 있는 여러 서브디렉토리 이름과 아이노드 번호가 짝을 이루고 있다.

다음으로 usr이라는 디렉토리를 찾아야 하는데 디렉토리 블록 1을 보면, usr 디렉토리의 아이노드 번호는 3이다. 그래서 아이노드 3을 찾아간다. 역시 아이노드 3의 내용을 참고해 디렉토리 블록 7로 찾아간다. 그 곳에서 member라는 디렉토리의 아이노드 번호를 얻게 되고, 같은 방법으로 디렉토리 블록 39로 가서 Kim을 찾으면 이것의 아이노드 번호 32이라는 것을 안다. 이 32번 아이노드를 찾아가면, 여기에 실제 데이터 블록을 가리키는 포인터를 가진다. 또 한 가지 알아두어야 할 것은 새로 생성되는 하위 디렉토리에는 자동으로 현재 디렉토리(.)와 상위 디렉토리(..)의 링크가 생성된다.

5.3 UNIX 파일 관리

1. 파일의 액세스 정보

이 절에서는 유닉스 커널이 파일을 어떻게 액세스하고, 파일이 디스크 등에 어떤 형태로 저장이 되고, 액세스되는지에 대하여 살펴보자. 먼저, 파일을 액세스하는데 필요한 정보에 대하여 살펴보기로 하자.

- 파일 소유자(owner)인 사용자 ID와 그룹 ID
- 파일 형태(일반 파일, 디렉토리 파일, 특수 파일)
- 파일의 크기
- 파일의 저장장소
- 파일내에서 다음 액세스되어야 할 정보의 장소(offset)
- 보호 모드(protection mode)(파일 허가권)
- 본 파일을 위한 각종 입출력 드라이버 루틴의 위치
- 각종 시간정보(생성된 시간, 최근 읽기, 쓰기 된 시간 등)
- 기타

파일을 액세스하는데 필요한 정보들은 여러 개의 자료구조인 파일 기술자 테이블(file descriptor table), 시스템 파일 테이블(system file table), 아이노드 테이블(inode table), 장치 스위치 테이블(device switch table)에 나누어져 저장된다. 그 이유는 효율성과 메모리 절약을 위해서이다. 만약에 세 개의 프로세스 PA, PB, PC가 한 파일 X를 공통적으로 open하면 그 파일을 open할 때마다 이 파일에 관련된 정보를 한 번씩 복사하여 가게 될 것이다. 따라서 파일 X의 자료구조는 세 복사본이 만들어지는데, 이들의 내용은 대부분 유사하지만, 그 중 오프셋(offset)은 다르다. 오프셋은 그 프로세스가 그 파일을 현재 액세스하고 있는 위치를 나타낸다.

UNIX에서 파일이란 "바이트의 연속"이므로, 오프셋은 파일 처음부터 "몇 번째 바이트"를 나타내는 정수이다. 그러나 오프셋을 제외한 대부분의 내용(예를 들어, 보호 모드, 파일이 저장된 위치 등)은 모두 동일하므로 세 개의 프로세스간 필요한 정보인 파일의 자료구조를 제각기 가지게 되면 메모리가 낭비되는 것은 물론이다.

또 X의 자료구조인 파일 정보를 한 곳에 묶어 놓고, 그 파일을 open하는 프로세스마다 그러한 파일 데이터를 한 복사본씩 주게 되면, 일관성 유지

문제도 번거롭게 된다. 예를 들어, 어느 한 프로세스가 파일 X에 대하여 chmod(change mode)를 시켰다고 하자. 이와 같이 파일의 속성(attribute)이 변환된 경우에는, 파일에 대한 데이터를 복사해 간 모든 곳을 찾아다니며 파일 X의 속성을 바꾸어 주어야 한다.

또 그 동안 다른 프로세스가 파일 X를 사용하려 한다면 파일 X의 속성이 바뀌는 동안 그 파일에 대한 타 프로세스가 액세스를 할 수 있도록 해야 할 것인가, 일체 불허할 것인가 여부도 충분히 고려되어야 한다.

또, 만일 거의 동시에 여러 개의 프로세스가 파일 X의 보호 모드를 바꾸면 또 어떻게 되는가? 이 모든 번거로움이 결국 한 정보를 시스템내의 여러 곳에 복사시켜 저장시키기 때문에 발생하는 일관성 문제가 발생한다. 그러면, chmod를 사용하는 보호 모드(protection mode)에 대하여 살펴보자.

2. 표준 보호모드(protection mode)

UNIX에서 시스템을 로그인한 후 ls를 실행하면 홈 디렉토리 밑의 모든 파일명이 나타난다. ls 후에 아무런 인자도 안 주면 디폴트(default)로 현재 디렉토리 밑에 존재하는 파일명들만 출력한다. ls 다음에 옵션(-l)과 파일명을 주면 그 파일에 대한 상세한 정보를 [그림 5-14]와 같이 출력한다.

```
$ ls                          ... 현 디렉토리의 모든 파일들을 표시
heart
$ ls -l heart                 ... "heart"의 상세한 정보 표시
-rwxr--r--    1      bklee   glass   106  jan 30 19:46 heart
```

〔그림 5-14〕 ls 명령어를 이용한 보호모드의 사용 예

[그림 5-14]의 각 필드에 대한 의미를 개략적으로 설명하면 다음과 같다.

필드 번호	필드 값	의 미
1	-rwxr--r--	파일의 허가권 모드로 이는 그 파일을 읽고, 쓰고 그리고 실행할 수 있는 사람을 나타낸다.
2	1	하드 링크(hard link) 개수
3	bklee	파일의 소유권을 갖는 사용자 id
4	glass	파일의 소유권을 갖는 그룹 사용자 id
5	106	바이트 단위의 파일 크기
6	jan 30 19:46	파일이 마지막으로 변경된 시간
7	heart	파일의 이름

〔그림 5-15〕 그림 5-14의 필드에 대한 설명

[그림 5-14]에서 ls -1과 같이 -1 옵션을 사용하면, ls만을 입력했을 때처럼 파일명들만 나오는 것이 아니고, 각 파일마다 그 파일의 속성(attribute) 정보를 함께 출력한다. 위의 출력 예에서 보호 모드(-rwxr--r--) 줄의 맨 앞 글자가 "-"이면 이 파일이 일반 파일이고, "d"이면 이 파일은 디렉토리 파일임을 나타낸다. 그리고 "b"이면 블록형 장치, "c"이면 문자형 장치를 나타내는 특수 파일이다. 이것은 앞의 파일 유형에서 다루었다. 일반적으로 [그림 5-16]의 ″-rwxrwxrwx″의 형태를 가진 세 개의 rwx가 나오는데, 이것이 전형적인 보호 모드(protection mode)이다.

```
-rwxrwxrwx
 ---
  | ---
  |  | ---
  |  |  |
  |  |  ---> other         - regular file
  |  ------> group         d directory file
  ---------> user          l symbolic link
            (owner)        r read permission
                           w write permission
                           x execute permission
```

〔그림 5-16〕 보호 모드

맨 앞의 rwx는 이 파일의 소유자(owner ; 이 파일의 생성자)에 의해 읽기 가능(readable), 쓰기 가능(writable), 실행 가능(executable)을 나타내고, 중간의 rwx는 이 파일의 사용자 그룹(user group) 소속원들에게 읽기 가능, 쓰기 가능, 실행 가능을 나타내고, 마지막 rwx는 기타 사용자(others)에게 읽기 가능, 쓰기 가능, 실행 가능을 나타내는 보호 모드이다. 따라서 [그림 5-14]의 "-rwxr--r--"에서는 소유자에 의해 읽기 가능(readable), 쓰기 가능(writable), 실행 가능(executable)을 나타내고, 중간의 r--는 이 파일의 사용자 그룹(user group) 소속원들에게 읽기만 가능하고, 쓰기와 실행은 못하도록 한 것이고, 마지막 r--는 기타 사용자(others)에게 읽기만 가능하고, 쓰기와 실행은 못하도록 한 것이다.

1) chmod 명령어

그러면, 8진수(octal) 모드를 다음과 같이 chmod 명령어와 함께 이용하여 파일이나 디렉토리의 보호모드를 변경할 수 있다. chmod 명령은 다음과 같이 사용한다.

```
$ chmod <모드> <파일명>
혹은
$ chmod <모드> <디렉토리>
```

(1) 절대모드(absolute mode)

```
$chmod 666 okhee
```

절대 모드란 위의 예에서 "chmod <8진수><파일명>"와 같이 3개의 8진수를 이용하여 보호모드를 설정하는 것으로 여기서는 okhee이라는 파일을 3개의 8진수 666이 의미하는 모드로 바꾸는 것을 말한다. 세 개의 8진수(octal number)는 각각 소유자, 사용자 그룹, 기타 사용자의 보호 모드에 대응하는 것으로, 각 8진수를 2진수(binary number)로 변환시켰을 때 각 2진수는 r, w, x로 대응된다. read는 4(=100 이진수), write는 2(=010 이진수), execute는 1(=001 이진수)이 부여된다. 예를 들어, 741모드는 소유자는 read, write, execute(4+2+1=7)을 할 수 있고, 사용자 그룹은 read(4+0+0=4)만을 할 수 있고, 기타 사용자는 파일을 execute(0+0+1=1)만을 할 수 있도록 한 것이다, 따라서, 이것의 전체 의미는 rwxr----x가 된다. 그러면, 666모드의 경우는 소유자, 사용자 그룹, 그리고 기타 사용자 모두가 read, write(4+2+0=6)을 할 수 있기 때문에, chmod를 한 이후에 ls -1을 하면 okhee 파일의 모드는 -rw-rw-rw-로 바뀌었음을 알 수 있다. 보호 모드를 정리한 표를 만들면 다음과 같다.

〈표 5-2〉 보호모드 표

보호 모드	777(XYZ)
rwxrwxrwx	777
rwxrwxr-x	775
rwxr-xr-x	755
rwxr-x--x	751
rwx-wx--x	731
r-xr-xr-x	555
--xrwxrwx	177
--x--x--x	111
---------	000

다음 예는 f1라는 파일의 속성 정보를 ls -l 명령어를 이용하여 출력하였다. 그 다음 "chmod 645 f1"의 절대모드 방식으로 f1 파일의 보호모드를 변경한 후에 ls -l f1을 수행해 보면 보호모드가 변경된 것을 알 수 있다.

```
$ ls -l  f1
-rw-r--r--   1 bklee  mskim   0  9월 27일  10:19 f1
$ chmod 645 f1
$ ls -l  f1
-rw-r--r-x   1 bklee  mskim   0  9월 27일  10:19 f1
```

(2) 심볼릭 모드

심볼릭 모드는 사용자(user), 그룹(group), 기타사용자(other)를 의미하는 문자 **u, g, o**를 사용하여 접근 권한을 부여할 때는 (+)를, 접근 권한을 회수할 때는 (−)를 사용하며, 여러 개가 중복으로 사용될 때는 다음과 같이 콤마(,)로 구분하여 사용한다.

```
$ ls -l f1
-rw-r--rwx   1 bklee   mskim  0  9월 27일  10:19 f1
$ chmod u+x, g+w, g+x, o-r, o-w f1
$ ls -l f1
-rwxrwx--x   1 bklee   mskim  0  9월 27일  10:19 f1
```

위의 예는 chmod에서 u+x, g+w, g+x, o-r, o-w를 사용하여, 사용자(u)에게는 실행(x)를 추가하고, 그룹(g)에게는 작성(w)과 실행(x)을 추가하고, 기타 제 3자에게는 읽기(r)와 작성(w) 권한을 회수하는 것이다.

```
$ chmod a-x f1
$ ls -l f1
-rw-rw----   1  bklee  mskim  0  9월 27일  10:19 f1
$ chmod a+x f1
$ ls -l f1
-rwxrwx--x   1  bklee  mskim  0  9월 27일  10:19 f1
$ chmod ug-w f1
$ ls -l f1
-r-xr-x--x   1  bklee  mskim  0  9월 27일  10:19 f1
```

위의 예에서 첫 번째 라인 chmod의 a-x에서 a는 u, g, o를 통틀어 실행(x)을 삭제하는 것이기 때문에 "$ls -l f1"를 실행한 후 u, g, o 모두에서 x가 삭제된 것을 알 수 있다. 또한 세 번째 chmod에서 ug-w는 u와 g에게 write 권한을 삭제하는 것이다.

(4) SetUID와 SetGID 보호모드

SetUID/SetGID 허가권은 어떤 프로그램이 실행되는 동안 일시적으로 사용자나 그룹에 대하여 접근을 허용하는 것이다. SetUID 허가권은 절대모드 4000과 심볼릭모드 s를 사용하여 chmod 명령을 지정하고, SetGID 권한은 절대모드 2000과, 심볼릭 모드 s를 사용하여 chmod 명령을 지정할 수 있다. 다시 말해서, 사용자 항목에 s가 있으면 SetUID가 설정된 것이고, 그룹 항목에 s가 있다면 SetGID가 설정된 것으로 그룹의 권한으로 작동하게 된다. other 란에 s를 넣는 것은 의미가 없다. 왜냐하면 그것을 설정하여도 기본적으로 파일을 실행한 사용자 권한으로 작동하기 때문이다.

다음 예는 절대모드 SetUID를 부여하고 심볼릭모드로 파일에 부여된 SetUID 허가권을 해지하는 예이다.

```
$ ls -l f1
-rwxr--r--  1  bklee  mskim  0  9월 27일  10:19 f1
$ chmod 4744 f1
$ ls -l f1
-rwsr--r--  1  bklee  mskim  0  9월 27일  10:19 f1
$ chmod u-s f1
$ ls -l f1
-rwxr--r--  1  bklee  mskim  0  9월 27일  10:19 f1
```

다음의 예는 chmod 명령을 사용하여 SetGID를 지정하거나 해지하는 예이다.

```
$ ls -l f1
-rwxr-xr--  1  bklee  mskim  20  9월 27일  13:21 f1
$ chmod g+s f1
$ ls -l f1
-rwxr-sr--  1  bklee  mskim  20  9월 27일  13:21 f1
$ chmod 764 f1
$ ls -l f1
-rwxrw-r--  1  bklee  mskim  20  9월 27일  13:21 f1
```

(4) 스티키 비트(sticky bit)

아무 사용자나 파일을 넣을 수 있는 디렉토리를 가지고 있다면, 누구나 다른 사람의 파일을 지울 수 있다. 이 때, 스티키 비트를 설정하면, 아무나 해당 디렉토리에서 파일을 삭제, 변경할 수 없고, 파일을 삭제, 변경할 수 있는 사람은 파일 소유자, 디렉토리 소유자, 수퍼유저 뿐이다. 다시 말하자면 다중 사용자가 공동 작업을 하는 디텍토리의 경우, 사용자들에게 파일을 작성하는 권한을 주는 것과 동시에 다른 사용자의 파일을 지울 수 있는 권한도 주는 것이다. 따라서 스티키 비트(Sticky bit)를 설정하여 파일을 작성하면, 다른 사람이 파일을 지울 수 없게 된다.

스티키 비트의 부여는 절대 모드 1000과 심볼릭 모드 t를 사용하여 chmod 명령으로 지정한다.

다음 예는 스티키 비트를 지정하고 해지하는 예이다.

```
$ ls -ld /tmp
drwxrwxrwt   3  root   sys  1250  10월 2일  13:40 /tmp
$ chmod o-t /tmp
$ ls -ld /tmp
drwxrwxrwx   3  root   sys   1250  10월 2일  13:40 /tmp
$ chmod 1777 /tmp
$ ls -ld /tmp
drwxrwxrwt   3  root   sys   12507  10월 2일  13:40 /tmp
```

위의 예에서 스티키 비트(o : others, t : 스티키비트)의 적용은 "$chmod o +t /tmp"로 하고, 스티키 비트의 적용 해제는 "$chmod o-t /tmp"와 같이 하면 된다. HP_UX, Linux, 기타 UNIX와 같이 현재의 모든 유닉스 시스템들은 SetUID, SetGID, sticky bit를 지원을 한다.

SetUID, SetGID, sticky bit를 적용할 때 기존에 x(execute) 권한이 적용되어 있는 상태라면 x 자리에 소문자 s, s, t를, 기존에 x(execute) 권한이 적용되어 있지 않다면 - 자리에 대문자 S, I, T를 붙여서 표현하게 된다. 가령, 다음 예와 같이 f2.sh 파일에 777이라는 권한으로 기존에 x가 이미 적용되어 있는 경우에는 SetUID, SetGID, sticky bit를 모두 적용하면 소문자 s, s, t로 표현된다.

```
$ chmod 777  f2.sh
$ ls -ld  test.sh
-rwxrwxrwx 1 bklee mskim 8888 5월4일 18:11 f2.sh
$ chmod 1777 f2.sh
$ ls -ld  f2.sh
-rwsrwsrwt 1 bklee  mskim 8888 5월4일 18:11 f2.sh
```

다음 예와 같이 f2.sh 파일에 444라는 권한으로 기존에 x가 적용되어 있지 않는 경우에는 SetUID, SetGID, sticky bit를 모두 적용하면 대문자 S, I, T로 표현된다.

```
$ chmod 444  f2.sh
$ ls -ld  f2.sh
-r--r--r-- 1 bklee  mskim  8888 5월4일 18:11 f2.sh
$ chmod 1777 f2.sh
$ ls -ld  f2.sh
-r-Sr-Ir-T 1  bklee  mskim  8888 5월4일 18:11 f2.sh
```

이 모든 것을 간단히 정리하면, 4755 허가권은 SetUID 허가권이 지정되어 있다는 점을 제외하고는 755와 동일하다. 2755 허가권은 755와 비슷하지만 SetGID허가권이 설정되어 있다는 점이 다르다. 1755 허가권은 755와 비슷하지만 sticky-bit를 지정되어 있다는 점이 다르다. "$chmod a+rw *" 라인은 모든 사용자(u, g, o)에게 현재 디렉토리의 모든 파일에 대하여 읽기와 쓰기 권한을 부여한다. "$chmod a+rw, u+w a.out"라인은 a.out이라는 파일에 대해 모든 사람에게 읽기와 쓰기권한을 부여하고, 소유자에게는 쓰기 권한까지 부여한다. "$chmod u+s aa" 라인은 aa라는 파일에 SetUID를 지정하고, "$chmod g+s aa" 라인은 aa라는 파일에 SetGID를 지정한다.

2) 파일 소유권(file ownership) 변경

파일 소유권을 변경하는 데는 사용되는 명령에는 chown(파일 사용자 소유권을 변경)과 chgrp(파일 그룹 소유권을 변경)이 있다.

(1) chown(change owner)

다음 예와 같이 chown 명령을 사용하여 파일 소유 사용자나 소유 그룹을 변경한다.

```
$chown bklee brass
$ls -al
-rw-r--r--   1  bklee  root  0  10월 16일 11:19  brass
```

이 명령을 실행하면 brass라는 파일의 사용자 소유권이 bklee로 변경된다.

```
$chown -R bklee  /home/ago/new/tgh
```

위의 예에서처럼 -R 옵션을 사용하여 명령을 실행하면 /home/ago/new/tgh 디렉토리와 이 디렉토리 내에 있는 서브디렉토리와 모든 파일들에 대하여 소유자가 bklee로 변경된다.

```
$chown bklee:mskim brass
$ls -al
-rw-r--r--    1  bklee  mskim   0  10월 16일 11:19  brass
```

위의 예에서 :(콜론)을 사용하여 명령을 실행하면 brass 파일에 대해 사용자 소유권을 bklee로, 그룹 소유권을 mskim로 동시에 변경한다.

```
$mkdir math
drwxr-xr-x  2  boat  boat  4096  10월 16  11:32 math
$ chown queen:king math
drwxr-xr-x  2  queen  king  4096   10월 16  11:32 math
```

위의 예는 특정 디렉토리 내의 소유자와 소유자 그룹을 모두 한꺼번에 변경하는 것이다. 디렉토리도 하나의 특수 파일로 인식하기 때문에 파일의 소유자와 소유을 모두 한하는 방법과 디렉토리의 소유자와 소유 그룹을 변경하는 방법은 동일하다.

```
$ mkdir math
drwxr-xr-x  2  queen  king  4096  10월 16  11:39  math
$chown -R bklee:bklee brass
drwxr-xr-x  2  bklee  bklee  4096  10월 16  11:39  math
$cd math
$ ls-al
-rwxr-xr-x  1  bklee  bklee  4096  10월 16  11:39  lee.txt
-rwxr-xr-x  1  bklee  bklee  4096  10월 16  11:39  lee1.txt
```

위의 예는 math라는 특정 디렉토리내의 모든 파일과 소유자와 소유 그룹을 모두 한꺼번에 변경한다.

(2) chgrp(change group)

chgrp(change group) 명령어는 파일이나 디렉토리의 그룹의 소유권을 변경할 때 사용하는 명령어이다. chown 명령어가 소유자와 그룹 소유권을 한꺼번에 변경할 수 있지만, chgrp는 특정 파일이나 디렉토리의 사용자 소유권만을 변경할 수 있다. chgrp 명령어는 chmod와 chown을 이해했다면 쉽게 이해할 수 있을 것이다.

3) umask

umask는 시스템 내에서 새로이 생성되는 파일의 보호모드는 umask에 따라 달라진다. 또한, 현재의 사용자에게 설정된 umask를 조회하려면 명령 프롬프트에서 "umask"를 수행하면 된다. 보호 모드는 파일이 처음 생성될 때는 그 시스템에서 정하고 있거나, 내가 지정한 허가 모드를 따른다. 보호 모드를 바꾸기 위해서는 chmod나 umask를 이용하여 원하는 보호 모드로 초기치를 정할 수 있다. chmod는 앞에서 다루었기 때문에 umask를 살펴보자.

예를 들어, 파일이 처음 생성될 때 항상 644 보호 모드로 만들고 싶으면 다음과 같이 하면 안된다.

```
$ umask 644
```

그러나 이 [보호 모드]를 644로하고 싶으면, 644를 쓰는 것이 아니라, 그 반대의 값을 사용해야 한다. 즉, 644는 8진수로 110100100이고, 그 반대의 값은 001011011로 8진수로는 133이 된다. 따라서 umask 133을 실행하면, 생성되는 파일은 644의 보호 모드를 가지게 된다.

```
$ umask 133
$ ls -l bklee
-rw-r--r--  1 queen  king  1256  2월15일 20:34 bklee
```

다른 예를 살펴보면, 초기에 보호 모드를 733으로 하고 싶다면 111011011의 반대인 000100100으로 8진수 044을 사용해야 한다. 따라서 umask 044를 실행해야만 초기 허가 모드가 733이 된다. 또한, umask 007은 umask 07과 같고, umask 000는 umask 0와 같다. 이와 같이 동일한 수가 연속될 경우에 생략 가능하다.

실제로, umask 007을 이용해 770 디폴트 보호 모드를 만들고 싶었는데, 생성된 파일이 660 허가로 생성되었다. UNIX는 디렉토리를 생성하면, UNIX는 실행 모드(x)가 없으면 접근이 불가능하므로 실행 허가가 필수적으로 중요해서 그것을 인정해 준다. 그러나 파일의 경우는 실행 허가(x)는 중요시되지 않으므로 UNIX는 내부적으로 실행 허가를 인정하지 않아 생성된 파일이 660 허가로 되었다.

3. 링크

ls -l 명령어의 실행 결과로 얻어지는 파일의 특성 정보에는 링크(link)의 개수가 포함된다. 링크는 파일에 경로명을 부여하는 것을 의미하는데, 이를 이해하기 위해서는 UNIX 시스템에서 파일의 이름을 부여하는 원리를 이해해야 한다.

UNIX 시스템에서는 파일에 대한 고유 이름을 아이노드 번호로 정의하고 있다. 이 번호는 파일이 생성되는 과정에서 할당되고, 파일이 삭제되는 시점에 회수된다. 따라서 아이노드 번호는 해당 파일이 존재하는 동안에 절대로 변경되지 않는 고유한 이름(name)이지만, 아이노드 번호를 이용하여 파일을 구분하는 것은 불편한 일이다.

이러한 문제점을 해결하기 위하여 개별 파일에게 경로명(pathname)이라고 하는 문자식 이름을 추가로 부여해서 파일을 식별하도록 하고 있다. 이 때 파일에 경로명을 부여하는 것을 링크라고 한다. 일반적으로 파일이 생성되는 과정에서는 아이노드 번호와 경로명이 반드시 필요하다.

아이노드 번호의 선택은 시스템에서 자동적으로 이루어지며, 경로명은 사용자의 선택에 의해서 결정된다. 파일이 생성된 이후에 여러 가지 원인에 의하여 추가로 경로명을 부여할 수 있는데, 이를 위해서 ln 명령어가 사용된다. 다시 말해서, 특정한 파일에 부여된 경로명의 개수가 정보의 링크 수가 된다.

1) 하드링크(hard link)

(1) 하드 링크 개념 정의

[그림 5-17]에서 A가 5M 파일이고, B가 A의 하드링크 파일이 되는 경우

에, ls -l 을 이용하면, A도 5M가, B도 5M라는 것을 알 수 있다. 실제로 차지하는 디스크 용량은 10M가 아니라 5M가 된다.

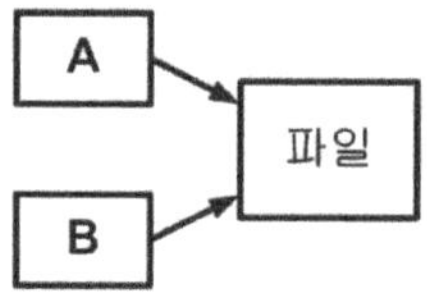

〔그림 5-17〕 하드 링크의 개념

[그림 5-18]을 살펴보면, 파일 A나 B 중에 하나를 편집한다면 두 파일의 내용이 모두 바뀌게 되지만, B를 지우면 당연히 A는 그대로 남아 있고, A를 지워도 B는 그대로 남아 있게 된다. 다시 말해서, A와 B의 두 파일 전부 다 지워야만 비로소 파일 자체가 없어지게 된다. 따라서 A라는 파일을 만든 다음에 B라는 이름으로 하드 링크를 거는 것이나, B라는 파일을 먼저 만든 다음에 A라는 이름으로 하드 링크를 거는 것이나 결과적으로 똑같게 된다.

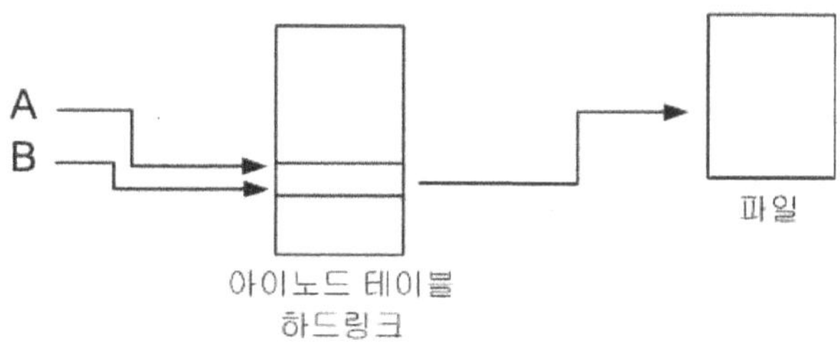

〔그림 5-18〕 아이노드를 이용한 하드 링크

(2) 하드링크 생성 방법

하드 링크의 개념은 살펴봤으니 이제는 하드 링크를 생성하는 방법에 대해서 다음 UNIX 링크 명령을 가지고 살펴보자.

```
$ ln f1 f2
```

이 "ln f1 f2"은 경로명 f1이 나타내는 파일에 대하여, f2라는 경로명으로 새로운 하드 링크를 만든다.

```
% ls -li
25098 -rw-rw---- 1 kim other 84 5월 17일 10:51 f1
25097 -rw-rw---- 1 kim other 27 5월 17일 10:29 g
   52 drwx------ 2 kim other 512 5월 17일 10:50 sample
% ln f1 f2
% ln f1 f3
% ls -li
25098 -rw-rw---- 3 kim other 84 5월 11일 10:51 f1
25098 -rw-rw---- 3 kim other 84 5월 11일 10:51 f2
25098 -rw-rw---- 3 kim other 84 5월 11일 10:51 f3
25097 -rw-rw---- 1 kim other 27 5월 11일 10:29 g
   52 drwx------ 2 kim other 512 5월 11일 10:50 sample
% rm f3
% ls -li
25098 -rw-rw---- 2 kim other 84 5월 11일 10:51 f1
25098 -rw-rw---- 2 kim other 84 5월 11일 10:51 f2
25097 -rw-rw---- 1 kim other 27 5월 11일 10:29 g
   52 drwx------ 2 kim other 512 5월 11일 10:50 sample
```

위의 첫 번째 명령어의 결과를 보면 일반 파일 f1과 g의 링크 수는 1로 지정되어 있고, 디렉토리 sample의 경우는 2로 지정되어 있다. 디렉토리의 경우는 하위 디렉토리에 항상 "." 이라는 특수 디렉토리가 자동으로 생성되기 때문에 최소값이 2가 된다. 또한, 3개의 파일들은 모두 아이노드 번호(25098, 25097, 52)가 다르므로 다른 파일임을 알 수 있다. 이후 두 개의 ln 명령어를 사용하여 파일 f1에 두 개의 링크 f2, f3를 부여하였다. 따라서 네 번째 명령어 ls의 결과를 보면 이들 경로명이 현재 디렉토리의 목록에 추가된 것을 알 수 있다. 그러나 f1, f2, f3는 모두 동일한 파일이고, 경로명이 3개 존재하므로 링크 수가 3이 되어 있음을 알 수 있다. 또한, 이들이 동일한 파일이라는 것은 이들의 아이노드 번호가 모두 25098이라는 사실에서도 확인할 수 있다.

아이노드 번호가 같은 여러 개 부여된 링크 파일들은 같은 파일이기 때문에 파일의 내용을 공유한다. 예를 들어서 f1의 경로명을 사용하여 파일의 내용을 수정한 후에 f2 혹은 f3의 경로명으로 그 내용을 확인할 수 있다. 다섯 번째 명령어인 "rm f3"을 이용하여 f3을 삭제한 후의 결과를 보면 f3이 없어지고 f1과 f2의 링크 수가 2로 감소되었다. 이 결과로 유추할 수 있는 rm 명령어의 정확한 의미는 파일 자체를 삭제하는 것이 아니라, 파일에 링크된 경로명을 삭제하고 링크 수를 감소시키는 것이다. 링크 수를 감소시킨 후에 그 값이 1 이상이 되는 경우는 파일의 내용이 유지되지만, 0이 되는 경우는 경로명 뿐 만이 아니라 파일의 내용까지 완전히 삭제된다. 링크 수를 줄이기 위해서 rm 명령어가 보편적으로 사용되지만, 별도로 unlink라는 명령어도 제공된다.

2) 심볼릭 링크(Symbolic link, 또는 soft link)

(1) 심볼릭 링크 개념 정의

심볼릭 링크는 C 언어의 포인트 개념과 유사한 것으로 그 대상 파일을 가리키는 포인터만 생성하기 때문에 파일의 외형만 링크하게 된다. [그림 5-19]에서처럼, A라는 파일을 만든 다음에 B라는 심볼릭 링크 파일을 만들면, 심볼릭 링크 파일은 포인트만 가지므로 A와 B는 다른 파일이 된다. 따라서 파일 B를 지울 경우에는 심볼릭 링크 파일 B만 지워지고, 파일 A는 그대로 남아 있게 된다. 그러나 A를 지울 경우는 파일 자체가 지워지므로 B는 없는 파일을 가리키는 것이 된다. 파일 A를 먼저 만들고 B라는 심볼릭 링크를 만드는 것과 파일 B를 먼저 만들고 A라는 심볼릭 링크를 만드는 것은 완전히 다르다.

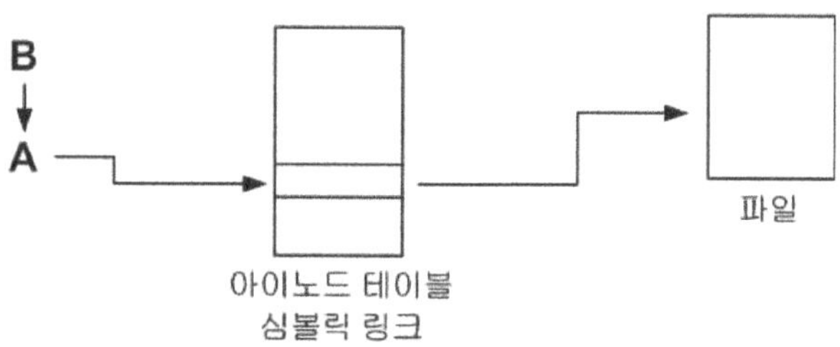

〔그림 5-19〕 아이노드를 이용한 심볼릭 링크

편집하는 경우로 예를 살펴보자. 원본 파일 A로 심볼릭 링크 파일 B를 생성했을 때, B를 편집하면 실제 B가 편집되는 것이 아니고 A가 편집되도록 링크를 걸어준다. 가령, vi B.txt라고 쳐서 편집을 해도 실제로 편집이 되는 내용은 A.txt가 된다. 그러나 B.txt를 지워도 A.txt에는 아무 영향을 주지 않는다. 하지만 원본 파일인 A.txt를 지우게 되면 링크 파일인 B.txt는 아무 쓸모가 없게 된다. 심볼릭 링크는 하드 링크와는 달리 디렉토리(폴더)에 링크될 수 있다.

(2) 심볼릭 링크 생성 방법

심볼릭 링크의 개념은 살펴봤으니 이제는 심볼릭 링크를 생성하는 방법에 대해서 다음 UNIX 링크 명령을 가지고 살펴보자.

```
$ ln -s f1 f2
```

이 "ln -s f1 f2"에서 " -s" 옵션은 심볼릭 링크(symbolic link)를 뜻하고, "-s" 옵션을 사용하지 않는 경우는 하드 링크를 뜻한다. 예를 들어, "ln -s f1 f2" 명령을 이용하여 파일 f1에 심볼릭 링크 f2를 부여한다. 마지막 명령의 결과에서 확인할 수 있는 것처럼 f2 파일의 아이노드 번호는 f1과 다르며, 파일의 유형을 구분하는 문자(d: 디렉토리 파일, -: 일반 파일) 표시 부분에 l(심볼릭을 나타낸다) 문자가 기록된다. 즉, f2 파일이 심볼릭 링크 파일임을 나타낸다. 또한, 파일 이름의 뒤에 추가 정보(-> f2)를 표시하여 f2가 f1으로 심볼릭 링크되었음을 말해준다. 심볼릭 링크는 하드 링크의 기능을 확장한 것이기 때문에 외형적인 효과가 비슷하다. 즉, 아래의 예에서 f2의 경로명으로 파일 내용을 수정하면 이 내용을 경로명 f1으로도 확인할 수 있다. 심볼릭 링크 기능은 파일에 대하여 사용하는 경우도 있지만, 디렉토리 파일에 대하여 부여하는 경우도 많이 있다.

```
% ls -li
25098 -rw-r----- 1 kim other 84 5월 23일 10:51 f1
25097 -rw-rw---- 1 kim other 27 5월 23일 10:29 g
   52 drwx------ 2 kim other 512 5월 23일 10:50 sample
% ln -s f1 f2
% ls -li
25098 -rw-r----- 1 kim other 84 5월 23일 10:51 f1
25100 lrwxrwxrwx 1 kim other 2 5월 23일 15:13 f2 -> f1
25097 -rw-rw---- 1 kim other 27 5월 23일 10:29 g
   52 drwx------ 2 kim other 512 5월 23일 10:50 sample
```

여기서, f1은 원래 파일이고 f2는 심볼릭 링크 파일이다. 여기서, f1은 원래 파일이고 f2는 심볼릭 링크파일로 원래파일 f1를 가리킨다.

하드링크와 비교하면 결과가 다르다. 심볼릭 링크 파일과 원래 파일 사이에 첫 번째 차이는 원래 파일과 심볼릭 링크 파일의 아이노드 번호가 서로 다르다(하드 링크에서는 같다). 심볼릭 링크는 단순히 원래의 파일을 가리키는 파일에 불과하기 때문에 원래 파일과는 허가(permission)가 다르다. 심볼릭 링크 파일은 하드 드라이브 상에 약간의 공간을 차지하기 때문에, 심볼릭 링크 파일의 크기는 원래의 파일의 크기와 같지 않다. 심볼릭 링크 파일이 정상적인 환경에서 open되고 액세스될 때, 시스템은 심볼릭 링크의 내용에서 발견되는 이름의 파일을 자동으로 open하거나 액세스할 것이다.

4. 홈 디렉토리와 경로명

일반 사용자들이 타인의 방해를 받지 않고 자신의 파일들을 관리할 수 있도록 도입된 홈 디렉토리(home directory)는 각각의 사용자에게 전용으로 할당된 공간을 의미하며, 자신의 홈 디렉토리에서는 원칙적으로 제한 없이 파일 작업을 수행할 수 있지만, 나 이외의 다른 사용자들은 나의 홈 디렉토리에서는 여러 가지 제한을 받게 된다는 뜻이다. 우리가 UNIX 계정을 이용하여 로그인 할 때, 우리는 자신의 홈 디렉토리에 놓이게 된다.

이와 같이 우리가 로그인 할 때, 우리의 홈 디렉토리가 현재의 작업 디렉토리가 되기도 한다. 또한, 우리의 홈 디렉토리에서 새로운 파일들과 서브디렉토리들을 생성할 수도 있고, 이 서브디렉토리에서 더 많은 서브디렉토리들을 생성할 수도 있다.

1) 파일 시스템 계층구조

UNIX 파일 시스템은 하향식 트리로 구성되어 있다. 이 트리의 최상위에 "/"라는 루트 디렉토리가 있고, 이 디렉토리는 UNIX 시스템 관리자에 의해서 관리되어진다. 루트 디렉토리 아래로 서브디렉토리들이 있고, 이 서브디렉토리 아래에는 다른 서브디렉토리와 파일들이 존재한다. 이 서브디렉토리들의 이름은 어떠한 이름이라도 가능하다. [그림 5-20]은 전형적인 UNIX 시스템의 트리를 나타낸다.

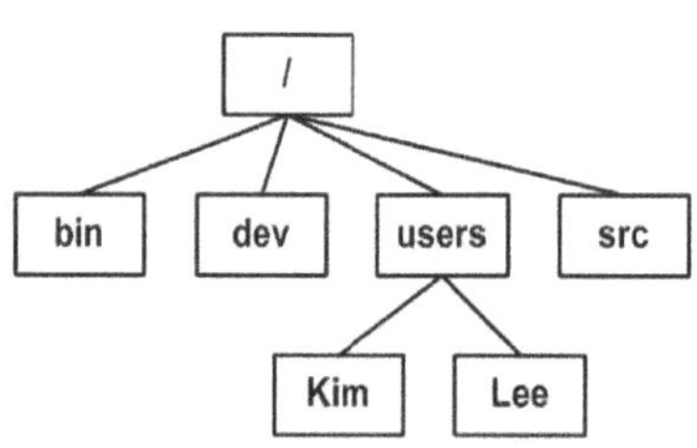

〔그림 5-20〕 UNIX 시스템 트리

[그림 5-20]의 UNIX 시스템에서, 루트 디렉토리 /는 4개의 서브디렉토리 bin, dev, users, 그리고 src로 구성되어 있다. 여기서 users라는 서브디렉토리에는, 두 개의 서브디렉토리 Kim과 Lee가 있다. 내가 users의 Kim이고, 나의 홈 디렉토리가 이 그림의 Kim이라고 하자. 내가 로그인 하고, pwd 명령어를 발행하면 다음과 같이 된다.

```
$ pwd
/users/Kim
$
```

이제, 나의 현재의 작업 디렉토리를 나의 홈 디렉토리보다 상위 디렉토리인 users로 바꾸고자 하면, cd 명령어 다음에 ".." 을 사용해서 나를 users 디렉토리로 놓이게 한다.

```
$ pwd
/users/Kim
$ cd ..
$ pwd
/users
$
```

다음과 같이 하면, 나는 루트 디렉토리까지 나아갈 수 있다.

```
$ pwd
/users
$ cd ..
$ pwd
/
$
```

이 트리는 더 이상 위로 갈 수 없다. 다시 나의 홈 디렉토리로 되돌아가기 위해서는 다음과 같이 change 디렉토리 명령어를 사용하면 된다.

```
$ pwd
/
$ cd users
$ pwd
/users
$ cd Kim
$ pwd
/users/Kim/
$
```

그러나, 다음과 같이 cd 다음에 아무 인자도 않고, cd 명령어를 입력하고 엔터키를 누르면 홈으로 돌아가는데 지름길이 된다.

```
$ pwd
/users/Kim/
$ cd ..
$ pwd
/users
$ cd ..
$ pwd
/
$ cd
$ pwd
/users/Kim
$
```

이제, 내가 나의 홈 디렉토리에 있고 루트 디렉토리로 빨리 돌아가고자 한다면, 다시 말해서 다음과 같이 두 단계 위인 루트 디렉토리로 가고자 한다면, "/"으로 분리된 두 개의 ".."을 사용하면 된다.

```
$ pwd
/users/Kim/
$ cd ../../
$ pwd
/
$
```

디렉토리 트리를 빨리 탐색하기 위해서는 두 개의 ".."와 디렉토리 이름을 분리하는 슬래쉬 "/", 를 사용하면 된다. 다음 예는 나의 홈 디렉토리에서 dev 디렉토리로 가는 방법과 다시 홈 디렉토리로 다시 돌아가는 방법을 보여준다.

```
$ pwd
/users/Kim/
$ cd ../../dev
$ pwd
 /dev
$ cd ../users/Kim
$ pwd
/users/Kim/
$
```

Lee는 내가 그의 디렉토리를 방문할 수 있도록 그가 허가를 설정해 준다면, 나는 다음과 같이 그곳에 갈 수 있다.

```
$ pwd
/users/Kim
$ cd ../Lee
$ pwd
/users/Lee
$
```

2) 디렉토리 생성, 삭제, 이동

(1) 디렉토리 생성

나 자신의 어떤 디렉토리에 나의 새로운 서브디렉토리를 구성하고자 한다면 어떻게 하면 되는지 살펴보자. 다음과 같이, mkdir을 사용하여 나의 홈디렉토리에 어떤 서브디렉토리를 생성할 수 있다,

```
$ pwd
/users/Kim
$ mkdir amateur
$ cd amateur
$ pwd
/users/Kim/amateur
$
```

이렇게 하면, [그림 5-21]과 같이 파일 시스템의 트리가 바뀌게 된다.

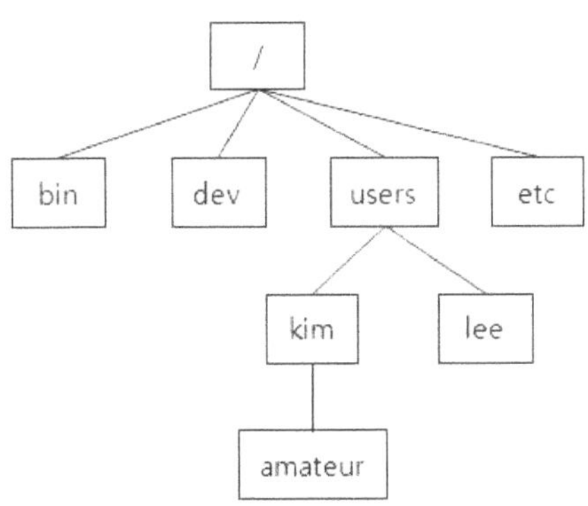

〔그림 5-21〕 mkdir을 이용한 서브디렉토리 생성

(2) 디렉토리의 삭제

디렉토리 삭제 명령은 rmdir이지만 rm을 사용하는 경우가 더 일반적이다 rmdir은 삭제하고자 하는 디렉토리의 이름을 반드시 인수로 입력해야 하고, 삭제하는 디렉토리의 이름은 여러 개를 입력할 수 있다. rmdir을 이용하여 디렉토리를 삭제하기 위해서는 삭제하고자 하는 디렉토리 밑에 어떤 종류의 파일(현재 디렉토리의 링크 .과 상위 디렉토리의 링크 ..은 제외)도 존재해서는 안 된다.

아래의 예는 디렉토리 d1을 삭제하는 절차를 보이고 있는데, 삭제 과정을 확인하기 위하여 ls 명령어가 여러 번 사용되고 있다. ls의 결과가 표시되지 않는 경우는 현재 디렉토리 밑에 파일이나 디렉토리가 없음을 의미한다.

```
$ pwd
/users/kim/amateur//test/d1
$ ls
$ cd ..
$ ls
d1
$ rmdir d1
$ ls
```

(3) 디렉토리의 이동

특정 디렉토리의 위치를 이동시키기 위해서는 mv 명령을 사용한다. 이 명령어의 기능은 단순히 디렉토리만을 이동하는 것이 아니고, 다른 종류의 파일 경로명도 변경해 준다.

명령어 mv는 반듯이 두 개의 인수가 사용(두 개의 인수에는 디렉토리 파일과 일반 파일이 올 수 있다)되는데, 첫 번째 인수인 근원지로 기존의 경로명을 나타내고, 두 번째의 목적지는 새로 생성되는 경로명을 나타낸다.

아래의 예는 현재 디렉토리가 비어 있다는 것을 첫 번째 명령인 ls가 보여주고 있다. 두 번째 명령에서 cp를 이용하여 현재 디렉토리 밑에 파일 bklee을 생성해 주고, 세 번째 명령에서는 mkdir 명령으로 새로운 디렉토리 new를 생성하였다. 이들의 결과가 올바른지를 확인하기 위하여 네 번째 명령인 ls -l이 보여준다.

다섯 번째의 mv bklee kimfile 명령은 파일 bklee의 경로명을 kimfile로 바꾸어 준다. 그 다음 명령인 ls -l는 파일 이름이 변경되었음을 보여준다. 단, kimfile이 존재하지 않는 경우에는 mv는 간단하게 이름만 변경시켜준다.

kimfile이 일반 파일의 형태로 원래 존재하고 있으면 원래의 내용은 사라지고 bklee의 내용으로 대체되어야 한다.

이어지는 mv kimfile fresh 명령에서는 kimfile을 fresh로 변경하는 것이다. 만일 fresh가 지금 현재 존재하지 않거나 일반 파일인 경우는 kimfile의 이름이 fresh로 변경된다. 그러나 예제와 같이 두 번째 인수가 디렉토리 파일인 경우는 첫 번째 인수 kimfile이 fresh 밑으로 이동하게 된다.

```
$ ls
$ cp /etc/item bklee
$ mkdir fresh
$ ls -l
-rw-r--r-- 1 lee other 850 7월 13일 12:07 bklee
drwxr--r-x 2 lee other 602 7월 13일 12:07 fresh
$ mv bklee kimfile
$ ls -l
drwxr--r-x 2 lee other 602 7월 13일 12:07 fresh
-rw-r--r-- 1 lee other 850 7월 13일 12:07 kimfile
$ mv kimfile fresh
$ ls -l
drwxr--r-x 2 lee other 602 7월 13일 12:08 fresh
$ cd fresh
$ ls
kimfile
```

위의 예는 사용 형식의 근원지 부분이 일반 파일인 경우를 전제로 하여 두 번째 인수의 종류가 바뀌는 경우를 설명하고 있다. 반대의 경우로 근원지 부분이 디렉토리가 되는 경우를 생각할 수 있는데, 이 경우는 일반 파일의 경우와 다를 바가 없다. 다만 근원지 디렉토리가 하위 디렉토리를 가지고 있는 경우에 하위 디렉토리 전체가 이동한다는 점에 차이가 있다.

3) 상대경로명(relative pathname)과 절대경로명(absolute pathname)

(1) 상대 경로명

".." 을 사용하여 디렉토리 트리 구조를 항해(navigation)할 수 있다. ".." 부호는 부모 디렉토리를 의미하고, 이것은 현재의 작업 디렉토리에 좌우되기 때문에 상대 경로명이라 한다. 디렉토리들을 바꾸기 위해서는, /으로 분리된 ".."과 다른 디렉토리 이름을 함께 사용하면 된다. 예를 들어, 내가 profile에 있고, Lee로 바꾸고자 한다면, 다음과 같이 상대경로명을 가지고 cd

명령어를 사용하면 된다.

```
$ pwd
/users/Kim/profile
$ cd ../../Lee
$ pwd
/users/Lee
$
```

따라서, "..''으로 시작하는 디렉토리나 파일 참조는 상대경로명이다. 그런데, 다음과 같이 어떤 디렉토리 이름으로 시작하는 디렉토리나 파일 참조도 상대경로명이 될 수 있다. 예를 들어, 내가 users 디렉토리에 있다면, 이 디렉토리 참조 Kim/profile는 상대 경로명이 된다.

```
$ pwd
/users
$ cd Kim/profile
$ pwd
/users/Kim/profile
$
```

(2) 절대 경로명

절대 경로명은 항상 "/"에서 시작하며, 절대 경로명은 나의 현재 작업 디렉토리가 무엇이든 상관없이 나를 "/"에서 시작하는 어떤 디렉토리로 연결시켜준다. 다음과 같이 절대 경로명을 사용함으로서 파일 시스템을 항해할 수 있다.

```
$ pwd
/users/Kim
$ cd /users/Lee
$ pwd
/users/Lee
$ cd /dev
$ pwd
/dev
$ cd /users/Kim/profile
$ pwd
/users/Kim/profile
$
```

파일 시스템에 모든 디렉토리나 파일은 유일한 절대 경로명을 가진다. Kim은 그의 홈 디렉토리에 "test.txt"라는 파일을 생성하고, Lee는 그의 홈 디렉토리에 test.txt라는 파일을 생성했다면, 이 파일들의 절대 경로명은 다르다. Kim의 것은 /users/Kim/test.txt이고, Lee의 것은 /users/Lee/test.txt이다.

5. 사용자 계층에서 파일 접근

1) 파일의 기본적인 시스템 콜

컴퓨터 시스템에서 파일이란 디스크나 테이프에 저장된 데이터의 집합으로 파일에는 문서, 프로그램, 계산표, 그림, 메시지 등이 있다. 그러나, UNIX에서 파일이란 디스크나 테이프에 저장된 파일 뿐만 아니라, 모든 물리적인 구동장치(디바이스)도 포함한다. 다시 말해서, 입력장치인 키보드도 파일이고, 출력장치인 모니터와 프린터도 파일이다. 이를 위해 운영체제는 파일 열기(open), 파일 생성(create), 파일 읽기(read), 파일 쓰기(write), 파일 닫기(close), 파일 검색(lseek) 및 파일 삭제(delete)와 같은 시스템 호출(system call)을 제공해야 한다. 이들 각각의 파일 조작에 대해서 운영체제가 해야 할 일을 살펴보자.

(1) open()

UNIX시스템에서 파일의 내용을 읽고 쓰기 위해서는 먼저 해당 파일을 오픈해 주어야한다. open() 시스템 콜은 아래에 나타난 것과 같이 읽거나 쓰려고 하는 파일의 경로명을 매개변수로 해서 호출하며, 오픈 과정이 성공적으로 수행되면 해당 파일을 위한 fd(file descriptor)를 리턴 해 준다. 프로그램에서 오픈된 파일의 내용을 read나 write하고자 할 경우는 다음과 같이 반드시 open() 시스템 콜의 리턴 값인 파일 디스크립터를 이용해야 한다.

```
fd=open(path명, flags, modes)
```

open() 시스템 호출의 첫 번째 매개변수인 path명에는 파일명이 입력되어야 하는 데, 파일명은 절대 경로명이나 상대 경로명을 표시한다. 두 번째 매개 변수인 flags는 오픈된 파일에서 데이터를 읽을 것인지 쓰기를 할 것인지를 표시할 수 있으며 이 값의 종류에는 [그림 5-22]에 표시되어 있다. 세 번째 매개 변수인 modes는 파일에 대한 접근 권한을 표시하는 용도로 이용되는 데, 나중에 보호 모드에서 상세하게 다루기로 하자.

flags	설 명
O_RDONLY	읽기 전용으로 파일을 오픈할 때 사용한다.
O_WRONLY	쓰기 전용으로 파일을 오픈한다.
O_RDWR	해당 파일에 대하여 읽기와 쓰기가 모두 가능하도록 파일을 오픈한다.
O_CREAT	오픈하려고 하는 파일이 존재하지 않으면 두 번째 매개 변수인 파일의 O_CREAT와 첫 번째 매개 변수의 파일의 경로명을 이용하여 새로운 파일을 생성해준다.
O_TRUNC	오픈된 파일의 내용이 있는 경우에 이를 모두 무시하고 파일 크기를 0으로 만들어주는 flag이다.

〔그림 5-22〕 open() 시스템 호출의 두 번째 매개변수

(2) creat()

새로운 파일을 생성하는 경우는 다음에 표시된 creat() 시스템 콜을 사용할 수도 있고, 파일을 open하지만 해당 파일이 존재하지 않으면, open() 시스템 호출의 첫 번째 매개 변수로 새로운 파일을 생성해주고, 이때 두 번째 매개 변수에 파일의 생성 모드인 O_CREAT를 반듯이 부여해야 한다. creat() 시스템 호출을 사용할 경우에 첫 번째 매개 변수는 파일의 경로명이고, 두 번째 매개 변수는 파일이 생성될 때 지정하는 접근 권한을 표시하기 위한 용도로 이용된다.

```
creat(path명, mode)
```

(3) read() / write()

아래에 정의된 read(), write() 시스템 호출은 오픈된 파일의 fd를 이용하여 데이터를 읽고, 쓰기를 한다. 먼저, 두 시스템 호출의 첫 번째 매개 변수는 오픈된 파일의 fd를 의미하며, 이 파일에서 데이터를 읽기 위해서는 read() 시스템 호출을 사용하고, 읽혀진 파일의 내용은 두 번째 변수가 가리키는 기억 공간에 저장되며, 세 번째 변수는 읽어 들일 문자의 수를 나타낸다. read()의 리턴값은 파일의 내용을 읽는 동작 과정에서 실제로 읽어 들인 문자의 수를 나타내며, 일반적으로 세 번째 변수에 주어진 값과 동일하다.

write() 시스템 호출은 두 번째 변수가 가리키는 기억장소의 내용을 open된 파일에 저장하는 용도로 사용되며, 세 번째 변수에서 정의된 크기만큼의 데이터를 기록한다. write()의 리턴값은 실제로 저장된 문자의 수를 의미한다.

```
n=read(fd, *buf, nbyte);
n=write(fd, *buf, nbyte);
```

그러면 다음 3개의 read문이 어떻게 처리 되는가 살펴보자.

```
read(fd, buf1, 100);          /* 100바이트를 버퍼 buf1로 읽어오기 */
read(fd, buf2, 200);          /* 200바이트를 버퍼 buf2로 읽어오기 */
read(fd, buf3, 5000);         /* 5000바이트를 버퍼 buf3으로 읽어오기 */
```

첫 번째 read()문에 의해서 요구되는 자료는 파일의 첫 번째 블록 내에 존재하는 것으로, 커널은 블록이 버퍼 풀 안에 있는지를 검사하여 블록이 버퍼 풀 안에 없으면 디스크로부터 그 블록을 잠겨 있지 않는(Unlocked) 버퍼로 복사한다. 그런 다음 버퍼로부터 첫 번째 100바이트를 변수 buf1로 복사한다. 그리고 첫 번째 read()문 수행 후에 100을 리턴하므로 시스템 파일 테이블 내에 저장된 파일의 위치(오프셋)는 새로운 값 100으로 수정된다.

두 번째 read()문에 의해서 요구되는 자료도 또한 파일의 첫 번째 블록 내에 존재한다(1블록을 4,096바이트라고 할 때). 따라서 커널은 블록이 이미 버퍼 풀 안에 있음을 발견하고, 버퍼로부터 변수 buf2로 200바이트를 복사한다. 이때 두 번째 read() 수행 후 200을 리턴하므로 파일의 위치는 300(=100+200)으로 수정된다.

세 번째 read()문에 의해서 요구된 자료는 파일의 첫 번째 블록과 두 번째 블록에 각각 걸쳐 있다. 커널은 buf3으로 첫 번째 블록의 나머지 3,796바이트를 전송하고, 그 후 디스크로부터 잠겨있지 않은 버퍼로 두 번째 블록을 복사한다. 그리고 buf3으로 나머지의 자료 1,024바이트를 복사한다. 최종적으로 세 번째 read() 수행 후 파일의 위치는 5,300(=100+200+5000)으로 수정된다.

write() 시스템 호출은 어떻게 실행되는가 살펴보자.

```
write(fd, buf4, 100);         /* 버퍼 buf4로부터 100바이트 쓰기 */
write(fd, buf5, 4000);        /* 버퍼 buf5로부터 4000바이트 쓰기 */
```

현재 파일 위치 값은 세 번째 read() 수행으로 인해 파일의 두 번째 블록의 시작 부분에 위치하는 5,300이라는 것과 두 번째 블록이 세 번째 read()

로 인하여 이미 버퍼 풀 안에 있음을 기억해 두자. 첫 번째 write()에 의해서 변수 buf4 저장할 자료는 두 번째 블록의 시작위치 5,300에서 100만큼을 저장한다. 따라서 파일 위치값은 5,400이 된다. 이때 두 번째 블록 전체가 버퍼에 상주하고 있었으므로 두 번째 블록의 5,300에서 5,400 사이의 내용은 변수4의 값으로 겹쳐서 저장하게 된다.

두 번째 write()에 의해서 저장될 자료는 4,000바이트이므로 겹쳐 쓰일 자료는 두 번째 블록과 세 번째 블록 내에 걸쳐서 존재한다. 이때 커널은 변수 buf5의 4,000바이트 데이터 중에서 2,792바이트를 두 번째 블록의 나머지 2,792바이트에 겹쳐서 저장하고, 변수 buf5의 나머지 1,208바이트를 세 번째 블록에 1,208바이트에 겹쳐서 저장한다. 따라서 파일 위치값은 9,400이 된다.

(4) close()

프로그램에서 오픈된 파일의 이용이 완료되면, close() 시스템 호출을 사용하여 파일을 닫아 주어야한다. close() 시스템 콜의 매개 변수는 open() 시스템 콜에서 리턴된 fd이다. 만일, 프로세스가 오픈된 파일을 닫지 않고 종료하는 경우에는 운영체제에서 자동으로 닫아준다.

```
close(fd)
```

(5) lseek()

오프셋(offset)이란 파일을 오픈하여 데이터를 읽고 쓰는 과정에서는 파일의 전체 내용 중에서 I/O 동작을 해야 하는 위치를 나타낸다. 옵셋을 표기하지 않는 경우는 입출력되는 데이터의 크기에 따라 오프셋 값이 순차적으로 증가된다. 그러나, 프로그래머가 의도적으로 오프셋 값에 변화를 주어야 하는 경우는 다음과 같은 lseek() 시스템 호출을 사용한다. 이 시스템 콜의 첫 번째 매개변수는 오픈된 파일의 fd이며 offset과 whence를 사용하여 오프셋의 위치를 지정하게 된다.

```
lseek(fd, offset, whence)
```

오프셋의 위치를 지정하는 방식은 여러 형태로 이루어지는 데, [그림 5-23]과 whence의 값에 따라서 offset의 역할이 함께 결정된다. 참고로 offset의 값은 음수가 될 수도 있다.

whence	설 명
SEEK_SET	파일의 시작위치에서 옵셋만큼 증가된 위치로 오프셋 값이 변경
SEEK_CUR	파일의 현재 옵셋 위치에서 옵셋만큼 증가된 위치로 옵셋 값이 변경
SEEK_END	파일의 마지막 위치에서 옵셋 만큼 증가된 위치로 옵셋 값이 변경

〔그림 5-23〕 lseek()의 매개변수 whence 종류

사용자가 정규 파일이나 디렉토리 내용에 접근하면 사용자는 하드웨어 블록 장치에 저장되어 있는 데이터에 실제로 접근하게 된다. 이런 의미에서 파일시스템은 하드디스크 파티션의 물리적인 구조를 사용자 수준에서 보는 것이라고 할 수 있다. 사용자 모드에 있는 프로세스는 저수준의 하드웨어 구성 요소와 직접 상호 작용할 수 없기 때문에 실제 파일을 다루는 작업은 커널 모드에서 수행해야 한다. 이를 위해 유닉스 운영체제는 파일을 다루는 것과 관련된 여러 시스템 콜을 정의한다. 프로세스가 특정 파일에 어떤 작업을 하고 싶으면, 파일의 경로명을 매개변수(parameter)로 넣어 적절한 시스템 콜을 사용하면 된다.

2) 사용자 계층에서 파일에 접근하는 프로세스와 아이노드의 관계

사용자 계층에서 어떻게 파일에 접근할 수 있는 지를 살피기 위해서, 파일 open을 이용하여 프로세스와 아이노드의 관계를 알아보자. 이를 위하여 UNIX는 파일 액세스를 하는 데 필요한 정보를 [그림 5-24]에서 파일 기술자(file descriptor) 테이블, 시스템 파일 테이블(system file table), 아이노드 테이블(i-node table)의 3가지 테이블에 분리 보관한다. 파일기술자 테이블에서부터 중간에 위치한 시스템 파일 테이블, 아이노드 테이블 등을 거쳐서 하드디스크에 보관된 사용자 데이터로 접근한다. 여기서, 중간에 위치한 시스템 파일 테이블, 아이노드 테이블은 커널에 의하여 관리되는 테이블이다. 이와 같이, 여러 개의 테이블들을 사용해서 파일 시스템을 관리하는 이유는 파일 시스템의 관리를 효과적으로 수행하기 위한 것이고, 각각의 테이블에는 각 특성에 맞는 고유의 정보들이 포함되어 있다.

a. 파일 기술자(file descriptor) 테이블(혹은 open 파일 테이블)

파일 기술자 테이블은 프로세스별로 하나씩 커널에 의해서 할당이 되며, U 영역의 일부로 fd들에 의해서 색인(index)되어 있는 포인터들의 배열 형식을 취하고 있다. 또한, 이 포인터들은 시스템 파일 테이블의 엔트리들을 포

인트한다.

b. 시스템 파일 테이블(system file table)

시스템 파일 테이블은 커널 영역에 존재하며, 이 테이블에는 각 open된 파일에 대하여 하나의 엔트리를 가지고 있다. 이 엔트리들은 메모리에 있는 아이노드들의 테이블을 가리키는 포인터를 가질 뿐만 아니라, 현재의 파일 옵셋과 이 엔트리를 사용하는 fd의 참조 계수와 같은 정보를 가진다. 파일이 clo엔트되면, 이 계수는 감소하고, 0이 될 때, free가 된다.

c. 아이노드 테이블(i-node table)

메모리에 있는 아이노드 테이블은 파일에 관한 정보 중 자주 바뀌지 않는 부분인 파일 형태와 파일 허가권, 파일 크기, 사용자 ID와 그룹 ID, 파일의 저장장소 등과 같은 정보가 아이노드에 수록된다.

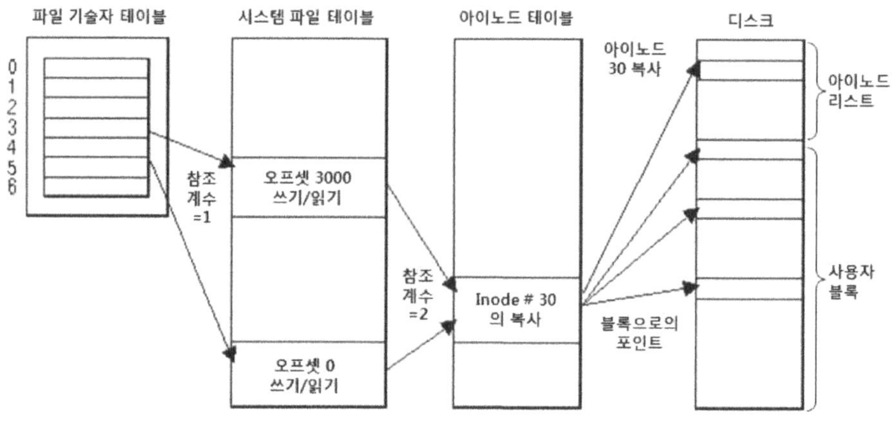

〔그림 5-24〕 open 파일 테이블 엔트리 생성

(1) U 영역내의 파일 기술자 테이블(혹은 open 파일 테이블)

그러면 프로세스가 존재하는 일반 파일을 읽기전용으로 open할 때, 어떤 일이 발생하는가를 살펴보자. C 프로그램에서 파일을 사용하려면 먼저 그 파일을 open하고, 이 open된 파일을 read/write에 어떻게 사용되는 지를 예를 가지고 살펴보자.

```
fd = open("/usr/glass/sample.txt", O_RDONLY);
```

커널은 /usr/glass/sample.txt라는 파일명을 아이노드 번호로 변환함으로서 시작한다. 만약 아이노드가 발견되지 않으면, 에러 코드를 반환하고, 아이노드가 발견되면 커널은 고정된 크기의 시스템 자료구조인 아이노드 테이블에 엔트리를 할당해서 디스크로부터 이 엔트리로 아이노드를 복사한다. 다음으로, 커널은 다른 고정된 크기의 시스템 자료구조인 시스템 파일 테이블에 엔트리를 만들어, 다음과 같은 정보를 저장한다.

- 아이노드 테이블에 있는 새로운 엔트리의 포인트
- open() 시스템 호출 내에 명시된 read/write 허가권 플래그
- 프로세스의 현재 파일 위치, default로서 0이 설정된다.

마침내, 커널은 파일 기술자 테이블에 엔트리를 할당하고, 이 파일 기술자 테이블에 할당된 엔트리가 시스템 파일 테이블의 새로운 엔트리를 포인트한다. 그리고 커널은 몇 가지 사전조치를 수행한 후(예를 들면, 파일의 존재 여부, 허가 등), 이 fd(파일 기술자)에게 open()의 반환 값인 양의 정수를 반환한다.

일단 오픈된 파일에게는 커널이 그 파일을 위하여 시스템 파일 테이블, 아이노드 테이블을 준비를 시켜 놓고, 이 파일이 프로세스로부터 N번째로 open된 파일이라면 이 파일의 fd 값으로 N으로 설정하고, 파일 기술자 테이블 배열의 N번째 엔트리에 시스템 파일 테이블 엔트리를 가리키는 포인터를 적어 놓는다. 예를 들어, 한 프로그램에서 2개의 파일을 열면 fd는 3번 이후로 3과 4번이 배정된다. 여기서, fd 값이 0, 1, 2는 open된 파일을 사용하지 못하고, 표준 입출력 장치와 표준 에러장치에만 관계하며 커널이 자동으로 할당하고, 그 용도는 다음과 같다.

a. stdin : fd가 0으로 표준 입력(standard input) 장치를 가리키고 있다. 디폴트로 키보드 장치를 의미하며, C 언어에서 scanf() 함수는 키보드를 통해서 데이터를 읽어 들인다.
b. stdout : fd가 1로 표준 출력(standard output) 장치를 가리키고 있다. 디폴트로 단말기 화면을 의미하며 C언어에서 printf() 함수는 단말기를 통해서 출력한다.
c. stderr : fd가 2로 표준 에러(standard error) 장치를 가리키고 있다. 디폴트로 단말기 화면을 의미하며 C언어에서 오류 메시지를 단말기에 출력한다.

파일기술자 테이블은 프로세스별로 하나씩 커널에 의해서 할당이 되며, 이 테이블에서부터 중간에 위치한 시스템 file 테이블, inode 테이블 등을 거쳐서 하드 디스크에 보관된 사용자 데이터로 접근한다. 여기서, 중간에 위치한 시스템 파일 테이블, 아이노드 테이블은 커널에 의하여 관리되는 테이블이다. 이와 같이, 여러 개의 테이블들을 사용해서 파일 시스템을 관리하는 이유는 파일 시스템의 관리를 효과적으로 수행하기 위한 것이고, 각각의 테이블에는 각 특성에 맞는 고유의 정보들이 포함되어 있다.

(2) 시스템 파일 테이블(system file table)

파일에 대한 오프셋은 자주 바뀔 뿐만 아니라 여러 프로세스들이 파일 X를 open해서 파일 액세스를 한다고 하더라도 서로 다른 위치를 액세스하는 경우도 있으므로, 이러한 경우를 위하여 파일의 오프셋은 부득이 그 파일을 open하여 사용하는 프로세스마다 하나씩 여러 개가 존재할 필요가 있을 것이다.

따라서 시스템 파일 테이블에는 이용자가 read나 write할 파일 중의 트랙을 상대 바이트 번지(byte offset)로 나타내고 있으며 open하려고 하는 프로세스에 대한 액세스 권한이 기록되어 있다.

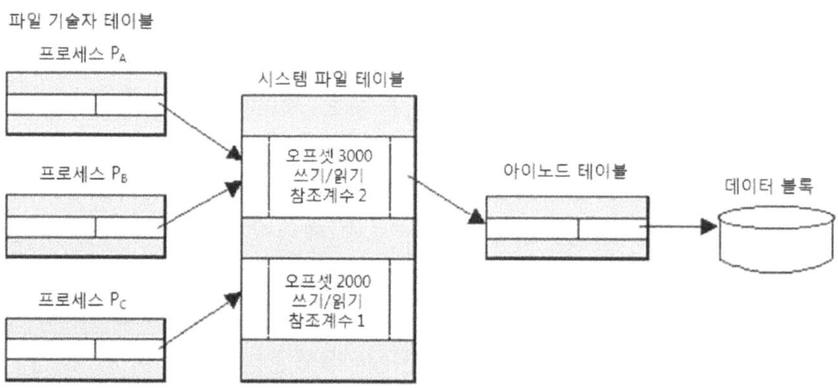

[그림 5-25] 시스템 파일 테이블의 인덱스

N개의 프로세스가 파일 X를 각기 독자적으로 액세스중이면, 오프셋도 N개가 있어야 한다. 그러나 두 프로세스(또는 2 이상)가 파일을 공유하면서 파일의 오프셋을 공유한다면, 그러한 프로세스들은 동일한 오프셋을 공유하는 셈이다([그림 5-25]).

[그림 5-25]에서 프로세스 P_A와 P_B는 파일 X를 공유할 뿐만 아니라 오프셋

도 공유중이다. 그러나 P_C는 파일만 공유할 뿐 오프셋은 공유하지 않는다.

(3) 아이노드 테이블(i-node table)

각 파일은 아이노드 번호에 의해 식별되어지는 각각 한 개의 아이노드를 가지는데, 다시 말해서 파일이 새로 생성되면, 그 파일에 해당하는 하나의 아이노드가 생기기 때문에, 모든 아이노드는 #1, #2, …로 시작하는 유일한 아이노드 번호가 할당된다. 이 아이노드는 통상 디스크에 저장되어 있다가 파일이 액세스될 때에만 그 아이노드가 메모리에 있는 아이노드 테이블로 올라온다. 파일에 관한 정보 중한 의 영구적이라고 할 수 있는 부분, 다시 말하면 자주 바뀌지 않는 부분인 파일 형태와 파일 허가권, 파일 크기, 사용자 ID와 그룹 ID, 파일의 저장장소 등과 같은 정보가 아이노드에 수록된다.

디스크상의 파일과 관련되는 모든 아이노드를 아이노드 디스크라 부르며, 이 모든 아이노드는 디스크의 시작 부분의 특수한 장소에 저장되며 저장될 때의 내용은 다음과 같다.

- 파일 형태(일반 파일, 디렉토리 파일, 특수 파일 등)와 보호 모드(파일 허가권)
- 소유자인 사용자 ID와 그룹 ID
- 파일 크기(바이트)
- 디스크내의 그 파일의 내용을 간직한 디스크 블록들을 가리키는 포인터들로 이루어진 배열
- 최근 액세스 시간과 날짜
- 최근 생성시간과 날짜
- 하드 링크의 개수

즉, 아이노드는 "ls -i"을 실행했을 때 볼 수 있는 정보 중 파일명만을 제외한 모두를 가지고 있다. 이러한 디스크내의 아이노드가 메모리에 올라올 때에는 다음 내용을 추가로 갖추어 아이노드 테이블에 수록된다.

- 특수 파일 경우 주와 부장치의 이름(major/minor device number)
- 참조계수(reference count)
- 아이노드 번호(i-number)

여기서 참조계수란 이 아이노드 엔트리를 액세스하는 포인터(시스템 파일 테이블로부터 나오는 포인터)의 수를 말한다. 물론 이 참조계수의 값이 계속 파일을 닫아서 0으로 떨어지면 이 아이노드는 메모리내의 아이노드 테이블

로부터 없어지게 된다.

주장치와 부장치의 이름 필드는 아이노드가 다스크에 있을 때에는 필요 없지만, 그것이 메모리에 올라올 때는 필요하게 된다. 이 정보는 장치 드라이버 루틴을 장치 스위치 테이블로부터 뽑아내는 데 사용된다. 자세한 설명은 장치 스위치 테이블에서 다루기로 하자.

아이노드 번호는 그 디스크내에서 특정 아이노드의 위치를 밝히는 데 쓰이는 값이다. 디스크내에 있는 파일 시스템은 보통 수많은 파일을 수록하고 있고, 따라서 그 각 파일마다 그에 대응하는 아이노드들을 가지고 있다.

디스크에는 상호 인접한 디스크 블록 공간들을 M개 보유하여 이곳에 모든 파일들의 아이노드들을 차곡차곡 저장하게 되는데, 아이노드들은 모든 파일에 대해 그 필드 수나 크기가 통일되어 있다. 예를 들어, 아이노드의 크기가 m바이트이고, M개의 디스크 블록이 M×512바이트라면, 이 공간에 M×512/m개의 아이노드들을 저장할 수 있게 된다. 따라서 디스크내 파일들의 아이노드들은, 이러한 아이노드용 공간 내 0번째 위치, 1번째 위치, …, i 번째 위치 등으로 지정할 수 있게 되고 이와 같은 정수 0, 1, 2, …, i 같은 것을 UNIX에서는 아이노드 번호(i-number)라고 한다. 따라서 디스크 파일 시스템과 아이노드 번호가 지정되면, 아이노드는 유일하게 지정된다. 언급한 것처럼, 디렉토리 파일의 내용은, 파일명과 그 파일의 위치를 알려주는 포인터로 구성되는 데 여기서 포인터란 아이노드 번호를 말한다.

(4) 장치 스위치 테이블(device switch table)

[그림 5-26]에서 UNIX 프로세스는 I/O 경영 시스템을 직접 제어 하지 않고 커널 인터페이스(시스템 호출)를 통하여 필요한 정보만을 I/O 경영 시스템에 전달해 주면, I/O 경영 시스템이 직접 입출력장치를 제어하고, 수행하여 그 결과를 프로세스에게 돌려준다. 그림1-1에서 I/O 경영 시스템은 크게 장치 스위치 테이블(device switch table)과 입출력장치의 드라이버(I/O device driver)로 구성되며, I/O 장치와 프로세스 사이에 인터페이스 역할을 하고 있다.

a. 장치스위치 테이블(Device Switch Table)

여기서, 장치스위치 테이블은 크게 블록 스위치 테이블(block switch table)과 문자 스위치테이블(Character switch table)로 나누어지며, 이 테이블은 각각 장치 드라이버(driver) 루틴의 시작주소를 가지고 있어서 적절한 장치 드라이버로 연결시키는 기능을 담당하고, 연결된 장치드라이버는 커널로부터 명령을 받아 실제 입출력장치를 제어하고 동작시키는 여러 루틴들로 구성된다.

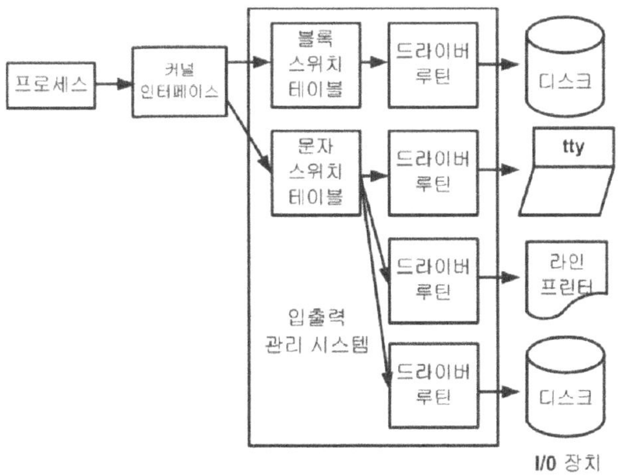

〔그림 5-26〕 I/O 경영 시스템

b. 장치 드라이버(Device Driver)의 종류

- 문지(character) 디바이스 드라이버 : 디바이스를 파일처럼 취급하여 액세스하고, 버퍼 캐쉬를 사용하지 않고 직접 읽기/쓰기를 하며, 데이터의 형태는 스트림방식으로 전송한다. 예로는, 키보드, 프린터들이 있다.
- 블록(block) 디바이스 드라이버 : 디스크와 같은 메모리 장치를 제어할 때 작성하는 드라이버로 데이터를 블록단위로 읽기/쓰기를 하며, a버퍼 캐쉬를 사용하여 랜덤 액세스한다. 예로는, HDD, 플로피, CD-ROM, RAM Disk등이 있다.

c. 장치스위치 테이블을 이용한 I/O 장치까지의 액세스 과정

I/O 장치까지의 액세스 과정은 블록 단위 입출력과 문자단위 입출력을 구분하는 입출력의 종류와 장치 번호(device number)인 주장치 번호(major device number), 부장치 번호(minor device number)로 구분한다. 주장치 번호는 장치 스위치 테이블의 엔트리 번호로 기기인, 디스크, 테이프, 단말기 등을 구분하고, 부장치 번호는 디스크 장치의 유닛번호, 포트 번호와 같이 논리적 장치번호를 나타낸다.

[그림 5-27]에서는 단순히 장치스위치 테이블을 이용하여 I/O 장치를 액세스하는 과정을 보여준다.

C언어에서 파일 기술자 fd를 이용하는 시스템 콜의 경우에 커널내의 U 영역내의 파일 기술자(file descriptor)) 테이블에서 포인터를 따라 대응하는 시스템 파일 테이블(system file table)과 아이노드 테이블(i-node table)을 따라가서 해당 아이노드를 찾는다. 아이노드를 참조하면 파일의 형과 주장치 번호와 부장치 번호를 알 수 있다. 파일 형이 특수 파일인 경우는 블록형 스위치 테이블을 이용할지, 문자형 스위치 테이블을 이용할지도 알 수 있고, 주장치 번호와 부장치 번호는 아이노드에서 구하여 장치형의 테이블을 참조하기 위해 주장치 번호를 이용하고, 시스템 콜에 대응하는 드라이버내의 함수를 불러낼 때는 부장치 번호를 파라미터로 넘겨준다.

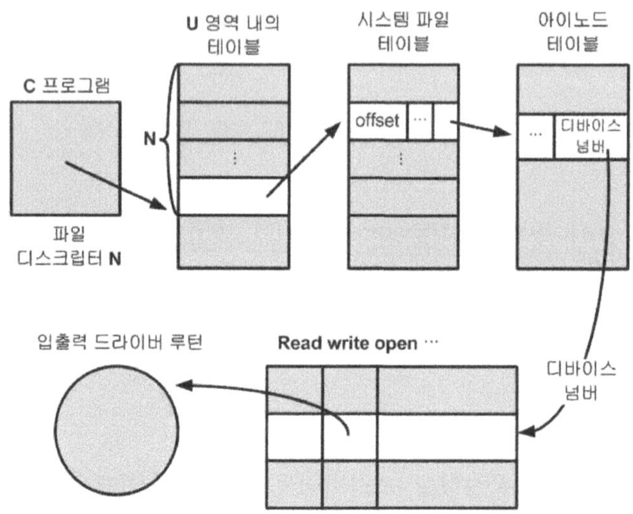

〔그림 5-27〕 파일 액세스와 관련된 자료구조

여기서 주장치 번호는 블록 또는 문자형의 장치 스위치 테이블 내에서의 대응되는 항목을 나타내며, 부장치 번호는 그 장치의 유니트 번호(unit number)를 지정하고 있다. 프로세스가 "/dev/dsk1"이라는 블록형 특수 파일을 open 시스템 콜로 오픈하고 그 주장치 번호가 0이었을 때 커널은 블록 장치 스위치 테이블의 0번째 항목에 있는 open에 대응하는 함수, gdopen을 부른다([그림 5-28] 참조). 마찬가지로 프로세스가 문자형 특수 파일인 "/dev/mem"을 read 시스템 콜로 불러내고 그 주장치 번호가 3이었다면 커널은 문자형 장치 스위치 테이블의 세 번째 항목에서 mmread를 불러낸다.

블록 장치 스위치 테이블			
항목	open	close	strategy
0	gdopen	gdclose	gdstrategy
1	gtopen	gtclose	gtstrategy

문자형 장치 스위치 테이블					
항목	open	close	read	write	joctl
0	conopen	gdclose	conread	conwrite	conjoctl
1	dzopen	dzclose	dzread	dzwrite	dzjoctl
2	sysopen	nulldev	sysread	syswrite	syjoctl
3	nulldev	nulldev	mmread	mmwrite	nodev
4	gdopen	gdclose	gdread	gdwrite	nodev
5	gtopen	gtclose	gtread	gtwrite	nodev

〔그림 5-28〕 블록, 문자형 장치 스위치 테이블의 예

UNIX에서는 장치를 파일과 같이 생각하므로 프로그래밍 역시 파일처럼 할 수 있다. 읽거나 쓰기 위하여 먼저 open() 시스템 콜을 사용하여 장치파일을 열고, read() 또는 write() 시스템 콜을 사용하여 장치파일을 읽고 쓰는 작업을 한다. 또한, 장치 사용이 끝나고 나면 close() 시스템 콜을 사용하여 파일을 닫는다. open, close, read, write와 같은 일반 파일용의 시스템 콜에 대해서는 각 장치별로 정의되어 있는 방법에 따라 처리가 이루어지며, ioctl 시스템 호출은 프로세스가 문자형 장치를 제어할 때 사용되는데 파일 기술자를 통하여 장치 명시적 특성을 제어하며 일반 파일에는 사용할 수 없다.

6. 경로명을 아이노드로 전환

아이노드 번호 2는 루트(root) 디렉토리가 포함된 블록(들)의 위치를 포함한다. UNIX 디렉토리는 아이노드 번호와 파일명 사이에 관련 리스트를 포함한다. 디렉토리가 만들어질 때, 디렉토리 자신인 "."과 그것의 부모 디렉토리인 ".."을 위한 항목은 자동적으로 할당된다.

[파일명, 아이노드 번호] 쌍은 파일과 이름을 효과적으로 연결하기 때문에 이 관련사항들을 "하드 링크(hard link)"라 부른다. 파일명은 디렉토리 블록에 저장되므로 그들은 파일의 아이노드 내에 저장되지 않는다. 사실상, 하나의 파일이 하나 이상의 이름을 가질 수 있기 때문에 아이노드 내에 이름을 저장한다는 것은 좋지 않다. 이런 관점 때문에, 디렉토리 계층구조는 파일의

계층구조라기보다는 파일 레벨의 계층구조라는 생각이 더 정확하다.

모든 UNIX 시스템은 파일명으로 적어도 14개의 문자를 허용한다. 그리고 대부분 시스템은 더 긴 파일명도 지원한다.

다음은 간단한 루트 디렉토리에 해당하는 루트 아이노드의 그림이다. 각 파일명과 관련된 아이노드 번호들은 첨자로 표시된다.

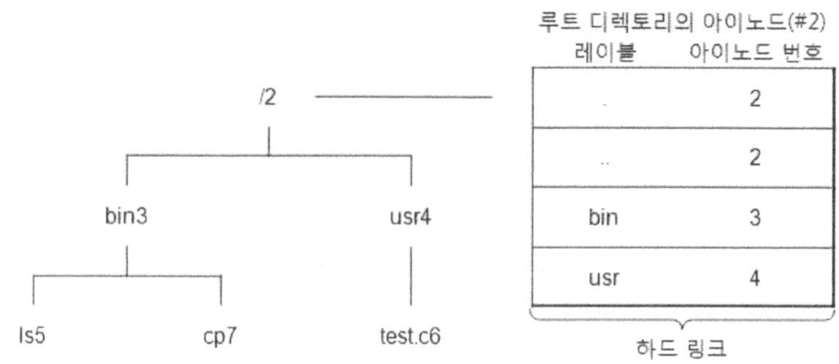

〔그림 5-29〕 루트 디렉토리는 아이노드 #2와 관련

1) 경로명을 아이노드 번호로 전환

open() 같은 시스템 호출은 그것의 경로명으로부터 파일의 아이노드를 얻어야 한다. 이 전환은 다음과 같이 수행된다.

① 경로명 탐색을 시작할 아이노드의 위치를 정한다. 만약 경로명이 절대 경로명이라면, 탐색은 아이노드 번호 2로부터 시작한다. 만약 경로명이 상대경로명이라면 프로세스의 현재의 작업 디렉토리에 해당하는 아이노드로부터 시작한다.

② 그리고 경로명의 구성요소는 왼쪽으로부터 오른쪽으로 처리한다. 마지막을 제외한 모든 구성요소는 디렉토리나 또는 심벌릭 링크에 해당된다. 경로명 탐색을 시작하는 아이노드를 현재 아이노드라 부르도록 하자.

③ 만약 현재 아이노드가 디렉토리에 해당한다면, 현재 아이노드에 해당하는 디렉토리에서 현재 경로명 구성요소를 탐색한다. 만약 발견하지 못하면 에러가 발생한다. 그렇지 않으면 현재 아이노드의 번호의 값은 찾아낸 경로명 구성요소와 관련된 아이노드 번호가 된다.

④ 현재 아이노드가 심벌릭 링크에 해당한다면, 현재 경로 구성요소까지

의 경로명이 심벌릭 링크의 내용으로 치환된다. 그리고 경로명은 재처리된다.

⑤ 마지막 경로명 구성요소에 해당하는 아이노드는 전체 경로명에 의해서 참조되는 파일의 아이노드이다.

이 알고리즘을 예로 설명하기 위해, 경로명 "/usr/test.c"를 아이노드 번호로 전환하는 과정을 보이도록 한다. [그림 5-30]은 전환이 처리되는 동안의 디스크 배치를 보여준다. 굵은 선(bold line)은 전환경로를 가리키고, 원은 최종 목적지를 가리킨다.

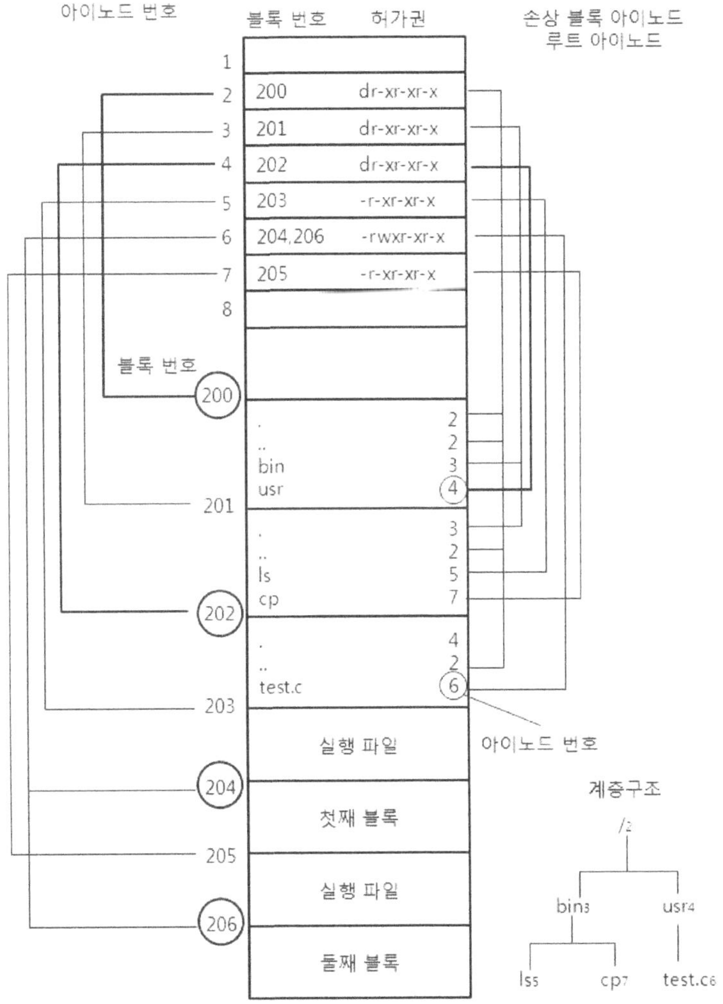

〔그림 5-30〕 디렉토리 배치의 예

2) 경로명을 아이노드로 전환하는 예

다음의 과정은 커널이 경로명 "/usr/test.c"를 아이노드 번호로 전환하는 데 사용하는 로직이다.

① 경로명은 절대경로명이다. 따라서 현재 아이노드 번호는 2이다.
② 아이노드 2에 해당하는 디렉토리에서 경로명의 구성요소 "usr"을 탐색한다. 일치되는 요소가 발견되고 현재 아이노드 번호는 4로 설정된다.
③ 아이노드 4에 해당하는 디렉토리에서 경로명의 구성요소 "test.c"를 탐색한다. 일치되는 요소가 발견되고 현재 아이노드 번호는 6으로 설정된다.
④ "test.c"는 경로명의 마지막 구성요소이다. 따라서 알고리즘은 아이노드 번호 6번을 돌려준다.

앞에서 본 것과 같이, 전환은 경로명이 완전히 처리될 때까지 아이노드와 디렉토리 블록 사이를 오간다.

연습문제

■ 객관식 문제

1. 디렉토리 구조 중에서 파일 또는 디렉토리의 공용이 허용될 수 있는 것은?

㈎ 2단계 디렉토리 ㈏ 3단계 디렉토리
㈐ 트리 구조 디렉토리 ㈑ 비순환 그래프 디렉토리

2. UNIX 시스템에서 사용하는 디렉토리 구조는?

㈎ 트리 구조 ㈏ 단일구조
㈐ 비순환 그래프 ㈑ 이중 레벨

3. Unix의 파일 시스템과 관련이 적은 것은?

㈎ 부트 블록 ㈏ 사용자 블록
㈐ i-node ㈑ 슈퍼 블록

4. UNIX에서 파일에 대한 정보를 가지고 있는 inode의 내용으로 볼 수 없는 것은?

㈎ 파일의 크기 ㈏ 최종 수정시간
㈐ 소유자 ㈑ 파일 경로명

5. Unix 명령의 실행상태에 대한 설명으로 옳은 것은?

```
$ ls -l
-rwxr-xr-x aaa bbb 98 Aug 7 19:16 ccc
```

㈎ 파일 aaa에 대하여 소유자는 읽기, 쓰기, 실행이 모두 가능하다.
㈏ 파일 aaa에 대하여 소유자는 bbb이고, 그룹은 ccc이다.
㈐ 파일 bbb에 대하여 소유자는 aaa이고, 그룹은 ccc이다.
㈑ 파일 ccc에 대하여 소유자는 aaa이고, 그룹은 bbb이다.

6. 파일 시스템에서 파일을 블록 단위로 저장하는 기법이 아닌 것은?

㈎ 블록 체인 기법 ㈏ 연속 블록 할당기법
㈐ 인덱스 블록 체인 기법 ㈑ 블록 단위의 파일 사상

7. UNIX에서 파일이나 디렉토리 파일이 생성되면 그 속성을 등록하게 된다. 이러한 파일의 속성을 나타내는 정보들을 저장하고 있는 것은?
㈎ 디렉토리 ㈏ 커널
㈐ inode ㈑ 버퍼

8. 그래프 탐색 알고리즘이 간단하며, 원하는 파일로 접근이 쉬우며, 파일의 제거를 위하여 자투리 모음(garbage-collection)을 위한 참조 계수기가 필요한 디렉토리 구조는?
㈎ 1단계 디렉토리 ㈏ 2단계 디렉토리
㈐ 일반 그래프 디렉토리 ㈑ 비순환 그래프 디렉토리

9. 다음 중 파일 보호 방식에서 사용되는 보호기법이 아닌 것은?
㈎ 접근 리스트법 ㈏ 암호법
㈐ 파일의 명명법 ㈑ 파일 감춤법

10. 다음 중 파일 시스템에 포함되는 요소가 아닌 것은?
㈎ 파일 접근 방식 ㈏ 보조기억장치 관리
㈐ 파일 관리 ㈑ 파일의 크기

■ 주관식 문제

1. 파일 시스템과 파일 시스템 인터페이스에 대하여 논하여라.

2. 파일과 DB를 비교하여 설명하고, 각 장단점을 논하여라.

3. 디렉토리 시스템을 (1) 단단계, (2) 2단계, (3) 트리 구조, (4) 비순환 그래프, (5) 일반적인 그래프 디렉토리로 구분하여 설명하고 각 장단점을 논하여라.

4. 블록형과 문자형 장치 인터페이스에 대하여 논하여라.

5. UNIX의 세 종류 파일인 (1) 일반 파일, (2) 디렉토리 파일, (3) 특수 파일을 예를 들어 계층적 구조를 그려서 설명하여라.

6. 파일을 액세스하는 데 필요한 정보에는 어떤 것들이 있는가 논하여라. 그리고 이들을 효율적으로 관리하기 위하여 필요한 4개의 테이블, 즉 (1) 파일 기술자 테이블, (2) 시스템 파일 테이블, (3) i-node 테이블, (4) 장치 스위치

테이블을 설명하고, 이들 사이의 관계를 관련지어 논하여라. 특히, fd = open ("/usr/glass/sample.txt", O_RDONLY)의 시스템 호출을 이용하여 설명하여라.

7. 블록형, 문자형 스위치 테이블과 i-node와 관련지어 설명하여라.

8. i-node의 내용에 대하여 논하여라.

9. UNIX의 block map에 대하여 논하여라.

10. 경로명을 i-node로 변환하는 과정을 설명하여라.

11. 파일 시스템에서 (1) 부트 블록(boot block), (2) 슈퍼 블록(super block)에 대하여 논하고 특히 슈퍼 블록에서 링크된 자유(free) 블록 리스트에 대하여 논하여라.

12. 파일의 보호에 대하여 논하여라.

제 6 장

교착상태와 병행 프로세스

6.1 교착상태

컴퓨터 자원들에는 프린터, 테이프 드라이버, 커널 자료 구조(프로세스 테이블과 파일 테이블 엔트리 등), 임계영역을 보호하는 록(lock)과 세마포(semaphore), 메모리 페이지 프레임, 파일 등이 있다. 이 절에서는 프로세스들이 부족한 이러한 자원들을 경쟁적으로 요구하고, 이 자원들이 모든 프로세스에게 서비스를 제공하지 못할 때 교착상태(deadlock)와 기근(starvation)이 발생한다. 프로세스 A는 프로세스 B가 요구한 자원들을 차지하고 있고, 프로세스 B는 프로세스 A가 요구한 자원들을 차지하고 있어 두 프로세스는 교착상태가 발생한다. 이와 같이 어떤 프로세스가 필요로 하는 자원을 다른 프로세스가 점유해서 이용할 수 없을 때 프로세스들은 정지상태가 되어 시스템은 완전한 교착상태로 된다. 초기 운영체제에서 교착상태는 운영체제에 의해서 해결되지 못했기 때문에, 오퍼레이터의 외부간섭에 의해서 수동으로 자원을 뺏어오거나, 선점할 수밖에 없었다. 특히, 단시간 자원을 요구하는 프로세스가 무한정 자원을 사용하는 큰 프로세스가 작업을 끝내고 자원들을 내놓기를 기다려야 하는 상황으로 기근현상이라 하며, 이 현상은 작은 프로세스에서 발생한다.

[그림 6-1]과 [그림 6-2]는 운전 중에 가끔 겪게 되는 경우로 [그림 6-1]은

처리하는 기술에 따라서 교착 상태가 발생할 가능성이 있고, [그림 6-2]는 많은 차량들이 어느 것도 빠져 나가지 못하는 교착상태가 발생한 경우이다. 이런 실생활에서 발생하는 교착상태는 교통경찰이 나와 차량들을 수신호로 교통정리를 하여 문제를 풀어나가야 한다.

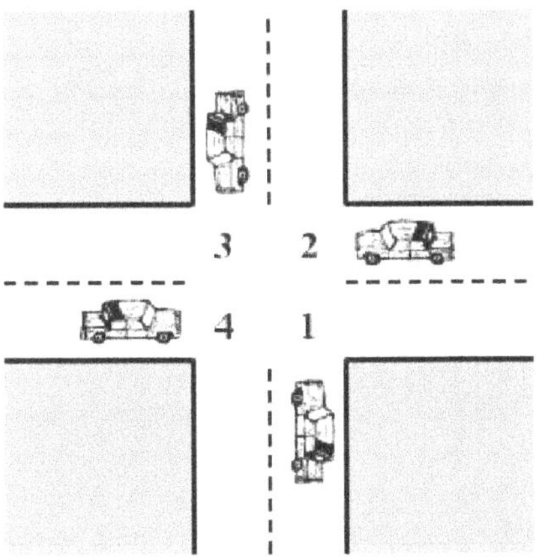

〔그림 6-1〕 교착상태 가능성

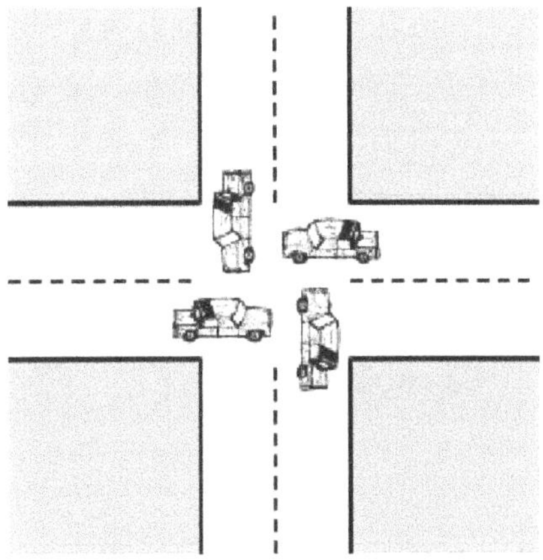

〔그림 6-2〕 교착상태 발생

1. 교착상태 문제

두 개 이상의 프로세스들이 다른 프로세스가 점유하고 있는 자원을 기다릴 때 교착상태가 발생한다. 초기 배치 시스템에서는 요청된 자원들이 이용 가능한지 확인해서 그 작업이 준비상태 큐로 가기 전에 자원을 할당받아 작업이 완료될 때까지 이 자원들을 해제하지 않았기 때문에, 교착상태가 발생하지 않았다. 그러나, 대화식 시스템(interactive system)은 동적으로 자원을 공유하고, 자원들의 요구가 빈번하기 때문에 배치환경보다 교착상태가 빈번히 발생하였다.

교착상태는 프로세스들이 파일, 프린터, 테이프 드라이브와 같이 공유하지 못하고, 선점할 수 없는 자원들을 다른 프로세스들이 요구할 때 주로 발생하지만, 디스크 드라이브, DB와 같은 공유 가능한 자원들에서도 발생할 수 있다.

1) 동종의 주변장치(dedicated device) 할당 시에 교착상태

[그림6-3]은 두 개의 프로세스가 두 개의 전용장치(dedicated device)를 사용하는 경우에 교착상태가 발생하는 경우를 보여준다. 두 프로세스 P_1과 P_2가 파일을 한 테이프에서 다른 테이프로 복사하고자 하는 경우에 두 개의 테이프 드라이브 R1과 R2가 필요하다. 두 개의 프로세스가 단지 두 개 테이프 드라이브만을 이용 가능하고, 그것들을 [그림 6-3]에서처럼 다음의 요청 순서로 할당한다고 하자.

a) P_1은 테이프 드라이브 R2을 요청해서 점유한다.
b) P_2는 테이프 드라이브 R1를 요청해서 점유한다.
c) P_1은 테이프 드라이브 R1를 요청하지만 봉쇄된다.
d) P_2가 테이프 드라이브 R2을 요청하지만 봉쇄된다.

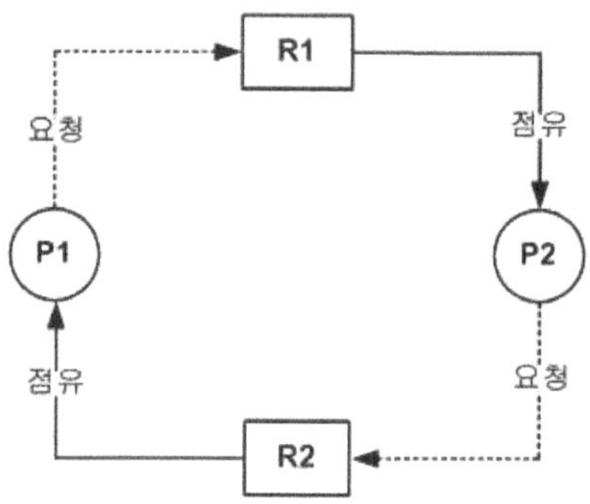

〔그림 6-3〕 동일한 전용장치 할당 시에 교착상태

각 프로세스는 상대편이 끝나기를 기다리고 자신의 테이프 드라이브는 점유하고 있기 때문에 어떤 프로세스도 작업을 계속할 수 없다. 이와 같이 동종의 주변장치들에서 교착상태가 발생하는 것을 보여준다.

2) 이기종의 주변장치 할당 시에 교착상태

교착상태는 동종의 주변장치에 대해서만 발생하는 것이 아니라, 이기종의 주변장치에 대해서도 발생한다. 즉, 어떤 프로세스가 어떤 종류의 주변장치를 요청해서 점유하고 있고, 다른 프로세스는 상대편이 차지하고 있는 주변장치를 기다리고 자신이 점유하고 있는 주변장치는 내 놓지 않기 때문에 교착상태가 발생한다.

예를 들어, [그림 6-3]에서처럼 3개의 프로세스 P_1, P_2, P_3와 주변장치인 카드 판독기, 디스크 드라이버, 그리고 프린터들이 다음 요청과 같은 순서로 할당될 경우에 교착상태가 발생하는 지 살펴보자. 이런 경우에도 각 프로세스는 상대편이 끝나기를 기다리고 자신의 자원은 점유하고 있기 때문에 교착상태가 발생하여 프로세스들은 어떤 작업도 계속할 수 없다

① P_1은 카드 판독기를 요청해서 점유한다.
② P_2는 디스크 드라이버를 요청해서 점유한다.
③ P_3은 프린터를 요청해서 점유한다.
④ P_1은 디스크 드라이버를 요청하지만 봉쇄당한다.
⑤ P_2는 프린터를 요청하지만 봉쇄당한다.
⑥ P_3은 카드 판독기를 요청하지만 봉쇄당한다.

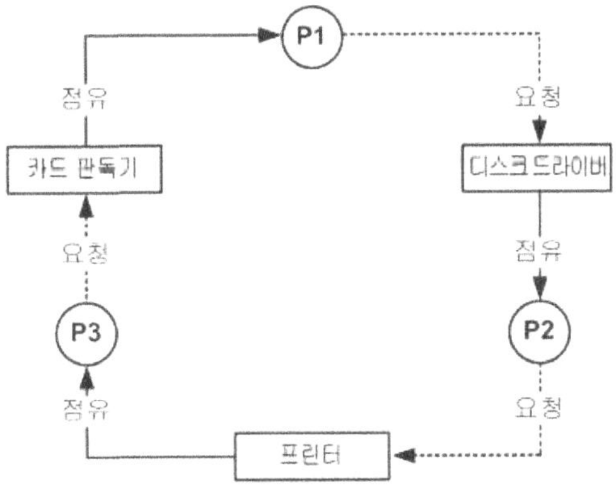

〔그림 6-4〕 이기종의 주변장치 할당 시에 교착상태

2. 교착상태 모델링

1) 교착상태 리모델링

(1) R에 자원이 하나 존재하는 경우

유향 그래프(directed graph)를 사용함으로써 교착상태를 정의하는 기본적인 수학적 표현은 다음과 같다.

$$G = (V, E)$$

이 수식은 프로세스와 자원을 나타내는 노드(node) V와 화살표의 방향에 따라 요청과 점유를 나타내는 에지(edge) E의 집합으로 구성된다. 이들 노드 V의 집합은 다음과 같이 표현된다.

a) 프로세스를 구성하는 집합 $P = \{P1, P2, \ldots\ldots, Pn\}$
b) 자원을 구성하는 집합 $R = \{R1, R2, \ldots\ldots Rn\}$

에지(edge) E의 집합은 다음과 같이 표현된다.

a) 프로세스가 자원을 요청하는 경우 $Pi \rightarrow Rj$
b) 자원을 프로세스에 점유하는 경우 $Rj \rightarrow Pi$

[그림 6-5 (a), (b)]는 프로세스를 나타내는 원(circle)과 자원을 나타내는 정사각형을 보여주고, 또한 화살표 방향에 따라 자원의 요청과 점유를 보여준다. 다시 말해서, 자원에서 프로세스로 화살표 방향은 프로세스가 자원을 점유하고 있다는 것을 나타내고, 프로세스에서 자원으로의 화살표 방향은 프로세스가 그 자원을 요청하고 있다는 것을 나타낸다. [그림 6-5 (c)]의 그래프는 이들 모두를 표현한 것으로 사이클로 인해서 프로세스와 자원들 사이에 교착상태가 발생한 것을 보여준다.

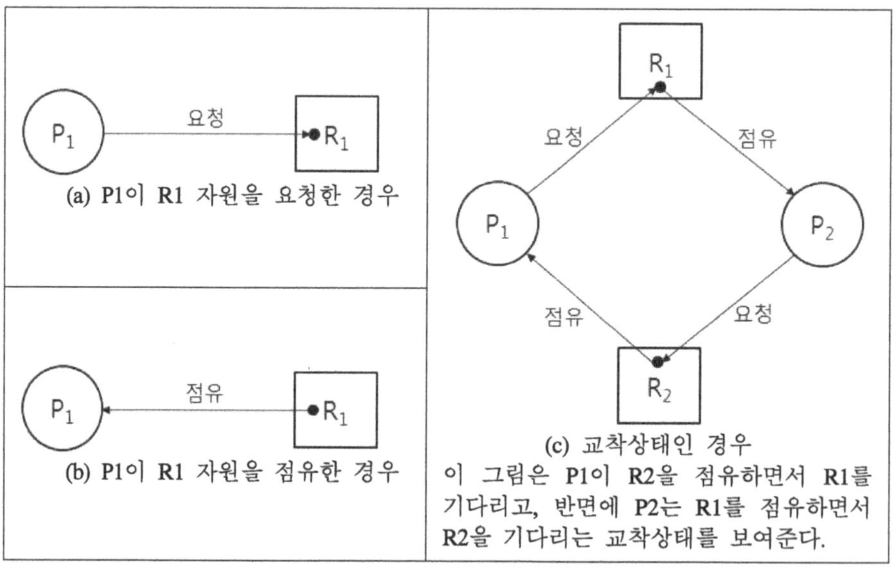

(a) P1이 R1 자원을 요청한 경우

(b) P1이 R1 자원을 점유한 경우

(c) 교착상태인 경우
이 그림은 P1이 R2을 점유하면서 R1를 기다리고, 반면에 P2는 R1를 점유하면서 R2을 기다리는 교착상태를 보여준다.

〔그림 6-5〕 유향그래프를 이용한 교착상태 설명

[그림 6-6]은 4개의 프로세스 P1, P2, P3, P4와 4개의 자원 R1, R2, R3, R4를 가지는 시스템으로 각각의 프로세스는 다른 프로세스에 의해서 점유되고 있는 자원을 기다리기 때문에 교착상태가 발생한다.

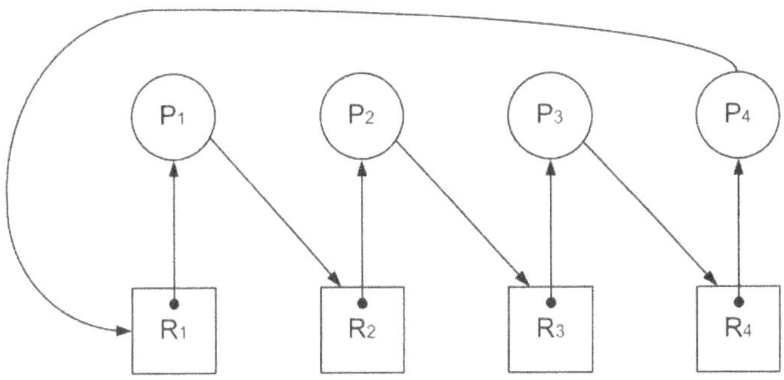

〔그림 6-6〕 교착상태가 발생하는 경우

그러나, 교착상태가 발생한 [그림 6-6]의 시스템을 아래 방법으로 구성하면 교착상태가 발생하지 않는다.

① P1이 R2를 요청하고, 점유한 자원 R1을 내놓는다.
② P2가 R3를 요청하고 점유한 자원 R2를 내놓는다.
③ P3가 R4를 요청하고 점유한 R3를 내놓는다.
④ P4는 R1을 요청하고 점유한 R4를 내놓는다.

다시 말해서, [그림 6-7]에처럼 각 프로세스가 자원을 요청한다 하더라도, 다음 프로세스들이 요구하기 전에 자신이 점유한 자원을 내놓기만 하면 교착상태는 발생하지 않는다.

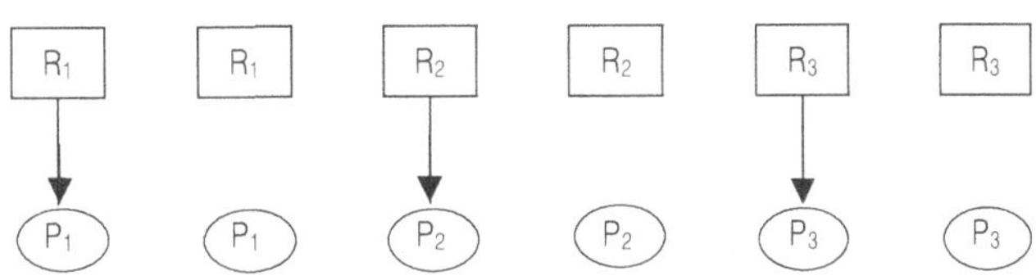

〔그림 6-7〕 프로세스가 자원을 요청하기 전에 점유한 자원을 내놓는 경우

지금까지는 하나의 자원이 한 프로세스에 할당되어 있는 경우들을 살펴보았다. 다음은 동일한 유형의 자원이 두 개 이상 존재하는 경우를 살펴보자.

(2) R에 동일한 유형의 자원이 두 개 이상 존재하는 경우

[그림 6-8 (a)]에 R0는 동일한 자원이 2개 존재하는 것을 나타내고, [그림 6-8 (b)]는 P0가 R0에 존재하는 동일한 2개의 자원 중에 하나를 요청하고, [그림 6-8 (c)]는 R0에 존재하는 동일한 두 개의 자원 중에 하나가 P0에 할당되는 것을 보여준다.

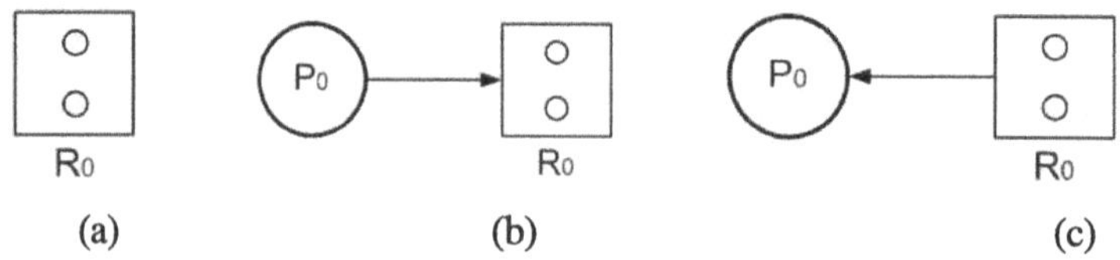

〔그림 6-8〕 R0에 존재하는 두 개의 동일한 자원 요청과 점유

[그림 6-9]는 [그림 6-5 (c)]의 변형된 형태로 R1에 동일한 자원이 3개, R2는 동일한 자원 2개가 있기 때문에 프로세스 2개에 자원 분배에 문제가 없어 교착상태가 발생하지 않는다.

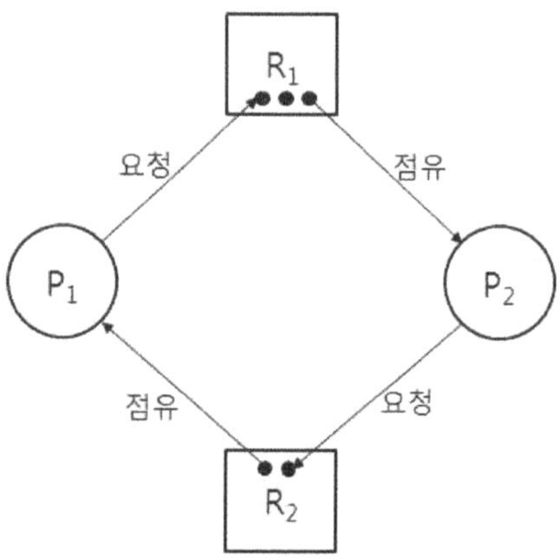

〔그림 6-9〕 교착상태 아닌 경우

다음 예는 이것에 대한 자원할당 그래프이다.

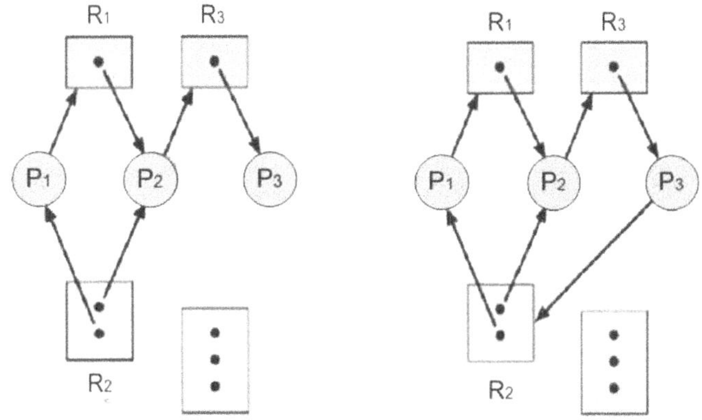

(a) 교착상태 없음 (b) 교착상태 발생

〔그림 6-10〕 두 개의 동일한 유형에서 교착상태

[그림6-10 (a)]의 그래프에는 사이클이 존재하지 않기 때문에, 교착상태가 발생하지 않는다. 다시 말해서, P1이 R1을 요청하고, P2는 R3를 요청하지만, P3는 어느 것도 요청하지 않기 때문에, 결국 R3를 내놓게 될 것이다. 다른 프로세스들도 결국에는 자신의 자원을 내놓기 때문에 사이클이 존재하지 않게 된다. 그러나 [그림 6-10 (b)]에서는 P3가 R2의 동일한 자원의 다른 하나를 더 요청한다면 완전한 사이클을 형성하여 교착상태가 발생하게 된다.

이들을 정리하면, 하나의 그래프에서 사이클이 존재하지 않으면, 어떤 프로세스도 교착상태가 발생하지 않는다. 만약에 사이클이 있고, 동일한 유형의 자원 여러 개 있는 경우라면, 교착상태가 발생할 수도 있고 않을 수도 있다. 그러나 동일한 유형의 자원이 한 개뿐이면서 사이클이 존재한다면, 반듯이 교착상태가 발생하게 된다.

2) 교착상태의 조건과 예방(Prevention)

교착상태가 발생하면 각 프로세스가 자원들을 점유하고, 자원들을 내놓지 않기 때문에 이 프로세스들은 작업을 하지 못하게 된다. 앞의 그림에서 교착상태가 발생하는 사이클을 생각하면서 교착상태의 4가지 필요조건인 상호배제(mutual exclusion), 점유와 대기(hold and wait), 비선점(non preemption), 그리고 원형대기(circular wait)에 대해서 살펴보고, 네 가지 조건이 동시에 적용될 때, 교착상태가 발생하며 이 조건 중 하나라도 일어나지 않게 하면 교착상태를 예방할 수 있다.

(1) 상호배제(mutual exclusion)

상호협조(mutual cooperation)란 디스크와 같은 하나의 자원을 여러 프로세스가 공유하는 것을 말하며, 여러 프로세스가 하나의 자원을 동시에 액세스할 수가 있어 상호협조의 경우에는 교착상태가 발생하지 않는다. 그러나, 상호배제(mutual exclusion)란 하나의 프로세스가 프린터와 같이 다른 프로세스와는 같이 사용할 수 없는 독점적으로 사용가능한 자원만을 액세스하는 것을 말하며, 여러 프로세스가 하나의 자원을 공유하지 못하기 때문에 교착상태가 발생할 수 있는 첫 번째 조건이다. 예를 들어, 카드판독기나 프린터는 동시에 여러 프로세스에 의해 공유될 수 없기 때문에 반듯이 상호배제가 되도록 설계되어야 한다. 어떤 프로세스가 이런 자원들을 요청하고, 이것을 요청한 프로세스는 다른 프로세스가 이 자원들을 내놓을 때까지 기다려야 하기 때문에 이러한 상호 배제는 교착상태가 발생할 수 있는 첫 번째 조건이 된다.

예를 들어, CPU, 메모리, 전용장치들은 한 순간에 한 사용자에게만 할당되어야 하므로 상호배제는 배제할 수 없는 조건이지만, 프린터와 같은 I/O 장치의 상호 배제 조건은 스풀링을 이용함으로써 배제할 수 있다. 즉, 여러 작업이 동시에 임시 스풀 파일에 출력 파일을 저장함으로써 프린터를 공유하도록 하는 것이다.

(2) 점유와 대기(hold and wait)

점유와 대기(hold and wait)란 어떤 프로세스가 하나의 자원을 점유하고 있고, 다른 프로세스는 이 점유된 자원을 기다리는 것을 말하며, 이것이 교착상태를 일으키는 두 번째 조건이 된다. 점유와 대기 조건이 발생하지 않게 하려면, 첫째, 어떤 프로세스가 자원을 요청할 때는, 자신이 점유한 자원을 내 놓게 하고, 둘째는 각 프로세스가 수행 전에 필요한 모든 자원을 요청하여 점유하는 것이고, 세째는 각 프로세스가 자원을 하나도 점유하지 않을 때만 자원을 요청하도록 하는 것이다.

자원의 점유조건은 각 프로세스가 실행을 시작하기 전에 필요한 모든 자원을 한꺼번에 요청하도록 함으로써 배제할 수 있다. 예를 들어, 배치처리 시스템에서는 모든 프로세스에게 실행에 필요한 최대 메모리를 할당하는 것이다. 할당된 메모리는 프로세스가 종료될 때까지 계속 유지된다. 다른 예를 들면, 10개의 테이프 드라이브를 요구하는 어떤 프로그램이 실행 전에 10개 모두를 요청해서 가진다고 하자. 이 프로그램이 실행하는 데 1개의 테이프 드라이브만을 필요하다면, 실질적인 컴퓨터 자원 9개 드라이브는 몇 시간동안 idle 상태로 있게 될 것이다. 이 전략은 요청되는 자원 모두가 다 동시에 점유만 하지 이용가능하지 않기 때문에, 무한정 연기(postpon모두ent)나 기근(st때문vation)이 발생하게 된다. 따라서, 배치처리 환경에서는 다중프로그래밍의 정도를 낮추고 자원의 효율적인 사용을 방해하지만 교착상태를 예방할 수 있다. 그러나 이 기법은 대화식에서는 사용될 수 없다.

(3) 비선점(non preemption)

비선점(non preemption)이란 어떤 프로세스가 자원을 점유하고 있으면, 다른 프로세스가 이 자원을 선점하지 못하게 하는 것으로, 이것이 교착상태를 일으키는 세 번째 조건이다. 다시 말해서, 자원은 강제로 선점할 수 없고 그 자원을 점유하고 있는 프로세스가 작업을 마치고, 그 자원이 내놓을 경우에만 선점될 수 있다. 비선점이 발생하지 않게 하려면, 첫 번째는 자원을 점유하고 있는 어떤 프로세스가 지금 할당받을 수 없는 자원을 요청한다면, 지금 자신이 점유하고 있는 모든 자원은 내 놓게 하고, 두 번째는 프로세스가 어떤 자원을 요청하면 우선 그 자원이 사용될 수 있는가를 알아보고 사용할 수 있다면 그 프로세스에게 할당해 주면 된다. 그러나, 다른 프로세스가 다른 자원을 요청하고 그 자원을 점유하고 있어 그 프로세스가 그 자원을 사용할 수 없으면 그 자원을 선점하여 현재 요청한 프로세스에 할당하면 된다. 예를 들어, 할당된 프린터, 플로터, 테이프드라이버와 같은 전용 I/O 장치를 선점하여 다른 작업에 할당한 후 다시 복구하는 것은 쉽지가 않다.

(4) 원형대기(circular wait)

원형대기(circular wait)란 프로세스 P0, P1, ..., P4이 있을 때, P0는 P1이 점유하고 있는 자원을, P1은 P2가 점유하고 있는 자원을, P2는 P3가 점유하고 있는 자원을, P3은 P4가 점유하고 있는 자원을, P4는 P0가 점유하고 있는 자원을 요청하는 것을 말하며 [그림 6-11]과 같이 이것이 교착상태를 일으키는 네 번째 조건이다.

원형대기 조건은 운영체제가 자원 할당 그래프에서 원형이 발생하는 예방함으로써 배제시킬 수 있다. 이를 위해 다음 프로토콜이 사용된다. 프린터=1, 테이프=2, 디스크=3, 카드리더=4와 같이 모든 자원에게 고유한 번호를 부여 하고 프로세스는 번호가 증가하는 순서로 자원을 요청하도록 한다. 즉, 고유번호가 1, 2, 3인 순서로 자원을 요청하게 한다. 만일 어떤 프로세스가 프린터와 카드리더가 필요하다면, 프린터(번호1)를 먼저 요구한 후 카드리더

(번호4)를 요청하여야 한다. 프로세스가 프린터와 카드리더 중에 카드리더가 먼저 필요해도 프린터를 먼저 요청하여야 한다.

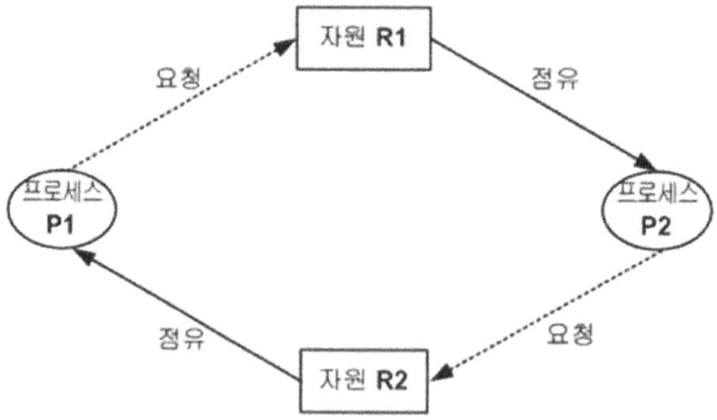

〔그림 6-11〕 간단한 원형대기

3. 교착상태를 다루는 전략

1) 교착상태 회피(avoidance)

운영체제가 교착상태의 4가지 조건 중에서 하나를 제거하지 못하면, 실행 프로세스가 필요로 하는 자원의 요청 순서를 조정하여 교착상태를 회피할 수는 있다. 따라서, 교착상태에 빠지지 않고 모든 작업이 종료할 수 있는 자원의 할당 순서가 적어도 하나 존재해야 한다.

그러면, 프로세스가 필요로 하는 자원의 요청 순서를 찾기 전에 먼저 안전 상태(safe state)의 개념을 이해해야 한다. 안전상태란 각 프로세스가 필요로 하는 자원을 안전한 순서로 할당받아 작업을 수행하고, 다시 모든 자원을 내놓는 것을 의미한다. [그림 6-12]와 같이 안정 상태는 반듯이 교착상태가 아니지만, 불안정상태라고 해서 모두가 다 교착상태가 되는 것은 아니고, 운이 좋은 경우는 교착상태를 피할 수 있다. 그러나 불안정상태가 되면 교착상태가 발생하기 쉽다는 것이다.

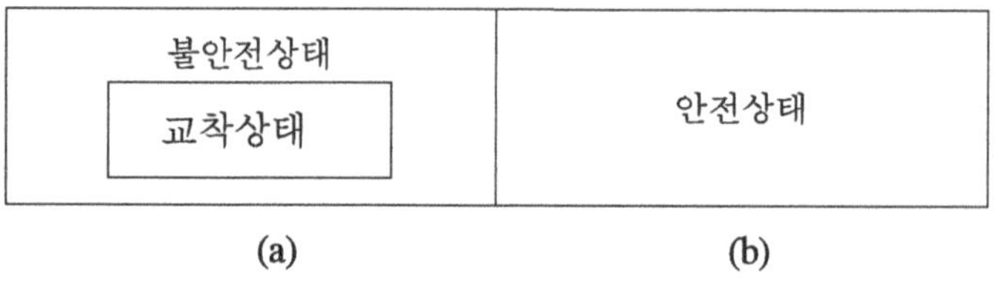

〔그림 6-12〕 안전 상태와 불안전 상태

교착상태를 회피하기 위하여 Dijkstra가 제안한 Banker 알고리즘이 있다. 이 알고리즘을 설명하기 전에 다음 예를 가지고 안정 상태와 불안정상태의 개념을 정확히 이해하고, 안정 상태 알고리즘을 살펴보기로 하자.

(1) 안정 상태 알고리즘(safe state algorithm)

자원 할당 상태는 Available(이용 가능한 자원)과 할당된 자원의 수 Allocation(할당된 자원의 수), 그리고 MAX(프로세스가 요구하는 최대 자원의 수)로 정의된다. 안정 상태(safe state)란 운영체제가 각 프로세스에 자원을 어떤 순서로 할당하여 교착상태를 피할 수 있는 상태를 말한다. 따라서, 운영체제는 자원의 할당이 안정 상태에 있다면 자원을 할당하고 그렇지 않으면, 다른 프로세스가 충분한 자원을 해제할 때까지 기다린다.

a. 단일 유형의 자원

먼저, 단일 유형의 자원의 예를 이용하여 안정 상태 개념을 살펴보기로 하자. 예를 들어, 프린터 13개와 3개의 프로세스 P_1, P_2, P_3가 존재하는 시스템이 있고, 각 프로세스가 요청하는 최대 프린터의 수는 다음과 같다고 가정하자.

$$P_1 = 11,\ P_2 = 4,\ P_3 = 9$$

또한, 시간 t_0에 10개 프린터가 다음과 같이 할당되어 있다고 가정하자.

$$P_1 = 6,\ P_2 = 2,\ P_3 = 2$$

그래서 시간 t_0에서는 3개의 프린터가 놀고 있는 상태이기 때문에, 이 시스템은 프로세스가 $< P_2, P_1, P_3 >$순서로 처리된다면 안전한 상태에 있다고 할 수 있다. 그 이유를 살펴보자. P_2는 전체 4개의 프린터가 필요하고 2개가 할당되었기 때문에 2개만 더 있으면 된다. 현재 3개가 남아 있기 때문에, P_2는 2개 더 가져가서 작업을 마무리할 것이다. 그리고 나서, P_2는 자신이 사용한 4개 전부를 시스템에 반환하면, 이 시스템은 5개의 프린터가 놀고 있는 상태가 된다. 이 모두를 P_1에 할당하고 나면, P_1은 자신의 작업을 마무리하고 11개 모두를 시스템에 반환할 것이다. 그리고 P_3에는 2개가 할당되었으니깐 7개만 더 있으면 된다. P_3는 7개를 할당받아, 자신의 작업을 마무리한다. 따라서 시스템은 위의 프로세스 순서에 의하여 안전 상태가 되어 교착상태가 발생하지 않는다.

만약, 위의 예제에서 시간 t_0에, P_3가 프린터를 하나 더 요청해서 다음과 같이 자원을 할당하였다고 하면, 이 시스템은 불안전한 상태가 될 것이다.

$$P_1 = 6,\ P_2 = 2,\ P_3 = 3$$

이 이유에 대하여 살펴보자. 시간 t_0에서 이 시스템은 2개의 프린터가 놀고 있는 상태로 있고, P_2는 전체 4개의 프린터가 필요하기 때문에 2개만 더 있으면 된다. 현재 2개가 남아 있기 때문에, P_2는 2개를 더 가져가서 작업을 마무리할 것이다. 그리고 나서, P_2가 사용한 4개 전부를 시스템에 반환하면, 시스템은 4개의 테이프 드라이브가 놀고 있는 상태로 남게 된다. 현재 P_1에는 6개가 할당되어 있고, 5개를 기다려야 하고, P_3에게는 3개가 할당되어 있어 나머지 6개를 기다린다. 이와 같이 P_3에 한 개 더 프린터를 할당한 결과가 시스템을 교착상태로 만들 수 있다.

b. 다중 유형의 자원

일반적인 형태인 다중 유형의 자원의 예를 이용하여 안정 상태 개념을 살펴보기로 하자. 먼저, 다음의 안정 알고리즘과 Banker 알고리즘에 시스템의 프로세스 수를 n, 자원 종류의 수를 m이라고 하고 다음 자료구조를 살펴보자.

- $Available[m]$: 크기가 m인 일차원배열로서 유형별로 현재 사용가능 한 자원의 수를 나타낸다. 예를 들어, $Available[i] = k$라면 자원종류 R_i($R_1 = 6$라면 $i = 1, k = 6$이 되고, $R_2 = 5$라면, $i = 2, k = 5$가 된다.) 중에 k개가 사용 가능

- $Max[n, m]$: 2차원 배열로 크기가 $n \times m$으로 각 자원 유형으로부터 각 프로세스별로 최대 자원 요구를 정의한다. 예를 들어, $Max[i, j] = k$라면, 프로세스 P_i는 자원 유형R_j 중 최대로 k개를 요청할 수 있다.

- $Allocation[n, m]$: 2차원 배열로 크기가 $n \times m$으로 현재 각 프로세스에 할당된 유형별 자원의 수를 나타낸다. 예를 들어, $Allocation[i, j] = k$라면, 프로세스 P_i는 현재 R_j라는 자원종류를 k개 할당받고 있다는 것이다.

- $Need[n, m]$: 2차원 배열로 크기가 $n \times m$으로 각 프로세스가 나머지 필요로 하는 유형별 자원 수를 나타낸다. $Need[i, j] = k$라면, 프로세스 P_i는 R_j라는 유형의 자원을 추가로 k개가 필요하다는 뜻이다. 따라서,
  $Need[i, j] = Max[i, j] - Allocation[i, j]$

- $Request[n, m]$: 2차원 배열로 크기가 $n \times m$로 각 프로세스가 유형별로 자원을 요청하는 것을 나타낸다. $Request[i, j] = k$라면, 프로세스 P_i가 R_j라는 유형의 자원을 k개가 필요하다는 뜻이다.

〔그림 6-13〕 안정 알고리즘과 Banker 알고리즘의 자료구조

[그림 6-15]의 실제 예를 가지고, [그림 6-14]의 안정 알고리즘을 적용해보자.

안정 알고리즘(Safety Algorithm)
Work와 Finish는 각각 길이가 m과 n인 벡터이다.
a. Work:=Available, finish[j]:=false (모든 j에 대하여)
b. Finish[j]=false 이고 Need[i]≤Work을 만족하는 i를 찾는다.
   만일 이런 i가 존재하지 않는다면 d로 간다.
c. Work:=Work+Allocation[i];
   Finish[i]:=true
   go to step b
d. 모든 j에 대하여 Finish[j]=true이면, 이 시스템은 안정상태가 된다.

〔그림 6-14〕 안정 알고리즘(Safety Algorithm)

예를 들어, 2개의 프로세스 P_1, P_2가 있고, 3 종류의 자원 R_1, R_2, R_3이 있다고 하자. [그림 6-15]를 가지고 안정 상태 알고리즘을 적용해 보기로 하자.

MAX 벡터

	R1	R2	R3
P1	1	3	1
P2	1	4	1

Allocation 벡터

	R1	R2	R3
P1	0	0	0
P2	0	0	0

Need 벡터

	R1	R2	R3
P1	1	3	1
P2	1	4	1

Request 벡터

	R1	R2	R3
P1	1	2	0
P2	0	2	1

Available 벡터

R1	R2	R3
1	4	1

〔그림 6-15〕 (a) 안정 알고리즘 적용을 위한 Request〔1〕

Request 벡터에서 Request[1]이 처리되고, 그것이 만족되면 다음과 같은 결과가 나온다.

MAX 벡터

	R1	R2	R3
P1	1	3	1
P2	1	4	1

Allocation 벡터

	R1	R2	R3
P1	1	2	0
P2	0	0	0

Need 벡터

	R1	R2	R3
P1	0	1	1
P2	1	4	1

Request 벡터

	R1	R2	R3
P1	1	2	0
P2	0	2	1

Available 벡터

R1	R2	R3
0	2	1

〔그림 6-15〕 (b) 안정 알고리즘 적용을 위한 Request[2]

이제는 안정 알고리즘을 적용해 보자.

$Work = [0\ 2\ 1],\ Finish = \begin{bmatrix} false \\ false \end{bmatrix}$

a. $i = 1$이면

$Need[1] = [0\,1\,1] \le Work? \quad Yes$

$Work = Work + Allocation[1] = [1\,4\,1]$

$Finish[1] = true$

b. $i = 2$이면

$Need[2] = [1\,4\,1] \le Work? \quad Yes$

$Work = Work + Allocation[2] = [1\,4\,1]$

$Finish[2] = true$

따라서 이 시스템은 안정 상태에 있어서, 할당을 할 수 있다. 그러나. 이 알고리즘을 Request[2]에 대해서 반복을 해보면, 이 시스템은 불안정상태가 된다는 것을 알 수 있다.

지금까지 사용한 전략은 다음과 같다. 프로세스가 일련의 자원들을 요청할 때, 그 결과가 안전 상태인 지를 결정하고, 안정상태이면, 이 요청을 받아들이고, 그렇지 않으면, 안전할 때까지 이 프로세스를 봉쇄하라.

(2) Banker 알고리즘

교착상태를 회피하기 위하여 다음의 Banker 알고리즘을 사용한다. 이 알고리즘은 은행에서 자본금을 가지고 모든 고객의 요구가 충족될 수 있도록 대여와 회수하는 데서 유래하였다. 새로운 프로세스가 시스템에 들어갈 때 필요로 하는 각 자원 종류에 대해 최대 수요를 정의하고, 이 수요가 시스템이 가지고 있는 모든 자원의 수를 넘지 않도록 하며, 사용자가 자원을 요구할 때 시스템은 이 자원의 할당이 시스템을 안정 상태에 있는가를 결정해서 안정 상태에 있다면 자원을 할당하고 그렇지 않으면 다른 프로세스가 충분한 자원을 해제할 때까지 기다린다.

Request[i]는 상응하는 요청벡터라 하자. Pi가 자원 유형 Rj의 k개를 원하면, Request[i,j]=k이다. 프로세스 Pi에 의해 자원의 요청이 있을 때 다음과 같은 행동이 일어난다.

a. Request[i] !≤Need[i]이면, 최대로 정의된 자원보다 더 많이 요구하므로 오류이다.

b. 그렇지 않으면, Request[i] !≤Available이면, 자원이 사용 가능하지 않으므로 프로세스 Pi는 기다려야 한다.

c. 그렇지 않으면, 다음과 같이 자료구조를 수정해야 한다.

Available:=Available−request[i];
Allocation[i]=Allocation[i]+Request[i];
Need[i]:=Need[i]−Request[i];

d. 결과의 상태가 안전한 지를 체크한다.

e. 상태가 안전하면, 할당을 하고, 그렇지 않으면 Pi는 Request[i]를 기다려야 한다.

[그림 6-16] Banker 알고리즘

다음의 다중 유형 자원의 예를 가지고 Banker 알고리즘을 적용해 보자. 예를 들어, 5개의 프로세스 P_0, P_1, P_2, P_3, P_4,가 있고, 3가지 유형의 자원 $R_1(=10개), R_2(=5개), R_3(=7개)$이 있다고 하고, [그림 6-15]를 이용하여 안정 상태 알고리즘을 적용해 보기로 하자. 시간 t0에서 시스템의 상태는 다음과 같다.

	R1	R2	R3	R4
P0	7	5	3	
P1	3	2	2	
P2	9	0	2	
P3	2	2	2	
P4	4	3	3	

MAX 벡터

	R1	R2	R3	
P0	0	1	0	
P1	2	0	0	
P2	3	0	2	
P3	2	1	1	
P4	0	0	2	

Allocation 벡터

	R1	R2	R3
P0	7	4	3
P1	1	2	2
P2	6	0	0
P3	0	1	1
P4	4	3	1

Need 벡터

R1	R2	R3
3	3	2

Available 벡터

〔그림 6-17〕(a) 안정 알고리즘 적용을 위한 Request〔1〕

순서$< P_1, P_3, P_4, P_2, P_0 >$ 는 안정 판정 기준을 만족시키므로, 이 시스템은 안정상태가 된다. 이 순서에 의해서 P_1이 A자원1개와 C 자원 2개를 더 요청하여 $Requset[1] = [1, 0, 2]$라면, $Request[1]! \leq Need[1]$와 Request[1]!≤Available를 검토한다. 즉, $[1, 0, 2] \leq [1, 2, 2]$과 $[1, 0, 2] \leq [3, 3, 2]$이므로 참(true)이다. 이 요구는 받아들여지고 Banker 알고리즘의 단계 c에 의하여 다음과 같이 새로운 상태에 도달한다. Request[1]이 처리되고, 그것이 만족되면 다음과 같은 결과가 나온다.

	R1	R2	R3
P0	7	5	3
P1	3	2	2
P2	9	0	2
P3	2	2	2
P4	4	3	3

MAX 벡터

	R1	R2	R3
P0	0	1	0
P1	3	0	2
P2	3	0	2
P3	2	1	1
P4	0	0	2

Allocation 벡터

	R1	R2	R3
P0	7	4	3
P1	0	2	0
P2	6	0	0
P3	0	1	1
P4	4	3	1

Need 벡터

R1	R2	R3
2	3	0

Available 벡터

〔그림 6-17〕(b) 안정 알고리즘에서 Request〔1〕 처리 결과

또 Request[2]가 들어오고 다시 새로운 상태가 안정한가를 앞의 알고리즘을 이용하여 결정해야 한다. 일반적으로 만일 사이클이 존재하지 않는다면, 이 자원의 할당은 시스템을 계속 안정 상태로 유지한다. 반대로 사이클이 발견되면 이 할당은 시스템을 불안정상태가 될 것이다. 그러므로 프로세스 Pi는 그의 요청이 만족될 때까지 기다려야 한다.

교착상태 예방보다 덜 제한적인 교착상태 회피는 교착상태 탐지와 같이 프로세스들을 선점하고, 복귀(rollback)하는 것이 필요하지 않는 장점을 가지지만 단점도 존재한다.

- 각 프로세스의 최대 자원요청을 미리 결정하기가 어렵다.
- 관련된 자원들은 정적으로 있어야 한다. 예를 들어, 이용가능한 자원이 어떤 이유로 갑자기 이용불가능해서는 안 된다.
- 고려중인 프로세스들은 독립적이어야 한다. 다시 말해서, 몇몇 프로세스들이 서로서로 통신을 해야 한다면, Banker 알고리즘은 교착상태를 회피하는 것을 보증할 수 없다.

3) 교착상태 탐지(detection)

교착상태 예방은 자원을 액세스하는 데 제한을 가하고, 프로세스들에게 제약조건들을 부여하는 보수적인 방법이라면, 교착상태 탐지는 가능한 한 프로세스에게 요청한 자원들을 부여하고, 주기적으로 운영체제가 탐지 알고리즘을 수행하면 된다. 자원 요청이 있을 때마다 수행되어야 하는 회피 알고리즘과는 달리, 탐지 알고리즘은 시스템의 처리율이 나빠지거나, 기근현상으로 사용자가 불평을 말할 때 사용할 수 있다. 앞 절에서는 유향 그래프의 환형대기가 교착상태를 나타내므로, 유향자원 그래프를 만들어 사이클을 찾아내면, 교착상태를 탐지할 수 있다.

(1) 교착상태 탐지 알고리즘의 자료구조

이제부터는 이와 같은 다중 유형의 자원을 가지고 탐지 알고리즘을 살펴보자. 이 탐지 알고리즘은 Banker 알고리즘에서 기술한 것과 유사한 것으로 다음과 같은 자료구조를 가진다.

- $Available[m]$: 크기가 m인 일차원배열로서 유형별로 현재 사용 가능한 자원의 수를 나타낸다.
- $Allocation[n, m]$: 2차원 배열로 크기가 $n \times m$으로 현재 각 프로세스에 할당된 유형별 자원의 수를 나타낸다. 예를 들어, $Allocation[i, j] = k$라면, 프로세스 P_i는 현재 R_j라는 자원종류를 k개 할당받고 있다는 것이다.
- $Request[n, m]$: 2차원 배열로 크기가 $n \times m$로 각 프로세스가 유형별로 자원을 요청하는 것을 나타낸다. $Request[i, j] = k$라면, 프로세스 P_i가 R_j라는 유형의 자원을 k개 요청한다.

〔그림 6-18〕 교착상태 탐지 알고리즘의 자료구조

(2) 교착상태 탐지 상태 알고리즘(Shoshani와 Coffman)

[그림 6-19]의 탐지 알고리즘(detection algorithm)은 Shoshani와 Coffman에 의해 개발되었고, 이 알고리즘은 단순히 남아 있는 프로세스에 대한 모든 가능한 할당순서를 찾는 것이다.

```
안정 알고리즘(Safety Algorithm)
Work와 Finish는 안정 알고리즘에서 각각 길이가 m과 n인 벡터이다.
a. Work:=Available
   For i=1 to n do
     if Allocation[i]=0, then Finish[i]=true else Finish[i]=false
b. Finish[j]=false 이고 Request[i] ≤ Work를 만족하는 i를 찾는다.
   만일, 이런 i가 존재하지 않는다면 d로 간다.
c. For that i found in step 2 do
      Work:=Work+Allocation[i];
      Finish[i]:=true
   go to step b
d. 어떤 i에 대하여 Finish[j] ≠ true이면, 이 시스템은 교착상태에 있고,
그렇지 않으면 안정상태가 된다.
```

〔그림 6-19〕 교착상태 탐지 알고리즘(Shoshani와 Coffman)

[그림 6-20]의 예를 가지고, 교착상태가 발생하는 것을 탐지하는 알고리즘을 살펴보고, Banker 알고리즘과 비교해 보자.

	R1	R2	R3
P0	1	0	0
P1	0	1	0
P2	0	0	1
P3	0	0	1

Allocation 벡터

	R1	R2	R3
P0	0	1	1
P1	0	0	1
P2	1	0	0
P3	0	0	0

Request 벡터

R1	R2	R3
0	0	0

Available 벡터

[그림 6-20] 교착상태 탐지의 예

[그림 6-20]에서 Allocation[i]는 모두 0이 아니므로, [그림 6-19] 알고리즘의 a에서
다음과 같이 된다.

$Finish = \begin{bmatrix} false \\ false \\ false \\ false \end{bmatrix}$ 이고, $Work = Available = [0\ 0\ 0]$

a. $Request[4] \leq Work \rightarrow i = 4;$
$Work = Work + allocation[4[= [000] + [001] = [001];$
$Finish[4] = True$ (P3)

b. $Request[2] \leq work \rightarrow i = 2$
$Work = Work + allocation[2[= [001] + [010] = [011];$
$Finish[2] = True$ (P1)

c. $Request[1] \leq work \rightarrow i = 1$
$Work = Work + allocation[1[= [011] + [100] = [111]$
$Finish[1] = True$ (P0)

d. $Request[3] \leq work \rightarrow i = 3$
$Work = Work + allocation[3[= [111] + [001] = [112]$
$Finish[3] = True$ (P2)

따라서 모든 i에 대하여, $Finish[i] = true$이기 때문에, 이 시스템에서 <P3, P1, P0, P2>는 은 교착상태가 발생하지 않는다.

그러나 교착상태 탐지 알고리즘을 수행하는 것은 수행시간에 상당한 부담이 된다. 좀 더 비용이 적게 드는 대안으로는 유효적절하게 알고리즘을 수행하는 것이다. 예를 들어, 한 시간에 한 번, 또는 CPU의 효율이 40% 이하로 떨어질 때마다 수행한다(교착상태는 시스템 처리율을 떨어뜨리고 CPU 효율을 낮게 한다). 탐지 알고리즘이 어느 때든 수행된다면 자원 그래프에는 많은 사이클이 있을 것이다. 일반적으로는 많은 교착상태 프로세스 중에서 어느 것이 교착상태를 일으켰는지 알 수 없다.

4) 교착상태로부터의 회복(recovery)

탐지 알고리즘이 교착상태가 있다는 것을 탐지했을 때, 시스템은 빨리 교착상태로부터 회복해야만 한다. 여러 가지 회복 알고리즘이 있으나 모든 회복 알고리즘은 한 가지 공통점이 있다. 그 공통점은 적어도 하나의 희생자(victim) 프로세스를 선택하여 환형대기로부터 없애면 시스템은 교착상태로부터 벗어날 수 있다. 이를 위해 두 가지 방법이 있다. 하나는 교착상태의 프로세스들로부터 하나 또는 둘 이상의 프로세스를 중지시키는 것이고, 다른 하나는 교착상태의 프로세스로부터 자원을 선점하는 것이다.

(1) 프로세스 중지

프로세스를 중지시켜서 교착상태를 제거하기 위해 두 가지 방법으로 시스템은 중지된 프로세스에 할당된 모든 자원을 회수해야 한다.

a. 교착상태 모든 프로세스를 중지시킨다.

이 방법은 교착상태 사이클을 없애는 데 아주 효과적이긴 하나, 그 동안 계산된 프로세스의 각종 결과가 없어지게 되어, 나중에 다시 계산해야 하므로 비용이 많이 든다.

b. 교착상태 사이클이 제거될 때까지 하나씩 프로세스를 중지시킨다.

이 방법은 각 프로세스가 중지될 때마다 어느 프로세스가 교착상태에 있는지 결정해야 하므로, 교착상태 탐지 알고리즘을 수행하는 데 많은 부담을 요구한다.

프로세스를 중지시키는 것은 쉽지 않다. 파일을 수정하는 중간에 프로세스를 중지시키면 파일은 부정확한 상태에 있게 되고, 또한 프로세스가 프린터에 자료를 출력하고 있었다면 시스템은 다음 작업을 출력하기 전에 프린터의 상태를 정확하게 조정해야 한다.

부분종료 방법을 사용하면 교착상태 프로세스가 주어졌을 때 교착상태를 제거하기 위해서 어느 프로세스를 중지시켜야 할지를 결정해야 한다. 희생자 프로세스를 선택할 때 시스템에 주는 부정적인 영향을 줄이기 위해서 고려해야 할 사항들이 있다. 가장 일반적인 고려사항은 다음과 같다.

- 작업의 우선순위 - 높은 우선순위의 작업은 제거되지 않는다.
- 작업의 CPU 사용시간 - 수행 종료에 가까운 작업은 제거되지 않는다.
- 희생자로 선택되어야 할 작업의 수 - 되도록 적은 수의 작업을 선택한다.

또한, 데이터베이스를 처리하는 작업은 특별하게 처리를 해야 한다. 데이터의 일관성과 유효성을 해치지 않기 위해서 데이터를 변경하는 작업은 희생자로 선택되어서는 안 된다. 데이터베이스 설계자들은 종료 전에 인터럽트를 당하거나 중단된 작업을 회복시키기 위해서 복잡한 회복 기구를 데이터베이스 설계에 포함하고 있다.

(2) 자원선점

교착상태 사이클이 없어질 때까지 프로세스로부터 자원을 선점하여 다른 프로세스에게 이 자원을 제공한다. 교착상태를 다루기 위해 선점이 필요하다면 두 가지 관점을 설명해야 한다.

첫째로, 희생자 선택이다. 자원과 프로세스를 선점할 때는 종료 비용을 적게 하기 위해 선점의 순서를 정해야 한다. 강을 건너는 문제를 생각해 보자. 이 강에는 1,000개의 돌이 있고 P, Q 두 사람이 교착상태에 있다.

- P가 Q보다 우선순위가 높다면 Q는 위치가 어디든지 뒤로 물러서야 한다.
- P가 강을 건너기 위해 2개의 돌만 필요하다면 Q는 뒤로 물러서서 양보해야 하는 것이 합당하다.
- 만일 P와 Q가 강 중앙에서 교착상태가 되었는데 Q 뒤에는 아무도 없고, P 뒤에는 10명이 있다면 Q가 뒤로 물러서는 것이 합당하다. 그렇지 않다면 11명이 되돌아가야 하기 때문이다.

둘째는 복귀(rollback)이다. 프로세스가 자원을 선점한다면 다른 프로세스는 필요한 자원을 잃었으므로 확실히 정상수행을 할 수는 없다. 프로세스를 안정 상태로 복귀시키고 그 상태에서 다시 시작해야 한다. 안정 상태를 구성하는 것은 무엇이고 어떻게 쉽게 결정할 것인가는 중요하다. 가장 단순한 방법은 완전복귀(total rollback)이다. 즉, 프로세스를 중지시키고 다시 수행하도록 하는 것이다. 그러나 더욱 효과적인 방법은 교착상태가 해결에 필요한 만큼만 복귀시키는 것이다. 그러나 이 방법은 시스템이 현재 진행 중인 모든 프로세스의 상태에 관한 정보를 유지해야 한다는 것이다.

강을 건너는 문제를 다시 생각해 보면 완전복귀는 강을 건너는 사람이 원위치로 되돌아가 다시 시작하는 것과 같은데, 이 방법은 비용 면에서 효과적이지 못하다. 더욱 효과적인 방법은 징검다리 돌을 더 놓는 것이다. 즉, 교착상태에 빠진 사람 중 하나가 앞으로 피해 교착상태를 해결하는 것이다([그림 6-21]).

컴퓨터 시스템에서는 복귀를 허용하기 위해서 프로세스의 상태를 기록하는 체크포인트(checkpoint)을 가질 수 있다.

〔그림 6-21〕 제한적인 복귀를 위해 돌을 더 놓는다.

6.2 병행 프로세스

병행 프로세스(concurrent process)란 두 개 혹은 그 이상의 관련 있는 프로세스가 동시에 실행되는 것을 말하는데 여기서 프로세스들은 서로 관련 없이 독립적으로 수행할 수도 있고, 아니면 다른 수많은 프로세스들이 상호 협력하여 동시에 수행할 수도 있다. 전자를 독립적 병행 프로세스이라 하고, 후자를 협동적 병행 프로세스라 한다. 이러한 병행 프로세스는 최근 컴퓨터의 가장 중요한 개념으로 특히 다수의 컴퓨터가 망을 이루어 수행되는 분산처리 시스템에서는 이러한 병행 프로세스를 필요로 하고 있다. 예를 들면,

멀티미디어 응용에서는 여러 종류의 미디어가 동시에 재생되어야 하므로, 이를 위한 처리가 병행으로 이루어져야 한다.

병행성을 표현할 수 있는 프로그래밍 언어는 대체로 병행 수행을 시작하는 명령어과 병행 수행이 종료되는 명령어를 항상 쌍으로 사용한다. 여기에서는 Dijkastra가 제시한 병행용한재 시작과 끝을 나타내는 parbegin/parend 표현을 사용하기로 하고, 병행 수행재 일반적인 형태는 [그림 6-22]와 같다.

프로그램 수행중 하나의 프로세스가 parbegin을 만나면 여러개의 병렬 프로세스로 분할되어 parbegin과 parend 사이에 있는 각 문장마다 하나씩 제어한다. 이 각 문장들은 간단한 명령문일 수도 있고, 아니면 프로시저 호출이거나, begin과 end로 둘러싸인 여러 문들로 구성된 블록, 또한 이런 것들의 조합일 수가 있다. parebegin과 parend 사이의 문장이 모두 수행하고 나면, parend 이후 다시 하나의 프로세스로 결합하여 명령문들을 순차적으로 수행하게 된다. 그런데, parbegin과 parend 사이의 각 문장들은 독립적이어야 한다. 만약에 statement 2가 statement 1의 결과에 영향을 받는다면, 이 문장들은 병행 수행을 할 수 없으므로, parbegin과 parend 사이에 프로그램하면 안된다.

```
parbegin
    statement 1;
    statement 2;
          ⋮
    statement n;
parend
```

〔그림 6-22〕 parbegin/parend의 동시성을 나타내는 구조

예를 들어, 아래의 2차 방정식의 근 하나를 구하는 연산을 순차적 프로세서와 병행 프로세서의 수행과정을 비교해보자.

```
x := (-b + (b**2 - 4*a*c)** .5)/(2 * a)
```

이 방정식은 순차적 프로세서에 의해 다음과 같이 연산될 수 있다.

```
1. b**2
2. 4 * a
3. (4 * a) * c   // 2번 문장의 결과 이용
4. (b**2) - (4 * a * c)  // 1-3번 문장의 결과 이용
5. (b**2 - 4 * a * c)** .5 // 1-4번 문장의 결과 이용
6. -b
7. (-b) + ((b**2 - 4 * a * c)** .5) // 1-6번 문장의 결과 이용
8. 2 * a
9. (-b + (b**2 - 4 * a * c)** .5) / (2 * a) // 1-8번 문장의 결과 이용
```

순차적 프로세서에 의해서는 9개의 연산들이 한 번에 하나씩 시스템이 정한 연산순서에 따라 계산이 된다. 그런데, 위의 식 중에서 1, 2, 6, 8번의 연산들은 다른 변수들의 영향을 받지 않는 독립적인 문장이므로 병행처리가 가능한 시스템에서는 동시연산을 할 수가 있다. 즉 이 부분이 병행 수행이 가능하므로 parbegin과 parend로 정리해보면 다음과 같다.

```
1 parbegin
              temp1 := -b;
              temp2 := b**2;
              temp3 := 4 * a;
              temp4 := 2 * a
  parend;
2             temp5 := temp3 * c;
3             temp5 := temp2 - temp5;
4             temp5 := temp5 ** .5;
5             temp5 := temp1 + temp5;
6             x := temp5 / temp4
```

여기서 보면 parbegin / parend 구조 사이에 있는 1, 2, 6, 8번의 4개 연산은 동시에 수행이 되었고, 나머지 5개의 연산은 어쩔 수 없이 순차적으로 수행되었다. 이렇게 연산을 동시에 수행함으로써 실질적 실행시간을 줄일 수가 있는 것이다.

하지만, 이러한 병행 프로세스들에서 올바른 계산결과를 얻기 위해서는 몇 가지 문제점을 해결해야 한다. 즉, 여러 개의 프로세스가 병행되어 처리될 때 일정한 실행결과를 보장해야하는 결정성(determinacy)문제, 공유 자원의 상호배제(mutual exclusion) 문제, 프로세스 사이의 메시지 교환을 위한 프로세스간 통신문제, 그리고 프로세스 교착상태(deadlock) 문제 등을 해결해야 한다.

1. 결정성 문제

결정성(determinacy)란 여러 개의 프로세스들이 기억장소를 공유하고, 동시에 수행되지만 실행 순서와 관계없이 항상 일정한 실행 결과를 보장하는 것을 말한다. 즉, 병행으로 실행되는 프로세스들은 그 순차적 실행의 흐름이 매번 다르지만 같은 조건과 입력이 주어진다면 같은 결과가 산출되어야 한다.

이러한 결정성 개념은 병행 프로세스에서 매우 유용한 개념이다. 왜냐하면, 결정성이 있는 시스템에서는 어떠한 경우에도 최종 결과는 같은 초기값에 대해서는 항상 같으므로, 병행 프로세스에서 고려해야 되는 여러 가지 복잡한 문제에 신경을 쓰지 않아도 되기 때문이다.

다음과 같이 좀 더 구체적인 예를 들어 결정성 문제를 이해해보자. 시스템에는 두 개의 프로세스 P_1과 P_2가 있고 기억장소 S에는 두 개의 변수 a와 b가 있다. P_1과 P_2는 서로 순서에 관계없이 시행되므로 서로 독립적이고, 작동순서는 단순한 읽기(r) 그리고 쓰기(w)일 때, 프로세스의 진행 순서에 따라 결과가 어떻게 나오는지를 살펴보자.

아래의 시스템에 발생할 수 있는 여러 가지 상태 중에서 P_1P_2의 순서로 시행되는 경우와 P_2P_1의 순서로 시행되는 경우만 살펴보자.

[알고리즘 Ⅰ]

```
P1 : a ← a + b
P2 : b ← a + b
```

[알고리즘 Ⅱ]

```
P1 : a ← a + b
P2 : a←  b
```

초기값 S_0=(1, 2)일 때, 알고리즘 I, II에 대한 결과는 다음과 같다.

- Ⅰ에 대한 P_1P_2인 경우 : S_1=(3, 5)
- Ⅰ에 대한 P_2P_1인 경우 : S_2=(4, 3)
- Ⅱ에 대한 P_1P_2인 경우 : S_3=(3, 2)
- Ⅱ에 대한 P_2P_1인 경우 : S_4=(2, 4)

이 계산결과에서 볼 수 있듯이 초기값 S_0=(1, 2)의 값은 동일함에도 불구하고 최종값의 네 가지 경우가 전부 다르게 나온다.

왜냐하면, I의 경우, P_1의 계산 결과값이 a가 P_2의 입력 변수로 이용되기 때문이고, II의 경우에선 두 개의 프로세스가 동일한 출력 변수를 이용하기 때문에 프로세스 상대적인 진행 순서에 따라 다른 결과값이 나오게 된다. 따라서 이러한 시스템은 결정성이 위배되는 프로세스 집단의 예라 할 수 있겠다.

2. 상호배제

상호배제(mutual exclusion)란 프로그램들이 공유자원을 함께 액세스하려 할 때 두 프로세스가 하나의 공유자원을 번갈아 사용할 수 있게 하고 동시에는 수행하지 못하게 하는 것이다. 즉, 프로그램에서 어떤 프로세스가 공유자원을 액세스하는 범위를 임계구역(critical section 또는 critical region)으로 지정하여, 어떤 프로세스가 공유자원을 액세스하고 있을 때 그 프로세스는 임계구역 내에 있도록 하고, 다른 프로세스들은 임계구역 밖에서 대기하도록 하여 상호배제 문제를 해결한다.

이때, 임계구역 내에서 실행 중이던 프로세스 수행이 종료되면, 임계구역 밖에 있던 프로세스들 중의 단 하나의 프로세스가 임계구역내로 들어가도록 허용된다. 그러므로 임계구역내의 수행은 가능한 빨리 끝내야 하며 임계구역에 들어가서 프로세스가 보류되는 일이 없어야 한다.

그리고 임계구역이 무한 루프에 빠지지 않도록 주의해서 코드 되어야 한다. 만일 임계구역 내에서(자발적이든 타의적이든 간에) 프로세스가 수행을 멈추게 되면, 운영체제가 상호배제를 풀어서 다른 프로세스가 임계구역에 들어갈 수 있도록 해야 한다.

예를 들면 [그림 6-23]처럼 두 프로세스가 공통 버퍼를 사용할 때 이 버퍼를 임계구역이라 하며 동시에 버퍼를 사용해서는 안 된다. 이때, 입력 프로세스와 출력 프로세스와 관계를 생산자와 소비자의 관계라고 부른다. 생산자인 입력 프로세스가 버퍼에 출력할 내용을 저장하면, 소비자인 출력 프로세스가 버퍼에서 내용을 꺼내 프린터 출력시킨다.

그런데 만약 생산자인 입력 프로세스가 버퍼에 출력할 내용을 저장하기 전에 소비자인 출력 프로세스가 내용을 꺼내가려고 한다면 어떻게 될까? 반대로 소비자인 출력 프로세스가 내용을 꺼내가기 전에 생산자인 입력 프로세스가 내용을 버퍼에 저장하면 어떻게 될까? 따라서 생산자와 소비자 프로세스는 원활한 작업을 수행하기 위해 동기화가 이루어져야 한다.

상호배제를 지키는 것은 병행 프로그래밍에 있어서 가장 중요한 문제의 하나이다.

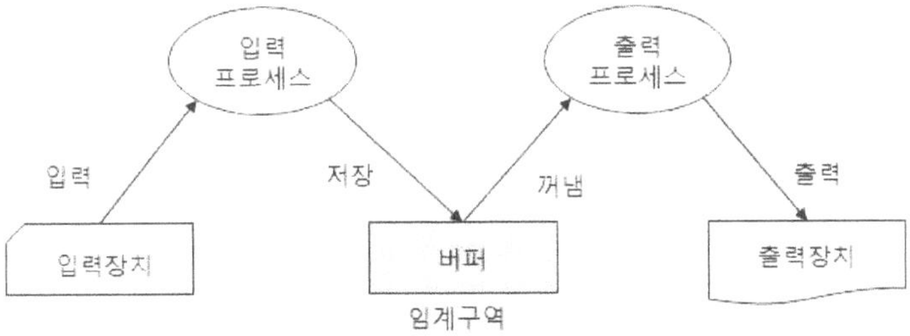

〔그림 6-23〕 임계구역과 상호배제 문제

상호배제를 구현하기 위한 여러 가지 해결방법들이 제시되어 왔다. 하드웨어에 의한 해결과 소프트웨어에 의한 해결, 기계의 낮은 단계의 해결과 높은 단계의 해결, 프로세스간의 자발적 협력에 의한 해결과 프로토콜을 꼭 지키도록 하는 강제적인 방법 등이 있다.

상호배제를 구현하는 기본적인 접근 방식은 Busy-Waiting 접근 방법과 프로세스 보류 접근 방법에 대해 살펴보자.

1) Busy-Waiting 접근 방법

상호배제를 실현하는 일반적인 방법으로 lock()을 사용한다. 공유자원 k에 대해 lock[k]=TRUE이면 자원 k는 사용 중이므로 다른 프로세스가 접근할 수 없으므로 Busy-Waiting 반복문을 수행하면서 자원이 유휴상태가 될 때까지 기다리고, lock[k]=FALSE이면 자원은 유휴상태이므로 다른 프로세스가 접근할 수 있다.

임계구역을 조작하는 명령으로는 enter()와 leave()를 기본 명령어로 사용한다고 하자. 즉, enter()는 임계구역으로 진입하는 명령어이고, leave()는 임계구역에서 빠져나오는 명령어이다.

그런데, 이 방법을 그대로 적용할 때에 문제가 발생할 수 있다. 예를 들어, 프로세스 A, B가 공유자원 k에 대해 액세스한다고 가정해보자. 공유자원 k에 대해 액세스하는 프로세스가 없을 경우에는 공유자원 k가 유휴상태이므로 lock[k]=FALSE 이다. 이때 프로세스 A가 공유자원 k에 액세스하기 위해 임계구역에 진입(enter(int k))하면 lock[k]=FALSE라는 기본 값을 갖고 있기 때문에 Busy-Waiting 반복문을 실행하지 않고 곧바로 다음 문장을 실행하려는 순간에 인터럽트가 발생하여 다른 프로세스가 B로 교체되었다고 하자. 프로세스 A가 이미 임계구역에 진입해 있지만, lock[k]=TRUE를 변경하기 전에 인터럽트가 발생하여 프로세스 B가 임계구역 진입(enter(int k))하였으므로 lock[k]=FALSE이므로 공유자원 k를 액세스 하게 된다. 결국, 프로세스 A와 B가 동시에 임계구역에 존재하여 공유 자원 k를 액세스하는 문제가 발생한다.

```
BOOL lock[]={FALSE, FALSE, FALSE, ... }
void enter(int k)  // 임계구역 진입
{
  while(lock[k]) { } // busy-waiting 실행
  lock[k] = TRUE;  // 자원은 사용중
}

void leave(k) // 임계구역 나옴.
{
  lock[k] = FALSE;  // 자원 유휴상태
}
```

〔그림 6-24〕 일반적인 Busy-Waiting 접근방법

이러한 문제점을 해결하기 위해 인터럽트로 프로세스를 교체하는 단일 프로세스 시스템에서는 이 인터럽트를 LOCK으로 금지시키면 된다. LOCK으로 인터럽트 금지한다면 두 개의 프로세스가 동시에 같은 자원을 액세스 하는 것을 방지할 수 있다. 하지만, 물리적으로 프로세스가 병행하여 실행하는 멀티프로세서 시스템에서는 다른 방법이 필요하다.

멀티프로세스 시스템 상의 상호배제 방법으로 Decker 알고리즘과 Peterson 알고리즘이 있는데, 여기에서는 좀 더 단순한 접근 방법인 Peterson 알고리즘을 살펴보자.

Peterson 알고리즘은 flag, t, turn 이라는 공용변수를 사용한다. 이때, flag 값이 TRUE이면 프로세스가 임계구역에 진입하려고 하는 것을 나타내고, t는 프로세스 번호로서 0과 1의 값을 갖는다.

예를 들어 프로세스 0(t=0)이 임계구역에 진입하면, flag[0]=TRUE로 변경되어 현재 프로세스 0이 임계구역에 진입하려고 하니 다른 프로세스가 임계구역에 진입하는 것을 방지한다. 즉, flag[1]=FALSE이므로 while 조건식인 (turn==0 && flag[1]=TRUE)가 거짓이 되므로 while(turn==t && flag[1-t]==TRUE) { }을 실행하지 않고 다음 문장을 수행한다. 즉, 프로세스

0이 대기하지 않고 공유자원 k를 사용한다. 그런데 만약에 while 조건식이 참이면 프로세서 1(t=1)이 이미 사용 중이므로 프로세서 0(t=0)은 작업이 종료될 때까지 기다린다. 프로그램에서 leave() 명령을 만나면 flag[t]=FALSE로 변경하여 공유 자원을 유휴상태로 변경시킨다.

```
BOOL flag[2]={FALSE, FALSE}
int t; // 프로세스 번호(0, 1)
int turn;

void enter(int t)  // 임계구역 진입
{
  flag[t]=TRUE;
  turn = t;
  while(turn==t && flag[1-t]=TRUE) { };
   .... // 임계구역
}

void leave(int t) // 임계구역 나옴.
{
  flag[t] = FALSE;  // 자원 유휴상태
}
```

〔그림 6-25〕 Peterson 알고리즘

Peterson 알고리즘은 상호배제 소프트웨어에 의한 구현방법으로는 가장 간단하다고 알려져 있으나, 만약 3개 이상의 프로세스가 포함되어 있다면 좀 더 대기시간이 길어지는 원인이 될 있다. 몇 개의 공유변수와 어느 정도의 스텝수가 필요하다.

그리하여 오늘날에는 직접 하드웨어로 구현하는 방법인 Test And Set 명령어, Compare And Swap 명령어 등을 사용하기도 하는데, 여기에서는 동시성을 제어하기 위한 동기화 명령어 중의 하나인 Test And Set 명령어를 살펴보자.

TAS(Test And Set)이 지원하는 하드웨어에서 아래와 같이 동기화 명령어를 실행한다면, LOCK[n] 이 TRUE이면 현재 다른 프로세스가 사용 중이므로 상태 레지스터(SR)의 Z bit를 0으로 설정하고, 임계구역 사용이 끝날 때까지 대기하도록 한다.

그런데 LOCK[n]이 FALSE이면 현재 자원을 공유하는 프로세스가 없으므로 임계구역에 접근할 수 있도록 하고, 상태 레지스터(SR)의 Z bit를 1로 설정하고, LOCK[n] = TRUE로 설정 변경하여 현재 임계구역을 사용하는 프로세스가 있음을 표시 한다.

```
BSET #n, LOCK

if (LOCK[n] == TRUE)
  SR.Z = 0;
else {
  SR.Z = 1;
  LOCK[n] = TRUE;
}
```

이상과 같이 상호배제의 방법은 어떤 사상에 대해 끊임없이 되풀이하고, 확인하면서 기다리는 바쁜 대기(busy wait)를 기본으로 한다. 즉, 임계구역에 들어가려고 할 때, 이미 임계구역에서 실행중인 프로세스가 있는가 여부를 조사하여, 만약 있다면 루핑(반복)하면서 그 프로세스가 임계구역을 빠져 나오기를 기다리는 것이다. 이때, 바쁜 대기로 기다리고 있는 상태의 프로세스는 스핀하고 있다고 하고, 이를 위한 록을 스핀 록(spin lock)이라고 한다.

바쁜 대기는 프로세스의 실행시간을 낭비하지만, 콘텍스트의 교체를 일으키지 않으므로, 공유 메모리형 멀티프로세서 시스템의 상호배제 및 배리어(barrier) 동기를 효율적으로 실현할 수가 있다. 그러나 TAS 명령은 공유 메모리에 배타적 기입을 수반하므로 빈번하게 실행하면 성능의 저하를 초래한다. 이 문제를 해결하기 위한 두 가지 방안이 있다.

첫째, 바쁜 대기의 루프에 지수 함수적으로 증가하는 지연을 삽입하여, TAS 명령의 실행 간격을 서서히 넓혀 가는 방법과

둘째, TAS 명령을 실행하기 전에 록을 조사하여, 록이 걸려 있지 않으면 TAS 명령을 실행하는 방법이 있다.

스핀 록은 또한 우선순위 스케줄링을 행할 때, 다음과 같은 예기치 않는 결과를 초래할 수 있다. 즉, 우선도가 높은 프로세스를 P, 우선도가 낮은 프로세스를 Q로 한다. 프로세스 Q가 임계구역 내에 있을 때, 프로세스 P로 교체되어 P가 임계구역에 들어가기 위해 바쁜 대기상태에 들어가지만, P의 실행이 종료하기까지 Q는 실행을 개시하지 못하므로 Q는 임계구역으로부터 빠져 나갈 기회를 찾지 못하고, P는 결국 무한 루프에 빠져 버린다. 이러한 상황을 의사교착상태(pseudo dead lock)라 부른다. 이를 방지하기 위해서 록을 조작하거나 임계구역을 실행중일 때 록(lock)을 획득한 프로세스를 인터럽트 금지로 해두지 않으면 안 된다.

2) 프로세스 보류 접근 방식

프로세스 보류 접근 방식은 프로세스가 바쁜 대기 반복문에서 대기하는 대신에, 대기 중인 프로세스는 보류시키고 또 다른 프로세스를 디스패치 시킨다. 이때 보류된 프로세스는 임계구간에 진입하기 위해 기다릴 목적으로 스케줄러에 의해 새로운 큐에 추가되어 임계구간의 공유 자원에 액세스하기를 기다리는 방식이다.

예를 들어 새로운 큐의 생성 및 초기화, 그리고 주어진 자원에 대한 변수 lock은 보조 함수인 init_CS()에 의해 만들어지고, p→lock = FALSE로 설정되어 있다. 그리고 임계 영역의 진입함수를 enter(), 임계구역에서 빠져 나오는 함수를 leave()라 할 때, 프로세스의 임계구역 사용에 관한 명령인 enter()와 leave()에 대해서만 간단히 살펴보자.

enter()함수에선 프로세스가 임계구역에서 동시에 공유 자원에 액세스하는 것을 방지하기 위해 제일 먼저 인터럽트를 사용할 수 없도록 설정하고, 레지스터 혹은 스택에서 p 값을 가져온다. 만약 p가 lock이라면 공유자원을 다른 프로세스가 이미 사용 중이므로 실행중인 프로세스를 보류한다. 그리고 가장 우신순위가 높은 프로세스를 디스패치 한다. 만약 그렇지 않고 공유자원이 유휴상태이면 p→lock=TRUE로 설정하여 공유자원을 다른 프로세스는 접근할 수 없도록 설정하고, 호출한 API로 복귀하여 공유자원을 사용한다.

```
enter(){
   Disable interrupts; // 인터럽트를 사용할 수 없음
   Get p = (CS *)h; // 프로세스 읽기
   if(p→lock){ // 프로세스가 사용 중이면,
     running2blocked(p→q); //실행중인 프로세스 보류
     ready2running(); // 우선순위가 높은 프로세스 디스패치
   }else{
     p→lock = TRUE; // lock 설정
   }
   return;
}
```

leave()함수에서도 enter()함수와 마찬가지로 인터럽트를 사용할 수 없도록 설정하고 레지스터 혹은 스택에서 p 값을 가져온다. 만약 대기 큐인 q값이 공백이 아니면, 즉 대기 중인 프로세스가 있다면 실행중인 프로세스를 선점한다. 그리고 우선순위 가장 높은 프로세스를 보류에서 해제하고 디스패치 한다. 만약 대키 큐가 공백이라면, 공유자원을 유휴 상태로 전환시킨 후 호

출한 API로 복귀한다.

```
leave(){
   Disable interrupts;
   Get p=(CS *)h;
   if(p→q not empty){  // 대기 큐가 공백이 아니라면
      running2ready();
      blocked2ready(p→q);
      ready2running();
   }else{
      p→lock = FALSE;     // lock를 reset한다.
   }
   return;                // API로 복귀한다.
}
```

[그림 6-26]은 프로세스 P_1이 현재 프로세스 P_2에 의해 점유되어 있는 임계구간을 enter()와 leave()함수를 이용해 어떻게 획득하는 과정을 설명한 것이다.

⓪ 현재 P_2가 임계구간(CS)에서 실행 중이므로 P_2가 공유 자원을 사용하고 있다.

① P_1이 디스패치 되었으므로, 임계구간에 들어가려고 enter()함수를 호출한다.

② API enter()는 trap 핸들러 enter를 호출한다.

③ Trap 핸들러의 임계구간 검사 결과 이미 임계구간이 사용 중(CS occupied(lock=1))이므로 P_1를 보류하고 대기 큐에 저장하는 디스패처를 호출한다. 프로그램 카운터 PC_2와 상태 레지스터 SR_2는 P_1의 PCB를 저장한다. 디스패처는 준비 큐에서 새로운 프로세스(P_X)를 선택한다. 핸들러는 즉시 명령어 return을 처리한다.

④ 핸들러는 명령어 return을 실행한다. 그 결과 프로세스 P_X가 실행을 시작한다.

⑤ 프로세스 P_X는 잠시 동안 실행하고 난 후 몇 가지 이유, 혹은 선점으로 보류된다. 그 다음번 프로세스가 P_2라고 가정하자.

⑥ P_2는 임계구역 내에서 코드를 실행하는 것을 지속하면서 leave()를 호출한다.

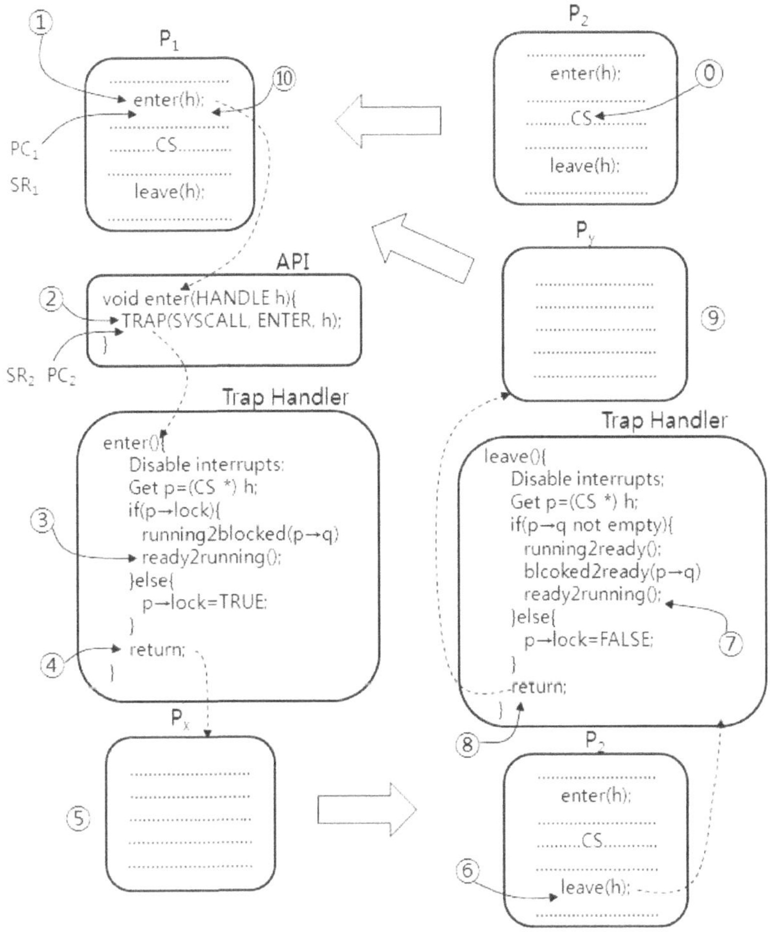

〔그림 6-26〕 프로세스의 임계구간 디스패치 흐름

⑦ API leave()는 Trap 핸들러 leave를 호출한다. Trap 핸들러는 프로세스 P_1이 큐에서 대기한다는 것을 알아내고 준비 큐에 프로세스를 저장한다. 그리고 난후, 스케줄러는 준비 프로세스를 선택하고 그 프로세스를 실행시킨다. 이것이 P_1이다. 하지만 우선순위가 높은 다른 프로세스(P_Y)가 실행된다고 가정하자.

⑧ Trap 핸들러는 retrun을 실행시켜 P_Y의 실행을 시작한다.

⑨ 프로세스 P_Y는 몇 가지 이유 혹은 선점으로 보류될 때까지 잠시 동안 실행한다. 프로세스 P_1은 준비 큐에서 대기하고 최종적으로는 디스패치 된다.

⑩ 마지막 **return** 실행은 프로그램 카운터 PC_2와 상태 레지스터 SR_2가 커널 스택에서 삭제(pop)되는 원인이 된다. 이것은 P_1이 API enter()의 실행을 계속한다는 것을 의미한다. trap 호출 하자마자, PC_1에 복귀하고 임계구역 내에 있다.

3) 세마포어

임계구간에 진입하고 나가는 명령인 enter()와 leave()는 공유 자원에 액세스하려는 프로세스의 상호배제를 극복하기에 유용하지만, 프로세스 동기화에는 편리하지 않다. 그리하여 E.Dijkstra에 의해 프로세스 동기화에 적합한 세마포어라고 불리는 좀 더 강력한 함수가 제안되었다.

이 명령은 흔히 P()와 V()라 불리 우는데, P는 "감소를 시도하다"를 의미하고, V는 "증가하다"를 의미한다. 요즘은 P()와 V()라는 이름 대신에 wait()와 signal()이라는 이름으로 보통 사용한다.

세마포어는 음수가 아닌 정수 변수 s에 기반을 두고 있으며, P() 명령은 s>0이면 s를 1씩 감소시키고 P()로 종료시킨다. 즉, 호출 프로세스를 계속 실행하여 공유 자료에 액세스 한다. 그런데, 만약 s=0이면 호출 프로세스를 보류시키고 그 프로세스는 s가 양수가 될 때까지 보류상태로 남아 공유 자료를 액세스할 수 있을 때까지 기다린다. V() 명령은 s가 1씩 증가하고, 세마포어에 보류된 프로세스가 있는지 검사하여, 보류된 프로세스가 없다면 대기 중인 프로세스를 해제하여 공유 자료에 액세스 할 수 있도록 준비한다.

이때, P()와 V() 명령에서는 앞서 살펴본 시스템 보류 접근 방식과 마찬가지로 반드시 인터럽트 사용을 중지함으로써 임계구간에 두 개의 프로세스가 동시에 존재하는 문제점을 해결한다.

세마포어의 P()와 V() 명령의 구현은 다음과 같다.

```
P(){
    Disable interrupts;  // 인터럽트 사용 불가
    Get p=(Semaphore *) h ;
    while(tsl(p→guard)) { } // spinlock이 TRUE이면 대기
    if (p→s == 0)          // s>0 이 아니면,
       block(p→q);         // 프로세스를 보류
    else                   // s>0 이면
       p→s -= 1;           // s를 1씩 감소시킨다
    p→guard=FALSE;         // spinlock 해제
    return;                // API로 복귀
}
```

```
V(){
   Disable interrupts;  // 인터럽트 사용불가
   Get p=(Semaphore *) h
   while(tsl(p→guard)) { } // spinlock이 TRUE이면 대기
    if (p→q not empty)       // 만약 대기중이라면
       unblock(p→q);         // 프로세스- 해제
    else
       p→s +=1;              // s를 1씩 증가
   p→guard=FALSE;            // spinlock 해제
   return;                   // API로 복귀
}
```

세마포어에는 구간 변수 s가 오직 0과 1의 값만을 가지는 이진 세마포어가 있다. 이진 세마포어의 P() 명령의 s 변수의 연산은 1씩 감소시키지 않고, 0으로 설정하고, V()명령의 s변수 연산은 1씩 증가시키지 않고 1로 설정한다. 이러한 특징으로 이진 세마포어는 주로 단일 동기화에 사용된다. 예를 들어, 아래 그림처럼 프로세스 P_1는 명령어 s11을 실행하고, 프로세스 P_2이 명령어 s21을 실행할 때까지 기다린다고 가정하자. 이때 P_1이 처리되고 난 후에 명령어 s12가 실행된다. 이럴 때 이진 세마포어가 사용된다.

h=init_semaphore(0); // 세마포어 초기화

하지만 세마포어 동기화의 대표적인 문제점으로 한계 버퍼(bounded buffer)가 있다. 한계 버퍼는 프로세스 사이에 데이터를 교환하는데 사용한다. 하지만 한계버퍼는 버퍼에 내용을 저장하는 put()과 버퍼에서 내용을 가져오는 get() 명령 사이에 상호배제가 있어야 하며, put()가 실행된 후에 get()가 실행되어야 하는 동기화 문제가 있다.

이러한 두 문제들은 세 개의 세마포어 명령어인 mutex, space, slot으로 해결할 수 있다. mutex는 버퍼 접근에 대한 상호 배제(이진 세마포어는 1로 초기화 된다)를 담당하고, space는 버퍼 내에 있는 자유 공간을 카운트 하여(정수형 변수를 갖는 세마포어로 N으로 초기화 된다) 버퍼 상태가 full인지 empty인지를 체크한다. 그리고 slots는 버퍼 내의 슬롯(slot)의 수를 카운트

하여(정수형 변수를 갖는 세마포어로 0으로 초기화 된다) 버퍼에 내용이 있는지를 조사한다.

예를 들어, 생산자와 소비자의 입장에서 접근한 상호 배제의 동기화 문제를 해결한 코드를 작성해보자.

생산자는 버퍼가 full이면 소비자가 버퍼의 내용을 가져가기를 기다리다가 버퍼가 비어있고, 소비자가 임계구역을 해제하면 생산자가 진입 한다. 이때, 생산자는 버퍼에 슬롯 x를 저장하고, 임계구역을 소비자가 사용할 수 있도록 해제한다. 그리고 소비자에게 버퍼에 slot이 있음을 알린다.

```
Producer : while(1){
            produce slot x;
            p(space);        // 만약 버퍼가 full이면 기다린다.
            p(mutex);        // CS로 진입한다.
            put(x);          // 버퍼에 슬롯 x을 저장한다.
            V(mutex);        // CS에서 나간다.
            V(slots);        // 소비자에게서 버퍼에 slot이 있다고 말한다.
         }
```

소비자는 버퍼가 비어있으면 생산자가 버퍼에 slot을 저장할 때까지 기다리다가 생산자가 임계구역을 해제하면 임계구역으로 진입한다. 그리고 버퍼에서 slot x를 꺼내온 후 임계구역을 생산자가 사용할 수 있도록 해제한 후, 버퍼가 비었다고 생산자에게 알린다.

```
Consumer : while(1){
            P(slots);        // 버퍼가 empty이면 기다린다.
            P(mutex);        // CS로 진입한다.
            get(&x);         // 버퍼로부터 slot을 꺼내온다.
            V(mutex)         // CS에서 나간다.
            V(space);        // 버퍼에 공간이 있다고 생산자에게 말한다.
         }
```

이때, 생산자와 소비자에 대한 상호배제는 상호 배제는 P()와 V() 명령을 그대로 이용해 구현할 수 있다.

이 경우, s의 초기값으로서 1을 쓴다. s의 값이 1일 때 임계구역에는 프로세스가 하나도 존재하지 않음을 나타내고, 0일 때는, 하나의 프로세스가 임계구역에 있음을 나타낸다. 이와 같이, 자원이 해방되는 것을 기다리기 위해 바쁜 대기가 아니라 스스로 프로세서를 내어놓고 휴면 · 대기하는 록 방식을 서스펜드 록(suspend lock)이라 한다. 많은 멀티프로세서 운영체제에서는 스핀 록, 서스펜드 록의 두 가지 방식을 함께 제공하고 있다.

서스펜드 록에서는 우선순위 스케줄링을 행할 때 다음과 같은 문제를 일으킬 수 있다. 예를 들어 3개의 프로세스 P, Q, R이 있고 P, Q, R의 순으로 우선순위가 되어 있다고 하자. 프로세스 P가, 프로세스 R이 임계구역에서 나올 것을 기다린다고 할 때, 프로세스 Q는 R보다 먼저 실행된다. 그러면 P는 R보다도 우선순위가 높음에도 불구하고 실행은 더욱 지연되어 버린다. 이러한 상황을 우선순위 역전(priority inversion)이라고 한다.

이를 해소하는 방법의 하나로서 우선순위 상속(priority inheritance)이 있다. 이것은 어느 프로세스가 다른 프로세스의 실행을 기다리고 있을 때, 진행 중의 프로세스에게 기다리고 있는 프로세스와 동일한 우선순위를 부여하는 것이다. 위의 예에서는, R에 P의 우선순위를 일시적으로 부여한다. 따라서 R은 Q보다 우선하여 실행된다. 이 기법은 실시간 Mach 등에서 적용되고 있다.

3. 프로세스간의 통신

앞에서 언급한 것과 그 외의 여러 가지 문제들은 동기화 문제로 제시되었다. 그러나 좀 더 큰 각도로 보자면 이들은 협력하기를 원하는 프로세스들 간의 통신(IPC ; Inter Process Communication)을 허락하는 문제의 간단한 예들로 볼 수 있다. 이 절에서는 프로세스간의 통신에 있어서의 일반적인 문제를 알아보자. 원칙적으로 두 개의 상호보완적인 통신 프로세스가 통신하는 기법에는 두 가지가 있다. 공유기억장치(shared memory) 기법과 메시지 시스템(message system) 기법이다.

공유기억장치 기법은 통신하는 프로세스들 간에 어떤 변수를 공유하도록 한다. 프로세스들은 이러한 공유변수를 이용하여 정보를 교환하도록 한다. 이러한 공유기억장치 방법에서는 통신을 제공하는 책임은 응용 프로그래머에 달려 있다. 운영체제는 단지 공유기억장소만을 제공할 필요가 있다.

메시지 시스템 방법은 프로세스가 메시지를 교환할 수 있도록 하는 것, 즉 프로세스가 공유변수에 의하지 않고도 서로 통신을 할 수 있게 하는 것이다. 따라서 이 방법에서는 통신을 제공하는 책임은 운영체제 자체에 있다.

이 절에서는 처음의 방법이 기본적으로 응용에 기반을 두기 때문에 주로 메시지 시스템에 초점을 둔다. 또한 논리적 주소공간이 상호연관성이 없는 프로세스를 가진 시스템만을 고려한다. 메시지 시스템 방법의 프로세스간의 통신기능은 기본적으로 두 연산자 send(message)와 receive(message)를 제공한다.

즉, 프로세스 P와 Q가 통신하기를 원한다면 서로 메시지를 주고받아야 하는데, 그렇게 하기 위해서 통신연결(communication link)이 그들 사이에 이루어져야 한다. 이 연결은 여러 방법으로 구현될 수 있지만, 여기서는 연결의 실질적 구현(공유나 하드웨어 버스 같은)에는 관심을 두지 않고, 논리적 성질 같은 논리적 구현에 더 많은 관심을 둔다.

- 어떻게 링크가 설정되는가?
- 링크가 두 개 이상의 프로세스와 관계할 수 있는가?
- 모든 통신 프로세스의 쌍(pair) 사이에 얼마나 많은 링크가 있을 수 있는가?
- 링크의 용량은 얼마인가? 즉, 링크가 어느 정도 버퍼 공간을 갖는가? 그렇다면 얼마인가?
- 메시지의 크기는 얼마인가? 링크가 가변 크기 혹은 불변 크기 메시지를 수용할 수 있는가?
- 링크가 단일 방향인가 혹은 양쪽 방향인가? 즉, 링크가 P와 Q 사이에 있을 때 메시지가 한 방향으로(링크에서 Q만으로와 같은) 혹은 양쪽 방향으로 흐를 수 있는가?

링크가 2개의 프로세스 이상과 관계될 수 있기 때문에 단일 방향의 정의는 좀 더 주의 깊게 언급되어야 한다. 그러므로 링크에 연결된 각각의 프로세스가 주거나 받을 수는 있으나 둘 다는 할 수는 없고, 각 링크는 여기에 연결된 적어도 하나의 수신자(receiver) 프로세스를 갖는 경우에만 링크가 단일 방향이라고 말할 수 있다.

그리고 링크의 논리적인 구현과 송신/수신(send/receive) 연산을 위한 여러 가지 방법이 있다.

- 직접 혹은 간접 통신
- 프로세스나 우편함으로의 전송
- 대칭 혹은 비대칭 통신
- 자동적 혹은 명시적(explicit) 버퍼링
- 복사에 의한 전송 혹은 참조에 의한 전송
- 고정크기 혹은 가변크기의 메시지

다음에는 이러한 형태의 메시지 시스템에 대해 자세히 설명한다.

1) 명명(naming)

근본적으로 두 프로세스간의 통신은 직접적 혹은 간접적으로 이루어지는데,

먼저 링크의 논리적 구현에 대한 3개의 이슈(issue)에 대해 살펴보자.

(1) 직접통신

직접통신 정책에서는 메시지를 주거나 받기를 원하는 각각의 프로세스는 통신의 수신자나 전송자의 이름을 외부적으로 표현해야 한다. 이 방법에서는 send와 receive 기본연산자(primitive)가 다음과 같이 정의된다.

```
send(P, message) : 프로세스 P로 메시지를 보낸다.
receive(P, message) : 프로세스 Q에서 메시지를 받는다.
```

직접 통신 링크는 다음과 같은 성질을 가진다.

- 통신을 원하는 모든 프로세스의 쌍 사이에 링크가 자동으로 설정된다. 프로세스는 단지 통신하는 상대방의 고유명만을 알고 있을 필요가 있다.
- 링크는 정확히 두 프로세스와 관계한다.
- 각 통신 프로세스 쌍 사이에는 정확히 하나의 링크가 존재한다.
- 링크는 양방향이다.

지금까지 살펴본 직접 통신 링크는 전송자와 수신자 모두는 통신하기 위해 상대방을 명명하는 대칭성 주소 지정 방법이었고, 수신자가 송신자의 이름을 요구하지 않으며, 알 필요도 없는 비대칭성 주소 지정 방법도 있다. 이때, 송신자는 수신자의 이름만을 알고 있으면 된다.

비대칭성 주소지정 방식의 send와 receive 명령어가 다음과 같이 정의된다.

```
send(P, message) : 프로세스 P에 메시지를 전송한다.
receive(id, message) : 아무 프로세스에서나 메시지를 수신한다. ID는 통신이
                       일어난 프로세스의 이름이다.
```

이러한 직접 통신(대칭과 비대칭)의 단점은 프로세스 이름을 알아야 한다는 것과 프로세스 정의의 모듈성(modularity)을 제한하는 것이다. 왜냐하면, 프로세스명의 변경은 모든 송신자와 수신자 프로세스를 일치시키기 위해 변경해야 하는 것을 의미하므로 모듈성을 제한한다고 볼 수 있다.

(2) 간접통신

간접통신을 통해서 우편함(ports)으로부터 메시지를 보내거나 받을 수 있

다. 이때 우편함을 프로세스에 의해 메시지가 넣어지고, 빼내지는 사물함이라 생각하면 된다. 각 우편함은 그것을 구별할 수 있는 유일한 이름을 가지며, 프로세스는 여러 개의 서로 다른 우편함을 이용해 다른 프로세스와 통신을 할 수 있다. 물론, 두 개의 프로세스는 공유우편함을 갖고 있을 때만 통신을 한다.

send와 receive 연산자는 다음과 같이 정의된다.

```
send(A, message): 우편함 A로 메시지를 보낸다.
receive(A, message) : 우편함 A에서 메시지를 받는다.
```

이 방법에서 통신 링크는 다음의 성질을 가진다.

- 한 쌍의 프로세스 사이에 공유우편함이 있는 경우에만 둘 사이에 링크가 설정된다.
- 한 링크는 두 개 이상의 프로세스와 관계할 수 있다.
- 각 통신 프로세스 쌍 사이에 각각 하나의 우편함에 관계되는 여러 개의 서로 다른 링크가 있을 수 있다.
- 링크는 단일 방향이거나 양쪽 방향일 수 있다.

예를 들어 프로세스 P_1, P_2와 P_3가 모두 우편함 A를 공유한다고 가정하자. 이때 P_2와 P_3가 A로부터 메시지를 수신하는 동안 프로세스 P_1은 A에 메시지를 송신한다. P_1에 의해 송신된 메시지를 누가 수신할 것인가에 대해서는 다음과 같은 해결방법이 있다.

- 한 링크는 한번에 두 개의 프로세스에 관계하도록 한다.
- 한 번에 한 프로세스만이 receive 조작을 하도록 한다.
- 시스템이 누가 메시지를 받을 것인가는 임의로 선택하도록 한다. 즉, P_2나 P_3 중의 하나만 메시지를 받고, 동시에 메시지를 받을 수는 없다. 시스템은 송신자에게 수신자를 알린다.

(3) 우편함의 소유권

우편함은 프로세스나 혹은 시스템에 소속될 수 있다. 우편함이 프로세스에 소속될 때는(즉, 우편함이 프로세스의 일부에 붙여지거나 일부로 정의된다) 우편함의 주인(우편함으로부터 메시지를 수신만 하는)과 사용자(우편함에 메시지를 송신만 하는)를 구별한다. 각 우편함은 고유의 주인이 있기 때문에 누가 우편함에 송신된 메시지를 수신할 것인가에 대한 혼동은 없게 된다. 우편함을 소유하고 있는 프로세스가 끝이 나면 우편함은 없어진다. 계속적으로 이 우편함에 메시지를 송신하는 프로세스는 우편함이 더 이상 존재하지 않는 것을 알아야 한다(예외 취급의 형태).

특정한 우편함의 주인과 사용자를 지명하는 방법은 여러 가지가 있는데, 그 중 한 가지 방법으로 프로세스가 mailbox라는 형태(type) 변수를 선언하는 것이 있다. 즉, 우편함을 선언하는 프로세스가 우편함의 주인이 되는 것이며, 그 우편함의 이름을 아는 다른 프로세스는 우편함을 사용할 수 있다. 또한 공유우편함을 선언하고 주인을 외부적으로 선언하는 방법도 가능하다.

한편, 운영체제가 소유하는 우편함은 스스로 존재한다. 이는 독립적이며, 어떤 특정한 프로세스에 붙여지지 않는다. 운영체제는 다음을 이용하는 기능을 제공한다.

- 새로운 우편함의 생성
- 우편함을 통한 메시지의 송수신
- 우편함의 소멸

새로운 우편함을 생성하는 프로세스는 기정사실화된 것처럼 그의 주인이 된다. 처음에는 이 우편함을 통해서 메시지를 수신하는 프로세스만이 주인이 된다. 그러나 소유권과 수신권은 적당한 시스템 호출에 의해 다른 프로세스에게 넘겨질 수 있다. 물론 이러한 규정은 각 우편함에 대한 다중 수신자가 생기게 할 수 있다.

프로세스들은 프로세스 생성기능을 통해서 우편함을 공유할 수도 있다. 예를 들어, 프로세스 P가 우편함 A를 생성하고 새로운 프로세스를 생성한다면 P와 Q는 우편함 A를 공유한다. 우편함을 접근할 권리를 가진 모든 프로세스는 결국은 끝이 나게 되므로 어느 정도 후에는 우편함은 더 이상 어떠한 프로세스에 의해서도 접근되지 않게 된다. 이 경우에 운영체제는 우편함에 의해 사용되었던 공간을 회수하게 된다. 이 작업은 쓰레기 수집(garbage collection)과 같은 형태로 이루어진다.

2) 버퍼링(buffering)

이 절에서는 링크의 논리적 구현에 대한 두 가지, 즉 용량과 메시지 특성 등에 관한 것에 대해 생각한다.

(1) 용 량

링크는 임시적으로 자리잡게 되는 메시지의 수를 결정하는 용량을 가진다. 이러한 특성은 링크에 붙여지는 메시지의 큐(queue)로 생각될 수 있다. 기본적으로 이러한 큐를 구현하는 데 세 가지 방법이 있다.

- '0' 용량 : 큐는 최대 길이가 0이다. 그러므로 링크는 그 안에 어떠한 메시지를 가질 수 없다. 이 경우 송신자는 수신자가 메시지를 수신할 때까지 기다려야 한다. 이 두 프로세스는 메시지 전달(message transfer)이 일어날 수 있도록 동기 되어야 한다. 이러한 동기를 회합(rendezvous)이라고 한다.
- 제한된 용량 : 큐는 유한길이 n을 가진다. 그러므로 많아야 n개의 메시지를 큐 안에 저장할 수 있다. 새로운 메시지가 송신될 때 큐가 비어 있다면, 메시지는 큐에 저장 된다. 즉, 메시지를 큐에 복사하거나 메시지의 포인터를 큐에 저장한다. 그리고 송신자는 기다림 없이 수행을 계속할 수 있다. 하지만 링크는 유한용량을 가지고 있으므로, 링크가 꽉 차면 송신자는 큐에서 공간이 생길 때까지 기다려야 한다.
- 무제한 용량 : 큐는 무한한 길이를 가지고 있으므로 아무리 많은 메시지라도 큐 안에 저장할 수 있다. 따라서 송신자는 결코 기다릴 필요가 없다. 0 용량의 경우는 어떠한 링크라도 큐에 저장할 수 없으므로 송신자는 수신자가 메시지를 수신할 때까지 기다려야만 한다. 그래서 0 용량의 경우를 비버퍼링 메시지 시스템이라고도 한다. 다른 경우는 즉, 제한된 용량과 무제한 용량인 경우에는 프로세스는 send 연산이 완성된 후에 메시지가 목적지에 도착했는지의 여부를 알 수 없다.

  만약 이 정보가 연산에 중요한 것이라면 송신자는 수신자가 메시지를 받았는지를 알기 위해 수신자와 통신을 해야 하며, 그 형식은 다음과 같다. 예를 들어, 프로세스 P가 프로세스 Q에게 메시지를 보내고 메시지가 수신된 후에만 수행을 계속할 수 있다고 가정하자. 프로세스 P는 다음 순서를 실행한다.

```
send(Q, message);
receive(Q, message);
```

그리고 프로세스 Q는 다음을 수행한다.

```
receive(P, message);
send(P, "acknowledgement");
```

(2) 메시지

프로세스에 의해 송신되는 메시지는 3가지 변형을 가질 수 있다.

- 고정크기
- 가변크기
- 형태화(typed)된 메시지

고정크기의 메시지만이 송신된다면 실제적인 구현은 단순하다. 그러나 이러한 제한으로 프로그래밍의 어려움이 있다.

반면에 가변크기의 메시지는 좀 더 복잡한 실질적 구현이 필요하지만 오히려 프로그래밍은 더 간단해진다.

마지막 경우인 형태화(typed)된 메시지는 각 우편함에 형태(type)를 관련시키는 경우로 기본적으로 간접통신에만 적용된다. 그리고 우편함으로부터 송수신되는 메시지는 지정된 형태로 제한된다. 이는 엄격한 형태(strongly-typed)의 프로그래밍 언어로 구현된 우편함에 있어 특히 적합하다. 가령, n개의 항목들을 유지하는 생산자/소비자 문제에서의 우편함은 다음과 같이 선언될 수 있을 것이다.

```
m:mailbox[n] of item;
```

(3) 특별한 경우

이전에 언급한 것 중 어떠한 것에도 적용되지 않는 두 가지 특별한 경우가 있다.

- 메시지를 송신하는 프로세스는 결코 지연되지 않는다. 그러나, 송신 프로세스가 다른 메시지를 보내기 전에 수신자가 이전의 메시지를 받지 못했을 경우에는 처음의 메시지는 상실된다. 이 방법은 '사본을 송신'하기보다는 '참조를 송신'하는 논리적 구현에 그 기반을 두고 있다. 이 방법의 장점은 큰 메시지가 한 번 이상 복사될 필요가 없다는 데 있다. 주된 단점은 프로그램 작업이 좀 어렵다는 점이다. 프로세스는 메시지가 상실되지 않고 송신자와 수신자가 동시에 메시지 버퍼를 조작하지 않도록 외부적으로 동기될 필요가 있다.
- 메시지를 송신하는 프로세스는 응답을 받을 때까지 지연된다. 이 방법은 Thoth 운영체제에서 적용되었다. 이 시스템에서는 메시지는 고정크기[8단어]이다. 메시지를 송신하는 프로세스 P는 수신 프로세스가 메시

지를 수신하고 8단어의 응답을 reply(P, message) 기본연산자에 의해 보내올 때까지 봉쇄한다. 응답 메시지는 처음의 메시지 버퍼에 쓰여 진다. send와 reply 기본연산자의 차이점은 send가 프로세스의 봉쇄를 유발시키는 반면 reply가 이의 수행을 즉시 재개시킨다는 것뿐이다.

연습문제

■ 객관식 문제

1. 교착상태는 순환대기(circular wait) 상황을 허용하지 않음으로써 해결될 수 있다. 이에 대한 설명 중 옳지 않은 것은?

(가) 모든 자원들을 선형순서(linear order)로 분류한다.
(나) 프로세스는 자신이 가지고 있는 자원보다 앞의 순서에 있는 자원들만을 요청하게 한다.
(다) 프로세스는 자신이 가지고 있는 자원보다 뒤의 순서에 있는 자원들만을 요청하게 한다.
(라) 프로세스는 자신이 가지고 있는 자원의 앞 또는 뒤의 순서에 있는 자원들을 자유롭게 요청하게 한다.

2. 다음 중 교착상태 발생의 필수조건이 아닌 것은?

(가) 중단조건(preemption)　　(나) 환형대기(circular wait)
(다) 대기조건(hold and wait)　　(라) 상호배제(mutual exclusion)

3. 은행원 알고리즘(banker's algorithm)은 어느 경우에 사용하는가?

(가) deadlock reservation　　(나) deadlock avoidance
(다) deadlock detection　　(라) deadlock for deadlock

4. 다중 프로그래밍 시스템에서 실행되는 프로세스가 너무 많아 처리속도에 문제가 발생할 경우, 시스템 운영자(operator)가 취할 수 있는 가장 적절한 방법은?

(가) 일부 낮은 우선순위의 프로세스를 중단시킨다.
(나) 일부 낮은 운선순위의 프로세스를 죽인다.
(다) PM을 실시한다.
(라) 교착상태가 발생하였는지를 점검한다.

5. 복수의 프로세스(process)가 가능하지 못한 상태를 무한정 기다리고 있는 상태를 무엇이라 하는가?

㈎ 교착상태(deadlock) ㈏ 병목상태(bottleneck)
㈐ 차단상태(blocked) ㈑ 임계영역(critical section)

■ 주관식 문제

1. 교착상태와 기아상태, 그리고 경주(race)의 중요한 차이점은 무엇인가?
(1) 교착상태를 발생시키는 4가지 필요조건을 논하여라.
(2) 교착상태를 피하는 간단한 규칙을 논하여라.

2. 교착상태, 기아, 경주에 대하여 실생활에서 찾아 예를 들어 보아라.

3. 교착상태를 정의하고, 발생할 필수조건은 무엇이며, 이들은 서로 무관한가? 아니면 연관관계가 존재하는가?

4. 4가지 방지 알고리즘(prevention algorithm)이 강 건너기 문제에 적용될 수 있는가 보여라.

5. 실제 컴퓨터 시스템에서는 자원이 고장으로 대체되기도 하고 새로운 프로세스가 추가되거나 삭제될 수도 있다. 어떤 시스템에서 은행원 알고리즘을 적용, 교착상태를 제어한다고 할 때 다음의 변화가 교착상태를 야기시키지 않고서 안전히 이루어질 수 있는지 설명하여라.
(1) Available의 증가(새로운 자원의 추가)
(2) Available의 감소(새로운 자원의 일부 제거)
(3) Max의 증가(프로세스가 더 많은 자원의 요구)
(4) Max의 감소(프로세스가 요구 중 일부를 철회)

6. 아래와 같은 자원할당 그래프의 경우 환형대기를 나타내는 사이클은 몇 개가 존재하는가?(단, P는 프로세스, r은 자원으로서 r_1과 r_3의 단위 자원수는 하나, r_2는 둘, r_4는 세 개다.)

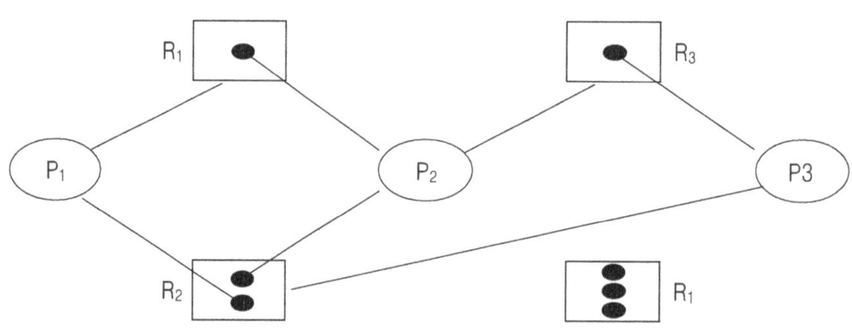

㈎ 없음 ㈏ 1개 ㈐ 2개 ㈑ 3개

7. 무기한 연기란 무엇인가? 이것은 교착상태와 어떻게 다르며 어떤 점이 유사한가?

8. 식사하는 철학자 문제에서 교착상태 해결 방법을 써라.

9. 다음 유향 그래프를 고려하여라.

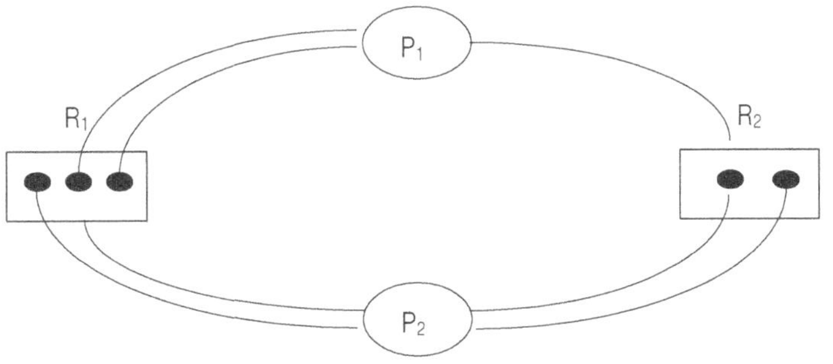

(1) 이 시스템이 교착상태인가?
(2) 봉쇄된(blocked) 프로세스가 있는가?
(3) P_1을 축소한 후 그래프는 어떻게 되는가?
(4) P_2를 축소한 후 그래프는 어떻게 되는가?
(5) P_1과 P_2가 R_2를 요청했다.
  ① P_1의 요청 전에 P_2의 요청이 주어지면 시스템의 상태는 어떻게 되는가?
  ② P_2의 요청 전에 P_1의 요청이 주어지면 시스템의 상태는 어떻게 되는가?

10. 다음 유향 그래프를 고려하여라.
(1) 이 시스템이 교착상태인가?
(2) 봉쇄된 프로세스가 있는가?
(3) P_1, P_2, P_3의 세 개 프로세스는 R_2로부터 자원을 요청하고 있다.
  ① 교착상태에 관련된 프로세스의 수를 최소화하기 위하여 어떤 요청을 충족시킬 것인가?
  ② 교착상태와 관련된 프로세스의 수를 최대로 하기 위하여 어떤 요청을 충족시킬 것인가?
(4) 이 그래프를 부분적으로 혹은 전체적으로 축소할 수 있는가?
(5) 희생자(victim)를 선택하지 않고 교착상태가 해결될 수 있는가?

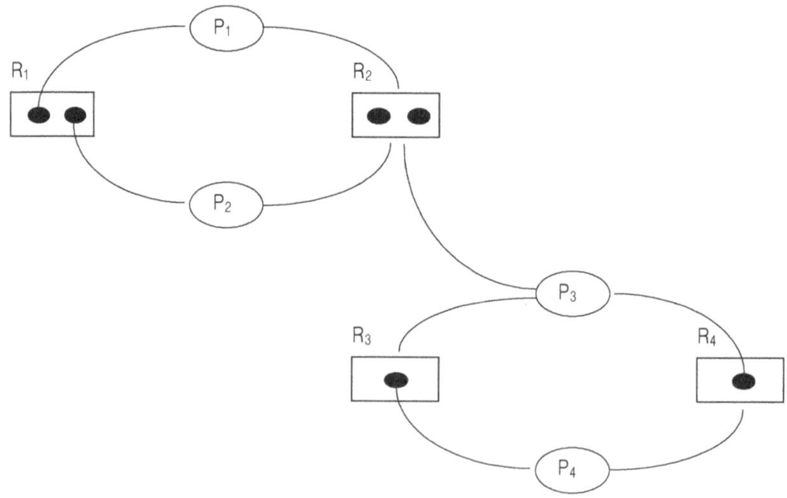

11. 다음과 같은 시스템의 순간상태를 가정하자. Banker 알고리즘을 이용하여 다음 물음에 답하여라.

프로세스	Allocation			Max			Available		
	A	B	C	A	B	C	A	B	C
P_0	0	1	0	7	5	3	3	3	2
P_1	2	0	0	3	2	2			
P_2	3	0	2	9	0	2			
P_3	2	1	1	2	2	2			
P_4	0	0	2	4	3	3			

(1) 배열 Need의 내용은 무엇인가?
(2) 이 시스템의 안정상태인 프로세스의 순서를 정하여라.

12. 실제 컴퓨터 시스템에서 유용한 자원도, 자원을 요구하는 프로세스도 오랫동안 지속되지 않는다. 자원은 망가지거나 대치되고 새로운 프로세스가 생겼다가 사라지고 새로운 자원이 첨가된다. 만일 Banker 알고리즘으로 교착상태를 조절한다면 다음의 어느 변화가 안정된 상태로 계속 남겠는가? 또한 어떠한 환경하에서인가?
(1) Available의 증가(새로운 자원의 첨가)
(2) Available의 감소(자원의 삭제)
(3) Max의 증가(한 프로세스가 더 많은 자원을 요구)
(4) Max의 감소(더 이상 그 자원이 필요하지 않다.)

(5) 프로세스 수의 증가
(6) 프로세스 수의 감소

13. 기아상태와 교착상태가 발생하지 않도록 강 건너는 알고리즘을 작성하여라.

14. 만약 P/V 연산이 원자적으로 실행되지 않을 경우 상호배제가 깨짐을 보여라.

15. 세마포어 연산에 대하여 논하여라.

16. 세마포어에 대하여 논하여라.

17. 다음은 두 개의 병행하는 프로세스 P_1, P_2 임계구역 문제를 해결하는 알고리즘이다. 즉, 프로세스 P_i가 임계구역에 들어가고자 할 때 이 문장을 수행하게 된다. 이 알고리즘은 상호배제 문제해결시, 만족시켜야 할 세 가지 사항 중 어떤 것을 만족시키지 못하는지 써라.

```
var flag : array[0..1] of boolean;
repeat
   flag[i] := true;
   while flag[j] do skip
      critical section
   flag[i] := false;
      remainder section
until false;
```

18. 프로세스간 통신하는 방법에 대하여 논하여라.

19. 최대의 동시성을 살리도록 parbegin / parend를 사용하여 다음 수식을 표현하여라.

$$2 * a * b + 4 / (c + d) ** (e - f)$$

20. 다음 연산에서 몇 개의 연산이 병렬적으로 처리될 수 있는가?

$$X : (-b + (b**2 - 2*a*c) ** 0.5) / (2*a)$$

㈎ 3　　㈏ 4　　㈐ 5　　㈑ 6

21. 다음의 우선순위 그래프에서 그 관계를 잘못 기술한 것은?(S는 문장을 나타낸다)

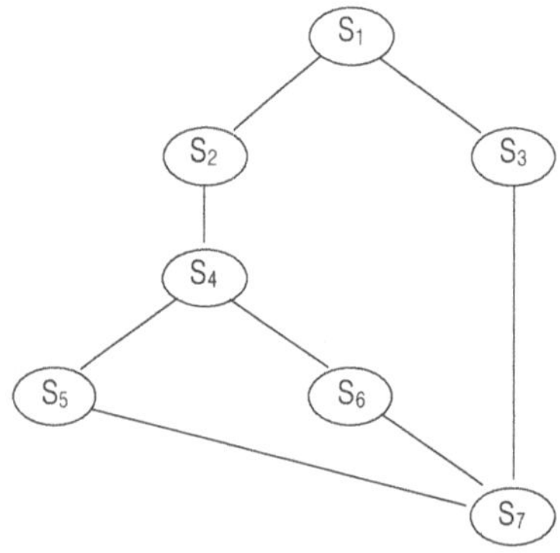

(가) S_2와 S_3는 S_1이 완료된 후에 실행될 수 있다.
(나) S_4는 S_2가 완료된 후에 실행될 수 있다.
(다) S_5와 S_6는 S_3가 완료된 후에 실행될 수 있다.
(라) S_7은 S_2, S_4, S_6가 완료된 후에 실행될 수 있다.

22. 메시지에 의한 통신방법에 대하여 논하여라.

23. 메시지 시스템의 구현방법 중 버퍼링에 대하여 논하여라.

24. 링크와 송수신 연산을 논리적으로 구현하는 방법에 대하여 논하여라.

25. 은행원 알고리즘(banker algorithm)이 가지고 있는 단점에 대하여 논하여라.

26. 그림의 선형 그래프를 생각하여라. edge(S_2, S_4)를 그래프에 덧붙인다.

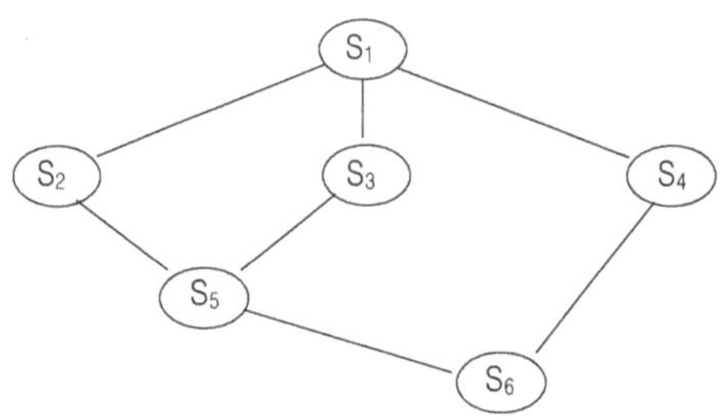

(1) 이 새로운 선행 그래프는 병행문장만으로 표현될 수 있는가? 그렇다면 방법은? 그렇지 않다면 이유는?
(2) 이 선형 그래프는 세마포어를 사용한다면 표현이 가능한가?

27. 리스트를 기다리는 세마포어는 보통 FIFO 순으로 처리되는 큐로서 구현된다. 스택으로도 구현될 수 있는가? 이 경우 어떤 문제가 있는가?

28. 바쁜 대기(busy-waiting)의 의미는 무엇인가? 어떠한 종류의 대기가 있는가? 바쁜 대기가 모두 제거될 수 있는가?

29. 다음을 이용하여 n개 프로세스의 상호배제를 구현하는 알고리즘을 작성하여라.

(1) Swap 명령

(2) Test-and-Set 명령

30. 우편함을 이용한 프로세스간의 통신기법을 생각할 때,

(1) 프로세스 P가 우편함 A와 우편함 B(둘 중의 하나)로부터 메시지를 기다린다고 가정할 때 Send와 Receive의 순서는 어떻게 되어야 하는가?

(2) 프로세스 P가 우편함 A 혹은 우편함 B 중에서 메시지를 기다린다고 할 때 Send와 Receive의 순서는 어떻게 되어야 하는가?

(3) Receive 연산은 프로세스로 하여금 우편함이 비지 않을 때까지 기다리게 한다. 우편함이 빌 때까지 기다리게 하는 방법은?

제 7 장

UNIX

7.1 UNIX 입문

UNIX는 멀티유저/멀티태스킹의 대화형 운영체제로 하나의 호스트 머신을 여러 명의 사용자가 동시에 사용할 수 있고, 각 사용자는 각각 동시에 여러 job을 동작시킬 수 있을 뿐만 아니라, 프로그램 간에 상호통신이나 데이터의 전송도 가능하다.

UNIX 시스템은 간단하면서도 강력한 명령을 가지고 있고 장치 독립적인 파일 시스템(device-independent file system)을 가지고 있다. 이 UNIX 운영체제는 90% 이상이 C 언어로 씌어졌고 다른 컴퓨터 시스템 프로그램과는 달리 시스템 프로그램이 공개되어 있어 시스템 변경이 용이하고 간단하면서도 강력한 명령어를 가지며 하드웨어에 종속되지 않는 파일 시스템을 가지고 있어 표준운영체제로서 더욱 각광을 받고 있다.

표준 UNIX 시스템은 다중 프로그래밍(multiprogramming), 시분할(timesharing) 운영체제이다. 40명 정도의 이용자를 가진 소규모 컴퓨터 센터에 쓰이며 현재 가장 널리 쓰이고 있는 UNIX 시스템이다. 표준 UNIX 시스템은 완벽한 보호(protection), 떼어낼 수 있는 볼륨(de- mountable volume), 장치와 독립성, 프로그래밍을 간단하게 해주는 기능 등을 갖춘 계층적 파일 시스템(hierarchical file system)을 갖고 있다. 프로그램들은 대화식으로 포어그라운드(foreground)로 실행되거나 또는 배치식으로 백그라운드(background)

로 실행될 수가 있다.

UNIX 시스템은 입출력 버퍼와 주기억장소나 디스크의 할당은 이용자가 관여하지 않고 시스템이 자동적으로 처리해 준다. C 컴파일러에 의해 만들어진 모든 프로시저의 코드는 재진입이 가능하고(reentrant) 공유될 수 있다(sharable).

UNIX 시스템에서는 한 프로그램의 출력이 직접 다른 프로그램이 입력으로 연결될 수 있기 때문에 규모가 큰 프로그래밍 문제를 여러 작은 프로그램들을 이용하여 풀 수 있게 해 준다. 표준 UNIX 시스템은 여러 프로그램 패키지들로 구성되어 있는데 여기에 포함되는 패키지로는 텍스트 편집기, 프로그램이 가능한 명령어의 해석기(programmable command language interpreter), 컴파일러, 어셈블러, 링크 편집기, 디버거, 수학적 능력을 갖춘 서류형식 구성기(document formatter), 텍스트 처리 프로그램(text processing program), 분류 유틸리티(sorting utility), 상태문의 능력(status inquiry capability), 이용자 간의 통신능력(interuser communication capability), 관리 및 유지 프로그램(administrative and maintenance program), 시스템과 이용자의 내장 프로그램, 게임 패키지 등이 있다.

게임 패키지를 제외한 모든 프로그램의 원시 코드는 시스템과 함께 제공되며 많은 주석들이 이용자들에게 온라인으로 제공된다. UNIX 시스템은 보다 강력한 셸(shell) 기능 등이 제공되고 있다. 셸에서는 스트링 변수(string variable), 구조화 프로그래밍(structured programming), 트랩(trap) 처리 등과 같은 기법이 실행될 수 있게 되었다. 기계(machine)간의 파일 전송 능력도 새로이 첨가되었다.

특히, 현재의 인터넷으로 대표되는 컴퓨터 네트워크 분야의 발전 과정에서 UNIX 시스템이 기여한 업적은 거의 절대적이라고 할 수 있다. 상용화된 UNIX 시스템의 보급은 선 마이크로 시스템 등을 선두로 많은 회사들이 워크스테이션 급 이상의 제품들을 중심으로 이루어지고 있다.

최근 들어 보급이 확산되고 있는 Linux 시스템은 UNIX 시스템과 동일한 사용자 인터페이스를 제공하고 있다. 관련된 모든 소스 코드를 인터넷에서 손쉽게 구할 수 있기 때문에 사용자층을 꾸준히 늘려가고 있는 추세이다. 특히 소형 이동 컴퓨터와 같은 임베디드(embedded) 시장에서 많은 주목을 받고 있다.

7.2 UNIX 구조의 특성

1. UNIX 구조

UNIX는 사용하기 쉽고 시스템을 이해하기 쉬우며, 그 기능이 다양하므로 범용성과 확정성이 크고 경제성이 뛰어난 운영체제이다. UNIX는 크게 커널, 셸, 유틸리티(utility)의 세 부분으로 나누어지는데, 이를 도식화한 것이 [그림 7-1]이다.

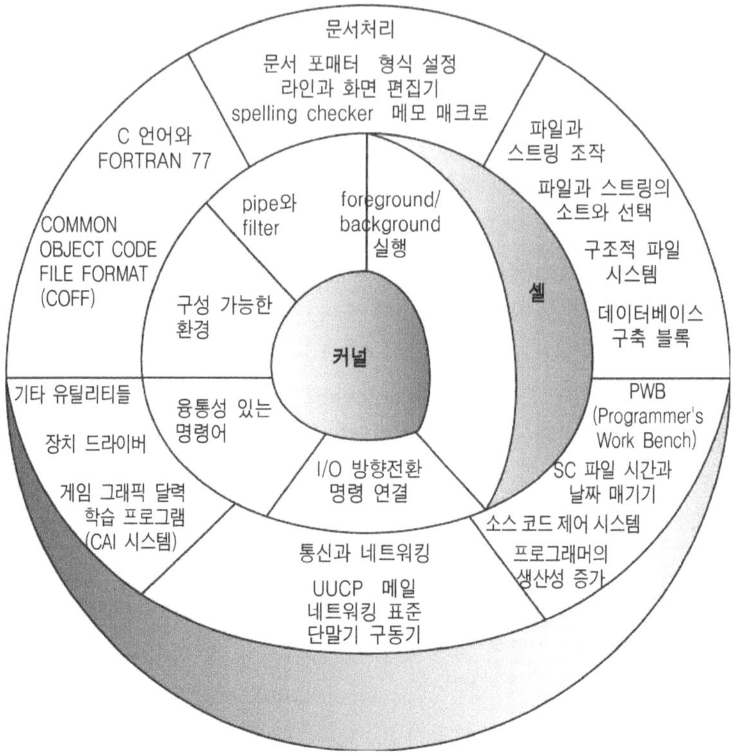

[그림 7-1] UNIX의 구조

커널(kernel) 부분은 운영체제의 핵심이 되는 부분으로 항상 주기억장소에 상주하면서 프로세스 관리, 입출력 관리, 파일 관리, 프로세스간의 통신 등을 하며 이는 약 10,000라인 정도의 C 언어와 1,000라인의 어셈블리어로 구성되어 있으며 컴퓨터 시스템 자원들을 관리하는 부분으로 디스크, 테이프,

프린터 등의 장치들도 관리한다.

셸(shell) 부분은 명령어 해석기(command language interpreter)의 역할을 하는 부분으로서, 사용자와 UNIX간의 인터페이스 역할로서 프로그램 언어와 명령어를 해석하는 역할을 한다. 셸은 커널에 내장된 기능이 아니라 독자적인 유틸리티 중의 하나이다. 그러므로 UNIX 시스템에서는 여러 개의 명령어 해석기가 존재할 수 있으며 사용자는 여러 명령어 해석기 중에서 사용목적에 적합한 것을 선택할 수 있다.

셸은 [그림 7-2]에서 보는 것과 같이 로그인을 하게 되면 자동적으로 형성되어 명령어를 해석할 수 있는 상태로 만들어 주는 역할을 한다. 이외에 foreground와 background 처리, 여러 개의 명령어를 한꺼번에 묶어 처리하는 pipe 및 filter 처리도 셸의 중요한 역할 중에 하나이다.

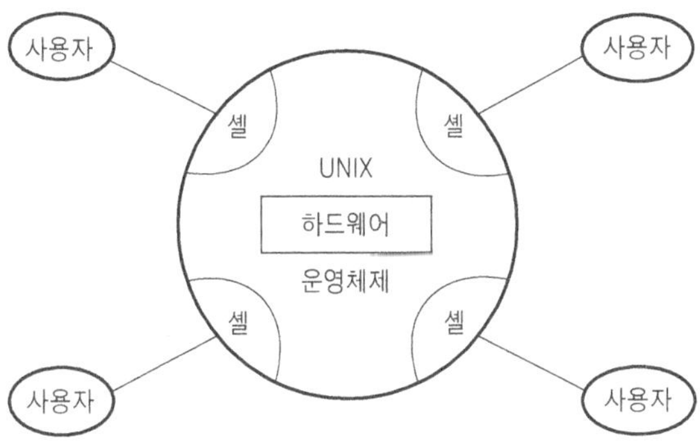

〔그림 7-2〕 셸과 로그인

명령어들을 포함하고 있는 보통의 파일을 셸 프로그램이라고 하며, 이러한 프로그램들은 컴파일(compile)하지 않고 파일명을 지정해 줌으로써 시행할 수 있다. 셸 프로그램을 사용하는 이유는 복잡하고 반복적인 명령어를 묶어 하나의 파일명으로 계속 수행할 수 있어 편리하며, 여러 사람에게 똑같은 기능을 제공해 줄 수 있고, 사용자의 능력에 따라 어셈블리나 매크로 언어와 같은 기능을 부여할 수 있어 C 언어와 함께 프로그램의 개발에 커다란 이점을 주기 때문이다.

유틸리티(utility)의 부분은 UNIX 구조의 가장 두드러진 특징으로 프로그래머의 프로그램 개발의 도구로 활용될 수 있는 것이기 때문에 더 큰 의의가 있으며, 사용하는 사람의 역량에 따라서는 자신의 업무처리에도 크게 도움을 얻을 수 있는 것들이다.

유틸리티 프로그램들로는 다음과 같은 것이 있다.

1) 언 어

유닉스는 여러 종류의 프로그래밍 언어를 기본으로 제공한다. 이는 버전에 따라 조금씩 다른데, 시스템 V 유닉스는 C와 FORTRAN 77 컴파일러를 기본으로 제공하며, 버클리 버전에서는 이에 덧붙여 파스칼 컴파일러와 리스프 인터프리터가 있다.

2) 문서처리(text processing) 소프트웨어

유닉스 문서처리 시스템의 가장 핵심이 되는 것은 troff 포매터이다. 이것은 vi 등의 에디터로 작성된 원본 문서에 줄맞춤, 페이지 꾸미기 등을 하여 전산사식기나 레이저 프린터로 출력하는 프로그램이다. 이 troff의 보조제품으로 페이지 서식을 조정하는 mm 매크로, 간단한 도표를 그릴 수 있는 pic, 표를 처리하는 tbl, 수식을 처리하는 eqn 등의 프로그램들이 유닉스의 문서처리 시스템을 구성하고 있다. 이들은 WWB(Writer's Work bench)라고 하는 일련의 패키지 속에 포함되어 유닉스와 함께 제공된다.

이러한 환경은 일반적으로 워드프로세싱이나 데스크 탑 퍼블리싱으로 알려진 PC에서의 문서 처리와는 개념이 상당히 다르다. 유닉스에서는 에디팅, 포매팅, 철자 검사 등이 모두 독립된 프로그램을 행하는 것이다.

3) 네트워크 소프트웨어

통신은 유닉스가 가장 앞서가는 분야 중 하나이다. 유닉스에서의 통신은 같은 기계에 로그인된 단말기 사용자끼리 메시지를 교환하는 것에서부터 인공위성이나 해저 케이블을 통해 수천 킬로미터 떨어진 곳과 정보를 교환하는 등의 매우 다양한 형태를 지닌다.

최초의 유닉스는 통신기능이 없었지만, 차츰 모든 통신기능이 덧붙여진 것이다. 가장 간단한 uucp는 단말기 포트를 전화선과 연결하여 상대방의 유닉스와 통신하는 것으로 몇 가지 프로그램들의 총칭이다. 가장 주된 것은 상대방 사이트(site)로부터 파일을 복사해 오는 uucp(unix-to-unix copy), 상대방 사이트와 접속을 하는 cu, 상대방 사이트를 선택하는 uupick, 상대방 사이트에 명령을 보내어 거기서 실행하도록 하는 uux, 메시지를 보내는 uusend 등이 있다.

유닉스의 원래 mail은 한 기계 안에서 사용자들끼리 메시지를 주고받을 수 있도록 한 것이었으나 차츰 표준 전자우편(e-mail) 시스템으로 발전하였다. 이것은 유닉스 버전에 따라 조금씩 다르다. 즉, 시스템 V는 mailx, BSD는 Mail이라는 이름을 갖고 있으며 mail은 매우 다양한 기능을 갖고 있으며 uucp를 통하여 원격 사이트와 편지를 주고받을 수도 있다.

유닉스를 사용하는 본격적인 네트워크로는 유즈넷(USENET)을 들 수 있다. 유즈넷은 간단히 말해서 서로 간에 뉴스(news)를 주고받는 사이트들의 모임이다. 이는 1979년 듀크 대학(Duck univ.)과 노스캐롤라이나 대학(North Carolina univ.) 사이에 연결을 시초로 하여 최근에는 대규모 WAN(Wide Area Network)으로 발전했다.

유즈넷 이외에도 유닉스에서 접촉할 수 있는 WAN은 알파넷(ARPANET), CSNET, 비트넷(BITNET) 등이 있다. 이들은 유즈넷에 비해 더 나은 서비스를 제공하기는 하지만 가입 절차 등이 복잡하고 사용료도 비싸다.

4) PWB 소프트웨어

프로그래머의 생산성을 높여 주기 위한 소프트웨어로서 SCCS(Source Code Control System)는 각 파일의 액세스를 통제하며, 누가 언제 어떻게 파일을 변경시켰나를 기록한다. 따라서 소스 프로그램의 관리가 쉬워지며 효율적인 프로그램 개발을 가능하게 한다. lint는 C 언어의 소스를 읽고 분석하여 에러 체크를 한다. 이것은 컴파일러가 찾아내지 못하는 잠재적인 에러도 찾을 수 있어 매우 유용하다.

lex와 yacc은 컴파일러 개발도구이다. lex은 렉시컬 분석기(lexical analyzer)를 만들어 내고, yacc은 LALR 방식의 파서(parser)를 만들어 낸다. 이들이 컴파일러 개발의 모든 일을 다 해주는 것은 아니지만 많은 노력을 절약하도록 한다.

5) DBMS

유닉스는 원래 상업용으로 만들어진 것이 아니기 때문에 초기에는 이렇다 할 데이터베이스가 없었다. 더욱이 고급 데이터베이스가 요구하는 여러 가지 운영체제의 기능들이 없고 실시간 처리가 불가능하기 때문에 많은 양의 데이터를 빠른 시간 안에 처리하는 데이터베이스의 경우에 초기 유닉스는 아무래도 무리가 있었다.

1979년 버클리 대학에서는 인그레스(Ingres) 프로젝트가 시작되었으며 이것이 유닉스 상에서의 본격적인 데이터베이스 시초이다. 그 뒤로 많은 데이터베이스 패키지가 개발되었는데 중요한 것들로는 인포믹스(Informix), 오라클(Oracle), 유니파이(Unify), 폴라리스(Polaris), 포커스(Focus) 등이 있다. 이들은 대부분 관계형(relational) 데이터베이스이며 IBM 대형기종에서 사용되는 SQL(Structured Query Language)을 갖추고 있었다.

MS-DOS에서 사용되는 dBASE 등과는 달리 이런 데이터베이스들은 대개 SQL을 이용하여 stand-alone으로 수행되거나 C 언어 프로그램에 SQL 문장을 포함시킨 형태로 사용된다. 또 인포믹스나 오라클은 MS-DOS에서도 이용 가능하므로 유닉스와 데이터베이스를 공유할 수 있다.

유닉스에서 데이터베이스를 이용할 때의 장점 한 가지는, 유닉스가 멀티태스킹, 멀티유저 시스템이라는 점이다. 다시 말해 여러 곳에 터미널을 연결해 놓고 데이터를 입력하고 조회해 볼 수 있다.

2. UNIX 시스템의 특징

UNIX 시스템들은 AT&T 제품의 시스템 V와 버클리 대학이 주도하는 4.xBSD간의 각각 독자 개발 노선으로 같은 UNIX 시스템이지만 버전의 차이와 호환성의 문제로 풍부해야 할 시스템에 있어서 이식성이 빈약해지는 결과도 낳고 있다.

다음은 UNIX 시스템이 가지는 일반적인 특징을 간단하게 다음과 같이 요약할 수 있다.

- UNIX는 사용자가 명령을 내리면 시스템은 그 명령을 수행하고 사용자에게 적절한 응답을 주는 온라인 대화형 시스템(interactive system)이다.
- UNIX 시스템은 시스템 언어로 고급언어인 C 언어로 대부분 구성되어 타 기종에 이식성과 확장성이 좋다.
- UNIX 시스템은 동시에 여러 작업을 수행할 수 있는 멀티태스킹 시스템(multi-tasking system)이다.
- UNIX 시스템은 두 사람 이상의 사용자가 동시에 사용할 수 있는 다중사용자(multi-user) 시스템이다.
- UNIX 시스템은 운영체제와 사용자간의 인터페이스를 제공하는 명령어, 즉 복잡한 명령어들을 셸 프로그램에 의해 대화식으로 간단히 처리할 수 있다.
- 프로세스와 주변장치 간에 의사소통을 할 수 있게 하고, 다른 기종에서도 그들 사이의 의사소통이 가능하게 한다.
- UNIX 시스템은 파일 구조가 계층적 구조의 형태인 블록의 단위(boot block, super block, i-nodes, file&directory)로 나뉘어 관리하고 있어서 사

용자간 또는 그룹간의 디렉토리 및 파일을 효과적으로 운영할 수 있다.
• 많은 표준 유틸리티를 갖추고 있어, 풍부한 소프트웨어 개발 환경을 제공한다.

7.3 UNIX의 시작과 종료

1. UNIX의 로그인(login)

유닉스는 멀티유저, 멀티태스킹용 운영체제이다. 따라서 유닉스를 사용하려면 먼저 유닉스에게 사용자가 누구인지를 알려주고 시스템을 사용하겠다는 의사표시를 해야 한다. 이것이 바로 로그인(login)이다. 대개의 유닉스 시스템에서는 루트(root)라 불리는 시스템 관리자가 있어서 그것이 사용자의 로그인 이름(login name)과 암호(password)를 만들어 준다.

여러분이 받은 로그인 이름과 암호를 확인한 다음 터미널 앞에 앉는다. 터미널을 켜고 엔터키를 누르면 다음과 같은 메시지가 나온다.

```
........UNIX system
login: _
```

결국 login: 이라는 메시지가 나오면, 로그인 이름을 입력하고 리턴 키를 누른다. 단, 이때 대소문자를 구별해야 하므로 주의해야 한다. 다음으로 시스템은 암호를 물어온다.

```
........UNIX system
login: bklee
Password: _
```

어떤 사용자에게는 암호가 없을 수도 있다. 그 경우에는 암호를 묻지 않고 넘어가기도 한다. 암호를 가지고 있으면 암호를 입력하고 엔터키를 누른다. 암호는 보안을 위해 입력 도중 화면에 나타나지 않는다. 만일 여러분의 로그인 이름과 암호가 정당한 것이면 다음과 같은 화면이 될 것이다.

```
......UNIX system
login: bklee
Password:
Last login: Fri Sep 1  16:03:12 on tty01
$ _
```

물론 사용하고 있는 시스템의 루트를 어떤 식으로 만들어 놓았느냐에 따라 이 화면은 달라질 수 있다. 그리고 프롬프트로 화면에 나오는 '$'도 다를 수 있다. C 쉘에서는 디폴트 프롬프트를 % 문자로 정의하고 있으며, Bourne 쉘과 Korn 쉘 등에서는 $ 문자를, tcsh 쉘에서는 % 문자를 사용한다. 쉘 프롬프트와 사용자 입력사이에는 보통 한 개의 공백 문자가 존재하는데, 이는 기능적인 측면보다는 시각적인 측면이 작용된 것이다.

만일 암호나 사용자 아이디를 잘못 입력했거나, 원래부터 아이디를 발급받지 않은 사용자라면 화면은 다음과 같이 된다.

```
login: bklee
Password:
Login incorrect
login: _
```

이 경우에는 다시 로그인을 시도하여야 한다. 만일 사용자 아이디와 암호가 올바른 데도 불구하고 계속 거부가 나오면 그 때는 루트를 찾아가서 문의를 해야 할 것이다.

2. UNIX의 로그아웃(logout)

시스템 사용을 종료할 때에는 실행중인 프로세스가 없는지 확인을 하고 로그아웃(logout)으로 종료한다. 이것은 등록되지 않는 사용자의 접근 및 데이터의 유출을 막아준다. 다음 예는 ps를 이용하여 실행중인 프로세스가 없는 것을 확인하고 logout한 경우이다.

```
$ ps -a
.............
$ logout
```

종료할 때에는 logout을 입력하고 엔터키를 누르거나, exit을 입력하고 엔터키를 누르거나 또는 ^ D가 사용된다.

7.4 UNIX의 명령어

1. UNIX의 기본 명령어

1) date

현재의 날짜와 시간을 단말기 화면에 출력한다.

```
$ date
Wed May 12 16:38:34 KST 1994
$ _
```

2) echo

echo 다음에 입력한 스트링을 줄을 바꾸어 그대로 표준 출력한다. 만일 줄을 바꾸지 않도록 하려면 \n 옵션을 이용한다.

```
$ echo good morning
good morning
$ _

$ echo
$ _
```

3) cal [month] year

UNIX 시스템에 내장되어 있는 달력을 출력한다.

```
$ cal 10 1996
              10  1996
     일  월  화  수  목  금  토
                  1   2   3   4
      5   6   7   8   9  10  11
     12  13  14  15  16  17  18
     19  20  21  22  23  24  25
     26  27  28  29  30  31
```

4) ls(list)

ls 명령어의 기능은 디렉토리의 내용을 출력하거나 파일의 정보를 출력한다.

옵션을 살펴보면 다음과 같다.

-a : 모든 파일 정보를 보여준다.

-l : 파일의 주인 권한, 링크의 수, 소유자명, 그룹명, 바이트 수(파일의 크기), 최종 수정시간 및 파일 명의 형식으로 출력하며, 파일 명을 기준으로 정렬하여 출력한다.

-F : 디렉토리명에는 (/), 실행가능 파일에는 (*)을 붙여 출력한다.

-R : 모든 하위 디렉토리의 내용도 출력한다.

-t : 최종 수정시간에 따라 출력한다.

```
$ ls
a.out    ba.c   letter   save
$
```

시스템에 로그인하는 것에 성공했다면 이제부터 유닉스를 시작할 수 있다. MS-DOS를 배울 때 가장 먼저 사용한 명령어가 DIR 명령어 인데 이것의 유닉스에서 명령은 ls이다.

그런데 MS-DOS의 DIR 명령은 파일의 이름과 확장자 외에도 디스크의 볼륨 레이블, 파일의 총 개수, 디스크의 남은 용량 등을 표시해 주는데 반해서, 유닉스의 ls 명령어는 고작 파일명들만 한 줄로 나열하고 있다. 게다가, 만일 파일이 하나도 없으면 다음과 같이 될 것이다.

```
$ ls
$ _
```

ls란 명령을 내렸는데 아무 일도 하지 않고 그냥 프롬프트만 떨어진다. 다른 예로, 여러분들이 ls를 실수로 la라고 타이핑했다면, 다음과 같이 될 것이다.

```
$ la
la : not found
$ _
```

명령어의 사용 형식과 관련된 예를 더 살펴보면 아래의 예는 명령어 ls에 옵션을 사용하여 디렉토리에 존재하는 파일의 목록을 출력하는 경우이다.

```
$ ls -l /tmp
-r-xr-xr-x  1  lee  other 18844  1월 27일 9:30 boy
-rw-r--r--  1  lee  other 660   1월 27일 9:30 girl
$
```

옵션 -l은 파일에 대한 모든 속성 정보를 출력해주는 기능이므로 /tmp 디렉토리 인수 밑에 존재하는 파일의 정보를 출력해 준다. 예에서는 /tmp 디렉토리 밑에 boy, girl의 두 파일이 존재한다고 가정한 경우이기 때문에 개별 파일들에 대해서 한 줄씩의 결과가 출력되었다. 출력 결과의 의미에 대해서는 앞 장의 파일 경영을 참고하길 바란다.

옵션과 인수는 자유로운 형태로 조합하여 사용가능하며, 아래에 표기된 명령어 사용 형식에서 (#) 문자로 시작되는 부분은 주석을 위한 것이기 때문에 사용자가 입력해야 하는 내용은 아니다.

```
$ ls /tmp  # /tmp 디렉토리의 파일 이름 출력
$ ls -l   # 현재 디렉토리의 파일 이름, 속성 정보 출력
```

5) who

who는 현재 로그인되어 있는 사용자들의 목록을 보여주는 명령이다. 그림에서 who를 입력하고 엔터키를 누르면, 다음 목록의 첫 열에 root, oslav, ingress, bklee인 누가 로그인했다는 것을 보여준다. 두 번째 열은 각 사용자가 사용하는 단말기를 표시한다. 세 번째 열은 각 사용자가 로그인한 시간을 보여준다.

```
$ who
root    console  Sep 1 09:23
oslav   tty01    Sep 1 11:06
ingres  tty02    Sep 1 15:20
bklee   tty04    Sep 1 16:17
$ _
```

root는 앞에서도 언급했듯이 유닉스 시스템을 관리하는 사람으로 슈퍼유저(superuser)라고도 한다. 그 다음 것은 각 사용자가 로그인한 터미널을 나타낸다. 유닉스는 멀티유저 시스템이므로 주컴퓨터에 여러 대의 터미널을 연결하여 사용하는데 각 터미널마다 tty01, tty02, … 하는 식으로 이름이 붙어 있다. 그 다음은 사용자가 로그인한 요일과 시간이다.

또한, who am i(혹은 whoami) 명령은 우리 자신이 어떤 단말기를 사용하고 있는 지 언제 로그인 했는지를 알아볼 때 사용할 그인있다. 가령 친구의 계정으로 로그인 했다가 그것을 잊어버렸을 경우라든지 아무도 없는 학교 실습실에 켜진 채 놓여진 터미널을 발견했을 때 누가 사용하다가 자리를 비웠는지 알고 싶을 때도 사용할 수 있다.

우리가 시스템에서 다른 사용자와 통신하려면 who가 표시하는 정보가 중요하다. 그 사람이 로그인 했다면 통신하기 위한 talk나 메시지를 보내기 위한 write를 사용하여 곧 바로 통신을 개시할 수 있다.

```
$ who am i
ingress  tty02  Sep 1 15:20
```

talk 유틸리티를 사용하여 우리 시스템에 로그인한 다른 사람과 양방향 대화가 가능하다. 우리의 시스템이 네트워크에 연결되어 있으면, 다른 컴퓨터에 있는 사람과 통신하기 위하여 talk를 사용할 수 있다. talk를 사용할 때 우리의 화면이 두 개의 구획으로 나누어진다. 다른 사람과 접속이 되면 우리가 입력하는 메시지는 화면의 위쪽에 나타나며, 상대방에서 오는 메시지는 아래쪽에 표시된다. 다음 예는 ingress가 bklee에게 어떤 정보를 얻으려 하고 있다.

```
$ talk bklee
```

ingress의 화면은 즉시 두 개로 나누어지며 다음과 같은 메시지가 화면의 상단에 나타난다.

[waiting for your party to respond]

로그인 한 다른 사용자에게 메시지를 보내기 위해서는 write 유틸리티를 사용하기도 하고, 다른 사용자가 우리에게 write를 사용하여 메시지를 보내면 양방향 통신이 된다. write 명령을 주면 상대방의 단말기에 우리가 메시지를 보내려 한다는 내용의 머리글을 표시한다.

```
$ write ingress
Hi Ingress, are you there? 0
```

여기서 ingress는 우리가 통신하려는 상대방의 로그인 이름이다. 우리는 who 유틸리티를 사용하여 사용자 로그인 이름을 알아낼 수 있다. talk와 write를 간단히 소개하였지만, 좀 더 알고 싶으면 다른 유닉스를 참고하길 바란다.

6) stty

ls나 who와 같은 명령어는 간단해서 타이핑 에러는 쉽게 일어나지 않는다. 하지만 긴 명령어인 경우는 타이핑 에러가 생길 수 있어 수정하는 방법이 필요하다. 예를 들어, 현재 시간을 표시하는 명령어 date를 입력하다가 잘못하여 data를 입력한 경우에는 마지막에 입력된 문자 a를 지우고 e를 입력해야 한다. UNIX의 쉘 프로그램들은 그 종류에 관계없이 입력된 문자를 지우는 기능을 지원하며 보통 단말기에서 제공하는 삭제(Erase) 기능을 이용한다. 단말기에서 문자의 입출력과 관련된 다양한 기능들의 설정 상태를 보기 위해서는 명령어 stty를 이용해야 한다. 아래의 예는 옵션 -a를 이용하여 단말기에서 설정 가능한 여러 가지 정보를 보여주고 있다.

```
$ stty  -a
speed 9600 baud: -tabs
erase  kill  intr  susp   stop  eof
^H     ^U    ^C    ^z     ^S    ^D
$ _
```

이 내용은 시스템 V인가, BSD인가에 따라 조금씩 다를 수 있다. 각각에 대해 살펴보자. 먼저 speed는 터미널과 주컴퓨터 사이의 통신 속도를 나타낸다. 그리고 -tabs는 터미널이 탭 문자를 인식함을 나타낸다. 그 다음에 있는 것들이 에디팅 키인데 erase는 앞의 한 글자를 지우는 키(^H), kill은 한 줄 전체를 지우는 키(^u), intr(^c)과 susp(^z)는 프로그램 실행을 강제로 중단시킬 때 사용하는 키이다. 중단(interrupt) 기능이란 실행중인 프로그램을 사용자가 개입하여 강제적으로 종료시키는 것을 의미한다. 프로그램의 실행이 예상보다 길어지거나 비정상적으로 실행되어 원하는 결과를 얻지 못하는 경우는 굳이 프로그램을 계속 실행시킬 이유가 없다. 이러한 경우에 사용자가 중단 기능을 사용하여 강제 종료시키게 된다. 프로그램이 정상적으로 실행되면 실행 결과를 화면에 출력하고 프로그램 스스로 종료하게 된다. 이후 프롬프트가 출력되어서 사용자가 다음 명령어를 입력할 수 있게 된다. 그러나 프로그램이 비정상적으로 실행되어 오랜 시간이 경과되었는데도 아무런 출력도 없이 종료되지 않는 경우를 가정해본다. 이 경우는 프로그램이 종료되지 않았기 때문에 프롬프트가 표시될 수가 없으므로 사용자가 다른 프로그램을 실행시킬 수가 없다. 따라서 중단 기능을 사용하여 강제 종료시키게 되는 것이다. 아래의 예는 명령어 cat이 실행되는 도중에 [^c]를 입력하여 프로그램을 강제 종료한 경우이다. 중요한 사항은 아니지만 [^C] 문자 다음에 줄 바꿈이 발생되지 않고 프롬프트가 출력되어 있다.

```
$ cat
^C $
```

일시 정지(suspend) 기능은 중단 기능과 비슷하다. 즉, 프로그램의 실행 상태가 이상한 경우는 일시 정지시킨 후에 결과를 살펴보고 재시작할 것인지 강제 종료할 것인 지를 결정할 수 있다.

stop(^s)와 start(^q)은 화면의 출력이 너무 빨라서 잠시 정지시킬 때와 정지된 화면을 다시 움직이게 할 때 사용된다. 예를 들어, 정규 화일의 경우 cat 명령이나 more 명령을 사용하여 화일에 저장된 정보를 살펴보는 경우에 이 때 화면이 너무 빠르게 넘어가는 것을 잠시 중지 시켜서 볼 수 있는 키들이다. 마지막으로 eof(end-of-file)(^d)는 터미널 상에서 파일의 끝을 나타낼 때 사용되는 키이다. 만일 터미널이 지금 백스페이스(^h)가 erase로 지정되어 있는데 이를 <Del>로 바꾸고 싶다면 다음과 같이 한다.

```
$ stty erase ^?
```

위에서 ^?는 <Del> 키를 눌러서 나오는 것이다. 지금까지 stty 명령은 두 가지의 용도로 사용되었다. 첫 번째로 사용된 예에서는 현재 설정된 값들을 출력하는 경우였고, 그 다음 두 번째 사용에서는 설정 값을 변경하는 용도이다.

7) man

man(manual) 유틸리티는 단말기에 시스템 문서를 표시해 준다. 이 문서는 우리가 어떤 유틸리티를 사용해야 하는지는 알지만 정확하게 어떻게 사용해야 하는 지를 잃어버렸을 때 유용하다. 가령, 셸을 사용할 때 어떤 명령의 사용법이 기억나지 않는 경우가 있다. 혹은 매번 사용하던 명령이라도 특수한 옵션이 필요할 때 그 기호나 사용법을 정확히 확인해야 하는 경우에 man을 통해서 터미널 상에서 필요한 도움말을 언제라도 제공받을 수 있다. man은 시스템에 내장된 매뉴얼을 빨리 보여 줄 뿐만 아니라 그 내용도 완벽한 것이어서 옵션의 종류 같은 것은 빠진 것이 없다.

보통은 검색하고자 하는 제목만을 인수로 전달해서 사용한다. 그러면 자세한 내용을 볼 수 있을 것이다. 출력된 내용은 화살표 키를 사용해 위아래로 자유로이 스크롤할 수 있다.

다음 예는 who에 대한 정보를 표시해 줄 것이다. 만약 man이 표시하는 정보가 한 화면을 넘친다면, 두 번째 형식의 명령인 파이프("|")와 pg를 사용하면 화면 단위로 출력을 할 수 있다.

```
$ man who
$ man who | pg
```

man을 사용하여 화면 단위로 텍스트를 표시할 때마다 화면 하단에 새로운 프롬프트가 표시되어 다른 화면이 나타나기를 기다린다. 여기서 엔터키를 누르면 pg는 새로운 화면 단위의 정보를 나타낸다. 이때 Delete 키를 누르면 man 유틸리티는 멈추고 쉘 프롬프트가 나타나게 된다.

8) finger

현재 로그인된 사용자들의 인적사항을 출력한다. who 명령과 비슷하나 더 자세한 정보를 볼 수 있다. finger 명령은 다른 사용자가 자신의 신상에 관한 정보를 알 수 있도록 작성한 plan/project 파일의 내용과 함께 login name, In real life, Directory, 사용하고 있는 Shell, login한 정보, mail을 마지막으로 읽은 시간 등을 출력하여 준다. plan은 머리글 뒤에 나오는 정보로 bklee가 입력시켜 놓은 것이다.

```
$ finger bklee
login name : bklee        In real life : byungkoo lee
Directory : /home/bklee Shell : /bin/csh
On since Oct 2 15:14:20 2010 on tty03
no read mail
plan :
```

이 명령의 사용 중에 연결을 거부하는 메시지가 나오면 상대방 시스템의 관리자가 시스템 보안상 이를 알 수 없도록 한 것이다.

9) grep

파일 전체를 뒤져 정규표현식(문자열)에 대응하는 모든 행들을 검색하여 출력한다.

```
$ grep [옵션],[문자열],[파일]
```

지정된 [파일](지정되지 않으면 표준입력)에서 지정된 [문자열]이 들어 있는 행을 찾아서 출력한다. 다음 표는 [옵션]에 대한 동작 설명을 나타낸다.

옵 션	동작 설명
-b	검색 결과의 각 행 앞에 검색된 위치의 블록 번호를 나타내며, 검색 내용이 디스크의 어디쯤 있는지 위치를 알려준다.
-c	결과를 출력하는 대신, 찾아낸 행의 총수를 출력한다.(count)
-h	파일 이름을 출력하지 않는다.
-i	대소문자를 구분 하지 않는다.(ignore)
-l	패턴이 존재하는 파일의 이름만 출력시켜준다.(list file)
-n	파일 내에서 행 번호를 함께 출력시켜준다. (number)
-s	에러 메시지 외에는 출력하지 않는다. 종료상태를 검사할 때 유용하게 쓸 수 있다.
-v	패턴이 존재하지 않는 행만 출력시켜준다.(invert)
-w	패턴 표현식을 하나의 단어로 취급하여 검색한다. (word)

다음 예제는 작업 디렉토리에서 3개의 파일(newfile1, newfile2, newfile3)이 있다고 가정하고, 각 파일에 포함된 내용이 다음과 같다고 가정하자

newfile1	newfile2	newfile3
aarcp rcpcc memory bravo alexa	jenny rcprc hosts tommy	RCPRC jenny TOMMY JENNY

다음 명령은 newfile1 파일에서 문자열 rcp가 포함한 라인을 찾아서 출력해 준다.

```
$ grep  rcp  newfile1
aarcp
rcpcc
```

-v 옵션은 검사의 조건을 역으로 하기 때문에, 다음 예제는 newfile1 파일에서 rcp가 포함되지 않는 라인을 출력한다.

```
$ grep  -v rcp  newfile1
memory
bravo
alexa
```

-n 옵션은 패턴이 포함된 라인 번호를 표기해 준다.

```
$ grep  - n rcp  newfile1
1 : aarcp
2 : rcpcc
```

다음 예제는 현재 작업 디렉토리 하에 있는 모든 파일에서 패턴 rcp를 포함한 작업을 찾는다. 패턴이 포함된 라인을 표시할 때, 파일 이름과 콜론이 표시된다.

```
$grep rcp  *
newfile1: : aarcp
newfile1 : rcpcc
newfile2 : rcprc
```

다음 예제는 -i 옵션을 사용하여 grep가 패턴을 검색할 때 대문자와 소문자의 구별을 하지 않도록 한다. 따라서 위의 결과에서는 포함되지 않았던

newfile3 파일의 RCP 패턴이 포함된 라인을 출력하였다.

```
$ grep -i rcp *
newfile1 : aarcp
newfile1 : rcpcc
newfile2 : rcprc
newfile3 : RCPRC
$ grep -i RCP *
testa : aaarcp
testa : rcpcc
testb : rcprc
testc : RCPRC
```

-c 옵션은 패턴이 일치하는 파일 이름과 라인의 총수를 출력해 준다.

```
$ grep -c rcp *
newfile1 : 2
newfile2 : 1
newfile3 : 0
```

10) wc(word count)

wc 명령어는 텍스트 파일의 크기를 조사하기 위하여 파일의 행수, 단어 수, 글자 수를 나타낸다.

```
$ wc [-l][-c][-w] [file]
```

옵션에서 [-]은 행수를 나타내고, [-c]는 문자의 수를 나타내고, [-w]는 단어의 수를 나타낸다. 다음 명령 라인은 옵션을 선택하지 않은 file1라는 파일을 분석하여 라인, 단어, 그리고 문자의 수를 표시한다.

```
$ wc file1
7 40 206 file1
```

다음 명령은 세 개의 파일 안에 있는 단어와 라인의 수를 표시한다. 맨 마지막 라인에는 전체 파일의 라인과 단어에 대한 합계를 표시한다.

```
$wc -lw file1 file2 file3
11  64  file1
13  80  file2
13  76  file3
40  254 total
```

11) pwd(present working directory)

pwd 명령은 다음 예와 같이 사용자가 현재 작업하고 있는 디렉토리 이름을 알려준다.

```
$ pwd
/home/user3/bklee
```

사용자의 홈 디렉토리는 /home 아래의 하위 디렉토리로 존재한다(홈 디렉토리란 시스템에 log-in했을 때의 최초의 작업 디렉토리이다).

12) cd(change directory)

cd 명령어는 현재의 디렉토리를 변경해 준다. 다음 같이 cd에 경로명을 입력하지 않으면 home 디렉토리로 간다.

```
$ cd
$ pwd
/user4/unix/bklee
```

루트 디렉토리로 가려면 다음과 같이 한다.

```
$ cd /
$ pwd
/
```

바로 상위 디렉토리로 이동하려면 다음과 같이 한다.

```
$ cd ..
$ pwd
/user4/unix
```

상위 계층으로 두 단계 더 올라가려면 다음과 같이 한다.

```
$ cd ../..
$ pwd
/
```

절대경로를 이용하여 이동하려면 다음과 같이 한다.

```
$ cd /user4/unix
$ pwd
/user4/unix
```

바로 상위 디렉토리의 하위 디렉토리인 etc로 가려면 다음과 같이 한다.

```
$ cd ../etc
$ pwd
/etc
```

13) find

find 유틸리티는 유닉스에서 파일이나 디랙토리를 찾을 때 사용되는 명령어로 특히, 백도어(backdoor)를 찾을 때 유용하기 때문에 보안에서 중요하기 다루어진다. find는 대상 디렉토리를 지정하여 검색하는 방법과 검색 조건을 지정하여 검색하는 방법이 있다. 첫째로, 대상 디렉토리를 지정하여 검색하는 방법은 다음과 같이 find 다음에 디렉토리를 바로 지정한다.

```
$ find /dev/play/game
$ ls -al /dev/play/game
-rwx--x--x 1 bklee mskim 1233454 00/jan/18 /dev/play/game
```

둘째는 다음과 같이 검색 조건을 지정하여 검색하는 방법이 있다. 기본적인 형식은 다음과 같다.

find [경로명] [표현식]

여기서, [경로명]의 디렉토리에 속하는 파일들을 검색하기 위해. 이 디렉토리에 시작점을 지정하는 것이다. 이것을 구체적으로 지정하지 않고 /에서 검색하겠다고 설정해버리면 엄청나게 많은 파일을 뿌리게 되어 많은 시간을 낭비하게 된다. [표현식]은 -name으로 시작하고 파일에서 검색하고자하는 파일명을 적는다. 다음 예에서 디렉토리 /etc 안에서 han이란 이름이 들어간

파일을 찾고 싶다면 "*han*" 라고 표현하면 된다, 여기서 *는 와일드카드를 뜻한다.

```
$ find /etc -name "*han*"
/etc/profile.d/hangul-init.csh
/etc/profile.d/hangul-init.sh
/etc/X11/wmconfig/hanterm
/etc/charsets/jis-c6229-1984-hand
```

앞 장에서 다루었지만, 디렉토리의 구성을 간단하게 한 번 더 살펴보면, drwxrwxrwx으로 구성이 되어있다. 앞의 d는 디렉토리를, -는 정규 파일을 나타낸다. 그리고 rwx을 한 칸으로 하여 세 칸으로 나누고, 각 칸은 다시 사용자(user), 그룹(group), 일반 사람들로 구분한다. r은 읽기 권한, w는 쓰기 권한, x는 실행 권한이다. 권한이 부여되지 않으면 -로 표시한다.

chmod란 외부 명령어로 허가(permission) 권한을 변경하는 데 사용되며, 각각의 권한 코드에는 숫자(r=4 w=2 x=1)를 사용하여 구분할 수 있도록 해놓았다.

```
$ls -al game
-rwx--x--x 1 bkleee mskim 1233454 00/jan/18 game
```

game이란 파일이 내 컴퓨터에 있는 데, mskim란 친구가 그걸 자기 컴퓨터로 가지가고 싶어 한다. mskim와 친했던 bklee은 허가(permission)를 바꾸어서 mskim가 파일을 복사할 수 있도록 해주려고 한다. bklee는 다음과 같이 명령어를 입력하고 엔터키를 누른다고 하자. 그러면 mskim은 허기를 얻어서 파일을 복사할 수 있게 된다.

```
$ chmod 770 game
$ ls -al game
-rwxrwx--- 1 bklee mskim 1233454 00/jan/18 game
```

그러면, find 옵션에 대하여 조금 더 깊이 들어가 보자. user는 파일을 만든 사람인 사용자를 찾아주고, group은 사용할 수 있는 그룹을 찾아주고, name은 파일 이름을 찾아준다. 만약, 파일 이름이 game이면 이것과 같은 파일만을 찾아준다. print는 find명령 실행 결과를 화면에 나타내게 해 준다. 예를 들어, /dev/play/ 안에서 앞에서 언급한 game이라는 파일을 찾고 싶으면 다음과 같이 입력하면 된다.

```
$ find /dev/play/ -user "bklee" -group "mskim" -name "game" -print
$ find /dev/play/game
```

위의 두 명령어는 같이 결과가 출력된다. 이를 확인하기 위해서 다음을 실행한다.

```
$ ls -al /dev/play/game
-rwx--x--x 1 bklee mskim 1233454 00/jan/18 /dev/play/game
```

지금까지는 간단한 예를 이용하여 기본적인 형식에 대하여 살펴보았다. 이제부터는 좀 더 구체적으로 살펴보기로 하자.

```
$ find /user4 -name test* -print
```

/user4 아래에서 파일이름이 test로 시작하는 모든 파일을 찾아서 화면에 보여준다.

```
$ cd /
$ find . -name ping -print
```

root 디렉토리 밑에서 파일이름이 ping인 파일을 찾아 절대 경로명을 화면에 출력한다.

```
$ cd /
$ find /usr -name *.c -print
```

/usr 밑에 이름이 .c로 끝나는 모든 파일들을 찾아 경로명을 보여준다.

```
$ cd /
$ find /home -name who.txt -print
```

home 디렉토리 아래에 who.txt라는 파일을 찾아 경로명을 보여준다.

```
$ cd /
$ find . -type d -print
```

root 디렉토리 밑에서 파일 타입이 d인 파일을 찾아 경로명을 화면에 출력한다.

```
$ cd /
$ find /dev -type c -print
```

/dev디렉토리 아래에서 파일 타입이 c인 파일을 찾아 경로명을 보여 준다.

```
$ cd /
$ find . -perm 700 -print
```

root 디렉토리 밑에서 파일 권한이 700인 파일을 찾아준다.

```
$ cd /
$ find . -size +1024 -print
```

root 디렉토리 밑에서 파일의 블럭 크기가 1024 이상인 파일을 찾아준다.

```
$ cd /
$ find . -name core -size +2048 -print
```

root 디렉토리 밑에서 파일 이름이 core이고 크기가 2048블럭 이상인 파일을 찾아준다.

```
$ cd /
$ find . -user unix01 -print
```

root 디렉토리 밑에서 파일 소유자가 unix01인 파일을 찾아준다.

```
$ cd /
$ find . -group unix -print
```

root 디렉토리 밑에서 사용자그룹이 unix인 파일을 찾아준다.

```
$ cd /
$ find . -atime +30 -print
```

root 디렉토리 밑에서 30일 이전에 액세스되었던 파일을 찾는다.

```
$ cd /
$ find . -mtime -7 -print
```

root 디렉토리 밑에서 7일 이내에 수정된 적이 있는 파일을 찾는다.

```
$ cd /
$ find . -name core -exec ls -l {} \;
```

root 디렉토리 밑에서 이름이 core인 파일을 찾아서 ls -l 한다. 다음은 find 명령어에서 사용되는 옵션들이다.

-name	와일드카드와 함께 사용될 때에는 반드시 따옴표로 묶어야 함
-type	예를 들면 f=file d=directory l=link
-user	이름이나 UID
-group	이름이나 GID
-perm	권한을 지정
-size	다음 512바이트 블록까지 찾음, byte로 지정하기 위해서는 c를 사용
-atime	파일이 읽힌 가장 최근 시간
-ctime	파일의 소유자나 권한이 바뀐 가장 최근 시간
-mtime	파일이 수정된 가장 최근 시간
-newer	주어진 파일보다 나중에 만들어진 파일을 찾음
-delete	찾은 파일을 삭제
-ls	ls -dgils와 같은 결과를 출력
-print	find명령의 실행 결과를 출력
-exec command{} \;	command를 실행, 문법에 주의
-ok	명령어가 실행되기 전 exec 대신 사용
-depth	주어진 디렉토리의 루트 디렉토리가 아닌 그 디렉토리의 가장 낮은 레벨에서부터 시작
-prune	어떤 서브디렉토리를 제외하고자 할 때 사용

2. 디렉토리 관리 및 파일 관리 명령어

일반 사용자들이 이용하는 명령어의 대부분은 데이터를 보관하는 파일과 디렉토리 조작에 관련된 것들이다. 여기서는 정규 파일에 대한 파일의 생성, 삭제, 복사, 이름 변경 등과 같이 기본이 되는 명령어를 위주로 하여 살펴보고자 한다.

1) cat

새로운 파일을 생성하는 방법은 여러 가지가 있다. 문서 편집기를 이용하여 보관될 데이터를 입력하면서 생성하는 방법과 파일 복사 명령을 이용하여 기존 파일을 복사하는 방법이 있지만, 여기서는 cat 명령을 이용하여 손쉽게 파일을 생성하는 방법에 대하여 살펴보자.

cat에 인수가 주어지지 않는 경우는 표준 입력 장치에서 데이터를 읽어 표준 출력 장치로 전송한다. 이때는 디폴트로 표준 입력 장치는 키보드이고, 표준 출력 장치는 화면이기 때문에 키보드에서 데이터를 읽어 화면으로 출력한다.

cat에 인수를 주지 않을 경우에 다음 예와 같이 쉘 프롬프트에서 cat을 입력하고 엔터키를 누르면 아무 일도 일어나지 않고 줄만 바뀐다. 여기에 텍스트를 한 줄 입력하고 엔터키를 치면, 입력한 내용이 다음 줄에 출력되어 나타난다. 여기서, 데이터 입력을 종료하고 싶으면 EOF의 기능을 수행하는 < ^D >를 입력해야 하며, 이 문자를 받은 cat은 프로그램의 실행을 종료한다.

```
$ cat
I can get along with you.
I can get along with you.
Can you speak English fluently?
Can you speak English fluently?
^D
$
```

cat에 인수가 주어지는 경우로 인수에는 하나 이상의 파일 이름을 표시할 수 있다. 다음 예에서 먼저 파일의 내용을 화면에 보여주는 명령인 cat에 대해 알아보자. 파일 이름이 주어지는 경우는 해당 파일의 내용들을 읽어서 표준 출력 장치인 화면으로 전송된다.

```
$ ls
a.out   ba.c  letter  save
$ cat ba.c
#include <stdio.h>
main()
{
    printf("babo\n");
}
$ _
```

cat 명령어의 다른 사용 예는 아래와 같이 경로명을 가진 파일의 내용을 화면으로 출력하는 것이다. 아래의 예에서는 /etc/tcpip 파일의 내용을 읽어서 화면에 출력한 경우를 보이고 있다.

```
$ cat /etc/tcpip
IETF began an effort to develop a successor to the IPv4
```

쉘의 기능 중에서 사용자들이 자주 이용하는 기능의 하나는 디폴트로 표준 출력 장치를 일반 파일로 변경하는 것이다. 아래의 첫 번째 명령어에 표시된 > 기호는 표준 출력 장치를 파일 newip로 변경하는 역할을 수행한다. /etc/tcpip 파일의 내용이 화면으로 출력되지 않고, newip 라는 파일에 저장하게 되므로 파일 복사 기능이 수행되는 효과를 얻을 수 있다. 이 newip 파일이 현재 디렉토리에 존재하고 있는 경우에는 기존의 내용에 덮어 쓰기 하지만, 현재 디렉토리에 존재하지 않는 경우에는 새로 파일이 생성된다.

```
$ cat /etc/tcpip > newip
$ cat newip
IETF began an effort to develop a successor to the IPv4
```

앞에서 설명한 것처럼 표준 출력 장치를 화면 대신에 일반 파일로 변경하고 싶으면 쉘에서 지원하는 > 기능을 사용한다. 같은 방법으로 표준 입력 장치인 키보드를 다른 파일로 변경하고자 할 경우는 < 문자를 사용한다. 아래 예의 첫 번째 명령은 표준 입력 장치를 /etc/tcpip로 변경한 경우로 쉘에서 지원하는 특수 문자 < 를 이용하여 표준 입력 장치가 /etc/tcpip로 지정되어 있기 때문에 이 파일의 내용을 화면에 출력하게 된다. 따라서, 첫 번째 명령의 실행 결과와 인수 /etc/tcpip가 주어진 두 번째 명령의 결과는 동일하다.

```
$ cat < /etc/tcpip
IETF began an effort to develop a successor to the IPv4
$ cat /etc/tcpip
IETF began an effort to develop a successor to the IPv4
```

표준 입출력 장치를 변경하는 < 와 > 문자의 기능은 쉘에서 지원하는 기능이므로 cat 명령어에만 사용되는 것이 아니고 모든 종류의 명령에 적용될 수가 있다. 예를 들어, 아래의 첫 번째 명령은 현재 시간을 보여주는 date 명령을 실행한 것으로 표준 출력 장치인 화면에 실행 결과가 표시된다. 두 번째 명령인 date > nalja.c에서는 표준 출력 장치를 nalja.c 파일로 변경하여 현재 시간의 정보가 nalja.c이라는 파일에 저장된다. 이를 확인하기 위하여 마지막 명령어에서 그 내용을 출력하고 있다.

```
$ date
2011년 6월 24일 금요일 오후 01시 58분 35초
$ date > nalja.c
$ cat nalja.c
2011년 6월 24일 금요일 오후 01시 58분 35초
```

2) touch

touch 명령어는 파일의 특성 정보 중에서 최종 수정 시간을 변경하는 용도로 사용되기도 하지만, 종종 파일의 내용을 비워둔 공백 파일을 생성하는 데 사용되기도 한다. 파일의 특성 정보에서 개별 파일별로 관리되는 시간 정보에는 파일이 최초로 생성된 시간, 파일의 내용을 마지막으로 액세스(access)한 시간, 파일의 내용을 마지막으로 수정한 시간들이 있는데, touch 명령은 이 중에 제일 마지막의 정보를 변경해 준다.

아래의 예는 touch 명령어의 두 가지 용도를 동시에 설명하고 있다. 먼저 cp 명령어를 이용하여 /etc/tcpip 파일을 현재 디렉토리 밑에 a1이라는 이름으로 복사해 둔다. 다음의 touch a2 명령은 현재 디렉토리 밑에 a2가 존재하면 이 파일의 최종 수정 시간이 변경된다. 그러나 다음 예에서는 a2 파일이 현재 없는 것으로 가정했기 때문에 touch 명령어에 의해서 새로운 공백 파일 a2가 생성된다. 이를 확인하기 위하여 세 번째 명령이 실행된다.

세 번째 명령어 ls -l의 결과를 보면 a1의 파일 크기는 1500 바이트로 되어 있으며, 이는 원 파일인 /etc/tcpip의 크기와 동일하다. a2의 경우는 파일 크기가 0으로 되어 있는데, 이는 touch에 의해서 생성된 공백 파일이라는 뜻

이다. 여기서, 파일 이름의 바로 왼편에는 파일의 최종 수정 시간 정보가 표시되는데, cp와 touch 명령어를 실행한 시간이 6월 24일 10:40 임을 알 수 있다. 2분 정도 기다린 후에 네 번째의 date 명령을 실행하면 현재 시간이 10시 42분으로 변경된 것을 알 수 있다. 이 시간에 touch a1을 실행하면 파일 a1은 기존에 존재하는 파일이므로 이 파일의 최종 수정 시간이 현재 시간으로 변경된다. 따라서 마지막 명령어 ls -l의 결과를 보면 a1의 최종 수정 시간 정보가 10:42 분으로 변경되어 출력되었다.

```
% cp  /etc/tcpip  a1
% touch a2
% ls -l
-rw-r--r-- 1 lee other 1500 6월 24일 10:40 a1
-rw-r--r-- 1 lee other    0 6월 24일 10:40 a2
% date
2002년 8월 26일 월요일 오후 10시 42분
% touch a1
% ls -l
-rw-r--r-- 1 lee other 1500 6월 24일 10:42 a1
-rw-r--r-- 1 lee other    0 6월 24일 10:40 a2
```

3) cp(파일의 복사)(copy)

cp는 디렉토리의 내용을 다른 파일 또는 다른 디렉토리에 복사할 때 사용하는 명령어로 앞의 예제에서 이미 다루었다. 파일을 복사한다는 것은 물리적으로 새로운 파일을 하나 생성하는 것이 된다. 다시 말해서, 새로 생성된 파일은 새로운 이름과 새로운 아이노드(inode), 새롭게 복사된 데이터 블록을 가지게 된다. 따라서 기존의 파일도 존재하고, 새로운 파일도 존재하게 된다.

```
$ cp fileA fileB
```

이 예는 fileA를 fileB로 복사하는 것이다. 몇 가지 중요한 옵션을 살펴보기로 하자.

a) -i : 대상이 되는 파일이 존재할 경우에 덮어 쓸 것인지를 묻는 데 사용된다. -i 옵션을 명시하지 않으면 대상이 되는 파일에 덮어쓰게 되어 대상 파일의 원래 내용을 잃어 버리게 된다. 하지만, -i 옵션

을 명시하면 대상파일이 존재할 경우에 덮어 쓸 것인지를 항상 묻게 되므로 실수로 파일을 잃어버리는 경우를 줄일 수 있다.

b) -p : 파일의 내용뿐만 아니라 아이노드에 저장된 파일의 정보도 같이 복사할 때 사용하는 옵션이다. -p 옵션을 선택하면, 파일 뿐만 아니라, 아이노드가 가지고 있는 파일의 정보도 복사되어 원본과 동일한 파일이 생성된다.

c) -r : 디렉토리를 복사할 때 해당되는 하위 디렉토리도 복사하여 필요에 따라 새로운 하위 디렉토리를 생성한다. 아래 예에서 dirA의 모든 파일과 서브디렉토리를 dirB로 복사한다.

```
$ cp -r dirA dirB
```

4) mv(move)

파일과 디렉토리의 내용을 다른 파일 또는 다른 디렉토리로 옮길 때 사용하는 명령어로 mv는 기본적으로 디렉토리를 옮길 수 있기 때문에 디렉토리를 옮길 때는 따로 옵션을 필요로 하지 않는다. 다음 예와 같이 mv 명령어를 사용하여 파일의 이름이나 디렉토리의 이름을 바꿀 수도 있고, 다른 디렉토리로 옮길 수도 있다.

```
$ mv  file1 file2
$ mv  dir1  dir2
$ mv  file1 dir1
```

위의 예에서 첫 번째 것은 file1의 내용이 모드 file2로 옮겨지고, 두 번째 것은 dir1의 directory1을 dir2의 directory2로 변경하는 것이고, 세 번째 것은 file1을 dir1의 directory1로 옮기는 것이다. 이것은 cp 명령어와는 달리 mv는 원본 파일이 없어지고 새로운 파일을 만들기 때문에 결과적으로 단지 파일의 이름을 바꾼다는 것이다. cp 명령은 file1과 file2의 2개의 파일이 똑 같은 내용으로 파일명은 다르게 복사지만, mv 명령은 file1은 삭제되고 file2만 존재한다. ln file1 file2에서 단순히 file1을 file2와 링크시켜서 사용되는 데 link가 되므로 file1 또는 file2 중 하나만 수정되면 둘 다 수정이 된다. 즉, 디스크 상의 공간은 1개의 파일 공간만 차지한다.

```
$ mv  lee lee1
```

이렇게 하면 lee라는 내용이 모두 lee1이라는 파일로 옮겨지기 때문에 "more kim" 이라고 하면 파일이 존재하지 않는다고 나올 것이다. cp 명령어와는 달리 mv는 원본 파일이 없어지고 새로운 파일을 만들기 때문이다.

5) rm(remove)

rm 명령어는 일반 파일이나 디렉토리 파일을 삭제하기 위해서 사용되며, 두 가지 형식이 지원된다. 첫 번째의 경우는 인수로 표시된 여러 개의 일반 파일들을 삭제한다. 두 번째 형식은 보통 디렉토리 파일을 삭제할 때 사용하는 기능으로 반드시 옵션 -r을 사용해야 된다. 이 명령어 형식은 인수로 주어진 하위 디렉토리 전체의 내용을 삭제한다. 따라서 뜻하지 않은 오류에 의하여 중요한 디렉토리 전체를 삭제하지 않도록 주의해야 한다.

```
$ rm lee1
```

이렇게 하면 lee1이라는 파일이 지워진다. 파일이 사라진 것을 확인하기 위해 " more lee1"라고 해보면 입력 파일인 "lee1"를 열 수 없다는 메시지가 나오게 된다. 또한, ls 명령어를 사용해 사라진 것을 확인할 수 있다.

```
$ rm -r dir1
```

rmdir 명령어는 빈 디렉토리만을 삭제하는 데, rm -r 옵션을 사용하면 비어있지 않는 디렉토리 및 서브디렉토리도 삭제할 수 있다.

```
$ rm -i dir1
```

rm 명령어로 지운 파일들은 복원할 수 없으므로 주의해서 사용해야 하는데 rm -i 옵션을 사용하면 한 번 더 묻게 되므로 부주의로 파일을 삭제하는 것을 막을 수 있다.

```
$ rm lee lee1
```

이렇게 하면 rm 명령어는 lee와 lee1 둘 다를 지운다.

UNIX 시스템에서는 마이크로 소프트의 윈도우 환경과 달리 삭제된 파일을 복원하는 등의 기능이 쉘에서 제공되지 않는다. 이 기능이 정말로 필요하다면 이미 만들어져서 보편적으로 사용되고 있었겠지만, 아직까지 사용하는 사람들이 없는 것으로 봐서는 UNIX 사용자들이 이러한 실수를 하는 경우가 흔치 않기 때문일 것이다. 그렇더라도 초보자는 주의해야 한다.

6) mkdir(make directory)과 rmdir(remove directory)

mkdir 명령어로 다음과 같이 사용하면 newdir이라는 새로운 디렉토리를 만들 수 있다.

```
$ mkdir newdir
```

이것은 자신의 현 디렉토리 밑에 newdir이라는 이름의 새로운 디렉토리를 만든다. 외관상으로는 파일 이름과 디렉토리 이름은 아무런 차이가 없기 때문에 아마 디렉토리 이름이 파일 이름과 비슷하게 보인다는 생각할 수 있지만 다르다. 이를 구별하는 방법은 ls -p를 사용하면, 디렉토리 이름은 /문자로 표시해 준다. 또한, 어떤 경로명이 /로 시작한다면, 그것은 루트에서 시작하는 절대 경로명이고, / 없이 시작한다면 현재 디렉두리에서 시자하는 상대 경로명이다.

rmdir 명령어로 다음과 같이 사용하면 newdir이라는 디렉토리를 삭제할 수 있다.

```
$ rmdir newdir
```

다음 예는 현재 디렉토리 밑에 아무 파일도 없다는 가정 하에서 dd라는 디렉토리를 만들고, /etc/tcpip 파일을 f1과 dd/f2로 복사하였다. 결과적으로 현재 디렉토리 밑에 f1이 만들어지고, 디렉토리 dd 밑에 f2가 만들어진다. 이를 확인하기 위하여 ls 명령어를 두 번 실행시키고 있다.

이어지는 rm 명령어를 살펴보면, 첫 번째는 파일 f1을 삭제하는 기능으로 정상적으로 실행된 것이다. 두 번째 rm은 디렉토리 dd를 지우기 위한 것으로 디렉토리 삭제는 실패로 끝났다. 디렉토리 dd가 비어있는 경우는 rmdir 명령을 사용하여 삭제가 가능한데, 지금처럼 디렉토리 밑에 파일이 있는 경우는 rmdir 명령을 사용할 수 없다. 디렉토리와 그 밑의 모든 파일들을 한꺼번에 지우기 위해서는 rm -r을 사용해야 한다. 옵션 -r을 사용하면 빈 디렉토리도 삭제 할 수 있다.

```
$ mkdir dd
$ cp /etc/tcpip f1
$ cp /etc/tcpip dd/f2
$ ls -l
drwxr-xr-x 2 park other 512 8월 26일 14:24 dd
-rw-r--r-- 1 park other 660 8월 26일 14:24 f1
$ ls -l dd
-rw-r--r-- 1 park other 660 8월 26일 14:24 f2
$ rm f1
$ rm dd
$ rm -r dd
$ ls -l
--
```

7) more

파일의 내용을 수정하지 않고 바로 화면으로 출력하는 명령어는 여러 종류가 있다. 대표적으로 cat 명령어가 이러한 명령어 중에 하나이다. 그러나, 기능이 약간 다른 more 명령어는 파일의 내용을 키보드의 space 키로 한 페이지씩 넘기면서 화면 단위로 출력하고, 파일 마지막에는 자동으로 종료되도록 해 준다. 이와 같이 more의 기본 동작은 인수로 주어진 파일의 내용을 표준 출력장치인 화면으로 출력하게 하는 데, 이 때 출력되는 데이터의 양이 한 화면보다 큰 경우는 잠시 출력을 멈추어 사용자가 내용을 확인할 수 있도록 해준다. 파일의 앞부분의 일부만을 출력하는 head와 뒷부분의 일부만을 출력하는 tail 명령어도 가끔씩 사용된다.

more 명령어는 다음과 같이 옵션 없이 파일을 사용하면 newfile안에 있는 내용이 화면에 나타날 것이다.

```
$ more newfile
```

그리고 옵션들을 사용하게 되는 경우는 다음과 같다.

```
$ more [-ncdfspu][+줄번호][파일 이름]
```

a) -n : n은 출력 윈도우의 행수를 지정하는 숫자를 나타낸다.

b) -c : 위에서부터 한 행씩 지운 후 한 행씩 출력한다. 보통은 화면 전체를 지운 후 각 행을 출력하기 시작한다.

c) -d : 스페이스나 q 키를 누르라는 프롬프트가 출력된다. 스페이스 키를

누르면 파일이 화면 단위로 보여 지고, 원하는 내용을 파일에서 더 이상 볼 필요가 없을 때 q를 누르면 된다. q를 누르지 않는다면 more는 파일의 마지막 줄까지 표시한 후에 끝나게 된다.

d) -f : 화면의 행이 아닌 논리적인 행의 수를 계산한다. 보통은 긴 칼럼의 행은 화면에서 행 바꿈을 하여 새로운 행으로 계산된다.

e) -s : 여러 개의 빈 공백 행을 하나로 다룬다.

f) -p : 스크롤을 하지 않고, 대신에 화면을 지우고 출력한다.

g) -u : 밑줄을 치지 못하도록 한다.

또한, 여러 파일을 한 번에 보고자 하면 다음과 같은 하면 된다.

```
$ more newfile1, newfile2
```

이렇게 하면, 먼저 newfile1을 보여주고, newfile2 파일을 순차적으로 보여준다. 또한, 파일 내부에서 앞뒤로 건너뛰기 위해 숫자를 사용할 수도 있는데 예를 들면, -3은 세 화면만큼 되돌아가고 , +2은 두 화면을 건너뛴다.

8) head와 tail

head는 파일 앞부분을 표시하고, tail은 파일의 마지막 부분을 표시한다. 다음 예제는 cat을 사용하여 bklee라는 파일을 열고 있다.

```
$cat bklee
line-k1
line-k2
line-k3
line-k4
line-k5
line-k6
line-k7
line-k8
```

다음 예제에서 head 명령어는 인수를 지정하지 않았으므로 bklee 파일의 앞부분 7라인을 표시한다.

```
$head bklee
line-k1
line-k2
line-k3
line-k4
line-k5
line-k6
line-k7
```

다음 예제는 head 명령어에 옵션으로 -4는 앞부분 4개 라인을 표시한다.

```
$head -4 bklee
line-k1
line-k2
line-k3
line-k4
```

다음 tail 명령어는 인수를 지정하지 않았으므로 bklee 파일의 두 번째 라인부터 끝까지 표시한다.

```
$tail bklee
line-k2
line-k3
line-k4
line-k5
line-k6
line-k7
line-k8
```

다음 예제는 tail 명령어에 옵션으로 -4는 bklee 파일에 마지막 4개 라인을 표시한다.

```
$tail -4  bklee
line-k5
line-k6
line-k7
line-k8
```

다음 예제는 tail 명령어에 옵션으로 +4는 bklee 파일에 4번째 라인부터 표시한다.

```
$tail +4  bklee
line-k4
line-k5
line-k6
line-k7
line-k8
```

3. 파일명과 와일드카드

디렉토리 안에는 .c가 붙는 파일들이 많이 생겼다고 하자. MS-DOS와 마찬가지로 유닉스에서도 와일드카드(wild card)로 '*' 문자와 '?' 문자를 사용한다.

```
$ ls *.c
a.c   b.c    ba.c test.c
$ ls  *t*
 letter test.c
$ _
```

처음의 예는 각각 .c로 끝나는 파일명을 가진 파일 전부를 표시하는 것이다. 두 번째 예에서 '*t*'라는 이름의 의미는 '*'가 임의의 문자열을 나타내는 것이므로 가운데에 t자가 들어간 이름을 가지는 모든 파일을 지정한다.

또한, 유닉스에서는 파일명에 포함된 '.'이 아무런 뜻을 가지지 않는다는 점이다. MS-DOS에서는 '.'이 파일명과 확장자를 구별하는 것으로 쓰이지만 유닉스에서의 '.'은 다른 모든 글자와 똑같이 취급된다. 다만 관습적으로 파일의 종류를 나타내기 위해 .c, .p등의 접미사를 붙이는 것이다. 그리고 유닉스의 파일명은 14자까지(시스템 V의 경우이고 BSD에서는 255자까지이다)이며, '/'를 제외한 모든 문자가 올 수 있다. 심지어는 공백이나 '*' 문자 자체가 와도 된다.

'.'이 아무 의미가 없다는 사실은 파일명의 선택이란 면에서 매우 바람직한 일이다. MS-DOS에서는 파일명은 8글자, 확장자는 3글자라는 제약이 있기 때문에 항상 파일명을 어떻게 정할까 하는 것이 아주 큰 골칫거리이다. 반면에 유닉스에서는 14자 범위 안에서 적당히 쓰면 된다. 예를 들면 .login이나 thisversion.c 등의 파일명이 가능하다.

그리고 또 하나 중요한 것은, 현재 디렉토리의 모든 파일을 지정하기 위해서는 '*'만 써 주면 된다. MS-DOS에서는 '*.*'인 것과 비교해 보면 '.'이

효력이 없다는 것을 확실히 알 수 있다. 유닉스에서 제공하는 또 하나의 와일드카드는 여러 개의 글자를 하나로 지정하는 것이다. 예를 들어 우리가 지금 책을 만들고 있는데 각 장별로 파일명을 chap1, chap2, ... 하는 식으로 붙여 놓았다고 하자. 이 책이 8장까지 있는데 지금 1장, 2장, 3장, 4장만 급히 보고 싶다. 만일 chap?라고 하면 볼 필요가 없는 5장에서 8장까지도 함께 나오게 되므로 안 된다. 이때는 다음과 같이 해결할 수 있다.

```
$ cat chap[1234]
```

여기서 [ ] 사이에 있는 내용은 문자 클래스(character class)라 부르며 그 중의 한 글자를 대표한다. 즉 chap[1234]은 chap1, chap2, chap3, chap4의 네 개의 파일을 가리키는 것이다 이것은 또한 chap[1-4]이라고 줄여 쓸 수 있다.

4. 파일 시스템

UNIX의 특징 중 하나인 링크(link) 구조이다. 파일이 링크 되면 파일의 내용은 복사되지 않고 그 파일의 i-노드 번호와 파일 이름만 현재의 디렉토리에 등록된다. UNIX에서의 링크된 것의 삭제의 의미는 링크된 것까지 모든 것의 삭제를 의미한다. 그리고 디렉토리를 생성시키면 '.' 와 '..'가 생기는데, '.'는 '..'의 아이노드에 대한 것으로서 상위 디렉토리 아이노드에서 파생된 것이다. 그러므로 'cd ..'을 했을 때 상위 디렉토리로 이동하는 것이다. 이를 확인하기 위해서는 $ls- l'을 입력하고 엔터키를 누르면 나오게 된다.

그러면, 디렉토리 밑에 다른 서브디렉토리가 올 수 있는 유닉스 시스템의 계층적 파일 시스템에 대해 알아보기로 하자. 유닉스 파일 시스템에서 현재 디렉토리를 바꾸는 명령은 cd이다. 먼저 다음과 같이 명령해 보라('\'이 아니고 '/'임에 주의하여라).

```
$ cd/
$ ls
bin, usr, etc, dev, lib
```

이것이 실행되면 유닉스 시스템의 루트디렉토리에 있는 bin, usr, etc, dev, lib 등의 디렉토리가 나타날 것이다. MS-DOS에서는 '\' 문자가 루트 디렉토리의 이름으로, 경로명 내에서 디렉토리의 구분자로 사용되지만, 유닉스에서 똑같은 일을 하는 것이 '/' 문자이다. 따라서 cd/는 루트 디렉토리로 cd하라는 것이 된다.

보통 MS-DOS에서는 하드디스크의 디렉토리명을 사용자 마음대로 붙이고, 그 구조나 위치도 멋대로 정하는 데 비해 유닉스에서는 몇 가지 특별한 디렉토리들은 이름과 그 위치가 정해져 있다. 이제 다음과 같이 명령해 보아라.

```
$ cd /bin
$ ls
```

$ ls를 실행하면 상당히 많은 수의 파일들이 나타날 것이다. 이와 같이 /bin 디렉토리에는 우리가 사용하는 명령어들이 모여 있다. 여기에 있는 명령어들은 하나의 실행 가능한 프로그램 파일이며, 우리가 그 이름을 입력하면 유닉스는 그 파일을 찾아서 실행시킴으로써 작업을 수행해 주는 것이다. /user, /dev, /etc, /lib 도 똑 같은 방법으로 시행되어진다.

다음은 유닉스의 파일 시스템에서 관습적으로 또는 실제적으로 특별한 의미를 지니는 디렉토리이다.

/	마운트되는 UNIX 파일시스템이 있는 최상위 디렉토리로 시스템의 근간을 이룬다. 파티션 설정시 반듯이 존재해야 하며, 절대경로의 기준이 된다.
/bin	실행 가능한 시스템 명령어들(binary files)이 들어 있다. 예) ls, cp, rm
/dev	장치 파일(device file)들이 모여 있는 디렉터리로 UNIX에서는 모든 장치를 파일로 취급한다. 따라서 여기에는 프린터와 시디롬, 플로피디스크, 하드디스크와 같은 장치 파일들이 모여 있다.
/lib	공유 라이브러리들이 모여 있는 디렉터리로 프로그램의 크기를 줄이기 위해 공통되는 부분을 이곳에 따로 저장하여 프로그램을 실행할 때 마다 참조한다. 잘못하여 이곳의 파일을 지우면 특정 프로그램이 실행되지 않거나 아예 시스템이 중단되는 경우도 있다.
/etc	시스템 설정에 관련된 파일들을 저장하는 디렉터리로 여기에는 패스워드를 지정하는 'etc/passwd', 초기에 콘솔 모드로 로그인하는 지, X윈도우로 로그인하는 지를 결정해 주는 'etc/inittab', 전체 파일 시스템의 구성, 즉 하드디스크와 플로피디스크와 시디롬이 어떤 파일 시스템을 사용하는지를 타나

	내는 'etc/fstab'등과 같은 설정 파일들이 있다.
/mnt	각종 장치 파일들을 마운트할 때 사용하는 디렉터리이다. 플로피디스크나 시디롬을 사용하기 위해 마운트하는 장소이다. 자신이 임의로 다른 디렉터리에 만들어도 되지만, 기본적으로 이곳에 마운트 하도록 되어 있다. 예를 들면 시디롬은 /mnt/cdrom에 마운트된다.
/root	슈퍼유저의 홈 디렉터리로 이 디렉터리는 일반 유저의 홈 디렉터리 안에 있지 않고 특수하게 분리되어 있다.
/tmp	임시 파일이 생성되는 디렉토리
/usr	각 사용자의 홈 디렉토리 및 기타
/usr/bin	/bin에 포함되지 않은 나머지 명령들
/usr/games	몇 가지 게임 프로그램들
/usr/include	C 언어의 헤더 파일들
/usr/man	유닉스 매뉴얼 파일들
/usr/src	유닉스 시스템의 소스 파일들
/sbin	관리자용 프로그램 디렉터리로 관리자가 사용하는 명령어들이 모여 있다. 예) reboot, shutdown, fdisk
/usr/sbin	/sbin에 있는 명령어 외에 추가 명령어들로 주로 네트워크 설정 프로그램들이 들어있다.
/var	로그 파일이 저장되는 디렉터리이다.
/home	사용자 디렉토리가 이곳에 위치한다. 만일 설치할 소프트웨어가 있다면, 시스템의 상태나 프로시저에 영향을 줄 걱정 없이 소프트웨어를 이곳에 안전하게 설치할 수 있다.

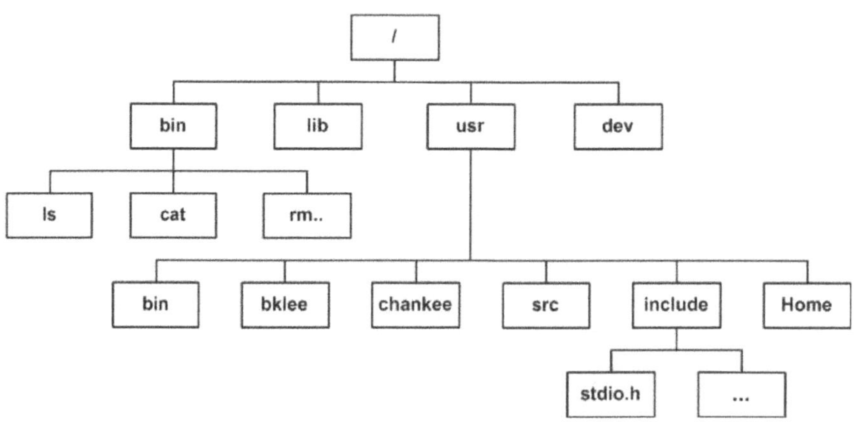

[그림 8-4] 유닉스 파일 시스템 구조의 예

[그림 8-4]는 이들 디렉토리들의 상대적인 위치를 나타내고 있으니 그림을 보면서 살펴보자. 대개 일반 사용자들의 홈 디렉토리는 /usr 밑에 할당된다. 예를 들어, 사용자의 로그인 이름이 bklee라면 사용자의 홈 디렉토리는 /usr/bklee가 된다.

유닉스에서는 파일과 디렉토리의 구별이 없다. 간단한 예로 파일의 삭제에 사용되는 rm 명령은 디렉토리의 삭제에도 사용될 수 있다. 그래서 유닉스에서는 서브디렉토리라는 말 대신 디렉토리 파일이란 말을 많이 쓴다. 또한, 유닉스에서는 파일명이란 말 대신 경로명을 더 많이 쓴다. 유닉스에서 어떤 파일을 지정할 때 그 이름을 루트디렉토리부터 직접 써 주는 절대 경로명과 현재 디렉토리에서부터 상대적인 이름을 써 주는 상대 경로명이 있다.

상대 경로명에서는 현재 디렉토리를 나타내는 '.'와 현재 디렉토리의 부모 디렉토리를 나타내는 '..'을 사용한다. 여기서 루트 디렉토리에서 '..'은 자기 자신을 나타낸다. 다음 예는 유닉스에서 현재 디렉토리를 표시하는 명령인 pwd(print working directory)를 보여준다. 단, cd에 경로명을 입력하지 않으면 home 디렉토리로 간다.

```
$ pwd
/usr
$ cd
$ pwd
/usr/bklee
```

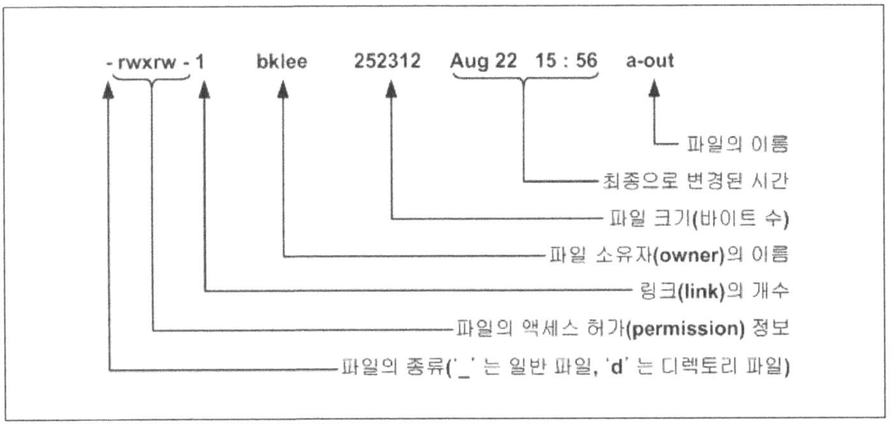

〔그림 8-5〕 ls -l로 나오는 내용의 형식

만일 자신의 홈 디렉토리 밑에 서브디렉토리를 만들고 싶으면 mkdir 명령, 서브디렉토리를 지우고 싶으면 rmdir 명령을 쓰면 된다. 앞에서도 언급했듯이, ls -l로 나오는 내용은 [그림 8-5]와 같은 형식을 지닌다.

파일명이 맨 끝에 나오기 때문에 초보자는 소유자의 이름을 파일명으로 혼동해서는 안 된다. 먼저 맨 앞의 문자 하나는 그것이 일반 파일('-')인가, 디렉토리 파일('d')인가를 구별한다. 이것 외에도 'c', 'b' 등의 파일 종류가 더 있는데 앞 장의 파일 경영을 참조하기 바란다. 그 다음의 아홉 자는 그 파일에 대한 사용 허가(access permission)를 나타낸다.

유닉스는 다중 사용자 시스템이므로 많은 수의 사용자가 디스크 내에 각자 자신의 디렉토리를 가지고 사용한다. 그러나 남의 디렉토리를 함부로 건드리거나 파일을 지우지 못하도록 각 파일에 대해 어떤 일을 하기 전에 항상 허가 정보를 검사를 해야 한다. 자신에게 허가가 주어지지 않은 파일에 대해 읽거나, 쓰거나, 실행하려고 하면 다음과 같은 것을 알아야 한다. 허가 정보에는 rwx 형식으로 3개가 만들어지는 데 r은 읽기(read), w는 쓰기(write), x는 실행(execute)을 나타낸다. 해당되는 기능이 가능하면 해당 글자가 있고, 불가능하면 '-'가 표시되어 있다. 허가정보는 앞에서부터 세 개씩 묶어서 그 파일의 소유자, 소유자가 속한 그룹, 그리고 나머지 사용자로 각각 대응된다.

예를 들어 rwxr-xr--는 그 파일의 소유자에게 읽기, 쓰기, 실행을 허용하고, 그룹의 사용자에게는 읽기와 실행을, 그리고 기타 사용자들에게는 읽기만을 허용한다. 또 rwxrwxrwx는 모든 사용자에게 모든 것을 허가하며, rwx------는 소유자 자신만 사용하고 그룹이나 남들은 보지도, 바꾸지도 못하게 한다.

만일 그 파일이 디렉토리 파일이라면 조금 다르다. 디렉토리 파일은 원래부터 실행 파일이 아니므로 그것에 대해서는 x 허가 정보가 아무런 의미가 없다. 어떤 파일의 허가정보를 바꾸기 위해서는 chmod 명령을 사용한다. chmod 명령의 형식은 다음과 같다.

```
chmod mode file ...
```

여기서 mode란 허가 상태를 나타내는 것으로 [ugoa] [+, -] [rwx]로 표시한다. u는 그 파일의 소유자, g는 그룹, o는 기타 사람들, 그리고 a는 u, g, o를 모든 포함하는 모든 사람들을 나타낸다. '+'나 '-'는 각각 해당 액세스할 수 잇도록 허가권을 부여하거나 해제하는 기능을 한다. 예를 들면 다음과 같다.

```
$ chmod g+r test.c
$ chmod go-wx *.c
```

첫 번째 예는 test.c라는 파일을 그룹이 읽을(r) 수 있도록 허가한다. 두 번째 예는 현재 디렉토리에서 .c 구조를 가진 모든 파일에 대해 그룹(g)과 기타 사용자(o)들에게 작성하고(w) 또한 실행(x)을 못하도록 허가권을 삭제한다. 그러나 좀 더 숙련된 사용자라면 이러한 방식보다는 8진수 방식을 택할 것이다. 여기에서는 9개의 허가정보를 2진수로 보고 3비트씩 묶어 8진수 방식을 택할 것이다. 다음은 9개의 허가정보를 2진수로 보고 3비트씩 묶어 8진수 3자리로 나타내는 방식을 제공한다. 예를 들어 다음을 8진수로 나타내보자.

```
rw-r--r--      = 110100100 = 644
rwxr-xr-x      = 111101101 = 755
rwxrwxrwx      = 111111111 = 777
r---------     = 100000000 = 400
```

이것에 대한 다음 예를 살펴보자.

```
$ chmod 644  *.c       모든  .c  파일의 허가권을 rw-r--r--로 만든다.
$ chmod 777 test       test라는 파일의 허가권을 모두에게 개방한다.
```

5. C 프로그램의 컴파일과 실행

운영체제의 큰 기능 중의 한 가지는 프로그램을 작성하고 실행할 수 있도록 해주는 것이다. 여기서는 C 프로그램을 작성하고 실행하는 방법에 대해 간단히 알아보자.

먼저 소스 프로그램을 만들어야 한다. 대부분의 경우는 vi 에디터를 이용하여 만들지만 여기서는 간단히 cat 명령을 이용하여 만들어 보자. 소스 파일의 이름은 *.c의 형태여야 한다.

```
$ cat > hello.c
#include <stdio.h>
main()
{
        printf("Hello, world\n")
}
^D
$_
```

틀리지 않도록 한 줄씩 잘 입력한다. 맨 마지막의 ^D는 〈Ctrl -D〉를 눌러서 eof 문자를 입력한 것이다. 이제 hello.c 파일이 만들어졌으면 컴파일을 해보자.

```
$ cc hello.c
```

만일 프로그램에 에러가 있으면 에러 메시지가 출력된다. 에러가 없다면 컴파일과 링크가 수행되어 a.out이라는 수행 가능한 파일이 생성된다. 원래 유닉스에서는 컴파일의 결과가 무조건 a.out이라는 이름을 가진다. 이 이름을 바꾸고 싶으면 -o 옵션을 쓰면 된다.

```
$ cc  -o hello hello.c
```

이 명령은 hello.c를 컴파일하여 a.out 대신 hello라는 실행 파일을 만든다. 그리고 실행 파일은 그 이름만 입력하면 수행된다. 유닉스의 프로그래밍에 대해서는 매우 많은 이야기가 있지만 일단은 vi 에디터에 익숙해진 다음에 프로그래밍에 대한 것을 배우는 것이 좋을 것이다.

6. 장치 파일에 대해

유닉스의 파일 시스템 구조에서 /dev 디렉토리는 매우 특수한 디렉토리이다. 당장 그곳에 어떤 파일들이 있는지 ls 명령으로 확인해 보자.

```
$ ls -1 /dev
```

시스템에 따라서 다르겠지만 tty01이니 tty12니 하는 파일들이 있을 것이다. 이들은 소위 장치 파일(device file)이라고 하는 것들로 일반 파일이 아니고 콘솔, 터미널, 프린터, 디스크, 테이프 장치 등의 각종 주변장치들이다. 주변장치가 어떻게 파일이 되는가 하고 이상하게 생각할지 모르겠지만 예를 들어 다음과 같이 해보자.

```
$ tty
/dev/tty02
$ cp test.c /dev/tty02
```

tty 명령은 현재 자신이 사용하고 있는 터미널의 장치 파일명을 알려준다.

그리고 cp 명령으로 test.c라는 파일을 그 파일로 복사한다. 그러면, test.c의 내용이 /dev/tty02. 즉 자신이 사용하는 터미널에 표시되는 것이다. 결국 이것은 cat test.c와 같다.

7. 파일 호출

UNIX 운영체제는 파일을 다루는 데 필요로 하는 중요한 입출력 기능을 다음과 같이 제공하고 있다.

1) creat

creat는 새로운 파일을 생성시키는 기능을 담당하고 있다.

```
fd = creat(fname, fmode);
```

으로 나타내며 fd는 정수 값으로 파일 디스크립터(file descriptor)이며, fname은 파일의 경로명(pathname)을 나타내고, fmode는 새로 만든 파일에 대하여 사용자, 사용자가 속한 그룹 및 기타 사용자로 구분하여 각각에 대한 허가 사항을 나타내 주는 허가 모드(permission mode)이다. 다음과 같이 프로그램 내에서 사용된다.

```
int fd;
fd = creat("xx.c",0644);
```

2) open

표준 입출력, 진단출력을 제외한 모든 파일은 어떤 목적으로 사용하든지, 사용되기 전에 먼저 파일을 열어야 한다. 이 기능을 담당하는 것이 바로 open이다.

```
fd = open(fname,fmode);
```

으로 나타내고 fname에는 파일의 경로명, fmode에는 사용 목적이 담겨진다. 파일을 새로이 만드는 creat의 경우는 fmode가 파일의 허가 모드를 나타내지만, open의 경우는 fmode가 '0'일 때는 입력을, '1'일 때는 출력을, '2'일 때는 입출력을 위해 사용된다.

3) read

파일을 읽기 위해 사용되며, 모든 입력은 read에 의해 수행된다.

```
read(fd,buf,nbytes);
```

으로 나타내고, fd는 파일 디스크립터(file descriptor)이고, buf는 버퍼 포인터이고, 파일 설명자 fd로부터 nbytes만큼 읽어 버퍼 buf에 담아두는 기능을 수행한다. 한편 반환 값은 문자수이지만, 만일 오류가 발생할 경우에는 '1'을, EOF를 만나면 '0' 값을 반환시킨다.

4) write

파일에 데이터를 쓰기 위해 사용되는 기능은 write에 의해 수행된다.

```
write(fd,buf,nbytes);
```

으로 표현되며 fd는 파일 설명자이고, buf는 버퍼 포인터이고, nbytes는 buf에 있는 n바이트만큼의 내용을 파일로 write하는 기능을 수행한다. 만일 write가 실패한 경우에는 '-1' 값을 반환한다.

```
#define BUFS 512 /* BUFFER SIZE */
main()
{
   char buf[bufs];
   int n;
   while((n = read(0,buf,BUFS)) > 0)
      write(1, buf,n);
   exit(0);
}
```

앞의 프로그램은 표준입력을 표준출력으로 복사하는 예로서 read 기능에서 '0'이 의미하는 것은 표준입력을 의미하며, write 기능에서 '1'이 의미하는 것은 표준출력을 의미한다.

5) close

close는 열려진 파일(open file)과 파일 디스크립터 사이의 연결을 끊고 파일을 닫는 일을 수행하는 파일 호출이다.

```
close(fd);
```

으로 나타내고 반환값이 '1'이면 파일이 닫힌 상태를 나타내고, '-1'이면 오류 발생을 의미한다.

6) unlink

파일 체제에서 어느 특정한 파일을 제거하기 위해 사용된다.

```
unlink(filename);
```

으로 나타내고, 이것이 '0' 값을 반환하면 파일의 제거상태를 나타내고, '-1'을 반환하면 오류의 발생을 의미한다.

```
main()
{
    unlink("a.out");
}
```

앞의 간단한 예는 현재 이 프로그램이 수행되는 디렉토리내의 a.out이라는 파일을 제거하라는 명령이다.

7) lseek

보통 파일의 입출력은 순차적이다. 그러나 임의의 순서대로 입출력을 실행시키려 한다면, lseek를 사용하여 파일의 원하는 위치로 찾아가면 된다.

```
lseek(fd,offset,origin);
```

으로 나타내고, fd는 파일 디스크립터이고, offset은 orgin으로 주어지는 상대적인 위치를 의미하며, origin은 찾고자 하는 출발점이다. 만일 origin이 '0'이면 파일의 맨 처음, '1'이면 파일의 현재 위치, '2'이면 파일의 맨 마지막을 나타낸다. 이와 같이 orgin을 출발점으로 해서 offset만큼 위치를 찾아가게 된다. 반환 값은 lseek가 성공적으로 수행되면 새로 결정된 파일 포인터가 반환되며 오류시는 '-1'이 반환된다.

8. C 셸의 변수

C 셸에는 문자열 또는 문자열의 리스트를 기억할 수 있는 변수(variable)가 있다. 변수에 어떤 값을 지정하는 것은 set 명령으로 가능하다.

```
$ set sd = /usr/src/systemV
```

이 예는 sd라는 변수에 '/usr/src/systemV'란 문자열을 기억시킨다. 그런 다음 이 변수를 사용하려면 다음과 같이 '$' 기호를 그 이름 앞에 붙이면 된다.

```
$ ls -l $sd
$ cat $sd/sys/buffer.c
```

여기서 셸은 '$sd'를 원래 문자열로 대치하여 ls나 cat에 넘겨준다. 따라서 cat이 받는 인자는 '/usr/src/systemV/sys/buffer.c'가 된다. 정의되지 않은 변수를 사용하려고 하면 'Undefined variable'이라는 에러 메시지가 출력된다. 한편, 변수명의 바로 뒤에 숫자나 문자가 오면 그것을 연결된 변수명으로 인식하므로 제대로 작동하지 않는다. 이런 경우는 다음과 같이 변수명을 '{}'로 둘러싸면 된다.

```
$ echo ${sd}123
```

만일 문자열이 공백이나 특수문자를 포함하고 있을 경우에는, 다음과 같이 따옴표(')로 둘러싸야 한다.

```
$ set msg = 'Disk quota exceeded'
```

만일 따옴표를 붙이지 않으면 맨 앞의 Disk란 단어만 msg에 기억된다.

지금까지는 하나의 문자열만 기억하는 예를 보았다. 이번에는 문자열의 리스트를 기억하는 예를 보자.

```
$ set mlist = (mary ann sara)
```

mlist는 ( )로 둘러싸고 각 문자열은 공백으로 구분한다. 리스트 전체를 지정할 때는 단순히 $mlist라고 하면 되고, 리스트의 원소 문자열을 지정할 때는 배열과 같은 형식으로 사용한다. 즉, $mlist[1]은 'mary', $mlist[2]는 'ann'이 된다. 또한 $mlist[1-2]라고 하면 mlist의 첫번째, 두번째 이루어진 리스트, 즉 (mary ann)이 되고, $#mlist는 mlist의 원소의 개수를 나타낸다.

한편, 명령의 수행결과를 문자열로 하여 변수에 기억시킬 수도 있다. 이를 명령어 대치(command substitution)라 한다. 예를 들어 보자.

```
$ set mytty = 'tty'
$ echo $mytty
/dev/tty02
$
```

여기서 따옴표(')가 아니라 거꾸로 된 따옴표(back quote, ')임에 주의하기 바란다. 'tty'는 tty 명령의 수행결과를 문자열로 하여 돌려주므로 mytty의 값은 '/dev/tty02'가 된다. 이미 지정된 변수 mlist를 없애려면 다음의 unset 명령을 사용한다.

```
$ unset mlist
```

또 현재 지정되어 있는 변수들을 확인하는 것은 인자 없이 set 명령만을 입력함으로써 가능하다.

```
$ set
argr        ()
cwd         /usr/jhlee/save
path        (. /bin/usr/bin/usr/ucb)
prompt      $
status      0
msg         Disk quota exceeded
sd          /usr/src/systemV
$ _
```

맨 마지막의 두 개는 우리가 위에서 지정한 것들이다. 나머지는 C 셸이 내부적으로 이용하는 변수들인데 이들 하나 하나가 상당히 중요한 의미를 가지고 있다. 먼저 cwd는 현재 작업 디렉토리를 기억한다. path는 실행 파일을 찾을 디렉토리의 목록을 보관한다. prompt는 현재의 프롬프트를 기억한다. status는 최근에 수행된 명령어의 수행결과를 기억하는데, 에러가 없으면

0을 가진다.

9. 환경변수

앞에서 다룬 변수는 소위 셸 변수(shell variable)들이다. 한편 이와는 별도로 환경변수라는 것이 있다. UNIX에서는 setenv 명령으로 환경변수를 설정할 수 있다.

```
$ setenv  TERM  vt100
```

대개 환경변수의 이름은 대문자로 한다. 위의 setenv 명령은 TERM이라는 환경변수에 vt100이라는 문자열을 기억시킨다. 정의된 환경변수를 없애려면 unsetenv 명령을 사용하면 된다. 한편 현재 정의된 환경변수의 목록을 보려면 단순히 setenv 명령만 입력하면 된다(어떤 버전에서는 setenv 대신 env나 printenv 명령을 쓰기도 한다).

```
$ setenv
HOME=/usr/bklee
PATH=/bin:/usr/bin:/usr/ucb
USER=bklee
TERM=vt100
SHELL=/bin/csh
$ _
```

실제로는 이보다 더 많은 내용이 있지만 여기서는 중요한 것만 나타내었다. HOME은 사용자의 홈 디렉토리를 나타낸다. PATH는 수행할 명령을 찾을 디렉토리의 목록을 기억한다. USER는 사용자의 로그인 이름을 나타내며, TERM은 사용자가 사용하는 단말기의 이름이다. 그리고 SHELL은 사용자가 사용하고 있는 셸의 파일명이다.

이것을 보면 앞의 셸 변수와 많은 것이 중복됨을 알 수 있다. 그러나 환경변수는 원래 셸에서 이용하기보다는 셸이 수행시키는 프로그램에서 이용할 목적으로 유지하는 것이다. 예를 들면, vi 에디터는 스크린 에디터이므로 사용하는 단말기의 이름을 알아야 거기에 맞추어 화면처리를 할 수 있다. 따라서 vi를 실행하기 전에 먼저 TERM 환경변수에 적절한 단말기 이름을 지정해 주어야 vi가 제대로 돌아갈 수 있다.

연습문제

■ 객관식 문제

1. UNIX에서 프로세서를 복제하는 기능은?

(가) creat　　(나) getpid
(다) fork　　(라) exec

2. UNIX에서 사용하는 대표적인 화면 편집기는?

(가) ED　　(나) VI
(다) CC　　(라) LINT

3. UNIX의 "chmod" 명령에서 "ABC" 파일을 보는 사용자가 "read, write, execute"할 수 있도록 권한이 주어지는 것은?

(가) % chmod 777 ABC　　(나) % chmod 644 ABC
(다) % chmod 732 ABC　　(라) % chmod 652 ABC

4. UNIX에 대한 설명으로 거리가 먼 것은?

(가) UNIX는 대부분 C 언어로 작성되었다.
(나) Stand Alone 시스템에 주로 사용된다.
(다) Multi-task, Multi-user 시스템이다.
(라) Networking 기능이 풍부하다.

5. UNIX에서 새로운 프로세서를 생성하는 시스템 호출은?

(가) fork　　(나) exec
(다) creat　　(라) open

6. UNIX에서 프로세스간 통신을 위하여 주로 사용하는 것은?

(가) 세마포어(semaphore)　　(나) 모니터(monitor)
(다) 소켓(socket)　　(라) 공유 메모리(shared memory)

7. UNIX 시스템의 특징이 아닌 것은?

(가) 온라인 대화형 시스템이다.
(나) 이식성이 낮은 시스템이다.
(다) 다중작업 시스템이다.
(라) 다중 사용자 시스템이다.

8. 프로세스가 기억장치내의 정보를 균일하게 액세스하는 것이 아니라 어느 한순간에 특정부문을 집중적으로 액세스하는 것을 가리키는 말은?

(가) thrashing　　(나) working set
(다) prepaging　　(라) locality

9. UNIX에서 i-node에 들어 있는 내용이 아닌 것은?

(가) 파일을 최후로 접근한 명령어
(나) 파일이 최초로 변경된 시간
(다) 파일의 크기
(라) 파일의 타입

10. UNIX 시스템에서 현재 작업 디렉토리 경로를 화면에 출력하는 명령어는 어느 것인가?

(가) pwd　　(나) cat
(다) ar　　(라) pr

11. UNIX에서 task 스케줄링 및 기억장치 관리 등의 일을 수행하는 부분은?

(가) Shell　　(나) Utility Program
(다) Application Program　　(라) Kernel

12. UNIX 명령인 "rm"의 설명으로 옳은 것은?

(가) 디렉토리 생성　　(나) 디렉토리 이동
(다) 파일 삭제　　(라) 파일 이동

13. 다음 중 UNIX에서 사용하는 모든 애플리케이션 및 시스템 파일들이 위치하는 디렉토리로서 Library 파일, 실행 파일 등이 들어 있는 것은?

(가) /bin　　(나) /boot
(다) /lib　　(라) /usr

14. 다음은 UNIX 명령어와 그에 관한 설명이다. 서로 올바르게 짝지어지지 않은 것은?

(가) mkdir : 디렉토리 만들기　　(나) kill : 종료
(다) reboot : 재부팅　　(라) passwd : 암호 바꾸기

■ 주관식 문제

1. UNIX의 역사에 대하여 간단히 논하여라.

2. UNIX 시스템의 특징에 대하여 간단히 설명하여라.

3. UNIX 파일 시스템의 계층적 구조를 그리고 설명하여라.

4. UNIX 프로그래머 인터페이스에 대하여 논하여라.

5. '프로세스 호출'에 사용되는 시스템 호출에 대하여 논하여라.

6. UNIX 셸과 C셸 프로그래밍에 대하여 논하여라.

7. UNIX 표준 입출력에 대하여 논하여라.

8. UNIX 프로세스 제어에 사용되는 (1) u 영역, (2) proc 테이블, (3) text 테이블에 대하여 논하여라.

9. UNIX 파일 시스템에 대하여 논하여라.

객관식 문제 정답

■ 제 1 장

1. (가) **2.** (가) **3.** (라) **4.** (라) **5.** (다) **6.** (가) **7.** (나) **8.** (라) **9.** (라) **10.** (라)
11. (가) **12.** (다) **13.** (나) **14.** (나) **15.** (가) **16.** (나) **17.** (라) **18.** (라) **19.** (다) **20.** (나)
21. (라) **22.** (가)

■ 제 2 장

1. (나) **2.** (나) **3.** (나) **4.** (나) **5.** (가) **6.** (라) **7.** (나) **8.** (다) **9.** (나) **10.** (가)
11. (가) **12.** (가) **13.** (가) **14.** (가) **15.** (가) **16.** (가) **17.** (가) **18.** (가)

■ 제 3 장

1. (나) **2.** (다) **3.** (다) **4.** (나) **5.** (가) **6.** (가) **7.** (라) **8.** (가) **9.** (가) **10.** (나)
11. (가) **12.** (나) **13.** (나) **14.** (다) **15.** (나) **16.** (가) **17.** (라) **18.** (나)

■ 제 4 장

1. (나) **2.** (다) **3.** (다) **4.** (라) **5.** (다) **6.** (가) **7.** (다) **8.** (가) **9.** (다)

■ 제 5 장

1. (라) **2.** (가) **3.** (나) **4.** (나) **5.** (라) **6.** (라) **7.** (다) **8.** (다) **9.** (라) **10.** (라)

■ 제 6 장

1. (라) **2.** (가) **3.** (나) **4.** (가) **5.** (가)

■ 제 7 장

1. (나) **2.** (나) **3.** (가) **4.** (나) **5.** (가) **6.** (다) **7.** (나) **8.** (라) **9.** (가) **10.** (가)
11. (라) **12.** (다) **13.** (라) **14.** (나)

찾 아 보 기

[ㄱ]
가상기억장치 경영 109
가상기억장치(Virtual Storage;VS) 109
가상주변장치(virtual device) 179
가상주소(virtual address) 122
강결합형 다중 처리기 시스템(highly coupled multiprocessor system) 39
개방적 설계 23
경계 레지스터(bound register) 94
경과시간(turnaround time) 22
결정문제(determinacy) 297
고성분할(fixed partition) 93, 97
고정 헤드 드럼(fixed head drum) 168
고정 헤드 장치 172
고속 주소변환 129
공간구역성(spatial locality) 156
공유 메모리형 다중 처리기 시스템 38
공유 메시지 버퍼 47
공용주변장치(shared device) 179
구역성(locality) 155
국부교환(local replacement) 153
기아(starvation) 272
기억장치 경영자(memory manager) 11
기억장치 배치전략 107
기준 레지스터(base register) 95
교착상태(deadlock) 47
교체(swapping) 66

[ㄴ]
네트워크 관리 서브시스템 13
내부 우선순위 76
논리적 레코드(logical record) 208

[ㄷ]
다단계 큐(MLQ : Multi-level Queue) 83
다단계 피드백 큐 (multi-level feedback queue) 83
다양성(multiplicity) 37
다중 처리기 시스템 (multiprocessor system) 38
다중 프로그래밍(multiprogramming) 21,35,46
다중 스레드 프로세스 (multithreaded process) 60
단일 스레드 60
단일분할(single partition) 96
단편화(fragmentation) 94
데이터 영역 24
듀얼 시스템(dual system) 40
듀플렉스 시스템(duplex system) 40
디스크 쓰기(disk-write) 루틴 13
디스크 169
디스크 캐시 177
대기(blocking) 47, 48
대화(interactive) 47
동기화(synchronization) 47
동적 재배치 레지스터 94
동적 재배치 방법 94
동적 재배치(dynamic relocation) 95, 111
동적분할(dynamic partition) 93, 99
동적 주소변환(Dynamic Address Translation) 125

[ㄹ]

라운드 로빈(round robin) 77
램(RAM) 디스크 176
레코드 번호(record number) 171

[ㅁ]

멀티플렉서 채널 183
명명(naming) 310
메모리상 실행 가능 상태 50
메시지 전달(message passing) 38
메시지 패싱(message passing) 47
메시지 시스템(message system) 기법 309
모듈러 개념(modular concept) 23
모듈화(modularization) 23
무한정 기다림(indefinite postponement) 196
무효 비트(invalid bit) 134
문맥교환(context switch) 80
문자형 장치 14
물리적 레코드(physical record) 208

[ㅂ]

배치(batch) 47
배치(batch) 처리 22
버스트 모드 183
버퍼(buffer) 175
버퍼 캐시(buffer cache) 14
변경 모드(change mode) 31
변경 비트 (dirty bit, modified bit, change bit) 142
변위(displacement) 116
병행 프로세스 294
보유(hold) 47
보호 모드(protection mode) 232
보호 하드웨어 94
부모 프로세스(parent process) 53
부번호(minor number) 264
부트스트랩(bootstrap) 프로그램 223
분배기(dispatcher) 67
분산운영체제 (DOS;Distributed Operating System) 37
분산적재(scatter loading) 93, 105, 106
분할(partition) 107
블록(block) 14
비선점(nonpreemption) 279, 281
비선점(nonpreemptive) 스케줄링 정책 72

[ㅅ]

사용자 모드(user mode) 30
사용자 수준 문맥(user-level context) 24,25
사용자 수준 스레드(user-level thread) 62
사용자 수준 실체(user-level entity) 61
상태 모델(state model) 47, 49
상호배제(mutual exclusion) 47,279,280, 298
상태 비트 133
서브컴퓨터(sub computer) 185
선점(preemptive) 스케줄링 정책 72
설정시간(seek time) 171, 194
섹터 큐잉(sector queuing) 203
세그멘테이션(segmentation) 115
스래싱(thrashing) 153
스레드 59
스레드 구조(thread structure) 61
스와퍼(swapper, PID) 51
스풀링 180
스케줄링 정책 71
스택 25
스택 포인터(stack pointer) 25
스택 프레임(stack frame) 25
슬롯(slot) 137
시간구역성(temporal locality) 156
시간할당량(time quantum) 78
시분할 처리 36
시스템 투명성(system transparency) 38
시스템 호출 13, 32
시스템 클록(system clock) 49
시스템 파일 테이블(system file table) 231, 257, 258, 260, 264
실린더 번호(cylinder number) 170
실시간 처리 시스템 운영체제 35

실제주소(actual address) 122
실행(running) 47

[ㅇ]

아이넘버(i-number) 261
아이노드 테이블(i-node table)
231, 257, 258, 261, 264
압축(compaction) 94, 105
약결합형 다중 처리기 시스템 (loosely-coupled multiprocessor system) 39
연결편집(linkage edit) 112
연속적재(contiguous loading) 93
유틸리티(utility) 12
에션바흐 기법(Eschenbach scheme) 202
이미지(image) 24
이동 헤드 드럼(movable head drum) 169
이동 헤드 디스크(movable head disk)169
이동 헤드 장치 173
이용자 모드 실행중 50
인터럽트 28, 29
일괄처리 방식 34
입출력 멀티플렉서(multiplexor) 183
입출력 셀렉터(selector) 183
입출력 인터페이스(I/O interface) 181
입출력 중심 66
완료(complete) 47, 48
외부 페이지 테이블
(EPT;External Page Table) 131
외부 우선순위 76
우선순위 스케줄링 76
요구 페이징(demand paging) 110, 137

[ㅈ]

자원점유(resource holding) 279
장치 드라이버(device driver) 14
정보의 은폐(information hiding) 23
주변장치 경영자(device manager) 11
지역독립성(local autonomy) 38
자식 프로세스(child process) 53
자연대기(natural block) 72
작업 스케줄링 46, 65
잠복시간(latency time) 194
장치 큐(device queue) 71
장치 스위치 테이블 231
장치 스위치 테이블(device switch table)
262, 264
장치 인터페이스(device interface) 265
장치의 주번호(major number) 264
전송시간(transfer time) 171
전용주변장치(dedicated device) 179
절대 재배치(absolute relocation) 95,111
정적 재배치(static relocation) 95,111
점유와 대기(hold and wait) 280
제어장치 181, 188
좀비 상태 50
좀비(zombie) 59
주기억장치 경영 93
주변장치 경영 166
직접 액세스 기억장치 168
작업 세트 모델 157
재배치 레지스터에 의한 방법 114
재배치(relocation) 111
전역교환(global replacement) 153
주기억장소(Real Storage;RS) 109, 119
주소공간(address space) 109
주소지정(addressing) 111
준비(ready) 47, 48
중간 단계 스케줄러(medium-term scheduler) 66
중량 프로세스(heavy-weight process) 60

[ㅊ]

참조계수(reference count) 261
참조 비트(reference bit) 130, 142
채널 181
채널 프로그램(CCW) 181
처리기 경영(processor management) 46
처리기 경영자(processor manager) 11
처리능력(throughput) 20
최악적합(worst fit) 103, 107
최적적합(best fit) 103, 107
최적알고리즘(Optimal;OPT, Minimal:Min)
141

최초적합(first fit) 103, 107

[ㅋ]

캐시(cache) 129
커널 모드(kernel mode) 30
커널 수준 문맥(kernel-level context) 25
커널 수준 스레드(kernel-level thread) 62
커널 스택(kernel stack) 26
커널(kernel) 12,326
코드 영역 24

[ㅌ]

탐색시간(search time) 171
태스크(task) 24
텍스트 테이블(text table) 26
통합적인 제어기능(unified control) 38
트랙 번호(track number) 170
트랩(trap)32
특권명령(priviledged instruction) 30

[ㅍ]

파일 기록210
파일 기술자 테이블231
파일 되감기 210
파일 생성209
파일 판독209
파일 경영자(file manager) 11
파일 서브시스템 13
파일 호출 367
페이지 데몬(page daemon) 51
페이지 고정 152
페이지 대체(page replacement) 137
페이지 부재 빈도 158
페이지 부재 인터럽트(page fault interrupt) 123
페이지 부재(page fault) 135, 137
페이지 프레임(page frame) 120
페이지(page) 109
페이징(paging) 120
페이징에 의한 방법 119
프로그램 상태어 28
프로그램(program) 24
프로세스(process) 24, 26
프로세스 ID 51
프로세스 동기화(process synchronization) 272
프로세스 생성 53
프로세스 스케줄링 46
프로세스 스케줄링 알고리즘 72
프로세스 제어 블록(PCB;Process Control Block) 67
프로세스간의 통신 (IPC ; Interprocess Communication) 47, 309

[ㅎ]

하드웨어 제어 인터페이스 13
한계 레지스터(limit register) 95
헤드 번호(head number) 170
회전 지연시간(rotational delay time) 171, 194
현PSW 28
힙(heap) 25
환형대기(circular wait) 279, 281

[영문, 숫자]

2차 기회 페이지 대체기법 144
associative register 129
background 84
background 큐 83
Banker 알고리즘 287
C-SCAN(Circular-SCAN) 199
CAW(Channel Address Word) 189
CCW(Channel Command Word) 185
Channel Cotrol Block(CCB) 192
Control Unit Control Block(CUCB) 192
CPU 모드 30
CPU bound 66
CPU burst 66
CPU 선점상태(preempted) 50
CPU 중심 66
DASD 액세스 시간168

DAT 118
DAT(Dynamic Address Translation) 114
DBMS 329
EPS(External Page Storage) 121, 124
exit 시스템 호출 50
FCFS(First Come First Served) 73, 195
foreground 84
foreground 큐 83
fork 53
fork 시스템 호출 49
I/O 서브시스템 13
I/O bound 66
I/O burst 66
I/O traffic controller 192
I/O 스케줄러 192
I/O 장치 핸들러(device handler) 192
init 52
Intra-Page 단편화 120
ioctl 시스템 호출 265
LFU(Least Frequently Used) 141
lscck 369
LPSW(Load PSW) 30
NUR(Not Used Recently) 기법 142
N-단계 SCAN 스케줄링 201
proc 테이블(proc table) 26
PSW(Program Status Word) 28
pagedaemon 51
Page Frame Table 132
paging supervisor 128
PFFF(Page Fault Frequency) 158
PID 51
P와 V 세마포어 47
Roll-in 101
Roll-out 101
Roll-out/Roll-in 99
SCAN 스케줄링 197
SJF(Shortest Job First) 75
SLTF(Shortest-Latency-Time-First) 202
SSTF 196
SRT(Shortest Remaining Time) 81
STOR(Segment Table Origin Register) 118
swapper 52
TLB(Translation Lookaside Buffer) 129
u 영역(u area) 26
U 영역내에는 파일 기술자 테이블 258
U 영역내의 open 파일 테이블 257
Unit Cotrol Block(UCB) 192
UNIX상의 프로세스 상태 천이 50
working set 이론 157

저자약력

이병관 가톨릭관동대학교 컴퓨터공학과 교수

정은희 강원대학교 지역경제학과 교수

노희정 김포대학교 컴퓨터네트워크과 교수

곽종욱 영남대학교 컴퓨터공학과 교수

UNIX 기반 운영체제 입문

인 쇄 : 2015년 8월 5일(수정본)
발 행 : 2015년 8월 10일(수정본)
저 자 : 이병관, 정은희, 노희정, 곽종욱
발 행 처 : 도서출판 한산
서울시 서대문구 수색로6길 43번지 105-602호
TEL : (02)304-3504 FAX : (02)304-3505
발 행 인 : 김 기 영
등록번호 : 제 10-1745 호
I S B N : 978-89-89215-65-3 93560

정가. 20,000원